Boes/Baukrowitz: Arbeitsbeziehungen in der IT-Industrie

Forschung aus der Hans-Böckler-Stiftung **37**

Herausgegeben von der Hans-Böckler-Stiftung, Düsseldorf

Andreas Boes
Andrea Baukrowitz

Arbeitsbeziehungen
in der IT-Industrie

Erosion oder Innovation
der Mitbestimmung?

Über weitere Titel der Reihe „Forschung aus der Hans-Böckler-Stiftung" sowie über sein umfangreiches sozialwissenschaftliches Gesamtprogramm informiert der Verlag Sie gern. Natürlich kostenlos und unverbindlich.

edition sigma   Karl-Marx-Str. 17   D-12043 Berlin   Und ständig aktuell
Tel. [030] 623 23 63   Fax 623 93 93   im Internet:
E-Mail: verlag@edition-sigma.de   **www.edition-sigma.de**

Die Deutsche Bibliothek - CIP-Einheitsaufnahme

Boes, Andreas:
Arbeitsbeziehungen in der IT-Industrie : Erosion oder
Innovation der Mitbestimmung? / Andreas Boes ;
Andrea Baukrowitz. – Berlin : Ed. Sigma, 2002
    (Forschung aus der Hans-Böckler-Stiftung ; 37)
    ISBN 3-89404-897-2

Umschlaggestaltung: Neumann Kommunikationsdesign, Wuppertal

Druck: Rosch-Buch, Scheßlitz   Printed in Germany

Inhalt

Vorwort

Als wir mit den Arbeiten zum Forschungsprojekt „Arbeitsbeziehungen in der IT-Industrie", das dieser Veröffentlichung zugrunde liegt, im Jahr 1997 begannen, war die IT-Industrie noch ein Feld für einen kleinen Kreis von Spezialisten. Die Arbeitsbeziehungen in diesem weitgehend unbekannten Wirtschaftssegment zu untersuchen schien zwar lohnend, mit breiter Aufmerksamkeit war aber keineswegs zu rechnen. Zwischenzeitlich hat sich die Situation grundlegend geändert. Der Diskurs um das Kommen einer „Informations- oder Wissensgesellschaft" bildete den Resonanzboden einer Verschiebung des öffentlichen und wissenschaftlichen Interesses. Mit dem Auf und Ab der Börsenkurse am Neuen Markt erhielt die New Economy große Aufmerksamkeit, und mit der Greencard-Debatte trat die IT-Industrie zeitweilig in den Mittelpunkt der öffentlichen Wahrnehmung.

Das gestiegene Interesse generierte einen schnell wachsenden Bedarf nach wissenschaftlicher Analyse, und wo diese fehlte, ersetzten kurzfristig eingeholte „Expertenmeinungen" dieselbe. Schnell herrschte Einigkeit darüber, daß für die IT-Industrie ein neuer Typ von Beschäftigten kennzeichnend ist, der gerne 50 bis 60 Stunden die Woche arbeitet, von Gewerkschaften grundsätzlich nichts wissen will und eine neue Art der „Wissensarbeit" verrichtet, die mit den Mitteln des Tarifvertrags und der Mitbestimmung nicht regulierbar ist. Daß die IT-Industrie eine tarif- und mitbestimmungsfreie Zone sei, galt allenthalben als ausgemacht. Die Behauptung wurde selbst von manchen Gewerkschaftern ungeprüft übernommen. Die Rhetorik der „Informations- und Wissensgesellschaft" und die Erwartung einer „immerwährenden Prosperität", welche von den zwischenzeitlich explodierenden Börsenkursen für dieses Wirtschaftssegment genährt wurde, bildeten den ideologischen Kitt, vor dessen Hintergrund Einzelbeobachtungen zu generalisierbaren Befunden hochstilisiert wurden.

Mittlerweile tritt eine gewisse Ernüchterung ein. Das Börsenbarometer zeigt, daß auch in der IT-Industrie die Gesetze der kapitalistischen Ökonomie nicht außer Kraft gesetzt werden. Entlassungen und Firmenpleiten lassen die Hoffnung auf eine sorgenfreie wirtschaftliche Zukunft schwinden, und die Plakate der New-Economy-Diskussion verblassen. Kurzum, die Zeit ist günstig für eine differenzierende Analyse der Arbeit und der Arbeitsbeziehungen in der IT-Industrie. So hoffen wir zumindest.

Diese Arbeit entstand auf der Grundlage einer mehr als zehnjährigen Zusammenarbeit der Autoren, die um die Generalthemen „Informatisierung der Arbeit" und „Entwicklung der IT-Industrie und ihrer Beschäftigten" zentriert war. Das dem Bericht zugrundeliegende Projekt wurde an der TU Darmstadt unter der Leitung von *Rudi Schmiede* durchgeführt und den befragten Experten aus Unternehmen, Verbänden und Gewerkschaften sowie der Fachöffentlichkeit im Rahmen einer Abschlußtagung vorgestellt. Bei der Konzeption des Projekts standen uns die Kollegen *Michael Ehrke* und *Dieter Scheitor* sowie *Jörg Hesse* und *Horst Krüger* mit Rat und Tat zur Seite. Die Hans-Böckler-Stiftung sorgte durch eine finanzielle Förderung für die notwendigen materiellen Grundlagen. Ihr und insbesondere *Ina Drescher*, *Frank Gerlach* und *Norbert Kluge*, die das Projekt in verschiedenen Phasen seiner Entstehung und Durchführung inhaltlich begleitet haben, gebührt unser Dank. Das empirische Material selbst lebt von den vielen offenen Gesprächen, die wir in den Unternehmen sowie in Gewerkschaften und Verbänden durchgeführt haben. Unser besonderer Dank gilt daher all jenen, die uns in oft stundenlangen Gesprächen Einblick in das Innenleben der IT-Industrie verschafft haben.

Die letzte Überbeitungsphase der Veröffentlichung wurde im ISF München im Kontext des Sonderforschungsbereichs 536 „Reflexive Modernisierung" vorgenommen. Hilfreiche Hinweise für die Überarbeitung des Manuskripts erhielten wir von *Volker Döhl*, *Ingrid Drexel*, *Nick Kratzer*, *Kira Marrs*, *Dieter Sauer* und *Klaus Schmierl*. Seine Fertigstellung ist nicht zuletzt der Unterstützung durch *Christa Hahlweg* und *Simone Kayser* zu verdanken, die den Text lektoriert haben.

Die hier vorgelegte Veröffentlichung wird von den Autoren gemeinsam verantwortet. Die einzelnen Kapitel mußten wir allerdings mit verteilten Rollen verfassen. Von *Andrea Baukrowitz* stammen die Abschnitte 4.1 bis 4.3. Die übrigen Kapitel und Abschnitte wurden von *Andreas Boes* verfaßt. Sie bilden zugleich eine gekürzte Fassung seiner Dissertation, welche an der TU Darmstadt vorgelegt wurde.

Darmstadt, München, im Februar 2002   *Andrea Baukrowitz*
                                                       Andreas Boes
                                                       Rudi Schmiede

1. Einleitung

Der Wandel der Arbeitsbeziehungen – hier gefaßt als die Gesamtheit der institutionellen Formen und sozialen Praxen des Interessenaustauschs[1] zwischen Kapital und Arbeit – hat in den letzten zwei Jahrzehnten deutlich an Dynamik gewonnen. Gegenwärtig zeichnet sich ab, daß das historisch gewachsene System industrieller Beziehungen, wie es sich unter den besonderen Bedingungen nach dem Zweiten Weltkrieg in Deutschland entwickelt hat, einem tiefgehenden Veränderungsprozeß unterliegt. Dabei ist offen, welche Richtung dieser Umwälzungsprozeß nimmt, welche Formen und Praxen des Interessenaustauschs sich dabei herausbilden und welche Konsequenzen diese Veränderungen für die Entwicklung der Gesellschaft insgesamt haben.

Die vorliegende Studie thematisiert die Arbeitsbeziehungen in der IT-Industrie. Ihr Gegenstand sind der Wandel der Arbeit sowie die Formen und Modi ihrer Regulation und des Interessenaustauschs in einem Wirtschaftssegment, dem mit Blick auf die Zukunft der Arbeit und der industriellen Beziehungen in der öffentlichen Diskussion paradigmatische Bedeutung zugesprochen wird.

Aufgrund der prominenten wirtschaftlichen Position und der Vorreiterrolle der IT-Industrie bei der Realisierung neuer Unternehmenskonzepte erhält die Analyse des Wandels der Arbeit und der Arbeitsbeziehungen hier eine besondere Brisanz. Für die weitere gesellschaftliche Entwicklung und die wirtschaftliche Wettbewerbsfähigkeit stellt sie eine „Schlüsselbranche" dar.[2] Im Übergang zur „Informationsgesellschaft" (vgl. Baukrowitz et al. 1998) werden von der IT-Industrie zentrale technologische Innovationen sowie Beiträge zur sozialen und organisatorischen Einbettung moderner Informations- und Kommunikations-

---

[1] Als „Interessenaustausch" wird hier der gesamte Prozeß der Bestimmung des Arbeitsverhältnisses gesehen, in dem unter den jeweils vorherrschenden Machtverhältnissen und Verhandlungspositionen Vereinbarungen zwischen Beschäftigten und Unternehmensvertretern etwa hinsichtlich Arbeitszeit, Entgelt und Qualifizierung getroffen werden. Damit ist der Interessenaustausch keineswegs immer konfliktfrei oder per se sozial gerecht, sondern das jeweils konkret durchsetzbare Verhältnis gegensätzlicher Interessen.

[2] Einer breiten Öffentlichkeit wurde die zentrale Bedeutung der IT-Industrie für die Entwicklung in Deutschland anhand der sogenannten Greencard-Diskussion deutlich (vgl. Dostal 2000; Benner 2001). Gegen den Trend, wie wir ihn in den meisten anderen Wirtschaftsbereichen vorfinden, besteht hier in vielen Unternehmen ein Fachkräftemangel, dessen Deckung die Entwicklungsfähigkeit der Wirtschaft insgesamt entscheidend bestimmt. Diese Diskussion hat den Stellenwert der IT-Industrie als „Schlüsselindustrie" der wirtschaftlichen und gesellschaftlichen Entwicklung hervorgehoben.

technik erwartet. Indem die Branche die Vorreiterrolle im Aufbau neuer, auf In-
formationstechniken gestützter Produktionsstrukturen übernimmt, exerziert sie
für andere Wirtschaftsbereiche in der öffentlichen Wahrnehmung vor, wie die
Reorganisation der Produktionsprozesse erfolgreich bewältigt werden kann.
Darüber hinaus gilt sie als wichtiges Beispiel hochqualifizierter „Dienstleistungsarbeit" und damit als Prototyp der Arbeit der Zukunft. Sie avanciert daher
hinsichtlich des Wandels der Arbeit – aber auch mit Blick auf die Arbeitgeber-
Arbeitnehmer-Beziehungen – zu einer Art „Leitbranche" der zukünftigen Entwicklung.

Diese Bedingungen unterwerfen das System industrieller Beziehungen, so
wie es sich in Deutschland herausgebildet hat, einem aufschlußreichen „Praxistest". Von zentraler Bedeutung ist: Unterliegen die traditionellen Institutionen
der Arbeitsbeziehungen, insbesondere die betriebliche Interessenvertretung sowie das Tarifsystem, durch den grundlegenden Wandel der Arbeitswelt einer
unaufhaltsamen Erosion – so wie viele Beobachter meinen? Erweisen sich die
institutionellen Strukturen der Mitbestimmung als „Hemmschuh" der Innovation
der Unternehmen und als dysfunktional für die Herausbildung neuer Arbeitsformen, und verlieren sie folglich mit zunehmender Verbreitung „moderner"
Unternehmenskonzepte, wie sie für die IT-Industrie zu unterstellen sind, ihre
Bedeutung? Oder lassen sich gerade hier, in der Verknüpfung bewährter Institutionen mit modernen Arbeits- und Unternehmensformen, innovative Ansätze
einer zukunftsorientierten Gestaltung der Arbeitsbeziehungen finden? Falls ja:
Welche Formen und Inhalte zeichnen diese aus? Dieser Frage nachzugehen bedeutet auch: Brauchen hochqualifizierte Beschäftigte, die weitgehend selbstorganisiert in Projektgruppen oder Teams arbeiten, überhaupt noch die „Rücken-
deckung" kollektiver Institutionen? Und wenn ja, wie muß das Prinzip der kollektiven Interessenvertretung in Form und Inhalt ausgestaltet sein?

1.1   Arbeitsbeziehungen in der IT-Industrie – Stand der Forschung

Trotz der gestiegenen Bedeutung der IT-Industrie in den öffentlichen und wissenschaftlichen Diskursen – verwiesen sei in diesem Zusammenhang auf die
aktuelle Diskussion zur New Economy, die überwiegend die IT-Industrie zum
Gegenstand hat – ist zu konstatieren, daß bisher nur wenige empirische Arbeiten
über die Entwicklung der IT-Industrie in Deutschland vorliegen.[3] Dem Thema

---

3   Trautwein-Kalms (1995) verweist darauf, daß die Diskussion zur IT-Industrie im angel-
     sächsischen Sprachraum deutlich früher und intensiver geführt wird. Im Umfeld der
     Labor-Process-Debate wurden in Auseinandersetzung mit den Thesen von Braverman
     insbesondere für die Arbeit und die Beschäftigten dieses Industriesegments diverse

Wandel der Arbeitsbeziehungen in der IT-Industrie kommt innerhalb der spärlich verfügbaren Literatur eine eher randständige Bedeutung zu. Obwohl zentrale Diskussionen zur Zukunft der Arbeit und der Arbeitsbeziehungen mit Verweis auf die IT-Industrie geführt werden, bildet dieses Wirtschaftssegment nach wie vor ein Desiderat sozialwissenschaftlicher Forschung.

In einer ersten Annäherung wurden in den letzten Jahren für einzelne Segmente der IT-Industrie und unter dem spezifischen Blickwinkel auf ausgewählte Berufs- oder Qualifikationsgruppen verschiedene Studien erstellt. Besondere Aufmerksamkeit erfuhren dabei die hardwarenahen Segmente der IT-Industrie, so vor allem die Halbleiterproduktion (Voskamp/ Wittke 1994; Buss/Wittke 2000) und die PC-Industrie (Drüke 1993, 1997). Einzelne Berichte befassen sich darüber hinaus mit der Telekommunikationsindustrie (Esser et al. 1997; Lüthje 1997). Weiterhin wurden Beiträge zur Entwicklung der Berufsgruppe der Informatikfachkräfte (Boß/ Roth 1992; Dostal 1993, 2001a, 2001b; Hartmann 1995; Boes 1997), zur Qualifikationsentwicklung von Computerspezialisten (Dostal 1993; Baukrowitz et al. 1994; Boes et al. 1995; Menez et al. 2001), zur Professionalisierungsentwicklung der Berufsbilder im Bereich der Informationstechnik (Hartmann 1993), zur Arbeitssituation in der Softwareentwicklung (Weltz/Ortmann 1992) und zur quantitativen Beschäftigungsentwicklung (Little 1996; DIW/Prognos AG 1996; Hofmann/Saul 1996) vorgelegt. Gegenwärtig werden zwei Studien zur Veröffentlichung vorbereitet, die wichtige Ergebnisse zur aktuellen Situation in der IT-Industrie erwarten lassen: eine umfangreiche empirische Studie zum Segment Telekommunikation vom Sozialwissenschaftlichen Forschungsinstitut (SOFI) in Göttingen sowie ein Forschungsprojekt zu einem speziellen Teilsegment der hardwarenahen Fertigung, den Kontraktfertigern, welchem unter dem Einfluß des grundlegenden Wandels der internationalen Produktionsstrukturen (vgl. Lüthje 1998, 2001) eine schnell wachsende Bedeutung zukommt.

Der Wandel der industriellen Beziehungen in der IT-Industrie wird in verschiedenen Arbeiten von Trautwein-Kalms behandelt (Trautwein-Kalms 1992, 1995); sie ist die einzige Autorin, die auf eine gewisse Forschungstradition in diesem Themenbereich verweisen kann. Von ihr stammt auch eine umfangreiche empirische Studie zu zentralen Fragen der Entwicklung der Arbeitsbeziehungen (Trautwein-Kalms 1995; Dowe et al. 2001). Aufschlüsse über die tarifpolitische Situation vermitteln darüber hinaus die Aufsätze von Bispinck und Trautwein-Kalms (1997) sowie von Wagner und Schild (1999); zu den Besonderheiten der Regulation der Arbeit siehe auch Töpsch et al. (2001). Für das Segment der „Software- und IT-Dienstleistungen" legt Wassermann (1999) aufgrund von Ex-

---

Studien erstellt. Diese haben aber für die Analyse der Arbeitsbeziehungen in der IT-Industrie Deutschlands nur einen sehr eingeschränkten Aussagewert.

pertenbefragungen eine erste Übersicht zu verschiedenen Aspekten der Arbeitsbeziehungen vor. Weitere Erkenntnisse lassen sich aus Einzelfallanalysen gewinnen, wie sie beispielsweise für das Unternehmen Digital Equipment Anfang der 90er Jahre vorgelegt wurden (Döhl et al. 1998). Weiterhin enthalten branchenübergreifende Untersuchungen bisweilen einzelne Fallstudien zu Unternehmen aus der IT-Industrie (Dörre 1996; Kotthoff 1997).

Da ein Gesamtüberblick über die Entwicklung der Arbeit und der Arbeitsbeziehungen in der IT-Industrie fehlt, lassen sich diese Detailergebnisse in ihrer Reichweite für die gesamte IT-Industrie oft nicht einschätzen. Ergebnisse für einzelne Branchensegmente oder Unternehmen sind nicht ohne weiteres generalisierbar. Die einzige breiter angelegte Studie zu den Arbeitsbeziehungen (Trautwein-Kalms 1995) stützt sich auf Erhebungen, die Ende der 80er und zu Beginn der 90er Jahre erstellt wurden.

Allgemein ist davon auszugehen, daß die institutionelle Struktur der Arbeitsbeziehungen in der IT-Industrie schwach ausgeprägt ist. Mit Blick auf die Kerninstitutionen der deutschen Arbeitsbeziehungen wird unterstellt, daß Tarifverträge wenig Verbreitung gefunden haben (Bispinck/Trautwein-Kalms 1997) und die IT-Industrie in weiten Teilen gar eine „mitbestimmungsfreie Zone" (IG Metall Bayern) ist. Die Aussagen des früheren Präsidenten des Bundesverbands der Deutschen Industrie (BDI) Henkel[4] und des „Fast-Wirtschaftsministers" Stollmann, wonach in der IT-Industrie Arbeitgeberverbände, Gewerkschaften und Betriebsräte kaum verbreitet und auch nicht erforderlich seien, werden von der öffentlichen Meinung weitgehend geteilt. Gerade in der Auseinandersetzung um die Novellierung des Betriebsverfassungsgesetzes wurde die IT-Industrie daher von den Gegnern dieser Neufassung als „Beweis" gegen die Notwendigkeit einer Erweiterung und Modernisierung von Mitbestimmungsrechten angeführt.

Diesen Aussagen liegt bezüglich der IT-Industrie wenig fundiertes empirisches Material zugrunde. Die Aussage von Bispinck und Trautwein-Kalms (1997), daß gerade in dieser Branche die „Tariflandkarte" mehr „weiße Flecken" aufweise als in anderen Branchen (ebd., S. 232), ist zwar plausibel, läßt sich aber aufgrund der ungenauen wirtschaftsstatistischen Abgrenzung des Wirtschaftssegments anhand der vorliegenden Zahlen nicht belegen.[5] Selbst wenn

---

4   „Viele im Dienstleistungsbereich wichtige Branchen sind überhaupt nicht gewerkschaftlich organisiert. Wir haben in Deutschland etwa 4.000 Softwarehäuser mit 100.000 Beschäftigten. Die sind weder in einem Arbeitgeberverband noch sind sie in einer Gewerkschaft. Die wissen, warum." (Olaf Henkel in Süddeutsche Zeitung vom 22./23.2.1997)

5   Exakte Zahlen zur Tarifbindung der IT-Industrie sind nicht verfügbar. Dies ist nicht zuletzt dem Umstand geschuldet, daß über die Zuordnung von Betrieben zu dieser sich gegenwärtig neu konstituierenden Branche keine Einigkeit herrscht (DIW 32/2000). Die Vermutung von Bispinck und Trautwein-Kalms, wonach die tarifliche Bindung unter-

davon ausgegangen werden kann, daß Tarifverträge und Betriebsräte unterdurchschnittlich verbreitet sind, bestehen in wichtigen Unternehmen dennoch Organe der verfaßten Mitbestimmung und auch Tarifverträge. Somit handelt es sich bei der IT-Industrie nicht um eine „tarifvertrags- und mitbestimmungsfreie Zone" (Wagner/Schild 1999).

Die vermeintlich geringe Verbreitung der dualen Struktur (Schmidt/ Trinczek 1999) der deutschen Arbeitsbeziehungen wird von Heidenreich und Töpsch (1998) sowie von Töpsch et al. (2001) auf die besonderen Formen der Arbeitsregulation in der IT-Industrie zurückgeführt und als Ausdruck eines generellen Veränderungstrends interpretiert, der auch andere Branchen der Wirtschaft erfasse. Die Autoren gehen von der Argumentationsfigur des derzeit sich vollziehenden Übergangs von der „Industriegesellschaft" zur „Wissens- und Kommunikationsgesellschaft"[6] aus und fragen nach dem darin liegenden Veränderungspotential für das „industriegesellschaftliche Institutionenset", bestehend aus industriellen Beziehungen, Berufsausbildung und Sozialversicherungssystemen. Ihre These ist, daß

> „die bestehenden Regulationsstrukturen sich (...) als nicht mehr adäquat für die Beschäftigungsbedingungen der Wissens- und Kommunikationsgesellschaft (erweisen)." (Heidenreich/Töpsch 1998)

Bezogen auf die IT-Industrie vermuten sie, daß sich gerade hier verstärkt ein „neuer Typus der Arbeitsregulation" ausbreitet, der gänzlich ohne tarifvertragliche Regelungen auskommt. Im Mittelpunkt dieser Regulationsformen stünden

---

durchschnittlich ist, ist aufgrund unserer Erfahrungen in den Expertengesprächen durchaus realistisch. Eine tarifliche Bindung, wie sie Kohaut und Bellmann für die westdeutschen Unternehmen insgesamt errechnen, ist hier nicht zu erwarten. (In Auswertung der Daten aus dem Betriebspanel des IAB kommen Kohaut und Bellmann (1997) zu dem Ergebnis, daß im Jahre 1995 62% der Betriebe und 83% der Beschäftigten in Westdeutschland unter eine Tarifbindung fielen.) Dies mag nicht zuletzt auch dem Umstand geschuldet sein, daß die IT-Industrie in der Breite klein- und kleinstbetrieblich strukturiert ist. Da die Tarifbindung mit abnehmender Betriebsgröße deutlich sinkt (ebd.), erscheint es durchaus plausibel, daß die IT-Industrie mit ihren vielen kleinen und mittleren Unternehmen eine unterdurchschnittliche Tarifbindung aufweist, die allerdings – würde man die Betriebsgrößenklassenstruktur der IT-Industrie mit der der gesamten Wirtschaft vergleichen – unter Umständen gar nicht so weit unter den Durchschnittswerten liegt.

6   Dieser für die Argumentation grundlegende Begriff wird von den Autoren nicht theoretisch bestimmt, sondern mit dem Verweis auf bestimmte Erscheinungen plausibel gemacht. Daher erhält ihre Argumentation stets eine gewisse Beliebigkeit, und die vorgetragenen Argumente könnten ebenso gut unter einem anderen begrifflichen Label thematisiert werden.

vielmehr selbstbewußte Beschäftigte,[7] die als „Lebensunternehmer" in der Lage seien, ihre Interessen selbst in die Hand zu nehmen.[8] Hier lägen die sozialen Standards keineswegs zwangsläufig unter den tariflich geregelten. Da die Arbeitsbedingungen kaum „verregelt" seien, öffneten sich „marktmächtigen" und durchsetzungsfähigen Mitarbeitern größere Verhandlungsspielräume, die sie zu ihrem Vorteil nutzen könnten. Insgesamt verändere sich mit dem „neuen Typus der Arbeitsregulation" nach Auffassung der Autoren die Struktur des Interessenaustauschs in der IT-Industrie grundlegend:

> „Es bildet sich ein Modell heraus, in dem die individuellen Aushandlungen gegenüber den kollektiven Verhandlungen und die betriebliche Arena gegenüber der überbetrieblichen an Bedeutung gewinnen. Das bedeutet zwar vermutlich nicht, daß das duale System der Interessenvertretung in absehbarer Zeit kollabiert, aber das dichte Netz von Tarifverträgen und die damit verbundene Vereinheitlichung der Lebens- und Arbeitsbedingungen, die in Deutschland ausgeprägt ist, wird durchlässiger." (Heidenreich/Töpsch 1998, S. 40f.)

Demgegenüber sehen Wagner und Schild (1999) mit Blick auf die IT-Industrie im Zuge der Ausbreitung neuer Managementmethoden und Arbeitsformen keineswegs einen generellen Trend der Erosion von Tarifverträgen. Wichtig für die konkrete Ausprägung der Tarifrealität seien vielmehr die Herkunftsbeziehungen der Unternehmen und deren historisch gewachsene Beziehung zum System industrieller Beziehungen:

> „Die Tarifrealität in den einzelnen Unternehmen wird stark durch die jeweiligen Herkunftsbeziehungen der Unternehmen mit ihren gewachsenen Kräfteverhältnissen, Organisationsgraden und Arbeitgeberkonstellationen geprägt." (Wagner/Schild 1999, S. 88)

Die Autoren liefern so einen Hinweis zur Erklärung der Tatsache, daß die institutionellen Strukturen der Arbeitsbeziehungen in einem Teil der Unternehmen gut verankert sind, während sie in anderen bisher überhaupt keine Verbreitung gefunden haben, und verweisen auf große Unterschiede in der Kultur und Tradition der IT-Unternehmen.

Differenzen in der Unternehmenskultur der IT-Industrie wurden bereits von Trautwein-Kalms aufgezeigt und auf Unterschiede in den Arbeitsformen und der

---

7   „Sozialstrukturell läßt sich dieser Typus der Arbeitsregulation eher den qualifizierten Angestellten, meist mit Hochschulabschluß und individualisiertem Lebensstil, zuordnen." (Heidenreich/Töpsch 1998, S. 38)

8   „Qualifikation und Kreativität werden vom Arbeitnehmer als 'bargaining chip' eingesetzt, um Arbeitsbedingungen und Entgelte auszuhandeln. In prosperierenden Unternehmen dieses Typs können das Gehalt und die zusätzlichen Leistungen des Unternehmens sehr attraktiv sein. Dafür sind der Leistungsbereitschaft der Mitarbeiter nach oben hin keine Grenzen gesetzt." (ebd., S. 40f.)

Beschäftigtenstruktur zurückgeführt.[9] In den untersuchten Unternehmen der Hardwarebranche herrschte ein hoher Angestelltenanteil (zwischen 60% und 90%) vor. Obwohl zunehmend Hochschulabsolventen rekrutiert wurden, war die Kultur insgesamt wenig von ihnen geprägt. Anders in den Softwareunternehmen: Hier betrug der Anteil der Hochschulabsolventen nahezu 100%; das Klima war eher von einer „studentischen Kultur" bestimmt (Trautwein-Kalms 1995, S. 110f.). Die Belegschaft wies ein verhältnismäßig niedriges Durchschnittsalter (Mitte 20 bis Mitte 30) und eine kurze Betriebszugehörigkeit (selten mehr als fünf Jahre) auf; die Fluktuation war sehr hoch (ca. 15%). Im Gegensatz zu den Betrieben der Hardwareindustrie (Typ A), die alle bereits innerbetriebliche Auseinandersetzungen durchgemacht hatten, verfügten die Beschäftigten der Softwarebetriebe (Typ B) über keine betrieblich-kollektiven Krisenerfahrungen (ebd., S. 110ff.). Diese Spaltung in der Kultur der IT-Industrie hat, wie die Autorin weiter referiert, tiefgreifende Auswirkungen auf die Arbeitsbeziehungen in den Unternehmen.[10]

Insgesamt konstatiert die Autorin für die traditionellen Hardwareunternehmen zum Untersuchungszeitpunkt einen deutlichen Deregulierungstrend hinsichtlich formaler Mitbestimmungsmöglichkeiten und kollektivvertraglicher Absicherungen. Die Entwicklung des betrieblichen Sozialgefüges in den Hardwareunternehmen sei davon geprägt gewesen, daß in Abkehr von den traditionell-bürokratischen Strukturen der Mutterkonzerne in diesen Tochterunternehmen versucht worden sei, „flachere Hierarchien" mit neuen Managementkonzepten zu

---

9   Die hier referierte Untersuchung basiert auf insgesamt elf Unternehmensfallstudien, die Ende der 80er und zu Beginn der 90er Jahre erhoben wurden.

10   In den von ihr untersuchten Betrieben des Typs A liegt der gewerkschaftliche Organisationsgrad der Beschäftigten zwischen knapp 5% und 30%. Eine tarifvertragliche Bindung war realisiert oder Gegenstand aktueller betrieblicher Auseinandersetzungen. In allen fünf Betrieben bestand ein gewählter Betriebsrat (Trautwein-Kalms 1995, S. 107ff.). Anders verhält es sich mit den Unternehmen des Typs B. Nur die Hälfte der untersuchten sechs Betriebe wies einen Betriebsrat auf. Nur einer verfügte über einen Haustarifvertrag, die übrigen fünf Betriebe waren nicht tarifgebunden. In dem Segment der Softwareindustrie existierte kein eigenständiger Arbeitgeberverband. Der gewerkschaftliche Organisationsgrad der Beschäftigten lag bei weniger als 3% (Trautwein-Kalms 1995, S. 110f.). „Die meist jungen Beschäftigten denken und handeln individualistisch. Ihre beruflichen Aufstiegsperspektiven liegen jenseits des gegenwärtigen Arbeitsverhältnisses, das für sie häufig nur ein Durchgangsstadium darstellt. Die relativ kurze Firmengeschichte, die kleinbetriebliche Struktur und die homogene Belegschaftsstruktur von Hochqualifizierten sowie die geringe Konflikt- und Krisenerfahrung im Betrieb prägen das spezifische betriebliche Sozialgefüge, das sich gegen traditionelle Gewerkschaftspolitik verschießt. Interessenpolitisch scheint sich in der letzten Zeit jedoch eher ein Trend zu verläßlicheren Strukturen und zur Annäherung an gewerkschaftliche Positionen abzuzeichnen." (Trautwein-Kalms 1995, S. 114)

etablieren. Dabei seien bestehende tarifvertragliche Bindungen verstärkt in Frauge gestellt worden,[11] ohne daß endgültig absehbar gewesen sei, wohin sich die Regulationsformen in diesen Unternehmen entwickeln würden.

„Das betriebliche Sozialgefüge befindet sich folglich im Übergang von tradierten, festen Strukturen und verläßlichen Traditionen in den industriellen Beziehungen zu neuen Gegebenheiten, die – so Managementaussagen – 'dienstleistungsgemäßer' sind. Die Karten im Herrschaftsgefüge werden neu gemischt, aber noch ist nicht eindeutig erkennbar, wie die neuen Spielregeln am vorläufigen Ende des Umstrukturierungsprozesses lauten werden." (ebd., S. 109)

1.2   Ziel und Aufbau der Studie

Die Forschung zum Wandel der Arbeitsbeziehungen in der IT-Industrie verdeutlicht, daß zentrale Aspekte der gesellschaftlichen Transformation – wie die Veränderung der Produktions- und Arbeitsprozesse, der Managementmethoden sowie der Orientierungen der Beschäftigten –, denen in der Wirtschaft allgemein ein nachhaltig wirkendes Veränderungspotential auf die Arbeitsbeziehungen unterstellt wird, in der IT-Industrie bestimmende Bedeutung haben. Die unterdurchschnittliche Verbreitung der Kerninstitutionen deutscher Arbeitsbeziehungen – die allgemein unterstellt wird – sowie der „Deregulierungstrend", in dem sich die Branche mit Blick auf dieses institutionelle Setting vermeintlich befindet, werden in engem Zusammenhang zu eben diesen Veränderungstendenzen gesehen. Daraus schließen verschiedene Autoren auf einen generellen Trend, wonach die Veränderung der Arbeit, wie sie nicht nur für die IT-Industrie konstatiert wird, eine Erosion der traditionellen institutionellen Strukturen der Arbeitsbeziehungen mit sich bringt (vgl. Heidenreich/Töpsch 1998; Schmierl 2001). Den Beschäftigten – es handelt sich in diesem Wirtschaftssegment im allgemeinen um relativ hochqualifizierte und junge Personen – wird mit der Erosion der traditionellen Formen der Mitbestimmung eine zentrale Rolle in den Prozessen des Interessenaustauschs zugewiesen und eine vergleichsweise große „Marktmacht" unterstellt, die sie in die Lage versetzt, ihre Interessen auch jenseits kollektivvertraglicher Regelungen durchzusetzen (Trautwein-Kalms 1995; Heidenreich/Töpsch 1998). Dies wirft die Frage auf, ob diese hochqualifizierten

---

11   „Die Unternehmens-Umstrukturierung ist mit dem Versuch der Deregulierung als Ab- und Umbau tariflicher und anderer Regelungsstrukturen, neuen Anforderungen an die Interessenvertretung und insgesamt mit der Veränderung des betrieblichen Sozialgefüges einschließlich der Infragestellung tradierter 'betrieblicher Übungen' im betrieblichen Herrschaftsgefüge verbunden. Die gewohnte Berechenbarkeit der individuellen betrieblichen Arbeitsperspektive geht der Belegschaft verloren." (ebd.)

18

Beschäftigtentypen überhaupt noch Gewerkschaften, Betriebsräte und kollektive Regelungen benötigen. Zugleich deutet sich darin eine Veränderung der Muster des Interessenaustauschs an: Dem „individuellen Interessenhandeln der Beschäftigten" (Boes/Marrs 2001) kommt unter diesen Bedingungen eine große Bedeutung zu.

Die Untersuchung der Arbeitsbeziehungen muß diesem Umstand Rechnung tragen und darf sich nicht nur auf die formellen Strukturen der Mitbestimmung konzentrieren. Unterhalb der Ebene kollektiver Interessenvertretung sind die vielfältigen Formen schwach formalisierter, informeller Formen und Praxen des Interessenaustauschs zwingend in den Blick zu nehmen.

Zugleich verweist die vorhandene Literatur darauf, daß jedes Unternehmen über eine spezifische Kultur der Arbeitsbeziehungen verfügt. Deutlich wird, daß die IT-Industrie in sich hochgradige Unterschiede hinsichtlich der historischen Verankerung und der konkreten Ausprägung der Arbeitsbeziehungen aufweist. Dem ist in der Untersuchung Rechnung zu tragen.

Als notwendig für das Verständnis der aktuellen Entwicklung der Arbeitsbeziehungen in der IT-Industrie erweist sich eine Analyse ihrer historischen Entwicklung, insbesondere der Umbruchsituation, in der sie sich seit Beginn der 90er Jahre befindet. Dies wird nach einer kurzen Übersicht über das methodische Vorgehen in Kapitel 3 geleistet. Dabei zeigt sich, daß dieses Wirtschaftssegment zu Beginn der 90er Jahre erst in seiner gegenwärtig abzusehenden Gestalt entsteht. Die Entwicklung neuer, offener Informationsinfrastrukturen – vor allem die verstärkte Nutzung des Internets als zentraler Basisinfrastruktur weltweiter Informationssysteme – bildet die Grundlage für das Zusammenrücken bisher getrennter Wirtschaftssegmente. Insbesondere das Produkt- und Leistungsspektrum der Computerindustrie, der Telekommunikationsindustrie und der Bereiche Software und IT-Dienstleistungen wird immer enger verschränkt und mit Teilen der Medienindustrie verzahnt.

Dieser Prozeß wird begleitet von einer Veränderung in den Produktions- und Arbeitsprozessen, die sich aktuell in den Unternehmen der IT-Industrie mit Vehemenz vollzieht. Die Untersuchung des Wandels der Produktions- und Arbeitsformen sowie der damit einhergehenden Veränderungen der Beschäftigtenstruktur zeigt, daß sich in den verschiedenen Marktsegmenten sehr unterschiedliche Entwicklungen vollziehen. Gemeinsam ist den Unternehmen der IT-Industrie allerdings, daß sie – ausgehend von jeweils anderen Voraussetzungen – Produktions- und Arbeitsformen hervorbringen, die sich grundlegend von denen des tayloristischen Paradigmas unterscheiden. Auch wenn in vielen Unternehmen noch eine beachtliche Anzahl der Beschäftigten in Arbeitsformen tätig ist, die denen in der traditionellen Fertigung oder Verwaltung entsprechen, ist es dennoch für die IT-Industrie insgesamt kennzeichnend, daß Arbeitsformen mit mehr oder weniger ausgeprägten Freiräumen für selbstorganisiertes Arbeiten dominieren. Diese Wandlungsprozesse haben in den verschiedenen Unternehmen je nach ihrer „Grundcharakteristik" eine je eigene Dynamik und spezifische Verlaufsmuster. Das ist der Gegenstand des Kapitels 4.

Die Untersuchung der zwölf Fallunternehmen macht deutlich, daß die Prozesse der Veränderung der Formen und Modi des Interessenaustauschs zwischen Beschäftigten und Unternehmen, welche durch den Umbruch der IT-Industrie zu Beginn der 90er Jahre eine große Dynamik erhalten haben, sehr unterschiedliche Verlaufsmuster aufweisen. Wesentliches Merkmal der Arbeitsbeziehungen in der IT-Industrie ist ihre ausgeprägte Differenziertheit. Sehr unterschiedliche, historisch begründete Kulturen der industriellen Beziehungen stoßen hier aufeinander. Dies findet seinen Niederschlag in der Tatsache, daß hier bisher kein einheitliches Tarifsystem geschaffen werden konnte und die Beziehung der einzelnen Unternehmen zu den Institutionen der Arbeitsbeziehungen sehr unterschiedlich ist. Die Analyse ist daher von dem Bestreben geleitet, diese Unterschiedlichkeit der Arbeitsbeziehungen zu identifizieren und ihre Ursachen und Hintergründe auszuleuchten. Dies wird in Kapitel 5 geleistet. Im abschließenden Kapitel werden die Ergebnisse der Untersuchung zusammengefaßt. Während die vorherigen Kapitel vom Bestreben um eine differenzierte Darstellung der Situation in der IT-Industrie motiviert waren, wird hier der Versuch unternommen, auf der Basis der vorgelegten Befunde zu einigen zentralen Fragen der Zukunft der Arbeit und der Arbeitsbeziehungen Stellung zu nehmen.

20

2. Methodisches Vorgehen

Zum Wandel der Arbeit und der Arbeitsbeziehungen in der IT-Industrie liegen keine aktuellen empirischen Forschungsergebnisse vor, welche die Veränderungen in den verschiedenen Segmenten der Branche in einer Gesamtsicht analysieren. Daher ist diese Studie als Explorativstudie angelegt. Die Analyse zielt vordringlich darauf, zentrale Aspekte der Entwicklung der Arbeitsbeziehungen in der IT-Industrie zu erfassen und einer weitergehenden Analyse zugänglich zu machen. Dabei richtet sich das Hauptaugenmerk darauf, die Unterschiede in den Arbeitsbeziehungen der Unternehmen und einzelner Marktsegmente herauszuarbeiten, deren Hintergründe auszuleuchten und zu einer begründeten Typologie der Arbeitsbeziehungen in den Unternehmen der IT-Industrie zu kommen. Insofern hat diese Studie den Charakter einer „Landvermessung", um das Terrain zu erkunden, Problemstellungen und Entwicklungspfade in den unterschiedlichen Segmenten zu eruieren und die IT-Industrie als Ganze einer vertiefenden Forschung zugänglich zu machen.

Den Kern der Analyse bilden zwölf Unternehmensfallstudien, die im Zeitraum zwischen Sommer 1999 und Januar 2000 erhoben wurden. Deren Ergebnisse werden durch Expertengespräche mit in diesem Feld arbeitenden Wissenschaftlern sowie mit Verantwortlichen von Verbänden und Gewerkschaften ergänzt und konsolidiert. Teilnehmende Beobachtungen auf einschlägigen Konferenzen und Workshops sowie eine Literaturanalyse vervollständigen die Untersuchung. Es erleichterte die Analyse, daß sich die Autoren seit Ende der 80er Jahre in verschiedenen Forschungsprojekten intensiv mit der IT-Industrie beschäftigt haben und deren Veränderungen über einen vergleichsweise langen Zeitraum hinweg verfolgen konnten.

2.1   Auswahl der Fallunternehmen

Die Auswahl der Fallunternehmen erhält durch die unklare Kontur der IT-Industrie besondere Brisanz. Weil sich die IT-Industrie gegenwärtig in einem dynamischen Veränderungsprozeß befindet, besteht keine einheitliche Definition der Branche. Selbst die Frage, ob es sich bereits um eine Branche im Sinne eines klar abgrenzbaren Wirtschaftssegments, das von außen als solches identifizierbar ist und nach innen eine entsprechende institutionelle Verfaßtheit aufweist, handelt, ist umstritten (vgl. Nordhause-Janz/Rehfeld 1999; Seufert 2000).

Die IT-Industrie ist weder als wirtschaftsstatistische Einheit noch als ein einheitliches Regulierungssystem der Arbeitsbeziehungen vorzufinden. Betrachtet man die offizielle Wirtschaftsstatistik, wie sie beispielsweise vom Bundesamt für Statistik vorgelegt wird, so sind die Segmente, die heute gemeinhin zur IT-Industrie gezählt werden, über sämtliche Wirtschaftsbereiche verstreut (vgl. Nordhause-Janz/Rehfeld 1999). Einen wichtigen Klärungsversuch in der Diskussion um die Abgrenzung der IT-Industrie stellt die Arbeit von Nordhause-Janz und Rehfeld dar. Die Autoren unterscheiden zwischen einer engen und in einer weiten Abgrenzung der „IuK-Wirtschaft". Die enge Definition umfaßt die Bereiche Informationstechnik nebst Software und Dienstleistungen sowie Telekommunikationsdienstleistungen nebst Telekommunikationshardware. Die weite Abgrenzung zählt darüber hinaus auch die Medienindustrie dazu. Aus Gründen, die im folgenden Kapitel eingehender erläutert werden, wird dieser Arbeit die enge Abgrenzung zugrundegelegt.

Die Auswahl der Fallunternehmen berücksichtigt die unterschiedlichen Marktsegmente. Im einzelnen bedeutet dies, daß das Segment „Informationstechnik- und Telekommunikationstechnikhardware" mit insgesamt vier Unternehmen besetzt ist, das Segment „Software, IT-Dienstleistungen und IT-Beratung" mit fünf Fallunternehmen und das Segment „Fernmeldedienste" mit drei Unternehmen.

Ein weiteres Kriterium der Unternehmensauswahl war die Streuung nach Betriebsgrößenklassen. Die Auswahl wurde so getroffen, daß die zwölf Fallunternehmen die unterschiedlichen Bedingungen, wie sie für verschiedene Betriebsgrößenklassen in der Literatur beschrieben werden, exemplarisch erfaßbar machen. Aufgrund der hervorgehobenen Bedeutung, die große Unternehmen bei der Entwicklung von branchenweiten institutionellen Strukturen haben, sind diese deutlich überrepräsentiert. Insgesamt sechs Unternehmen haben mehr als 1.000 Beschäftigte, vier Unternehmen zwischen 100 und 1.000 Beschäftigte und zwei Unternehmen weniger als 100 Beschäftigte.

Als Auswahlkriterium wurde weiterhin berücksichtigt, ob und inwieweit die Unternehmen die duale institutionelle Struktur der industriellen Beziehungen ausgebildet haben. Insgesamt sechs Unternehmen weisen eine tarifvertragliche Bindung und einen nach dem Betriebsverfassungsgesetz gewählten Betriebsrat auf, weitere drei Unternehmen haben keine tarifvertragiche Bindung, aber einen gewählten Betriebsrat, und drei Unternehmen verfügen weder über einen Tarifvertrag noch über einen Betriebsrat.

Die folgende Tabelle bietet einen Überblick über die Fallunternehmen (vgl. Tab. 1).

Das Fallunternehmen *A1* als deutsches Großunternehmen der Elektrotechnischen Industrie kann heute auf eine 150jährige Geschichte verweisen. Es gehört zu den Pionieren der Telekommunikationsindustrie und des Computerbaus in

Tab. 1: Übersicht über die Fallunternehmen

Kennung	Schwerpunkt der Leistungserstellung	Beschäftigtenzahl	BR*	TV**
Hardware				
A1	Telekommunikationshardware, Computer und Dienstleistungen	23.000	Ja	Ja
A2	Computer und Dienstleistungen	12.000	Ja	Ja
A3	Computer und Dienstleistungen	2.100	Ja	Ja
A4	Telekommunikationshardw. und Dienstleistungen	11.000	Ja	Ja
Software, IT-Dienstleistungen, IT-Beratung				
B1	Rechenzentrumsdienstleistungen	310	Ja	Ja
B2	Individualsoftware	3.000	Ja	Nein
B3	Standardsoftware	660	Ja	Nein
B4	Software, Systementwicklung	23	Nein	Nein
B5	Regionaler Internetprovider, Softwaredienstleistungen	26	Nein	Nein
Telekommunikationsdienstleistungen				
C1	Telekommunikationsdienstleistungen	144.000	Ja	Ja
C2	Telekommunikationsdienstleistungen	170	Nein	Nein
C3	Internationaler Internetprovider	950	Ja	Nein

* Betriebsrat
** Tarifvertrag

Deutschland. In der Telekommunikationstechnik gehört das Unternehmen seit den Anfängen des Fernmeldewesens zu den wichtigsten Herstellern in Deutschland. Kennzeichnend für dieses Geschäftsfeld sowie aber auch für andere Geschäftsfelder dieses Unternehmens sind enge Beziehungen zu staatlichen Abnehmern; sie begleiten den Erfolg des Unternehmens seit Ende des 19. Jahrhunderts. Das Unternehmen stellt darüber hinaus im Bereich der Fernmeldetechnik einen der führenden Anbieter auf dem Weltmarkt dar. In der Informationstechnik ist das Unternehmen seit den Anfängen einer eigenständigen deutschen Computerindustrie aktiv; es ist der Marktführer der deutschen Hersteller.

Das Unternehmen *A2* ist zu den Pionieren der IT-Industrie zu zählen. Es handelt sich um ein Tochterunternehmen eines US-amerikanischen Computerherstellers aus dem Bereich des Büromaschinenbaus. Die Geschichte des Unternehmens spiegelt idealtypisch die Entwicklung der IT-Industrie wider, wie sie sich aus der Lochkartentechnik und der Großcomputertechnologie heraus entwickelt hat. Bereits Ende des 19. Jahrhunderts wurden Büromaschinen im Bereich Lochkartentechnik hergestellt. Ende der 40er Jahre übernahm man den einzigen deutschen Anbieter auf diesem Feld. In den 40er und 50er Jahren gehörte das Unternehmen zu den ersten Herstellern von Computern, zunächst im militärischen und später auch im zivilen Bereich.

Das Unternehmen *A3* stellt in seiner gegenwärtigen Entwicklung einen Sonderfall dar, der für sich zu untersuchen wäre. Als Merger dreier Unternehmen mit unterschiedlicher Herkunft und organisatorischer Ausrichtung steht hier momentan die organisatorische Integration im Vordergrund. In Deutschland dominieren die Unternehmensteile, die aus einem traditionellen Hardwarehersteller aus dem Midrange-Bereich kommen und viele Eigenschaften eines ehemals fordistischen Unternehmens aufweisen.

Das Unternehmen *A4* ist als Anbieter im Bereich der Telekommunikationshardware tätig. Mittlerweile Tochter eines französischen Konzerns, gehört es zu den traditionsreichsten deutschen Unternehmen der Elektrotechnischen Industrie. Die Wurzeln des Unternehmens reichen zurück bis in die Mitte des 19. Jahrhunderts. Das Produkt- und Leistungsspektrum des Unternehmens *A2* war durch Großrechnersysteme und die mit diesen Systemen verbundenen Dienstleistungen geprägt. *A4* stellte in enger Kooperation mit der Deutschen Post und später der Deutschen Telekom AG Telekommunikationsausrüstung wie Vermittlungsanlagen, Nebenstellenanlagen und Telefone her. *A1* war in beiden Marktsegmenten aktiv. Mit dieser hardwareorientierten Produktpalette der Unternehmen standen die Herstellung, die Installation und die Wartung hardwaretechnischer Systeme und Einzelgeräte im Zentrum der Produktionsprozesse, die damit einer weitgehenden tayloristischen, arbeitsteiligen Organisation zugänglich waren. Entsprechend wiesen diese Unternehmen eine Beschäftigtenstruktur auf, die sich durch einen relativ hohen Anteil von Mitarbeitern unterhalb des Hochschul- und Fachhochschulniveaus auszeichnet. Sie waren durch Organisationsstrukturen geprägt, die eine an einzelnen Produkten oder Produktgruppen orientierte vertikale Integration von Teilprozessen aufwiesen sowie innerhalb dieser vertikalen Strukturen eine hierarchische Linienorganisation mit einer Vielzahl von Führungsebenen, an deren Ende der arbeitsteilig definierte Einzelarbeitsplatz stand.

Auch das Unternehmen *B1*, ein Rechenzentrumdienstleister, ist zu dieser Gruppe zu zählen. Bei *B1* handelt es sich um kein traditionelles Unternehmen der IT-Industrie, sondern um eine relativ junge Ausgründung aus der Chemischen bzw. der Elektrotechnischen Industrie. Aufgrund seiner Herkunft aus einem traditionellen fordistischen Großunternehmen weist aber auch dieses mit seiner hierarchischen Linienorganisation und relativ großen Anteilen tayloristisch organisierter Arbeitsprozesse viele der für diese Gruppe typischen Merkmale auf.

Das Unternehmen *B2* vereinigt hinsichtlich der Entwicklung seines Produkt- und Leistungsspektrums zwei unterschiedliche Entwicklungslinien. In seiner heutigen Ausprägung entstand es in den 80er Jahren durch einen Merger einer ehemaligen Softwareabteilung eines Großunternehmens der Elektrotechnischen Industrie mit einem mittelständischen Unternehmen. Heute ist *B2* ein Tochterunternehmen mit über 3.000 Beschäftigten innerhalb eines großen Informationstechnikdienstleisters. Am untersuchten Standort war das Produkt- und Leistungsspektrum in der Vergangenheit auf die Entwicklung von Individualsoftware für Großkunden, insbesondere im Telekommunikationsbereich, konzentriert. Hier wurde in großen Projekten administrative Software, etwa im Bereich Fernmelderechnungsdienst, entwickelt und gepflegt. Dieses Produkt- und Leistungsspektrum zeichnet sich insbesondere dadurch aus, daß damit sehr stabile und lang dauernde Projekte generiert werden.

Das Unternehmen *B3* repräsentiert jene Pioniere im Bereich Standardsoftware, die zu Beginn der Hochphase der Großrechnertechnologie als selbständige Anbieter von Software entstanden. Es wurde Ende der 60er Jahre in Deutschland gegründet und etablierte sich mit einer Datenbanksoftware auf dem Marktsegment der großrechnerorientierten Systemsoftware. Seit Ende der 70er Jahre kam eine Entwicklungssprache als zweites Standbein hinzu. Kunden sind vor allem Großunternehmen. In den 80er Jahren erfolgte eine ungeplante Ausdehnung des Produkt- und Leistungsspektrums insbesondere in den PC-Bereich hinein, die allerdings durch eine „Konzentration auf die Kernkompetenzen" seit Mitte der 90er Jahre weitgehend wieder zurückgenommen wurde. Vertrieben wird nunmehr ausschließlich Systemsoftware für Großrechner. Das beinhaltet zwei parallele Produktfamilien: zum einen die klassischen Mainframeprodukte in Form der beiden Ausgangsprodukte des Unternehmens, die seit 30 Jahren weiterentwickelt und für die Kunden vorrätig gehalten werden, die nicht in den Bereich des Internets wollen; zum anderen eine neue Produktfamilie, die es den Kunden ermöglichen soll, ihre Applikationen zu verknüpfen und „electronic-businessfähig" zu machen. Dies macht gegenwärtig den Kern der Produktidentität des Unternehmens aus. Für den Bereich E-Business wurden drei neue Entwicklungen vorgelegt, die das alte Produktspektrum – Datenbanksysteme, Entwicklungssprachen und Middelware – auf einer internetfähigen Ebene wiederholen.

Das Unternehmen *B4* ist eines der vielen kleinen universitätsnahen Unternehmen, die in den 90er Jahren in den von traditionellen Großunternehmen noch wenig beachteten Markt für PC-Software und PC-Netzwerke stoßen. Das Unternehmen ist zunächst im Novell-Umfeld angesiedelt, wird dann aber Mitte der 90er Jahre zum Microsoft-Partner.[1] Das Produkt- und Leistungsspektrum be-

---

1   *B4* ist damit in jene neuartigen Markt- und Produktionsstrukturen eingebettet, die nicht mehr auf vertikal integrierten Produktionsprozessen in Großunternehmen basieren, in

steht bis Ende 1998 aus Softwareentwicklung auf der Basis von Microsoft-Middleware und -Entwicklungsumgebungen, dem Aufbau von PC-Netzwerken sowie der Integration von Microsoft-Standardsoftware sowie dem Training von Anwendern, Entwicklern und Netzwerkadministratoren in diesen Softwareprodukten.

Das Unternehmen *B5* wurde 1993 zunächst als Servicegesellschaft zur Bereitstellung der Infrastruktur eines Technologieparks, eines räumlichen Zusammenschlusses kleiner und mittlerer regionaler Softwareunternehmen gegründet. Ende 1995 entwickelte das Unternehmen einen Internet-Einwählknoten mit der dazugehörigen Technik und bot Internetdienstleistungen am freien Markt an. Die Marktsituation war in den ersten Jahren durch eine relativ geringe Nachfrage geprägt. Dies verändert sich zum Ende der 90er Jahre. Der reine Internetzugang wird zu einem Massenprodukt, was zu einer Ausdehnung der technischen und administrativen Kapazitäten führt. Darüber hinaus entsteht insbesondere für die kleinen Zugangsanbieter der Druck, das Angebot über Mehrwertdienste zu erweitern. So entstehen in *B5* weitere Geschäftsaktivitäten wie das Webdesign und die Produktion von Musik, Musikjingles und Videos. Gegenwärtig stehen die Internetdienstleistungen im Zentrum des Angebots und prägen das Unternehmen mit ihrem hohen Verwaltungsaufwand und der Anforderung, den technischen Betrieb aufrechtzuerhalten.

Das Unternehmen *C1* stellt eine ehemalige Behörde dar, die in den 90er Jahren privatisiert wurde. Es ist heute Marktführer im Bereich der Telekommunikationsdienstleistungen. Der Gegenstand der Produktions- und Arbeitsprozesse dieses Unternehmens bzw. der Behörde war und ist die Bereitstellung und Wartung kommunikationstechnischer Infrastruktur sowie die Verwaltung der Dien-

---

denen proprietäre Technologien „in einem Guß" entwickelt, hergestellt und vertrieben bzw. eingesetzt werden. Vielmehr ist der PC-Bereich durch eine Vielzahl konkurrierender alternativer Technologien und durch permanente Innovationen geprägt, die durch einzelne Unternehmen nicht mehr kontrolliert und in ihrer Entwicklung gesteuert werden können. Die Unternehmenslandschaft ist nicht mehr durch wenige Großanbieter mit geringem Austausch geprägt, sondern durch zahlreiche autonome Unternehmen unterschiedlicher Größe und Marktstellung, die in ein wenig stabiles netzwerkartiges Beziehungsgeflecht zueinander treten. Konstitutiv für diese Netzwerke sind einerseits Standards, über die eine Integration der jeweiligen Produkte realisiert wird und andererseits mehr oder weniger stabile Kooperationsbeziehungen, über die einzelne Produktionsprozesse zu einer Produktionskette zusammengefügt werden, etwa von der Entwicklung von Betriebssystemen und Middleware über die Anwendungsentwicklung bis hin zur Systemkonfiguration und -integration. Das Partnersystem von Microsoft stellt eine in der Branche verbreitete Variante dar, ein Netz eigenständiger Unternehmen an einen Hersteller eines Standardprodukts zu binden und damit dem Hersteller einen wichtigen Vertriebskanal zu öffnen und den Partnerunternehmen den frühzeitigen Zugang zu neuen Technologien zu ermöglichen.

ste. Als Behörde stellte es geradezu einen Musterfall einer konsequenten Realisierung fordistisch-tayloristischer Organisationsstrukturen dar: Es zeichnete sich durch eine tiefe Arbeitsteilung und stark hierarchische Organisationsstrukturen aus und wies auch die typische Beschäftigtenstruktur dieser Unternehmensgruppe auf.

Das Unternehmen *C2* wurde 1995 gegründet und baute seine Festnetzaktivitäten im Segment der Telekommunikationsdienstleistungen auf. Es rechnet sich zu den Arbitrageuren auf dem Markt, die von Preisdifferenzen zur Deutschen Telekom AG leben und war mit dieser Strategie bisher sehr erfolgreich. Ursprünglich war das Unternehmen auf die Bereiche Festnetz und Telefonie konzentriert und war dort insbesondere im Massenmarkt des Call-by-Call-Geschäfts tätig. Für die zukünftige Unternehmensentwicklung wird angestrebt, die Marktposition vor allem über neue Dienstleistungen und den Einstieg in den Internetbereich zu festigen. Letzteres wurde durch den Kauf eines kleinen Internetdienstleisters eingeleitet, durch den insbesondere ein Fokus auf Unified Messaging als Schlüsseltechnologie in das Unternehmen gebracht wurde. Eine zentrale strategische Ausrichtung in der Entwicklung des Leistungsspektrums besteht darin, auf Basis dieser Technologie eine universelle Kommunikationsschnittstelle zu schaffen, die Mobilfunk, Internet und Sprachtelefonie ohne Medienbrüche integriert. Innerhalb kurzer Zeit wurde ein neuer Geschäftsbereich geschaffen, der Internet-Dienstleistungen anbietet und für den eine weitere Ausdehnung, z.B. durch den Ausbau einer Suchmaschine und eines Shop-Systems, geplant ist. Die gegenwärtige Produktpalette des Unternehmens enthält Call by Call, Preselect, Routerverfahren, 0800-Nummern für Geschäftskunden (die gebührenfreies Anrufen für Kunden ermöglichen), Internetzugang und Unified Messaging sowie Mehrwertdienste wie Massenfaxversand. Der Schwerpunkt der Aktivitäten liegt auf dem Massenmarkt privater Endkunden. Allerdings wurde in den letzten Jahren ein eigenständiger Geschäftsbereich aufgebaut, der sich an mittelständische Geschäftskunden richtet.

Das Unternehmen *C3* ist Ende der 90er Jahre als Ausgründung eines großen deutschen Telekommunikationsunternehmens entstanden und gehört mittlerweile zu den führenden Internetdienstleistern in Deutschland. Das Unternehmen ist auf den Massenmarkt der (privaten) Endkunden spezialisiert, für den es im wesentlichen zwei Produkte anbietet: den Internet-Zugang selbst, verschiedene Services wie Online-Banking, E-Mail-Adresse, kundeneigene WWW-Seiten, Informationsdienste sowie ein Shopping-System. Der Geschäftskundenbereich spielt nur eine untergeordnete Rolle. *C3* konzentriert sich als spezialisierte Tochter eines großen Konzerns auf den Markt für Internet-Dienstleistungen und gilt als der größte deutsche Anbieter. Dieser Markt ist durch wenige große Wettbewerber mit einem flächendeckenden Angebot sowie durch eine Vielzahl kleiner, regionaler Wettbewerber geprägt. Die Marktsituation der hier vertretenen Unternehmen ist wesentlich dadurch bestimmt, inwieweit es einerseits gelingt, den Sprung in das Massengeschäft der Rechner- und Übertragungskapazitäten sowie der Anzahl der Einwählknoten zu bewältigen und andererseits im Privatkunden- und Geschäftskundenbereich jeweils neue Dienstleistungen mit hoher Innovationsdynamik zu entwickeln.

2.2   Erhebungskonzept

Bei den Erhebungen in den Fallunternehmen kamen unterschiedliche Methoden zum Einsatz. Mit Hilfe einer schriftlichen Befragung wurden die betrieblichen Rahmendaten erfaßt. Diese Erhebungen wurden durch eine Dokumentenanalyse vorliegender Unternehmensinformationen ergänzt. Des weiteren wurden leitfadengestützte, mündliche Interviews mit Vertretern der Geschäftsführung, Vertretern der betrieblichen Interessenvertretung, Verantwortlichen für die Personalentwicklung und Ausbildungsleitern sowie Gruppeninterviews mit zwei bis vier Projektleitern je Fallunternehmen durchgeführt. Die Dauer der Gespräche betrug zwischen 80 und 240 Minuten. Dem Konzept der „cross examination" (Kern 1982) folgend wurde mit einem Mix aus verschiedenen Methoden gearbeitet und darauf geachtet, daß unterschiedliche Sichten und Perspektiven der einzelnen betrieblichen Akteure zu einem Gesamtbild zusammengefügt werden können, um der Komplexität des Gegenstands gerecht zu werden.

Die Ergebnisse der Unternehmensfallstudien wurden durch leitfadengestützte, mündliche Interviews mit Experten aus Verbänden und Gewerkschaften, mit Fachjournalisten und einschlägig forschenden Wissenschaftlern sowie mit betrieblichen Experten aus anderen Unternehmen konsolidiert. Darüber hinaus wurden mehrere Fachkongresse, Workshops und Seminare zu dem Themenbereich besucht und die einschlägige Literatur (wissenschaftliche Publikationen sowie Fachzeitungen und -zeitschriften) ausgewertet.

Die insgesamt ca. 150 Expertengespräche, welche der Untersuchung zugrunde liegen, und die weiteren konsolidierenden Erhebungen sollen eine Gesamtsicht auf die IT-Industrie ermöglichen. Die Gefahr einer unzureichenden „Repräsentativität", welche einem auf qualitativen Fallstudien basierenden empirischen Konzept stets innewohnt, soll durch die konsolidierenden Erhebungen gemindert werden. Auf diese Weise kann die Reichweite der Befunde aus den Fallunternehmen abgeschätzt und deren Verallgemeinerbarkeit fundiert werden.

3.   Umbruch in der IT-Industrie

Die IT-Industrie steht im Zentrum eines Umbruchs, der sich seit Anfang der 90er Jahre mit zunehmender Dynamik vollzieht. Aktuell erleben wir in den Industrieländern einen Wandel der Produktionsstrukturen und der Gesellschaften insgesamt, der als Übergang zur „Informationsgesellschaft" bezeichnet wird. Gemeint ist hiermit, daß Informationen und Informationssysteme einen immer höheren Stellenwert in der Gesellschaft erhalten und zur zentralen Bezugsgröße der Umgestaltung der Produktionsprozesse in großen Teilen der Wirtschaft werden. Im Zentrum dieses Umbruchprozesses steht die IT-Industrie, die als Lieferant der Schlüsseltechnologien dieser Entwicklung selbst in hohem Maße von den Umwälzungsprozessen betroffen ist.

Die IT-Industrie versucht, sich dieser dynamischen Entwicklung zu stellen, indem sie ihr Produkt- und Leistungsspektrum grundlegend verändert und sich vermehrt um die Entwicklung und Vermarktung neuer Produkte und Leistungen bemüht. Im Zentrum dieser Bemühungen stehen weltweite Informations- und Kommunikationssysteme wie das Internet, das als global verfügbare Basisinfrastruktur zur zentralen Achse der Umgestaltung der Informations- und Kommunikationssysteme insgesamt wird. Um diese Entwicklung herum gruppieren sich die Unternehmen in den unterschiedlichen Marktsegmenten neu, und die IT-Industrie erhält als Ganze eine neue Kontur. Zwischen den einzelnen Segmenten entstehen immer engere Wechselbeziehungen, und es kommt zu deutlich hervortretenden „Verwischungen" des Produkt- und Leistungsspektrums zwischen den Marktsegmenten. Hinzu kommt, daß die Grenzen zu den sogenannten Anwenderbranchen in manchen Bereichen fließend werden.

3.1   Abgrenzung der IT-Industrie

Eine eigenständige Branche „IT-Industrie" wird gegenwärtig nicht in der Statistik ausgewiesen (vgl. Nordhause-Janz/Rehfeld 1999). In der aktuellen Diskussion entwickelt sich aber ein Konsens dahingehend, daß die IT-Industrie als eigenständiger Wirtschaftsbereich mit einer nicht zu unterschätzenden Bedeutung zu betrachten ist. Dennoch blieb eine einheitliche, positive Bestimmung dieses Gegenstands bislang aus (Seufert 2000).

Die Schwierigkeiten der wirtschaftsstatistischen Zuordnung der IT-Industrie haben ihren Ursprung in einer grundlegenden Veränderung der Produktionsstrukturen. Hieraus resultieren zwei eng miteinander verbundene Ursachenkomplexe, die jeder für sich die Definition der IT-Industrie in spezifischer Weise bestimmen. Einerseits durchläuft dieses Wirtschaftssegment als „Lieferant" der Schlüsseltechnologie neuer Produktionsformen selbst einen Umbruch, der zu viel grundlegenderen Verschiebungen der Produktions- und Arbeitsstrukturen führt, als dies in den Anwenderbranchen der neuen Technologien der Fall ist. Damit geraten die Abgrenzungen der IT-Industrie zu anderen Branchen sowie ihre Binnensegmentierung in Bewegung. Etablierte Abgrenzungen stimmen nicht mehr mit der realen Struktur der IT-Industrie überein. Diese objektiven Schwierigkeiten der wirtschaftsstatistischen Erfassung werden seit Mitte der 90er Jahre noch dadurch verstärkt, daß die IT-Industrie in der politisch motivierten Debatte um das Kommen der „Informations- oder Wissensgesellschaft" aus verschiedenen Gründen zum „Hoffnungsträger" der zukünftigen wirtschaftlichen Entwicklung avancierte (vgl. Baukrowitz et al. 1998). Gerade weil diesem Wirtschaftssegment im Gegensatz zu traditionellen Industrien und Dienstleistungsbranchen ein stabiles Wirtschaftswachstum vorausgesagt wird, steigt bei vielen Akteuren das Interesse, die IT-Industrie „künstlich großzurechnen", ihr Branchen und Segmente zuzurechnen, die nur wenig mit ihr gemein haben, um so der These Gewicht zu verleihen, daß sie die Kernbranche der „Informationsgesellschaft" sei.

Allgemein liegt den gegenwärtig vorgelegten Abgrenzungen die Auffassung zugrunde, daß im Übergang zur „Informationsgesellschaft" eine neue „Meta-Branche" entsteht. Diesem Sektor werden in der Literatur sehr unterschiedliche wirtschaftliche Bereiche zugerechnet. In allen vorliegenden Definitionen werden die Produzenten elektronischer Bauelemente, die IT-Technik und Nachrichtentechnik sowie die IT-Dienstleistungen und Telekommunikationsdienstleistungen zur IT-Industrie gerechnet (EITO 2000).[1] Darüber hinaus werden von verschiedenen Instituten weitere Wirtschaftsbereiche zur IT-Industrie hinzugezählt.

So weist beispielsweise die Studie von A. D. Little (1996) noch die Kabelproduktion, die Meß- und Regeltechnik, die Prozeßsteuerung, die Unterhaltungselektronik und die elektronischen Medien (Filmwirtschaft, Rundfunk, Onlinedienste) als Teile der „TIME-Industrien" (Telecommunication, Information, Media and Electronics) aus. In anderen Studien – so etwa bei bei Booz, Allan & Hammilton (1998) – werden neben den ICT (Information and Communication Technologies)-Industrien die Unterhaltungselektronik, die elektronischen Medien sowie Call Center und E-commerce-Unternehmen berücksichtigt. Andere Autoren zählen beispielsweise das Kredit- und Versicherungsgewerbe hinzu

---

1   Diese Definition verwendet beispielsweise das *European Information Technology Observatory* (EITO) seit Jahren für die Prognosen zur Entwicklung der europäischen IT-Industrie. Der Sektor wird hier als *Information and Communication Technologies* begrifflich erfaßt.

(Hofmann/Saul 1996, S. 17). Aufgrund der unterschiedlichen Zuordnungen weichen die Angaben zur Größe der IT-Industrie deutlich voneinander ab (vgl. Seufert 2000).

Einen wichtigen Beitrag in der Diskussion um die Abgrenzung der IT-Industrie stellt die Arbeit von Nordhause-Janz und Rehfeld (1999) dar. Obwohl auch hier ein dringend erforderliches neues theoretisches Konzept zur Erfassung der Umstrukturierungen der Wirtschaft insgesamt und der IT-Industrie im besonderen nicht entwickelt wird,[2] bietet dieser Vorschlag eine pragmatische Handhabe zur Bestimmung des Forschungsgegenstands. Im einzelnen ergibt sich folgende Einteilung (vgl. Tab. 2).

Zum gegenwärtigen Zeitpunkt scheint es nicht geraten, die IT-Industrie in einem weiten Zugriff unter Einschluß der gesamten Medienindustrie zu definieren, weil die Verflechtungen zwischen diesem Wirtschaftssegment und den übrigen Segmenten nur schwach ausgeprägt sind. Relevante Beziehungen bestehen lediglich für den kleinen Bereich der Mediendienstleister im Internetumfeld. Daher wird hier eine Definition des Untersuchungsgegenstands entlang der „engen" Definition der IT-Industrie, wie sie von Nordhause-Janz und Rehfeld vorgelegt wird, angewandt. Demnach sind hierzu die Bereiche Informationstechnikhardware, Telekommunikationshardware, Telekommunikationsnetze und -dienste, Softwareprodukte- und -dienste sowie IT-Dienstleistungen zu zählen. Bezogen auf die Angaben des Mikrozensus des Statistischen Bundesamtes aus dem Jahre 1996 sind demnach insgesamt knapp 800.000 Beschäftigte zur IT-Industrie zu rechnen (vgl. auch BITKOM 2001).

---

2   Die gegenwärtig vorgelegten Brancheneinteilungen erinnern an die Definitionsversuche, wie sie von Machlup (1962), Porat (1976) und Bell (1973) zur Definition eines „Vierten Sektors" vorgenommen wurden. Während aber damals beispielsweise noch das Bildungssystem mit hinzugerechnet wurde, gruppieren sich die aktuellen Bestimmungsversuche vorrangig um die Produktion von Multimedia. Die „Wertschöpfungskette" (vgl. Europäische Kommission 1997, S. 2) zur Erstellung von Multimedia avanciert den meisten Autoren zum Bezugssystem für die Zuordnung einer Branche zur Informationswirtschaft; dabei ist dieser Schlüsselbegriff ähnlich unbestimmt, wie es die zentralen Begriffe Wissen und Information bei den Klassikern dieser Diskussion waren. Zur Kritik dieser Ansätze siehe Baukrowitz et al. (1998).

Tab. 2: Wirtschaftsstatistische Abgrenzung der IuK-Wirtschaft

Wirtschaftszweig (WZ93)	Erwerbstätige
Hardware	384.000
im einzelnen:	
– Herstellung von Büromaschinen und Datenverarbeitungsgeräten	130.000
– Elektronische Bauelemente	151.000
– Nachrichtentechnische Geräte und Einrichtungen	57.000
– Rundfunk- und Fernsehgeräte, phono- und videotechnische Geräte	46.000
Fernmeldedienste	224.000
Software, IT-Dienstleistung, IT-Beratung	188.000
im einzelnen:	
– Hardwareberatung	12.000
– Softwareentwicklung, -beratung	77.000
– Datenverarbeitungsdienste, Datenbanken	68.000
– Instandhaltung/Reparatur von Büromaschinen und EDV-Geräten; Sonstige DV Tätigkeiten	29.000
IuK Wirtschaft enge Abgrenzung insgesamt:	794.000
Medienwirtschaft (Verlagsgewerbe, Werbung, Hörfunk- und Fernsehanstalten; Herstellung von Hörfunk- und Fernsehprogrammen; Film- und Videofilmherstellung, -verleih, -vertrieb)	444.000
IuK Wirtschaft weite Abgrenzung insgesamt:	1.238.000

Quelle: Nordhause-Janz/Rehfeld 1999. Die Daten beziehen sich auf den Mikrozensus aus dem Jahr 1996.

3.2 Marktentwicklung

Die IT-Industrie befindet sich in einem Prozeß der Umstrukturierung. Zwei bisher getrennte Märkte – der für Informationstechnik und der für Telekommunikation – werden aufeinander zu bewegt. Der Markt für Informationstechnik entwickelte sich maßgeblich im Zuge der „Informatisierung der Arbeit" (Schmiede 1992, 1996) und ist eng mit den Anforderungen der Unternehmen hinsichtlich der Gestaltung ihrer Informationsinfrastrukturen und den damit einhergehenden Einsatzbedingungen für Hardware und Software verbunden. Demgegenüber war der Fokus des Marktes für Telekommunikation lange Zeit die Sprachtelefonie und die Schaffung einer öffentlichen Fernmeldeinfrastruktur. Er ist historisch geprägt durch das Fernmeldemonopol der Post und ihr Verhältnis zu den Unternehmen der Fernmeldeindustrie: Sie war der Hauptabnehmer der Hersteller von Telekommunikationstechnik. Auch wenn sich durch die Aufhebung des Postmonopols und die zunehmende Sprach-Daten-Konvergenz beide Segmente aufeinander zu bewegen, beziehen beide Märkte auch heute noch nicht zuletzt aus dieser Differenz ihre jeweils eigene Dynamik, so daß es sinnvoll ist, zunächst zwischen diesen Märkten zu unterscheiden.

3.2.1   *Die Anfänge der IT-Industrie*

Die Anfänge der Informationstechnikindustrie liegen in der Büromaschinenindustrie und – eine Besonderheit des deutschen Entwicklungsweges der Elektrotechnischen Industrie. Unter starker Dominanz von Herstellern aus den USA entwickelte sich neben der Lochkartentechnik (LKT) ein zweiter Entwicklungsstrang, der des Computers. Diese ursprünglich für den militärischen und wissenschaftlichen Gebrauch konzipierten Maschinen werden in Großunternehmen und Behörden seit Ende der 50er Jahre zunehmend zur Bearbeitung von Massendaten eingesetzt. Die Nutzung von Transistoren statt Röhren ermöglichte die Großserienproduktion von Computern und trug so zur Verbreitung dieser Systeme und zur Herausbildung der Computerindustrie bei (vgl. Pirker 1962).

Zu Beginn waren die Hersteller von Computern gewissermaßen „nebenberuflich" im Computergeschäft tätig. Eigenständige Unternehmen, die sich ausschließlich auf diesen Produktbereich konzentrierten, existierten nicht.[3] Es handelte sich vor allem um Unternehmen aus dem Büromaschinenbau und der Elektrotechnischen Industrie. Die Entwicklung dieser Zeit war vor allem von der Hardware bestimmt. Die Software hatte im Bereich der zivilen Nutzung bis in die zweite Hälfte der 60er Jahre nur eine Randbedeutung. Die Programme selbst wurden meist von den wenigen Fachkräften in den Anwenderunternehmen entsprechend der konkreten Aufgabenstellungen erstellt. Betriebssystemsoftware war nicht erforderlich, weil die Programme in einer unmittelbar für die Maschine operationalisierbaren Form geschrieben waren. Die Aufgabe der Herstellerunternehmen bestand vor allem darin, die Computer zu entwickeln, zu produzieren, zu vertreiben und zu warten sowie das Personal der Anwenderunter-

---

3   Selbst IBM, der unumstrittene Marktführer der Computerindustrie, hat seinen Namen
     – *International Business Machines* – vollkommen zurecht. Tatsächlich hatte das Unternehmen über lange Zeit zwei „Standbeine": Einerseits war man als Hersteller von Hollorithmaschinen und Computern tätig, andererseits als Anbieter von Büromaschinen. Beide Sparten wurden lange Zeit getrennt voneinander betrieben.

nehmen durch kurze Schulungen in den Gebrauch der Systeme und die Programmierung einzuweisen.

Gegen Ende der 60er Jahre begann in Deutschland eine zweite Phase der Computerentwicklung, die bis Ende der 80er/Anfang der 90er Jahre andauerte. Die Computertechnik löste die LKT im Bereich der Datenverarbeitung in den Unternehmen endgültig ab und trat ins Zentrum der Datenverarbeitung von großen und zunehmend auch von mittleren Unternehmen. Dies war mit einer erneuten Beschleunigung der Ausbreitung dieser Technologie verbunden. Auf einer neuen technologischen Grundlage „emanzipierte" sich die Computertechnik darüber hinaus zunehmend von den Verwendungszwecken der LKT und wurde zur Basis eines neuartigen Umgangs mit Informationen in den Unternehmen. Dieser Prozeß begründete eine Ausdifferenzierung der Produkte und Dienstleistungen und mündete insgesamt in die Professionalisierung der IT-Industrie. Das Bestreben, immer kleinere Computersysteme zu entwickeln, führte dazu, daß an den Rändern der Computerindustrie weiterhin neue Hersteller auftauchten, die mit dem Personal Computer im Laufe der 70er und 80er Jahre zunehmend eine alternative Entwicklungslinie etablierten. Hierbei handelte es sich sowohl auf der Hardwareseite als auch im Bereich der Software überwiegend um Start ups, die einen schnell wachsenden Markt an Endverbrauchern belieferten und (meist) jenseits der Kontrolle der zentralen DV-Abteilungen in den Anwenderunternehmen eine neue Infrastruktur etablierten.

In den 70er und 80er Jahren erlebte der Prozeß der Informatisierung unter dem Eindruck der gezielten Nutzung neuer technologischer Möglichkeiten eine qualitative Veränderung (Baukrowitz/Boes 1996; Boes 1996). Bisher bildeten die über Computer bewältigten Teilmomente der Informationsverarbeitung – gemessen an der Gesamtheit der aufgebauten Informationssysteme – eher ein Randphänomen, auch wenn ihr Einsatz die konzeptionellen Überlegungen zur Informatisierung zunehmend prägte. Empirische Untersuchungen, die Ende der 60er Jahre durchgeführt wurden, kommen zu dem Ergebnis, daß zu diesem Zeitpunkt lediglich die Entwicklung der EDV im Bereich der Lohn- und Gehaltsbuchhaltung in den Großunternehmen als abgeschlossen gelten kann (Diebold). In anderen Bereichen stand die Entwicklung erst am Anfang.

Die Zeit ab den 70er Jahren ist davon geprägt, daß Computer nicht nur ein „Schattendasein" am Rande der Informationssysteme fristen und vorwiegend zur Automatisierung der Routineprozesse genutzt werden, sondern in deren Zentren treten. Nicht mehr allein die hochstandardisierten Aspekte der Informationsverarbeitung werden über Computersysteme abgewickelt, indem sie vorher ausgegliedert und organisatorisch separiert werden, sondern ganze Informationssysteme werden auf Computer übertragen und möglichst durchgängig über das Medium Computer bewältigt. Dies ist damit verbunden, daß wesentliche Teile der Arbeitsprozesse – und zwar sowohl im Bürobereich als auch in der Fertigung – mit Hilfe des Computers bewältigt werden. Statt Arbeitsmittel einer weitgehend organisatorisch getrennten Gruppe von Beschäftigten zu sein, wird er nun zum zentralen Medium der Informationssysteme und zum wesentlichen Arbeitsmittel im „normalen" Arbeitsprozeß; fachliche Aufgaben im Bürobereich werden zunehmend über den Computer bewältigt, und die Fertigungsarbeit erhält mit der numerischen Programmsteuerung eine neue Bezugsebene. Dazu trägt bei, daß die computergestützte Informationsverarbeitung nunmehr auch in Bereiche eindringt, die bisher expressis verbis als nicht-computerisierbar galten. Dies gilt insbesondere für das weite Feld der „Textverarbeitung" sowie für bestimmte Bereiche hochqualifizierter Angestelltentätigkeit wie beispielsweise die Ingenieurtätigkeiten in der Konstruktion und der Fertigungsplanung.

In dem Maße, wie Informationssysteme mit wachsender Komplexität über den Computer bewältigt werden, entstehen neue Möglichkeiten zu deren Integration. Der bereits mit der Einführung der ersten Computer lancierte Leitgedanke der integrierten Datenverarbeitung mutiert unter dem Eindruck erweiterter technischer Möglichkeiten zum Paradigma der „integrierten Informationsverarbeitung". Die Integration der Informationssysteme erhält auf der Basis der Zusammenführung bisher getrennter Informationssysteme im Medium Computer eine neue Qualität und eine neue Bedeutung. Bezog sich das Ziel der Integration bisher weitgehend auf die Schaffung durchgängiger computergestützter Informationsstrukturen im Rahmen abgegrenzter Funktionsbereiche der Datenverarbeitung, so wird nun mit der Zusammenführung abteilungsübergreifender computergestützter Informationssysteme eine neue Dimension der Informatisierung absehbar. Neue Leitorientierungen wie das Ziel der Schaffung funktionsübergreifender durchgängiger Arbeitsprozesse, die ihrerseits auf durchgängige Datenstrukturen gestützt waren, hielten Einzug in der Fachliteratur und bei den Planern in den Unternehmen. Die Zusammenführung der bisher aufgrund von Medienbrüchen organisatorisch getrennten Informationssysteme auf der Basis vernetzter Computersysteme bildet die Grundlage für die Realisierung eines neuen Paradigmas der organisatorischen Gestaltung. Der „Taylorismus" als Chiffre für den traditionellen Rationalisierungsmodus stand von nun an zur Disposition. Neue Leitvorstellungen, wie sie sich um die Begriffe der computergesteuerten Fertigung (CIM) rankten, implizierten vor allem die Schaffung neuer organisatorischer Strukturen. Diese basieren auf durchgängigen „Vorgangsketten" (Scheer) und integrierten Datenstrukturen. Die in den 80er Jahren aufkommende Rede vom Herannahen „neuer Produktionskonzepte" (Kern/Schumann 1984), eines „neuen Rationalisierungstyps" (Altmann et al. 1986) und der „systemischen Rationalisierung" (Altmann et al. 1986; Baethge/Oberbeck 1986; Bechtle 1994) basieren in hohem Maße auf dieser neuen Qualität der Integration von Informationssystemen, wie sie beispielsweise in der Rede vom Computer als „Organisationstechnologie" (Brandt et al. 1978) schon früh eine theoretische Widerspiegelung erfuhr.

Nicht mehr allein die kostengünstige Massendatenverarbeitung steht nun im Mittelpunkt der Nutzungsziele, sondern die „Automatisierung" und „Unterstützung" unterschiedlichster Sachbearbeitungsaufgaben. Statt in einem separierten Bereich der Datenverarbeitung genutzt zu werden, tritt die Computertechnik verstärkt in das Zentrum der Büros und der dortigen Arbeitsprozesse; eine Entwicklung, die in Banken und Versicherungen beginnt und gegen Ende der 70er Jahre und in den 80er Jahren zunehmend auf die Industrieverwaltungen übergreift. Zugleich verbreitet sich die Computertechnik in den Fertigungsbereichen sowie in den fertigungsnahen Bereichen der Unternehmen als Basis der Automatisierung sowie als Arbeitsmittel der Beschäftigten.

Diese Entwicklung wird von einer Professionalisierung der IT-Industrie begleitet. Die Hersteller von Computern gewinnen an wirtschaftlicher Bedeutung, spezialisierte Computerunternehmen treten auf den Markt und die entsprechenden Abteilungen der Mischkonzerne gewinnen an Gewicht. Die Produktionsmethoden werden nach industriellen Fertigungsprinzipien gestaltet. An die Stelle der „Nebenerwerbswirtschaft" treten große eigenständige Produzenten von Computern, die ihre Produkte weltweit vermarkten. Sowohl der Weltmarkt als auch der deutsche Markt werden von wenigen Unternehmen beliefert, die ihren Marktanteil gegenüber den Konkurrenten durch proprietäre Produktstrukturen sichern.

Innerhalb dieser Unternehmen erhalten die Entwicklung und der Vertrieb von Software ein zunehmendes Gewicht. Mit der verstärkten Verwendung von Programmiersprachen der dritten Generation wird Betriebssystemsoftware erforderlich, die von den Unternehmen als Teil der Produkte vertrieben wird. Dieses Geschäftsfeld wird aufgrund der proprietären Produktstrukturen ausschließlich von den Großcomputerherstellern übernommen. So liefert jeder Hersteller für seine jeweiligen Computer die entsprechende Betriebssystemsoftware.

Die Verwendung von internen Datenspeichern macht darüber hinaus spezielle Datenbanksoftware erforderlich. Die Organisation der Daten wird zu einem eigenständigen Produktbereich und damit zu einem eigenständigen Geschäftsfeld. Dieses wird von den Herstellerunternehmen bedient, die entsprechende Standardsoftware anbieten. Darüber hinaus entwickeln sich auf diesem neuen Geschäftsfeld aber auch zunehmend eigenständige Anbieter von Standardsoftware im Bereich des Datenbankmanagements und der Systemsoftware. Das ist in Deutschland schon seit Ende der 60er Jahre der Fall; seit den 70er Jahren wird dieses Geschäftsfeld zunehmend lukrativ. Die sich schnell ausweitenden Anwendungsmöglichkeiten der Computertechnologie bieten darüber hinaus Raum für weitere, spezialisierte Softwareanbieter. Im Bereich der Anwendungssoftware trifft das beispielsweise auf die Firma PSI zu, die schon früh ein Produkt im Bereich Produktionsplanung und -steuerung (PPS) anbot. Mit dem zunehmenden Gewicht der Software und der Programmierung entstehen neben den traditionellen Herstellerunternehmen seit Ende der 60er Jahre also verstärkt auch solche Unternehmen, die sich auf die Entwicklung und den Vertrieb von Standardsoftware für spezielle Bereiche spezialisieren.

Gleichzeitig beginnen andere Unternehmen auf dem Markt tätig zu werden und die Aufgaben der Programmierung und Systemintegration, die bisher ausschließlich von eigenen DV-Abteilungen in den Anwenderunternehmen bewältigt wurden, zu übernehmen. Dieses Aufgabengebiet erforderte aufgrund der schnell zunehmenden Komplexität der computergestützten Informationssysteme sowie der speziellen Anforderungen, die die Unterstützung von „Computerlaien" im Bereich der normalen Sachbearbeitung stellt, sehr schnell eine Professionalisierung bei der Entwicklung und Integration der verschiedenen Anwendungsprogramme. Das war in den Anwenderunternehmen mit der Zunahme qualifizierter DV-Fachkräfte insbesondere im Bereich der Programmierung verbunden. Darüber hinaus treten seit Ende der 60er Jahre erstmals Unternehmen auf den Markt, die sich auf die Dienstleistungen bei der Systemintegration sowie der Anwendungsentwicklung spezialisiert haben. Im deutschen Markt ist dies beispielsweise die im Jahr 1969 gegründete Firma Ploenzke.

Sowohl das Entstehen der Geschäftsfelder Systemsoftware und Anwendungssoftware als auch das sich ausweitende Feld der damit verbundenen Dienstleistungen bei der Systemintegration und der Anwendungsentwicklung bieten günstige Voraussetzungen für die Entwicklung neuer Unternehmen. Obwohl sich die etablierten Hardwarehersteller bemühen, auch dieses neu entstehende Geschäftsfeld zu bedienen, entstehen seit Ende der 60er Jahre in Deutschland die ersten eigenständigen Unternehmen. Diese gehen als Start ups nicht aus den Strukturen der traditionellen Computerindustrie hervor und weisen daher auch keine historisch begründete Affinität zur Büromaschinenindustrie oder zur Elektrotechnischen Industrie auf. Da sowohl die Standardsoftwareentwicklung als auch die Dienstleistungstätigkeit bei der Systemintegration und der Anwendungsentwicklung – verglichen mit den großen Hardwareherstellern, die sich in ihren Produktionsstrukturen vor allem durch eine klassische Industrieproduktion auszeichneten – gänzlich andere Produktions- und Arbeitsformen erforderten, bilden sich in dieser Phase eigenständige Unternehmen heraus, die in ihrer Charakteristik nicht mit den Pionieren der Computerindustrie vergleichbar sind. Die selbständigen Softwareunternehmen bilden seit Ende der 60er Jahre ein stetig wachsendes, wenngleich bis in die 80er Jahre hinein peripheres Geschäftssegment der entstehenden IT-Industrie, das wirtschaftsstatistisch im Segment „Software und IT-Dienstleistungen verbucht wird.

Die Integration von computergestützten Informationssystemen erzeugte neuartige Probleme der Strukturierung von Daten und Informationen. Dies verdeutlicht das Aufkommen von Methoden zur Daten- und Funktionsmodellierung. Bisher waren die auf Computern verwalteten Bereiche der Informationssysteme einerseits marginal und andererseits weitgehend abgekapselt. Vereinzelte Bestrebungen zur Integration von Informationssystemen auf dem Computer hatten marginale Bedeutung. Seit Mitte der 60er Jahre veränderte sich dies grundlegend. Die Integration unterschiedlicher Daten in gemeinsame Datenbanken verdeutlicht dieses neue Niveau. Die über Computer bewältigten Informationsverarbeitungsprozesse erreichten so ein bisher nicht gekanntes Maß an Interdependenz und Komplexität. Dies war die Basis für die Verbreitung von Methoden zur Daten- und Funktionsanalyse. Übergreifend bildete sich auf dieser Grundlage eine neuer Bereich der sich gerade formierenden Computerwissenschaft heraus, die Systemanalyse.

In der zweiten Hälfte der 60er Jahre gewinnt die Systemanalyse zunehmende Bedeutung in den Fachzeitschriften und vereinzelt auch in der betrieblichen Praxis. Der Systemanalytiker, so Steinbuch, sei gar zu einem „gesuchten Beruf" (Steinbuch 1967, S. 447) geworden. Mit dem Aufgabenbereich Systemanalyse wurde über den Bereich der Programmierung, der bisher sowohl die konzeptionelle als auch die operative Seite der Erstellung von Computerprogrammen übernommen hatte, ein Funktionsbereich begründet, der sich im wesentlichen mit der Umsetzung von konkreter Realität in formalisierbare Modelle befaßte. Dies war eine, im Vergleich zur Programmierung, sehr viel theoriehaltigere Aufgabe, die nicht ohne eine wissenschaftliche Grundqualifikation bewältigt werden konnte.

Die Verbreitung der Systemanalyse und die Suche nach einer wissenschaftlichen Fundierung für die Computerisierung, wie sie zunächst in der Kybernetik gefunden wurde, sind beiderseits Ausdruck eines steigenden Bedarfs an wissenschaftlicher „Unterfütterung" dieser Entwicklung. Sie ist, folgt man den Überlegungen von Michael Hartmann, gewissermaßen inhärentes Teilmoment der Standardisierung der Arbeitsmethoden und -verfahren. Beide Momente, die Verwissenschaftlichung des Computereinsatzes in den Unternehmen sowie die Herausbildung der standardisierten Methoden, sind Ausdruck der „Professionalisierung" (Hartmann 1993) dieses Funktionsbereichs.

Die zunehmende Komplexität der Computersysteme erfordert demnach ihrerseits eine Ausweitung der planenden und analysierenden Funktionen sowie eine theoretische Fundierung des Einsatzes der Computer sowohl bei den Herstellern als auch bei den Anwenderunternehmen. Die Systemanalyse und mit ihr die Entwicklung und Verwendung von Unternehmensdatenmodellen gewinnt in den Anwenderunternehmen an Gewicht. Für die Computerhersteller gewinnen seit Ende der 60er Jahre theoretische Fragestellungen des Computereinsatzes an Gewicht. Zugleich entstehen über die eigenständigen Standardsoftwareanbieter hinaus, die sich in den Segmenten Datenbanksoftware und PPS herausgebildet hatten, weitere Unternehmen, die ihre Leistungen nicht über die Produktion und den Vertrieb von Computern definieren, sondern im Bereich der Softwareproduktion und der Systemanalyse tätig sind. Dies betrifft sowohl Leistungen im Bereich der Individualsoftware als auch der Beratung.

Die Professionalisierung der Computernutzung und der Computerindustrie wird von einer Verwissenschaftlichung ihrer Produktionsprozesse und ihres Einsatzes in den Anwenderunternehmen begleitet. Seit Ende der 60er Jahre werden auch in Deutschland verstärkt Anstrengungen zur Etablierung einer „Computer Science" an den Hochschulen unternommen, die 1972 zur Einführung des Studiengangs „Informatik" führten.[4] Innerhalb der Betriebswirtschaftslehre gewinnen jene Fachbereiche an Gewicht, die auf die Einführung und den Betrieb von Computern zielen. Zugleich werden erste reguläre Berufsgänge unterhalb des Hochschulniveaus eingerichtet, während das Berufsfeld bis dahin vorwiegend von „Seiteneinsteigern" bestimmt war.[5]

3.2.2 Umbruch in der Informationstechnikindustrie

Die Integration der Computer in die „normalen" Arbeitsprozesse und die darüber erreichte Verschränkung unterschiedlicher Informationssysteme und Anwendungen leiteten einerseits die Hochphase der proprietären Großrechnertechnologie ein und begründeten andererseits aber auch den Niedergang dieser Entwicklungslinie der Computerindustrie (vgl. Baukrowitz 1996). Die Herausbildung eines neuen Leitbilds der Computernutzung, das der integrierten Informations-

---

4   Der Studiengang entwickelte sich zuerst in den USA als eigenständige Disziplin; dies hatte großen Einfluß auf die Entwicklungen in den übrigen Industrieländern. In Deutschland wurden erste Anstrengungen zur Etablierung von Studienangeboten und zur Entwicklung einer eigenständigen DV-Industrie erst ab 1967 durch staatliche Politik verstärkt gefördert. Auf Grundlage einer Empfehlung des Bundesministeriums für wissenschaftliche Forschung aus dem Jahre 1968 (Mierzowski 1970, S. 87) wurden in den 70er Jahren in Deutschland die ersten Informatikstudiengänge eingerichtet, was auch vor dem Hintergrund des wachsenden Bedarfs der Wirtschaft und der öffentlichen Verwaltung nach qualifizierten Fachkräften in diesem Bereich überfällig schien. Die Einrichtung des Studiengangs Informatik ging mit der Herausbildung einer eigenen Fachgesellschaft, der Gesellschaft für Informatik, im Jahre 1970 einher (Mierzowski 1970, S. 87).

5   Nahezu zeitgleich mit der Etablierung der Informatik im wissenschaftlichen Umfeld erfolgte die Einrichtung der ersten Ausbildungsberufe im Bereich der Computer. Dies waren der Mathematisch-Technische Assistent, der von seinem Qualifikationszuschnitt her eher auf die mathematisch-technischen Problemstellungen ausgerichtet war (Boß/ Roth 1992), und der Datenverarbeitungskaufmann, dessen Aufgabengebiete vorwiegend in der Lösung kaufmännischer Aufgabenstellungen durch den Computer lagen.

verarbeitung, erforderte eine andere technologische Basis, als sie die proprietären Großrechnersysteme bieten konnten.

Die nun einsetzende Entwicklung vollzieht sich in drei Phasen: In den 70er und 80er Jahren entwickeln sich neben dem Großcomputergeschäft alternative Techniklinien, nämlich die der Mikrorechner und Workstations.[6] Deren prominentester Vertreter, der Personal Computer (PC), eröffnet neben dem traditionellen Geschäft einen neuen Markt, den der Privatnutzer. Darüber hinaus diffundierte diese neue Art der Arbeitsplatzrechner in die Fachabteilungen der Anwenderunternehmen – meist ohne daß dies von den DV-Abteilungen, die in der Regel für die Beschaffung von Computern zuständig waren, „bemerkt" wurde. Anfang der 90er Jahre erlebten dann sämtliche großen Großcomputerhersteller einen tiefen wirtschaftlichen Einbruch. In den Anwenderunternehmen hatte sich um die PC und die Workstations ein neues technologisches Konzept durchgesetzt, das Client-Server-Konzept. Dieses bot die Grundlage für neuartige Anwendungen. Seit Anfang der 90er Jahre kulminierte diese Entwicklung dann in einem neuen technologischen Grundkonzept. Das Internet wird als weltweite Informationsinfrastruktur zur Basis einer neuen Entwicklungsphase der IT-Industrie. Offene Netzarchitekturen bilden das „Rückgrat" einer neuartigen Informationsinfrastruktur, die einen „weltweiten Informationsraum" (Baukrowitz/Boes 1996) verfügbar macht, über den die Produktionsprozesse und die gesellschaftliche Kommunikation in neuer Qualität realisiert werden können. Dies bildet die Basis für einen Umbruch in der IT-Industrie.

Die Anfänge des PC und der zweiten Generation der Computerindustrie

Technologisch beginnt die Entwicklungsgeschichte des PC mit der Entwicklung des Mikroprozessors. Intel brachte im Jahre 1971 den Typ 4040 und ein Jahr später den Typ 8080 heraus. Auf dessen Basis wurde 1974 von der Firma Micro Instrumentation and Telemetry Systems (MITS) mit dem Altair 8080 der erste PC herausgebracht. Dieses Gerät war als Bausatz für $ 395 zu erwerben und wurde schon in den ersten Monaten zehntausendfach verkauft (vgl. www.microsoft.com).

Die Entwicklung des Mikroprozessors und des PC stieß vor allem in den USA unterschiedliche Entwicklungsaktivitäten in den Bereichen Hardware und Software an und bündelte sie zugleich unter einem neuen technologischen Kon-

---

6   Die Darstellung ist hier auf die Entwicklung des PC beschränkt. Eine differenziertere Analyse dieses Umbruchprozesses in der Informationstechnik müßte darüber hinaus insbesondere die Entwicklungsgeschichte um die UNIX-Rechner und die Pionierarbeiten der Firma Digital Equipment mit ihren VAX-Rechnern einbeziehen. Beides kann hier mit Blick auf das Thema der Arbeit nicht in der gebotenen Intensität dargestellt werden.

zept. Der bekannteste Vertreter dieser „Bewegung" ist Microsoft. Dessen Gründung ging direkt auf eine Veröffentlichung über den ersten PC zurück. Die Gründer von Microsoft adaptierten die Programmiersprache BASIC für dieses neue Gerät und lizensierten sie schon im Jahre 1975 als erste PC-Programmiersprache.

Der Durchbruch des PC auf dem Markt ist eng mit den Aktivitäten des damaligen Marktführers bei den Großcomputern, IBM, verbunden. Dieses Unternehmen brachte im Jahre 1981 auf der Basis des Mikroprozessors 8088 von Intel einen eigenen PC heraus. Er stellte die Grundlage für einen neuen Standard in der PC-Entwicklung dar: das Label „IBM-kompatibel" bildete den Fokus für die unterschiedlichen technologischen Entwicklungen in den Feldern Hardware und Software. Auch hier ist Microsoft als prominentester Vertreter im Bereich Software zu erwähnen. Das Unternehmen kaufte eine Betriebssystemsoftware, Q-DOS (Disk Operating System), von einem Entwickler auf und entwickelte es zu MS-DOS weiter. Dieses Produkt lizenzierte Microsoft für IBM als Betriebssystem für deren PC, behielt aber das Recht, MS-DOS auch an andere Hersteller zu verkaufen. Diese Verschmelzung des Betriebssystems MS-DOS mit dem neuen Standard „IBM-kompatibel" bildet die Grundlage für den Aufstieg von Microsoft, das zu dieser Zeit 128 Mitarbeiter hatte (www.microsoft.com). Ein neuer Mythos, der des Aufstiegs aus der Garage zum Weltkonzern, nahm in dieser Entwicklung (und vergleichbarer Parallelentwicklungen anderer Unternehmen) seinen Anfang.

In der Entwicklung des PC liegt die Grundlage für die Herausbildung eines neuartigen Produktionsmodus. Typisch für die dominierenden Hersteller der traditionellen Großrechnerindustrie war, daß sie in vertikal strukturierten „fordistischen" Großunternehmen alle wesentlichen Teile des Endprodukts in einer Hand hielten. Ihre Produkte wurden gegen die Konkurrenz anderer Hersteller durch proprietäre Standards geschützt, d.h. alle eingesetzten Komponenten und Endgeräte harmonierten immer nur mit dem Produkt eines bestimmten Herstellers. So entstanden seitens der Anwenderunternehmen direkte Abhängigkeiten von dem jeweiligen Herstellerunternehmen. Die Integration der verschiedenen „Rechnerwelten" zu einem Gesamtsystem war ein äußerst schwieriges Geschäft.

Anders sah die Produkt- und Produktionsstruktur um den PC aus. Statt alles aus einer Hand zu produzieren, hatten sich von Beginn an Unternehmen etabliert, die strategische Komponenten wie den Prozessor oder das Betriebssystem herstellten. Auf der Basis des Quasi-Standards „IBM-kompatibel" war es nun möglich, daß sich Komponenten unterschiedlicher, spezialisierter Hersteller in einem PC integrieren ließen.

Der hiermit einhergehende Produktionsmodus zeichnet sich durch das netzwerkartige Zusammenwirken sehr unterschiedlicher, spezialisierter Komponentenhersteller aus. Im Gegensatz zu der vertikal integrierten Großrechnerproduktion wird er als horizontale Netzwerkproduktion bezeichnet. Die Marktmacht von Unternehmen in diesen Netzwerken resultiert nicht aus den klassischen proprietären Standards und der Verfügung über das Endprodukt, sondern aus der Verfügung über die Schlüsselkomponenten des Gesamtprodukts (vgl. Lüthje 1998, S. 2f.). Das sind insbesondere der Prozessor und das Betriebssystem. Diese Produktionsstruktur wird daher heute in den USA mit Bezug auf die beiden dominierenden Komponentenhersteller, Microsoft als Hersteller des Betriebssystems Windows und Intel als Hersteller des Prozessors, mit dem Schlagwort des „Wintelism"[7] bezeichnet (Borrus/Zysman 1997).

Da die Komponenten für die Produkte unterschiedlicher Hersteller produziert werden konnten, bedienten die spezialisierten Komponentenhersteller von Anfang an einen herstellerunabhängigen Markt, der sich im Laufe der 80er Jahre zu einem Weltmarkt entwickelte. So fand beispielsweise die Firma Microsoft mit der zunehmenden Verbreitung des PC schnell einen Massenmarkt für ihre Standardsoftwareprodukte vor. Während sich Standardsoftware in der Großrechnerwelt aufgrund der parzellierten Marktstrukturen nur sehr zögernd durchsetzen konnte, begleitete dieses Konzept die PC-Entwicklung von Anfang an. War ein Rechner IBM-kompatibel, so ließen sich auch das Betriebssystem MS-DOS und die darauf aufbauende Anwendungssoftware ohne weitere Anpassungen verwenden.

Die Großrechner waren in einem längeren Prozeß auf die Erfordernisse der kommerziellen Anwendung in den Unternehmen zugeschnitten worden. Das Nutzungskonzept war von den Erfordernissen der Daten- und Informationsverarbeitung ganzer Unternehmen her konzipiert; der einzelne Anwender war nur eine abgeleitete Größe. Demgegenüber richtete sich der PC vorrangig auf die Unterstützung des einzelnen Anwenders. Ihm lag also ein neuartiges Nutzungskonzept zugrunde, das seine Leistungsfähigkeit insbesondere im Bereich der Anwendungssoftware schnell zur Entfaltung brachte (vgl. Baukrowitz 1996).

Der PC war somit vor allem ein Produkt für den Endanwendermarkt. Bereits im Jahr 1983 avancierte er angesichts eines für damalige Verhältnisse gigantischen Absatzes zum Verkaufsschlager im Weihnachtsgeschäft (Lindner et al.

---

7   Der Begriff hebt auf jenes von Intel und Microsoft geschaffene Modell industrieller Organisation ab, „das auf einer straffen Beherrschung der technologischen Schlüsselstandards in einer zunehmend vertikal desintegrierten Branche aufbaut" (Lüthje 1998, S. 560). Dieses hat das alte fordistische Konzept der Kontrolle von Märkten, Technologiezyklen und Produktionsprozessen abgelöst, das auf proprietären Standards sowie der weitgehenden Integration von Anwendungsprogrammen und -systemen in die so definierten unternehmensspezifischen Produkte und auf einer hochentwickelten Massenfertigung in vertikal integrierten Großkonzernen aufbaute. Dies geht einher mit einer weitgehenden Entkopplung der unternehmerischen Kontrolle über die einzelnen Teilschritte der Produktionskette. (ebd.)

1984, S. 7). Neben den privaten Endanwendern eroberte der PC aber auch die Schreibtische in den Unternehmen. Während noch die DV-Abteilungen in Sachen Computer „alles im Griff" zu haben schienen, verbreitete sich der PC in den Fachabteilungen im Laufe der 80er Jahre zusehends. Dies war nicht zuletzt darauf zurückzuführen, daß er sich den Großrechnersystemen in puncto Anwenderfreundlichkeit sehr schnell überlegen zeigte (Baukrowitz 1996). Denn im Bereich der PC ging der Softwaremarkt von Anfang an professionellere Wege. Während sich die Entscheider in den Unternehmen noch über die Frage nach „Individual- oder Standardsoftware" stritten, war diese Frage im PC-Bereich längst entschieden. Hier entwickelte sich mit MS-DOS sehr schnell ein dominierendes Betriebssystem, das in Kombination mit dem Hardwarestandard „IBM-kompatibel" auf der Basis der Prozessoren von Intel zu einem Quasi-Standard der Branche wurde und darauf aufbauende Standardsoftware im Bereich der Anwendungen zu einem Massenartikel werden ließ.

Dies war mit dem schnellen Wachstum neuer Hersteller von Hardware und Standardsoftware verbunden. Viele Unternehmen, die heute von großer Bedeutung im Computermarkt sind, wie Compaq oder Dell, wurden in dieser Phase – zu Beginn der 80er Jahre – gegründet. Gleichzeitig diversifizierten aber auch die traditionellen Großrechnerhersteller in diesen Markt. An erster Stelle IBM, aber auch Hewlett Packard[8] oder DEC und auch das wichtigste deutsche Computerunternehmen, Siemens, brachten solche Geräte auf den schnell wachsenden Markt. Diese Geräte stützten sich aber ihrerseits vorrangig auf die Komponenten der spezialisierten Hersteller; sie wurden zugekauft. Versuche, die alte Vorherrschaft auch auf die Produktionsstrukturen beim PC auszuweiten, schlugen weitgehend fehl.[9] Die dominierenden Großkonzerne mußten sich so den im PC-Markt bestimmenden Produktionsstrukturen der „horizontalen Netzwerkproduktion" anpassen.

Mit dem Aufkommen des PC entstand also nicht nur eine neue Techniklinie im Kontext der Computerentwicklung, sondern vor allem auch eine neuartige Produktions- und Marktstruktur. Neben den vertikal integrierten Großrechnerherstellern verbreitete sich in den 80er Jahren eine horizontal integrierte, netzwerkartige Produktionsstruktur weltweit agierender Komponentenproduzenten.

---

8 Dieses Unternehmen hatte bereits 1980 mit dem HP-85 seinen ersten PC auf den Markt gebracht.

9 Noch weniger als beim traditionellen Großrechner gelang es den deutschen Herstellern im Bereich der PC Fuß zu fassen. Versuche der Büromaschinenhersteller „bildeten nur eine Episode im Auflösungsprozeß dieser Branche" (Lüthje 1997, S. 166). Zugleich bildete das Aufkommen der neuen Techniklinie auch die Grundlage dafür, daß der Aufsteiger im bundesdeutschen Computermarkt der 80er Jahre, die Firma Nixdorf, welche sich insbesondere im Bereich der (proprietären) mittleren Datentechnik einen Namen gemacht hatte, die Grundlage für eine weitere Marktexpansion verlor (vgl. ebd.).

Neben dem Markt in Unternehmen und öffentlichen Einrichtungen war ein Massenmarkt für private Endanwender entstanden. Dies hatte für die Vertreiber von PC andere Vertriebsstrukturen zur Folge. Während die strategische Stärke der traditionellen Großrechnerhersteller vor allem ihre Kontakte zu den DV-Abteilungen der Unternehmen und öffentlichen Einrichtungen war, bedienten die neuen PC-Hersteller vor allem den privaten Konsumermarkt. Auf dem deutschen Markt traten sie vorrangig mit den Vertriebs- und Servicefunktionen auf, die Fertigung der PC war in wenigen, meist im Ausland angesiedelten Produktionsstätten konzentriert.

Gleichzeitig entwickelte sich mit dem PC in der IT-Industrie der 80er Jahre auch eine neue Unternehmenskultur, die im weiteren Verlauf eine prägende Bedeutung erhalten sollte. Die Idee des Aufstiegs von der Garage zum Weltkonzern, des genialen Tüftlers, des Silicon Valley und des Erfolgs jenseits traditioneller Pfade bestimmt diese Unternehmen häufig bis auf den heutigen Tag.[10] Nimmt man die in Deutschland am Ende der 80er Jahre agierenden Unternehmen, so wird also deutlich, daß sowohl im Bereich der Hardware- als auch der Softwareproduktion eine zweite Generation von Unternehmen entstanden war, die sich in ihren Produktions- und Marktstrukturen sowie in ihrer Kultur von der traditionellen Großrechnerindustrie deutlich unterschied.

Die Durchsetzung des Paradigmas offener Netzwerkarchitekturen und der Umbruch der IT-Industrie in den 90er Jahren

Während die 80er Jahre eine Art „Inkubationszeit" für die Entwicklung eines neuen Paradigmas der Nutzung der Informationstechnologie darstellten, kommt dieses seit Anfang der 90er Jahre endgültig zum Durchbruch. Waren die PC zwar im Komsumerbereich stark, so boten sie in den Unternehmen doch keine überzeugende Alternative für die komplexen Informationssysteme, die hier mittlerweile entstanden waren. Erst mit dem Client-Server-Konzept, also der Vernetzung von PC und anderen Hardwareplattformen zu leistungsfähigen, offenen Rechnernetzen, veränderte sich dies schlagartig. In dieser Architektur ließen sich die Vorteile der anwendernahen Unterstützung der Informationsverarbeitung durch den PC mit der erforderlichen Integration unterschiedlicher Informationssysteme in komplexen Gesamtinformationssystemen verbinden. Standen die PC in den Unternehmen bisher am Rande, so traten sie nun ins Zentrum der Informationsverarbeitung. Und damit entstand ein neues Leitbild: das der vernetzten, offenen Informationsarchitektur. Diese Entwicklung brachte gewaltige

---

10   Betrachtet man die Gründungslegenden, die sich diese Unternehmen heute zuschreiben, so ist dieser Mythos bis in die Gegenwart prägend. Selbst Unternehmen, die eigentlich der ersten Generation von Computerherstellern angehören, wie Hewlett-Packard, bedienen sich in ihrer Außendarstellung dieses Kulturmusters.

Einbrüche für die traditionellen Computerhersteller und einen grundlegenden Wandel ihrer Markt- und Absatzstrategien. Sie hatten von nun an ihre Großrechner in die Netzarchitektur der Unternehmen einzubringen. Während sie sich bisher durch proprietäre Standards der Konkurrenz erwehrt hatten, mußten sie diese nun aufgeben, um die Funktionalität ihrer Computer in den Gesamtsystemen gewährleisten zu können. Diese Veränderung schlug sich auch sprachlich nieder: Aus „Großcomputern" wurden nun „Server", die als leistungsfähige Rechner in Client-Server-Architekturen ebenso eingesetzt werden sollten wie die Server der PC-Hersteller.

Seit Mitte der 90er Jahre erhält dieses Konzept der offenen Netzarchitektur eine neue Qualität. Über das Internet als globale Basisinfrastruktur werden nicht mehr nur die unternehmensinternen Informationsbeziehungen integriert. Hierüber läßt sich auch die Beziehung zum Endverbraucher und zu anderen Unternehmen in offenen Informationssystemen in neuer Qualität realisieren (Baukrowitz/Boes 1996). Diese offenen Informationsinfrastrukturen werden nun zum Bezugspunkt für alle Akteure in der IT-Industrie. Dies betrifft die Hardwarehersteller ebenso wie die Softwareunternehmen.

Neue Konzepte einer offenen Informationsinfrastruktur gelten als Schlüssel zur Umgestaltung der Produktionsprozesse in den Anwenderunternehmen und ihrer Beziehungen nach außen. Schlagworte wie Data Warehouse, E-Commerce und E-Business dienen als Leitorientierungen dieser Entwicklung und stehen für das Bestreben, komplexe, offene Informationsinfrastrukturen zur Grundlage der Produktions- und Arbeitsprozesse in den Unternehmen zu machen.

Mit der Entwicklung offener Netzarchitekturen und der Einordnung der Informationstechnologie in komplexe Informationssysteme kommt die gewachsene Struktur der IT-Industrie in Bewegung; sie erlebt seit Anfang der 90er Jahre einen tiefgreifenden Umbruch, und historisch gewachsene Marktsegmente lösen sich auf. In einem krisenhaften Prozeß werden sowohl die Binnenstrukturen als auch die Aufgabenteilung der IT-Industrie gegenüber den Anwenderindustrien neu geordnet.

Betrachtet man die Binnenbeziehungen so sind folgende Entwicklungen von besonderer Bedeutung. Die Durchsetzung offener Netzarchitekturen als Leitkonzept schlug sich bei den traditionellen Großrechnerherstellern in einer Absatzkrise nieder. In den Jahren 1992 und 1993 gerieten erstmals weite Teile der IT-Industrie in eine Krisenphase, die nicht nur die Hardwarehersteller, sondern auch die hiermit verbundenen Standardsoftwarehersteller erfaßte. Sie waren nun gezwungen, ihre Produkt- und Absatzkonzepte grundlegend zu reorganisieren. Etwa in der gleichen Zeit erlebten auch die etablierten Hersteller von PC einen, wenn auch geringer ausgeprägten wirtschaftlichen Einbruch. Durch das Aufkommen der sogenannten Clons sanken die Preise für die erforderliche Elektronik schnell und nachhaltig und zwangen die Unternehmen im oberen Preissegment zu einer Veränderung ihrer Marktstrategien.

Eine Konsequenz dieser Entwicklung ist, daß sowohl von Seiten der ehemaligen Großcomputerhersteller als auch eines Teils der PC-Hersteller Anstrengungen unternommen wurden, das gesamte Leistungsspektrum vom „Handheld-Gerät" bis zum Supercomputer zu bedienen und als Teil einer offenen Informationsinfrastruktur zu etablieren. Dabei steht nicht mehr der einzelne Computer im Vordergrund der Betrachtung; dieser bildet vielmehr in den Entwicklungs- und Verkaufskonzepten einen Baustein einer offenen Netzarchitektur. Demnach nähert sich das Portfolio der Hardwarehersteller untereinander immer mehr an; sie werden nunmehr zu direkten Konkurrenten. Innerhalb der Hardwarehersteller kommt es zu Verwischungen zwischen den ehemals getrennten Marktsegmenten Großrechner- und PC-Hersteller.

Mit den Veränderungen der Produktpalette und deren Orientierung auf offene Informationsinfrastrukturen ist zwingend eine weitere Veränderung verbunden: die Erweiterung des Leistungsspektrums um die Funktionen der Beratung, der kundennahen Softwareentwicklung und der Systemintegration. Die Hardwarehersteller können ihre Produkte nur noch an die Unternehmen bringen, wenn sie sie als Teil einer Lösung für den Kunden in ein entsprechendes Paket von Systemintegrations- und Softwareleistungen einbinden. Das bedeutet, daß aufbauend auf dem „Standbein" Hardware das Lösungsgeschäft integraler Bestandteil des Leistungsspektrums dieser Unternehmen wird. Dies beinhaltet zugleich, daß sich deren Markt- und Produktstrategie grundlegend verändert: ein Prozeß, der allgemein als Ausweitung der Dienstleistungen interpretiert wird.

Diese Entwicklung hat zwei gravierende Konsequenzen für die IT-Industrie: Zum einen verändern sich mit dem Produkt- und Leistungsspektrum der Hardwareanbieter auch deren Produktions- und Arbeitsprozesse. Waren die Unternehmen bis in die 80er Jahre hinein noch stark von klassischen Produktionsprozessen und Servicetätigkeiten auf dem mittleren Qualifikationsniveau geprägt, so gewinnen mit wachsender Ausweitung der Beratungs- und Systemintegrationsleistungen höherqualifizierte Beschäftigtengruppen schnell an Bedeutung. Diese wiederum arbeiten nicht in klassischen industriellen Produktionsprozessen. Vielmehr kennzeichnet die kundennahe Projektarbeit ihre Tätigkeiten. Dies geht einher mit dem Abbau von klassischen Produktionsstätten in Deutschland, so daß sich die Struktur der Beschäftigten zugunsten der Hochschulabsolventen umkehrt. Nicht mehr die Mitarbeiter in den Produktionsbereichen bestimmen diese, sondern die meist hochqualifizierten Softwareentwickler, Berater und Vertriebsmitarbeiter. Mit anderen Worten: Man nähert sich in puncto Beschäftigtenstruktur und Arbeitsformen in den Kernbereichen dieser Unternehmen der Situation im Bereich Software und IT-Dienstleistungen an. Diese Entwicklung ist die Basis dafür, daß auch Hardwareanbieter sich mittlerweile als „Dienstleistungsunternehmen" verstehen.[11] Zum anderen kommt es zwischen dem Leistungsangebot der Hardwarehersteller und dem der Software- und Beratungsunternehmen, die seit Ende der 60er Jahre verstärkt auf dem Markt auftreten, zu immer weitergehenden „Verwischungen" des Produkt- und Leistungsspektrums. Dies betrifft insbesondere die Marktsegmente IT-Beratung und Systemintegration, die traditionell beispielsweise von Unternehmen wie CSC Ploenzke oder Andersen Consulting wahrgenommen wurden. Weniger betroffen sind hingegen die Standardhersteller im Bereich der Anwendungssoftware sowie die spezialisierten Hersteller von Datenbanksoftware, weil die Hardwareanbieter nicht in dieses Spektrum vorstoßen.

Indem Unternehmen, die historisch aus sehr unterschiedlichen Regulierungssystemen und Bindungen stammen, nunmehr auf dem Markt in unmittelbare Konkurrenz zueinander treten, werden auch deren jeweilige Arbeitsbeziehungen mit den dazugehörigen Standards über die Preise und Leistungen zueinander ins Verhältnis gesetzt. So entstehen neue Konkurrenzstrukturen zwischen Marktsegmenten, die bisher gegeneinander abgeschottet waren.

Eine zweite grundlegende Veränderung zeichnet sich darüber hinaus seit Anfang der 90er Jahre im Verhältnis zwischen der IT-Industrie und den Anwenderbranchen ab. Bis zum Ende der 80er Jahre wurden sowohl der Betrieb der Datenverarbeitungsanlagen, also die Funktionen, die sich entsprechend der Sprachregelung eines großen IT-Dienstleisters als „Run-Funktion" bezeichnen lassen, als auch die Entwicklung von Anwendungsprogrammen, also die sogenannte „Build-Funktion", vorrangig in den Anwenderunternehmen selbst von den DV-Abteilungen erbracht. Die diesen zugrundeliegende „Plan-Funktion", die den Entwurf eines Konzepts der Informationsinfrastrukturen beinhaltet, hatte aufgrund der verhältnismäßig geringen Komplexität nur eine untergeordnete Bedeutung und wurde von den DV-Abteilungen der Anwenderunternehmen, teilweise unter Hinzuziehung von IT-Unternehmen, miterledigt.

Mit der Durchsetzung offener Netzarchitekturen und insbesondere mit deren Integration in weltweite Informationsinfrastrukturen veränderte sich dies grundlegend. Die Komplexität der Systeme nahm deutlich zu und erforderte eine Professionalisierung. Dies führte zur Ausweitung der „Plan-Funktionen", die nunmehr zunehmend nicht mehr von den DV-Abteilungen der Anwenderunternehmen, sondern von spezialisierten Anbietern und den großen Computerunternehmen erbracht wurden. Darüber hinaus wandelte sich die Aufgabenteilung

---

11   Neben den Beratungs- und Systemintegrationsleistungen werden in den Unternehmen vor allem noch die Leistungen des Rechenzentrums, welche in den letzten Jahren ebenfalls von den traditionellen Computerherstellern erbracht wurden, als originäre Dienstleistungen gerechnet. Sie entstammen aber entwicklungslogisch einem anderen Strang und werden im folgenden eingehender thematisiert.

zwischen der IT-Industrie und den Anwenderunternehmen auch hinsichtlich der „Build-Funktionen". Statt die Programme und Anwendungen vor Ort als Individualsoftware durch die Mitarbeiter der DV-Abteilungen erstellen zu lassen, gingen die großen Industrieunternehmen dazu über, die Entwicklungsprojekte von Computerherstellern und spezialisierten Systemhäusern erbringen zu lassen. Diese wiederum erstellten die Anwendungen seit Anfang der 90er Jahre vor allem auf der Basis von Standardsoftware, die sie nach den Erfordernissen des Kunden spezifizierten. Dadurch veränderte sich nicht nur die Arbeitsteilung zwischen Anwender- und Herstellerunternehmen, sondern – und das ist für die weitere Entwicklung der IT-Industrie von hervorgehobener Bedeutung – auch der Herstellungsprozeß der Software selbst. An die Stelle der Entwicklung von Individualsoftware trat ein dreigliedriger Produktionsprozeß, bei dem spezialisierte Standardsoftwarehersteller wie Microsoft oder SAP ein Basisprodukt erstellen, das von diesen oder spezialisierten Anbietern nach den Kundenerfordernissen konzeptualisiert und dann in Zusammenarbeit mit den Spezialisten der Anwenderunternehmen in Entwicklungsprojekten realisiert wird. Bildete ehemals die reine Programmiertätigkeit den Kern der Softwareherstellung, so ist es nun die kundenspezifische Einpassung von baukastenartig aufgebauter Standardsoftware in die Gesamtinformationsinfrastruktur des Unternehmens (vgl. Baukrowitz/Boes 1997).

Die Professionalisierung der Dienstleistungsfunktionen im IT-Bereich beinhaltet vielfältige Veränderungen der Aufgabenteilung zwischen IT-Unternehmen und Anwenderunternehmen. Grundsätzlich geben letztere ein immer größeres Spektrum an Aufgaben, die vorher in-house von den DV-Abteilungen erbracht wurden, ab. Diese veränderte Arbeitsteilung ist ein wesentlicher Grund für das Wachstum der IT-Industrie in den Dienstleistungsbereichen. Es beinhaltet gesamtwirtschaftlich betrachtet eine Verschiebung von Funktionen aus den Anwenderbranchen in die Unternehmen der IT-Industrie hinein.

Ein weiterer Ausdruck dieser Veränderung ist die Tatsache, daß seit Anfang der 90er Jahre vermehrt IT-Unternehmen aus ehemaligen Anwenderunternehmen entstehen. Die Anwenderunternehmen nutzen die übernehmensübergreifenden Netze dazu, ihre Rechenzentrumsleistungen, also die „Run"- und die „Build-Funktionen", auszulagern. Dies geschieht einerseits dadurch, daß die Aufgaben der zentralen DV-Abteilungen, also insbesondere der Rechenzentrumsbetrieb sowie die Aufgaben bei der Softwareentwicklung und der Systemintegration, an spezialisierte Anbieter übertragen werden. Andererseits werden die alten DV-Abteilungen als selbständige Unternehmen ausgelagert und zum Teil mit professionellen Rechenzentrumsanbietern fusioniert, um den Rechenzentrumsbetrieb nunmehr als Dienstleistung zu erbringen. Dies ist häufig mit dem Ziel verbunden, nicht nur die Mutterunternehmen zu versorgen, sondern auch „Drittmärkte" für diese Dienstleistungen zu erschließen.

Daraus resultiert eine Welle von Ausgründungen und Fusionen, die von der Automobilindustrie über die Versicherungs- und Bankenwirtschaft bis zu Energieversorgern und kommunalen Gebietsrechenzentren die gesamte Wirtschaft erfaßt hat und seit kurzem mit großer Dynamik das Gesicht der IT-Industrie verändert. Die bekanntesten Unternehmen dieser Art sind die Firmen EDS und Debis. Beide Unternehmen wurden aus Automobilunternehmen ausgegründet und übernehmen neben den Rechenzentrumsleistungen auch Aufgaben der Softwareentwicklung, der Systemintegration und der IT-Beratung für ihre Kunden. Beispiele für die Entstehung von Fusionen aus ehemaligen Anwenderunternehmen und IT-Unternehmen sind die „hellblauen Töchter", also Unternehmen, die aus der Fusion von IBM und DV-Abteilungen bzw. Rechenzentren von Anwenderunternehmen hervorgegangen sind.

Insgesamt – so lassen sich die dargestellten Entwicklungen zusammenfassen – verwischen so die Grenzen zwischen der IT-Industrie und den Anwenderunternehmen. Leistungen, die ehemals in den Anwenderunternehmen erbracht wurden, gehen nun auf professionelle IT-Unternehmen über. Zugleich werden DV-Abteilungen aus den Anwenderbranchen ausgegründet und treten nun selbst als IT-Unternehmen auf oder werden in eine Fusion mit IT-Unternehmen überführt. Dadurch geraten die Binnenstrukturen der IT-Industrie in Bewegung. Dies betrifft sowohl das Verhältnis zwischen den ehemals getrennten Märkten „Großrechner" und „PC" als auch das Verhältnis zwischen bestimmten Segmenten im Bereich Beratung, Individualsoftwareerstellung und Systemintegration. Diese Entwicklungen auf der Ebene der Produkte und Leistungen setzen Unternehmen zueinander in Konkurrenz, die bisher in abgeschotteten, historisch gewachsenen Märkten agierten. Über die Konkurrenz von Preisen und Leistungen geraten auch die Standards der Produktions- und Arbeitsprozesse (Löhne, Arbeitszeiten usw.) zueinander in Konkurrenz.

3.2.3   *Entwicklung des Telekommunikationsmarktes*

Die Vernetzung von Computersystemen in den Unternehmen sowie im öffentlichen Bereich gab wichtige Impulse für den Telekommunikationssektor. Dennoch ist dessen Entwicklung bis zum beschriebenen Umbruch Anfang der 90er Jahre von einer eigenen Entwicklungslogik bestimmt. Die Telekommunikation stellt seit Beginn ihrer Entwicklung ein von der Informationstechnik getrenntes Feld dar. Ihr Fokus war von Anfang an die Sprachtelefonie. Mit dem Ziel der Schaffung einer öffentlichen Fernmeldeinfrastruktur bildete sich schon seit Anfang des 20. Jahrhunderts ein eigenständiges Produktionssystem heraus.

Der deutsche Telekommunikationsmarkt war bis zum Ende der 80er Jahre durch eine festgefügte Arbeitsteilung zwischen Fernmeldemonopol und Herstellern geprägt, welche durch ein stabiles korporatistisches Akteurssystem unter

Einbeziehung von Unternehmen, Gewerkschaften und staatlichen Institutionen getragen wurde (Lüthje 1997, S. 150). Das „institutionelle Kernstück" der Regulierung des Telekommunikationsmarktes in Deutschland bildeten die Beschaffungskartelle von Post und Fernmeldeindustrie. Die Bundespost besaß das Monopol für Telekommunikationsleistungen im nationalen Markt; sie stellte den Hauptabnehmer für die Telekommunikationshersteller dar. Die Marktanteile zwischen den „Hoflieferanten" der Bundespost waren verhältnismäßig gut gegen ausländische Konkurrenz abgeschottet; wenige große Unternehmen dominierten den Markt. Nach Angaben der Monopolkommission hielten beispielsweise vier Unternehmen einen Nachfrageanteil von 99% der Deutschen Bundespost im Segment Vermittlungstechnik. Dies waren Siemens mit 46%, SEL mit 30%, DeTeWe mit 14% und T&N, eine AEG-Tochter, mit 10% (ebd., S. 150ff.).

Im Gegensatz zum Markt für Computertechnologie war jener für Telekommunikationstechnologie bis zum Ende der 80er Jahre wesentlich von deutschen Großunternehmen (Siemens, AEG) bzw. von deutschen Unternehmen, die in ausländische Konzerne integriert waren (SEL als Teil von ITT und später Alcatel), bestimmt. Sie hatten mit ca. 30% eine, verglichen mit der deutschen Computerindustrie, hohe Exportquote und auf dem Weltmarkt eine führende Stellung. Siemens beispielsweise war im Jahre 1980 hinter Western Electric (USA) mit einem Weltmarktanteil von 31% und ITT (USA) mit 16% die Nummer Drei im Weltmarkt der Telekommunikationsausrüster mit 13% Marktanteil (Lüthje 1997, S. 43).

Eine grundlegende Veränderung des Telekommunikationsmarktes und des damit verbundenen Beziehungsgeflechts wurde durch die Digitalisierung der Telekommunikationsleistungen eingeleitet. Seit Anfang der 70er Jahre beginnen grundlegende technische Innovationen die internationalen Märkte für Telekommunikation zu beeinflussen. Von Bedeutung waren hier die Digitalisierung der Fernmeldevermittlung von elektromechanischer Basis auf computergesteuerte Wahlverfahren, die Veränderung der Fernmeldeübertragungstechnik durch Glasfaserkabel und Satelliten und die Verwendung von mikroelektronischen Bauelementen (in den 80er Jahren). Diese Innovationen leiteten die Digitalisierung der Telekommunikationsnetze ein, eine Entwicklung, die seit den 80er Jahren verstärkt vorangetrieben wurde (Lüthje 1997, S. 47).[12]

---

12 In Deutschland geht die Digitalisierung der Fernmeldenetze auf eine Gesetzesinitiative des sozialdemokratischen Postministers Hans Matthöfer zurück, der 1982 einen groß angelegten Plan zur Umrüstung des Fernmeldenetzes vorlegte, der bis in das Jahr 2010 reichte. Ab Mitte der 80er Jahre wurde die ISDN-Infrastruktur großzügig ausgebaut und das Diensteangebot erweitert. Diese Veränderungen waren Teil eines grundlegenden Umbruchs des Telekommunikationsmarktes, welcher mit den Postreformen I und II und der damit einhergehenden Privatisierung des Telekommunikationsdienstleistungsmarktes seinen politischen Ausdruck fand.

Die Digitalisierung der Telekommunikationstechnik stellte die deutschen Anbieter vor Probleme. Gerade im Bereich der Mikroelektronik und der Halbleiterindustrie verfügten die deutschen Unternehmen über eine strategische Technologielücke, die nicht nur die Entwicklung der nationalen Computerindustrie, sondern nun auch die wesentlich potenteren Telekommunikationshersteller negativ beeinflußte. Sie fand in dem Niedergang traditionsreicher Elektrounternehmen (u.a. AEG) ihren Ausdruck und gipfelte in einer breiten öffentlichen Diskussion um den „Niedergang Deutschlands als Industrienation".

Mit der Digitalisierung der Telekommunikationsnetze wurde die Konvergenz von Datenverarbeitungs- und Fernmeldetechnik verstärkt zum Thema und in den 80er Jahren zur Leitorientierung der Entwicklung. Für die Anbieter im Telekommunikationstechnikmarkt entstand damit eine neue Konkurrenzsituation. Die großen Computerhersteller betrieben die angestrebte Integration von Daten- und Kommunikationstechnik ihrerseits auf der Basis der Großrechnerarchitekturen und boten so alternative Plattformen an. Im deutschen Telekommunikationsmarkt wurde dieser Konkurrenz dadurch begegnet, daß die Integration schwerpunktmäßig von den öffentlichen Kommunikationsnetzen und den damit verbundenen Herstellern betrieben wurde (Lüthje 1997, S. 160ff.). Dies war mit der Hoffnung verbunden, daß es der deutschen Industrie gelingen könnte, die strategische Lücke im Bereich der Mikroelektronik im Sinne einer „Rückwärtsintegration" über die starke Stellung im Bereich Telekommunikation (sowie Maschinenbau) zu schließen (Lüthje 1997). Mit anderen Worten: Die sich abzeichnende Konvergenz von Informations- und Telekommunikationstechnik sollte entsprechend der Konzepte des Bundespostministeriums und der deutschen Telekommunikationsindustrie nicht von den Informationssystemen her betrieben werden, die sich in den Großunternehmen und im öffentlichen Sektor auf Basis der Computertechnologie entwickelten, sondern es wurde umgekehrt versucht, durch den forcierten Ausbau der öffentlichen Fernmeldenetze und insbesondere durch deren „Digitalisierung" eine Infrastruktur zu schaffen, die die universale Basis für die Vernetzung von Computersystemen darstellen sollte. Während nämlich die „Kräfteverhältnisse" in der Computertechnologie seit den Anfängen ihrer Entwicklung zu Lasten deutscher Hersteller gestaltet waren, war dies aufgrund der engen Verzahnung von staatlichem Monopol und potenten Herstellern im Bereich der Fernmeldetechnik nicht der Fall.

Noch Ende der 80er Jahre war eine vollständige Freigabe des Fernmeldemonopols als Kernbestandteil des Telekommunikationsmarktes nicht angedacht. Die sogenannte Postreform I, welche 1989 in Kraft trat und eine ordnungspolitische Wende einleitete, setzte demgegenüber auf eine Teilprivatisierung, die den Kern der Vermittlungs- und Übertragungsinfrastruktur nicht berührte. Geöffnet wurde der Markt für Telekommunikationsendgeräte und alternative Anbieter von Mehrwertdiensten. Konkurrenz wurde im Bereich des Mobilfunks ermöglicht. Ein Konsortium unter Führung des Mannesmann-Konzerns erhielt die erste private Betriebslizenz in diesem Bereich. Diese Entwicklung war die Grundlage für das Entstehen einer neuen Konkurrenzsituation im deutschen Telekommunikationsmarkt.

Mit der 1994 verabschiedeten Postreform II wurde das geltende staatliche Fernmeldemonopol, das nicht nur in Deutschland lange Zeit als „natürliches Monopol" (Breyer 1982, zitiert nach Lüthje 1997) angesehen wurde, endgültig außer Kraft gesetzt. Sie beinhaltet die Privatisierung der ehemaligen Bundesbehörde zum 1.1.1995 und ihre Börsenplazierung als Deutsche Telekom AG sowie die Freigabe der Kernbestandteile der Telekommunikationsleistungen für den privaten Markt. Auf Grundlage der Postreformen I und II vollzieht sich seit Ende der 80er Jahre zunächst schrittweise und seitdem mit zunehmender Dynamik eine tiefgreifende Veränderung des gesamten Telekommunikationsmarktes von Seiten der Diensteanbieter und der Hersteller (Lüthje 1997, S. 170ff.).

Schon die Postreform I veränderte die traditionelle Struktur des Telekommunikationsmarktes und begann dessen charakteristische Regulierungsmuster und Akteursbeziehungen nachhaltig zu unterminieren. Bei den Telekommunikationsdienste-Anbietern entstanden zunächst mit den privaten Unternehmen, die über Mobilfunklizenzen verfügten, neue Akteure. Ebenso wie im Computerbereich drängte auch hier eine zweite Generation von Unternehmen auf den Markt. Neben der Deutschen Telekom AG, die das C-Netz und das D1-Netz betrieb, verfügen in Deutschland Mannesmann Mobilfunk, E-Plus und Viag Intercom über entsprechende Lizenzen. Diese bedienen einen sehr schnell wachsenden Markt: Während 1989 im sogenannten C-Netz ca. 160.000 Teilnehmer telefonierten, waren es 1994 in den Netzen C, D1 und D2 bereits 1,7 Mio. Nutzer. Für das Jahr 2000 wurden zu diesem Zeitpunkt insgesamt ca. 10 Mio. Nutzer prognostiziert. In Wirklichkeit waren es schon Ende 1999 23 Mio. Mobilfunkteilnehmer (Frankfurter Rundschau vom 31.01.2000, S. 9).

Die weltweite Entwicklung der Mobiltelefonie fördert von Seiten der Hersteller das Florieren eines sehr dynamischen Marktes für Endgeräte. In Deutschland sind in diesem Marktsegment neben den angestammten Telekommunikationsherstellern wie Siemens, Alcatel oder Bosch Telecom vor allem auch internationale Konzerne wie Motorola, Nokia und Ericsson aktiv. Gegenüber dem traditionellen Telekommunikationsmarkt sind hier sehr hohe Wachstumsmargen und eine schnelle Innovationsdynamik zu verzeichnen. Dieser Markt ist im Gegensatz zum öffentlich regulierten Telekommunikationsmarkt bis in die 80er Jahre ein Konsumermarkt. Das hat das Auftreten der Hersteller und deren Produktionsstrukturen bis heute nachhaltig geprägt.

Über das Marktsegment Mobilfunk hinaus brachten schon die Veränderungen der Postreform I ein deutliches Wachstum bei sonstigen Telefonendgeräten. Diese wurden nun nicht mehr über den Monopolisten Bundespost vertrieben, sondern waren frei im Handel erhältlich. Insgesamt wird durch diese Entwicklung der Markt für Telekommunikationsendgeräte und -infrastruktur schnell ausgeweitet. Damit kommen neben den angestammten Unternehmen vor allem in den Konsumermärkten eine Reihe neuer Wettbewerber auf den deutschen Markt, die hier teilweise auch mit eigenen Produktionsstätten vertreten sind. Hierbei handelt es sich um weltweit agierende Konzerne. Gleichzeitig entstehen neue Mobilfunkanbieter, die sich aus der traditionellen Industrie (Stahl, Chemie, Energiewirtschaft) herausbilden. Diese sind häufig in komplexe Konsortien unter Beteiligung in- und ausländischer Unternehmen sowie Banken eingebunden.

Mit der Postreform II und der damit einhergehenden vollständigen Öffnung des Telekommunikationsmarktes für private Diensteanbieter folgte der ersten Welle neuer Anbieter im Telekommunikationsmarkt eine zweite. Vor allem auf Seiten der Telekommunikationsdienstleister kamen zahlreiche neue Unternehmen auf den Markt. Die mit Mobilfunklizenzen ausgestatteten Anbieter beteiligten sich an Unternehmen, die unterschiedliche Leistungen und Dienste über das Festnetz anboten. In diese Entwicklung war eine engere Verzahnung von Telekommunikationsdienstleistungen und Informationsangeboten eingebettet. Diese führte insgesamt zu neuartigen Dienstleistungen im Übergangsfeld von Telekommunikation und neuen Medien und läßt eine Überschneidung bei den Endgeräten erwarten. Außerdem schlägt sie sich auf der Ebene der Unternehmen in einer engeren Zusammenarbeit und wechselseitigen Beteiligungen nieder (vgl. Pickshaus/Schwemmle 1997).

Der Telekommunikationsmarkt unterliegt unter diesen Bedingungen einem sprunghaften Wandel. Im Zuge der Deregulierung des Marktes kommt eine Vielzahl neuer Anbieter auf den Markt. Die Innovationsdynamik der Technologien nimmt zu, und insbesondere neue Dienstleistungen erschließen völlig neue Marktsegmente. Im Bereich der kommerziellen Anwender werden – im Zuge der dort stattfindenden Reorganisation der Geschäftsprozesse und dem damit verbundenen Wandel der Informationsinfrastrukturen – neue Anforderungen an Dienstleistungen und Produkte formuliert.

Insgesamt geht die Marktdynamik einerseits von den Veränderungen der Nachfragestruktur auf den Massenmärkten der Festnetz- und Mobilfunkdienstleistungen und andererseits von den neuen Anforderungen an die Telekommunikation in Anwenderunternehmen aus.

Die Nachfragestruktur auf den Massenmärkten der Festnetz- und Mobilfunkdienstleistungen befindet sich in einer schnellen Entwicklung, die durch die Vielzahl neuer Anbieter massiv vorangetrieben wird. Diese Märkte drängen auf die immer schnellere Bereitstellung neuer Features, was die Hersteller von Endgeräten, die Netzbetreiber, die Service-Provider und letztlich auch die Hersteller der Netzinfrastrukturen zu immer kürzeren Produktinnovationszyklen treibt. Spezielle Rufnummern, das Versenden von Nachrichten, Interaktivität, Multimediafähigkeit und Internetfähigkeit verändern das Angebot der Dienstleister drastisch. Insbesondere die Internetfähigkeit und damit die Integration von Sprach- und Datenkommunikation auf der Ebene der Kommunikationsendgeräte markieren den nächsten Innovationsschritt.

Ein zweites zentrales Moment in der Marktentwicklung im Telekommunikationsbereich stellt die veränderte Anforderungssituation in den Unternehmen dar. Durch die Reorganisation ihrer Geschäftsprozesse haben sich einerseits die unternehmensinternen Arbeitsformen verändert. Gruppen- und Projektarbeit erfordern neue Kommunikationswege und -medien. Andererseits verändert sich das Verhältnis der Unternehmen zu den Kunden. Das massenhafte Entstehen von Call Centern ist ein wesentliches Indiz dafür. Mit den neuen Formen der Kundenkommunikation entsteht die Forderung nach Call-center-Anwendungen und CTI (Computer-Telefon-Integration). Als wichtigster Trend in diesem Bereich ist daher die Integration der Sprach- und Datenkommunikation zu beobachten, was sowohl die bruchlose Integration der Telekommunikationsinfrastrukturen in die Informationsinfrastrukturen der Anwenderunternehmen als auch in das Internet erfordert. Die Einstellung der Anwenderunternehmen auf ein neues Leitbild der Informatisierung und die Orientierung der Informations- und Kommunikationssysteme an Konzepten verteilter Systeme stellen somit auch für den Telekommunikationsmarkt ein wesentliches Moment dar.

Im Zuge dieser schnellen Entwicklung der Nachfragestruktur hat sich die Anbieterstruktur in den letzten Jahren massiv ausdifferenziert. Vor allem im Dienstleistungssegment, das früher allein von der Deutschen Bundespost und später von der Deutschen Telekom AG dominiert war, ist eine Vielzahl neuer Anbieter aufgetreten, die im Bereich der traditionellen Sprachtelefonie darauf gerichtet sind, die seitens der technologischen Entwicklung gegebenen Möglichkeiten möglichst schnell in neue Dienstleistungen umzusetzen und an den Markt zu bringen. Darüber hinaus entstehen Internetdienstleister, die im Marktsegment bisher noch eine relative Sonderrolle innehaben, für die allerdings zu erwarten ist, daß sie im Zuge der zunehmenden Konvergenz der Daten- und Sprachkommunikation eine Schlüsselrolle im Segment der Telekommunikationsdienstleister einnehmen werden.

Basis dieser Marktentwicklungen sind technologische Innovationen, die sich in den Bereichen der Netze, der Endgeräte und der unternehmensinternen Telekommunikationsinfrastrukturen vollziehen. Im Bereich der Netze wurde in den 90er Jahren die Digitalisierung forciert betrieben. Gegenwärtig sind die technologischen Innovationen auf folgende Aspekte gerichtet:

–   Die Steigerung der Übertragungsraten, denn diese sind insbesondere im Mobilfunkbereich für Internetanwendungen noch zu gering;

–   die Steigerung der „Intelligenz" der Netze. Dies bedeutet, über Software die technologische Basis für immer komplexere Telekommunikationsdienstleistungen und ihr Management im Netz zu schaffen;
–   die Gewährleistung der Multimediafähigkeit und Interaktivität der Endgeräte;
–   die Schaffung von Standards wie ADSL und UMTS als Grundlage der genannten Entwicklungsziele.

Im Bereich der Telekommunikationsinfrastrukturen von Anwenderunternehmen stehen die Konvergenz von Daten- und Sprachübertragung, die Integration ins Internet sowie die bruchlose Integration der Telekommunikationsanlagen in die Client-Server-Architekturen der Unternehmen im Vordergrund.

Doch die dieser Entwicklung zugrundeliegende Vorstellung der Konvergenz von Informations- und Telekommunikationstechnik, die schon seit den 70er Jahren immer wieder als Leitvorstellung hervorgehoben wurde und die Konzepte der Digitalisierung des deutschen Telekommunikationsnetzes maßgeblich prägte, vollzieht sich nicht so, wie in den damaligen Strategien angelegt. In Deutschland (Lüthje 1997) und der Europäischen Union (vgl. Europäische Kommission 1997) setzte man lange Zeit darauf, diese Konvergenz ausgehend von den Telekommunikationsnetzen zu betreiben. Mittlerweile zeichnet sich ab, daß das Internet zur universalen Informationsinfrastruktur werden wird. Dieses ist gewissermaßen ein virtuelles Netz, das auf den unterschiedlichen physikalischen Fernmeldenetzen aufsetzt und deren Übertragungsraten innerhalb eines einheitlichen Internetprotokolls nutzt. Die Kommunikationsstandards im Internet werden aber über das IP-Protokoll definiert und nicht von den Standards der Fernmeldenetze.

Spürbar wird die Konvergenz zwischen der Informationstechnikindustrie und der Telekommunikationsindustrie in den Bereichen, die um das Internet als weltweiter Basisinfrastruktur von Informationssystemen ranken. In dem Maße, wie das Internet als virtuelle Netzarchitektur die Grundlagen der Entwicklung bestimmt, werden die Grenzen zwischen der Informationstechnikindustrie, die das Internet nachhaltig betreibt, und der Telekommunikationsindustrie unscharf. Von Seiten der Informationstechnikindustrie stoßen neue Wettbewerber für die klassischen Telekommunikationsdienstleistungen auf den Markt. Diese bilden gewissermaßen eine dritte Generation von IT-Unternehmen, die ihr Wachstum dem Internet verdankt. Hierbei handelt es sich beispielsweise um Unternehmen wie Cisco oder 3com, die als Start ups auf dem Neuen Markt gigantische Börsengewinne zu verzeichnen haben. Diese Unternehmen könnten auf mittlere Sicht zu ernsthaften Konkurrenten für die Telekommunikationsdienstleister werden. Zugleich sind auf deren Seite Veränderungen zu beobachten. War bisher die Sprachtelefonie der Fokus ihrer Leistungen, so tritt nunmehr die Integration von Sprachtelefonie und Datenübertragung immer mehr in den Vordergrund ihrer Konzepte. Aus den Telekommunikationsdienstleistern heraus werden Unternehmen ausgegründet, die als Internet-Provider den Zugang zum Internet ermöglichen. Das bekannteste Beispiel hierfür ist T-Online, eine Ausgründung aus der Deutschen Telekom AG. Diese wiederum geraten in Konkurrenz zu Unternehmen wie AOL, die sich schon früh als Internet-Provider etabliert haben und enge Verbindungen zur Medienindustrie aufweisen.

Zugleich entwickelt sich eine gewisse Konvergenz der Endgeräte, wie sie in der Informationstechnik- und der Telekommunikationsindustrie erstellt werden. Deutlich wird dies beispielsweise daran, daß die Telekommunikationshersteller im Endgerätebereich große Anstrengungen unternehmen, um die Endgeräte zu einem mobilen Internetzugang auszubauen. Ein erster Versuch ist die sogenannte WAP-Technologie. Mit der Durchsetzung des UMTS-Standards ist davon auszugehen, daß die mobilen Telefone auch für die Übertragung so großer Datenmengen geeignet sein werden, wie dies gegenwärtig nur über den PC möglich ist. Damit zeichnet sich in der Telekommunikationsindustrie ab, daß diese, die Dominanz des Internet anerkennend, nun ihrerseits bestrebt ist, diese Informationsinfrastruktur für ihre Produkte zu nutzen.

Die Annäherung von Informations- und Telekommunikationstechnik erfolgt so zunehmend auf Grundlage des Internets als universaler, weltumspannender Basisinfrastruktur, auf die alle Übertragungsaktivitäten, seien es Daten, Sprache oder Bilder, bezogen werden. Aus heutiger Sicht ist davon auszugehen, daß diese Entwicklung den Fokus weiterer Innovationen im Bereich der Telekommunikation aber auch der Informationstechnologie darstellt. Sie ist der materielle Grund dafür, daß von einer immer engeren Verzahnung der Produkte und Leistungen der Informationstechnikindustrie, der Telekommunikationstechnikindustrie und bestimmten Segmenten des Mediensektors auszugehen ist; dies ist eine Entwicklung, die zu vielfältigen Verflechtungen zwischen den hier agierenden Unternehmen und zu einer Neuschneidung der Branchenstrukturen führen wird.

3.3 Reorganisation der Unternehmen, neue Managementkonzepte und Wandel der Arbeit

Die IT-Industrie ist eine internationale Branche; in der Diskussion zur Globalisierung der Wirtschaftsprozesse und der damit verbundenen Umwälzungen internationaler Produktionsstrukturen wird sie oft als beispielgebend angeführt. Das Silicon Valley gilt den Verfechtern der These vom Entstehen internationaler netzwerkartiger, horizontaler Produktionsstrukturen geradezu als „strategischer

Ort" (Lüthje 1998) und als „Inkarnation der informationstechnologischen network society" (ebd.).

Kennzeichnend für diesen weltweiten Reorganisationsprozeß ist die Herausbildung einer neuartigen Produktionsstruktur (für einen Überblick: Lüthje 1997, 1998), für die das Leitkonzept des Netzwerks prägend ist (Angel 1994; Ferguson/Morris 1993; Castells 1996). An die Stelle einer Industriestruktur –, die als „vertikale Computerindustrie" bezeichnet werden kann, weil sie durch vertikal integrierte EDV-Großhersteller wie IBM oder Siemens geprägt worden ist, die alle für die Entwicklung und Herstellung von Computersystemen notwendigen Produktionsprozesse unter einem Dach vereinten – tritt unter dem Druck des Vordringens unabhängiger Unternehmen im Halbleiter-, PC- und Datenkommunikationsbereich (Drüke 1997) eine „horizontale Computerindustrie" (Grove 1996). Während in den 80er Jahren das Neben- und Gegeneinander vertikal integrierter „fordistischer" Großhersteller und „flexibel spezialisierter" Start-up-Unternehmen für die Produktionsstruktur bestimmend war, wird diese in den 90er Jahren durch die strukturelle Dominanz vertikal desintegrierter, aber über vielfältige formelle und informelle Allianzen verbundener industrieller Produktionsnetze abgelöst; „fordistische" und „postfordistische" Unternehmensstrukturen gelangen in diesem neuen Modell zur Synthese (Lüthje 1998, S. 559f.).

Diese Netzwerkstrukturen sind permanenten Veränderungen in Form eines doppelten Restrukturierungsprozesses unterworfen: Einerseits unterliegen die Kooperationsbeziehungen zwischen den Unternehmen in einem Produktionsnetzwerk einem beständigen Revirement. Andererseits vollzieht sich dieser Wandel der Netzwerke auf der Basis eines schnellen Wandels der technologischen Grundlagen, der es seinerseits erforderlich macht, beständig neue Kompetenzbereiche in die Netzwerke zu integrieren (aktuell ist beispielsweise das weite Feld der Internet-bezogenen Qualifikationen) und die Kompetenzprofile der kooperierenden Unternehmen selbst zu verändern.

Bestimmend für die Entwicklung bis zum Ende der 80er Jahre war der (proprietäre) Großrechner, während der PC trotz seiner schnellen Ausbreitung im wesentlichen ein Nischendasein in den Unternehmen führte. Zu Beginn der 90er Jahre änderte sich dieses Bild: mit dem Client-Server-Konzept erhielt der PC im Rahmen von Computernetzen eine strategische Bedeutung; die Informationsstrukturen wurden zunehmend von den neuen Möglichkeiten des in Netze integrierten PC aus konzipiert (Baukrowitz 1996). Die Anbindung der Computernetzwerke an öffentliche Informations- und Kommunikationsstrukturen, wie sie insbesondere auf der Grundlage des Internets realisiert wird (vgl. Baukrowitz 1996; Baukrowitz et al. 2001), bringt für die IT-Industrie einen grundlegenden Wandel der Produkte und Leistungen mit sich. Mit dem Internet hat sich eine neuartige Basisinfrastruktur etabliert, die für die Unternehmen eine weitgehend verwendungsoffene Einbettung der (internen) Informationssysteme in eine unternehmensexterne Informationsstruktur ermöglicht. Dabei liegt die eigentliche Bedeutung des Internets darin, daß es die unterschiedlichsten Formen des Umgangs mit Informationen in einem einheitlichen Medium im weltumspannenden Maßstab anschlußfähig macht (Boes 2001).

Das Internet selbst entwickelte sich bis in die 90er Jahre hinein vorwiegend jenseits der Informatisierungsbestrebungen der Unternehmen. Im militärischen Kontext in den USA entstanden, wurde es in den 70er und 80er Jahren vorwiegend als Wissenschaftsnetz genutzt.

Seit den 90er Jahren nimmt die Anzahl der Nutzer deutlich zu (wobei die Nutzer aus dem akademischen Umfeld dominieren); in der zweiten Hälfte der 90er Jahre entwickelt es sich von einem Werkzeug für Experten zu einem neuartigen Massenmedium. Diese Entwicklung geht mit grundlegenden Innovationen hinsichtlich der Benutzerfreundlichkeit des Mediums einher. Insbesondere der Verbreitung des World Wide Web (WWW) und dafür geeigneter, kostenlos vertriebener Software wird große Bedeutung beigemessen (Werle 1997; PKI 1998). Damit erschließt sich die Funktionalität des Internets breiten Schichten der Gesellschaft. Ferner muß seine Verbreitung vor dem Hintergrund einer Entwicklung interpretiert werden, die sich mit der zunehmenden Nutzung von PC im lebensweltlichen Umfeld seit Ende der 70er Jahre abzeichnet. Der PC war aufgrund des ihm zugrundeliegenden Nutzungskonzepts vor allem ein Produkt für den Endanwendermarkt. Das Internet bietet nun für die PC-Nutzer eine offene Plattform, um unterschiedlichste Verwendungsformen in einem gemeinsamen Medium miteinander zu vernetzen. Für verschiedene Nutzergruppen treten dabei spezifische Verwendungsformen in den Vordergrund: Während ein Großteil das Internet vorwiegend zur Kommunikation per E-Mail und vereinzelt als Informationsquelle nutzt, schließen sich andere Gruppen zu „virtuellen Gemeinschaften" zusammen, bauen „globale Dörfer" und „virtuelle Städte", verbringen mehr Zeit innerhalb als außerhalb des Netzes und werden zum Gegenstand „ethnographischer Studien" (PKI 1998). Der Siegeszug des Internets allerdings, wie wir ihn seit Mitte der 90er Jahre auch in Deutschland erleben, wird wesentlich betrieben durch das Bestreben der Unternehmen, diese Basisinfrastruktur für die Koordination weltweiter Wirtschaftsaktivitäten von Netzwerkunternehmen und für eine neuartige Gestaltung der Schnittstelle zum Kunden zu nutzen. Was in der angestammten „Netzgemeinde" in dieser Zeit als Kommerzialisierung des Netzes empfunden wurde, hat in diesen Bestrebungen seine Ursachen. Das Internet mutiert in diesem Kontext von einem Informations- und Kommunikationsmedium von Wissenschaftlern und „Freaks" zum Mega-Medium moderner Industriegesellschaften (Boes 2001).

Der mit dem Siegeszug des Internets verbundene Wechsel des Produkt- und Leistungsspektrums bildet den inhaltlichen Kern der oben beschriebenen Veränderungen der Produktionsstrukturen. Die Fokussierung der Informatisierungsbestrebungen (vgl. Schmiede 1992) auf das Internet beinhaltet einen grundlegenden Wandel des Bezugssystems der Produkt- und Leistungserstellung der IT-Industrie. Die Verschmelzung der Produkte der Computerindustrie mit denen der Telekommunikations- und der Medienindustrie – wie sie im Begriff Multimedia zum Ausdruck kommt – erfährt so eine neue Qualität (Baukrowitz 1996).

Dies beinhaltet eine permanente Veränderung von Produktionsketten, Unternehmensstrukturen und Arbeitsprozessen. Im Vergleich zu den fordistischen Produktionsstrukturen – die sich aufbauend auf den proprietären Standards durch eine weit geringere Innovationsdynamik und ein höheres Maß an Planungssicherheit für die zentralen Akteure auszeichneten – erhalten die Produktionsprozesse mit dem Übergang zur Netzwerkproduktion insgesamt einen fluiden Charakter. Und die IT-Industrie selbst erhält im Prozeß der beständigen Restrukturierung der Produktionsketten auf der Grundlage einer sich dynamisch wandelnden Produktivkraftbasis eine chimärenhafte Gestalt. Dies erschwert die Definition dieses Gegenstands grundsätzlich (vgl. Nordhause-Janz/Rehfeld 1999) und verleiht jeder Festlegung den Charakter des Vorläufigen.

Dieser radikale Wandel der globalen Produktionsstrukturen ist die Basis für den Umbruch der IT-Industrie, der in der ersten Strukturkrise dieses Wirtschaftssegments zu Beginn der 90er Jahre seinen Ausdruck fand. Für die etablierten Unternehmen der Branche beinhaltet dies grundlegende Reorganisationsprozesse, in denen sie ihre Produkt- und Leistungspalette sowie die Produktionsstrukturen tiefgreifend veränderten. Darüber hinaus etablierten sich viele neue Unternehmen in der IT-Industrie. Diese entstammen einerseits den traditionellen Anwenderbranchen – meist waren dies „ausgegründete" DV-Abteilungen von Großunternehmen der Metall- und Elektroindustrie, des Banken- und Versicherungswesens sowie der Medien- und Telekommunikationsindustrie –, andererseits handelt es sich um kleine unabhängige Start-up-Unternehmen, die insbesondere mit der Verbreitung des Client-Server-Konzepts und dem Siegeszug des Internets seit Anfang bzw. Mitte der 90er Jahre vermehrt auf den Markt drängen. Insgesamt erhält die IT-Industrie so ein unübersichtliches Äußeres; generalisierende Aussagen sind immer nur für einzelne Segmente oder Unternehmenstypen möglich.

Auf einer höheren Abstraktionsebene kennzeichnen zwei Prinzipien die neue Qualität der Reorganisation der Produktionsprozesse: die fortschreitende Dezentralisierung großer Unternehmen, die systematisch mit einer Vermarktlichung der unternehmensinternen Beziehungen verbunden ist, und der Ausbau der überbetrieblichen Kooperation und Vernetzung (Sauer/Döhl 1997). Die Dezentralisierung führt über die organisatorische Zergliederung hierarchisch strukturierter Unternehmenskomplexe zugleich zu einer Ausweitung der Entscheidungsspielräume der dezentralen Einheiten. Die dezentralisierten organisatorischen Einheiten werden unmittelbarer, d.h. ohne Vermittlung zentraler Funktionsbereiche den Anforderungen und Zwängen des Marktes ausgesetzt und in ihren internen Beziehungen auf der Basis marktförmiger Austausch- und Konkurrenzmechanismen neu strukturiert (Sauer/Döhl 1997; Tullius 1999). Eine Einbindung in die übergeordneten Zielsetzungen erfolgt über weltweit verfügbare Informationssysteme (Baukrowitz et al. 2001) durch neue Systeme des Kostenmanagements wie z.B. Target-Costing oder Acitvity-Based-Costing und verschiedene Formen der Zielvereinbarung (vgl. Bender 1997; Kaplan/Cooper 1999; D'Alessio et al. 2000). Die zentralen ökonomischen Zielgrößen des Konzerns werden hier auf verbindliche Teilziele der organisatorischen Einheiten heruntergebrochen. Dabei verbleibt die Wahl der Mittel und Wege der Zielerreichung weitgehend im Verantwortungsbereich der organisatorischen Teileinheiten, wobei deren Handlungsspielraum durch die zur Verfügung gestellten Ressourcen vielfach eingeschränkt ist.

Das zweite Grundprinzip der Reorganisation, die Ausweitung von Formen der zwischenbetrieblichen Kooperation und Vernetzung, erhält gleichsam als Gegenbewegung zur Dezentralisierung eine neue Qualität. Bislang unabhängige Unternehmen werden nun in Form von Unternehmensnetzwerken in einen unternehmensübergreifenden Zusammenhang gestellt.

> „Indem Mechanismen der Marktsteuerung durch solche der organisatorischen Netzwerksteuerung überlagert bzw. teilweise ersetzt werden, sollen die zentrifugalen Kräfte marktlicher Desintegration gebrochen und die inhaltlich/stofflich aufeinander bezogenen Produktions- und Dienstleistungseinheiten organisatorisch verknüpft und gemeinsamen Zielsetzungen (...) unterworfen und Synergieeffekte (...) erschlossen werden." (Döhl et al. 2000, S. 9)

Insofern sind die Unternehmensnetzwerke zugleich Ausdruck einer Auflösung des Unternehmens traditionellen Typs und dessen Erhaltung in modifizierter Form (ebd., S. 9). Diese Entwicklung wird in der Idee des virtuellen Unternehmens konsequent fortgesetzt.

Charakteristisch für die neuen Markt- und Organisationsstrukturen ist das Nebeneinander der netzwerkförmigen Kooperation von Firmen bis hin zu strategischen, auf den Weltmarkt bezogenen Allianzen einerseits und verschärfter Konkurrenz zwischen eben diesen Firmen andererseits. Dieses Nebeneinander reicht bis in die Netzwerke, Firmen und Abteilungen hinein und kann sich für jedes Produkt anders darstellen. Die Kooperation nach außen stellt jedoch nur die eine Seite der marktorientierten Flexibilisierung dar. Sie muß ergänzt werden durch die interne Umorganisation im Sinne der Kooperation im internen Netzwerk, das unter dem Unternehmensdach besteht. Das dem entsprechende Organisationsmodell ist das „horizontale Unternehmen" (Castells 1996). Seine Merkmale sind die Organisation um den Prozeß herum, flache Hierarchien, Team Management, Kunden- und Marktorientierung, die Bezahlung nach Teamerfolg, die Maximierung der Kontakte mit Zulieferern und Kunden sowie die Information und Schulung der Beschäftigten auf allen Ebenen.

Die beschriebene Entwicklung bedeutet keineswegs den Zerfall der Großunternehmen; im Gegenteil schreitet bekanntlich die nationale und internationale Konzentrations- und Zentralisationswelle unvermindert fort. Zu den Charakteristika der neuen Organisationsstrukturen gehört vielmehr das Nebeneinander von Zentralisierung und Dezentralisierung. Die Großunternehmen dezentralisieren zum einen ihre interne Organisation; zum anderen schaffen sie sich oft ein Umfeld von kleinen und mittleren Unternehmen, an die Teilaufgaben im Rahmen einer vertrauensbasierten Marktbeziehung delegiert werden, oder sie kooperieren direkt mit anderen Großunternehmen.

Die jeweilige Operationseinheit wird das „business project", das von einem Netzwerk aus internen und externen Teilnehmern durchgeführt wird. Diese Projekte und Netzwerke erhalten den Charakter „virtueller" Unternehmen. Es ist evident, daß für ihre Funktionsfähigkeit das Vorhandensein und die Nutzung adäquater Informations- und Kommunikationsmittel und -inhalte von essentieller Bedeutung sind. Das horizontale Unternehmen ist – nach dem von Castells geprägten Begriff – ein „Netzwerkunternehmen". Die netzwerkförmig aufgebaute Informations- und Kommunikationstechnik ist seine adäquate Basistechnik (Baukrowitz et al. 2001).

Die skizzierten Entwicklungen markieren eine Veränderung des Bezugsrahmens, in dem sich die Entwicklung der Arbeitsbeziehungen und der Arbeitspolitik vollzieht. Öffentlich diskutierter Ausdruck dieses gewandelten Rahmens ist die Diskussion um den stark räumlich gefaßten Betriebsbegriff, der dem Betriebsverfassungsgesetz gegenwärtig noch zugrunde liegt.

> „Die Unternehmensvernetzung geht mit einem zum Teil grundlegenden Wandel der Arbeitsbeziehungen und Arbeitsbedingungen einher. Die Entstehung von Unternehmungsnetzwerken (...) hat dabei im Zusammenspiel mit anderen Entwicklungen das Potential, das bundesrepublikanische System der industriellen Beziehungen grundsätzlich zu transformieren." (Sydow/Wirth 1999)

3.4 Wandel der Beschäftigtenstruktur und neue Beschäftigtentypen

Ein zweiter, zentraler Einflußfaktor für den Wandel der Arbeitsbeziehungen in der IT-Industrie sind die Beschäftigten, die das Bild dieses Wirtschaftssegments prägen. Die Beschäftigten der IT-Industrie stellen für die betriebliche Interessenvertretung und die Gewerkschaften eine zentrale Herausforderung dar. Schon ein Blick auf das hohe durchschnittliche berufliche Qualifikationsniveau und die überdurchschnittliche Gehaltshöhe verdeutlicht dies. Die Beschäftigen scheinen geradezu einen „neuen Arbeitnehmertyp" zu personifizieren, der in „modernen"

Arbeitsprozessen mit hohen Freiheitsgraden agiert. Aufgrund des Gehaltsniveaus und der Stellung im betrieblichen Sozialgefüge ist für breite Teile der Beschäftigten der IT-Industrie zu unterstellen, daß hier ähnliche Einstellungen gefunden werden, wie sie Kotthoff an Führungskräften beobachten konnte: Seine Ergebnisse machen deutlich, daß diese Beschäftigtengruppen eine besondere Einstellung zu den Organen der betrieblichen Interessenvertretung und zu Gewerkschaften haben. Sie halten sich in ihrer Mehrheit selbst für durchsetzungsfähig und meinen, ihre Interessen gegenüber Vorgesetzten und der Geschäftsführung eigenständig vertreten zu können (Kotthoff 1997; vgl. auch Faust et al. 2000).

Diese Situation ist keineswegs neu. Schon in den 80er Jahren wurde für Teile der IT-Industrie eine von Projekten geprägte Arbeitssituation und eine verhältnismäßig hochqualifizierte Belegschaft konstatiert (vgl. Trautwein-Kalms 1992). Im Kontext der Ausweitung von Software- und IT-Dienstleistungen, die sich als durchgängiger Trend schon seit vielen Jahren beobachten läßt (Trautwein-Kalms 1995), treten vermehrt teambezogene Arbeitsformen in den Vordergrund. Diese Entwicklung ist verbunden mit einer Ausweitung des Angestellten- und des Hochschulabsolventenanteils in den Unternehmen. Sie macht sich insbesondere in den ehemaligen Hardwareunternehmen seit Anfang der 90er Jahre als Umstrukturierung bemerkbar (Trautwein-Kalms 1995). Auf Seiten der Softwareindustrie und der IT-Dienstleister ist der Anteil der Angestellten und der Hochschulabsolventen traditionell sehr hoch. Die Arbeitsprozesse waren hier schon in den 80er Jahren von Projektarbeit geprägt (ebd.).

Die erste Strukturkrise der IT-Industrie zwischen 1992 und 1994 beschleunigte den Reorganisationsprozeß insbesondere in den großen Computerunternehmen und mündete insgesamt in einen grundlegenden Umbruch der Produktionsstrukturen und Arbeitsformen. Mit der Restrukturierung der Unternehmen verändern sich die Formen des Einsatzes und der Nutzung der Arbeitskraft. Resümiert man die Literatur, so könnte die IT-Industrie geradezu als Prototyp eines neuen Organisationsmodells gelten, das als zentrale Grundlage für die Herausbildung „neuer Arbeitskrafttypen" (vgl. Voß/Pongratz 1998; Heidenreich/Töpsch 1998; Hielscher/Hildebrandt 1999) angesehen wird.

Den neuen Typ der Organisation der Arbeit kennzeichnen Heidenreich und Töpsch (1998) mit emphatischem Impetus als „lernende Organisationen". Sie sind durch vier Spezifika von dem vorherigen Modell „bürokratisch-hierarchischer Organisation" unterschieden:

–   Durch eine breitere Nutzung des Leistungsvermögens der Beschäftigten (competence),

–   durch umfassendere, in der Regel informatisierte Fremd- und Selbstbeschreibungen (computer),

– durch eine stärkere Sensibilität gegenüber der symbolischen Dimension organisatorischer Prozesse (culture) und
– durch die stärkere Nutzung zwischenbetrieblicher Kooperations- und Innovationsnetzwerke (cooperation).

Zusammengenommen bezeichnen sie diese Organisation als „C4-Organisationen".

Die breitere Nutzung des Leistungspotentials der Mitarbeiter beruht auf der Eröffnung dezentraler Handlungs- und Entscheidungsspielräume. Statt durch konkrete Handlungsanweisungen erfolgt die Steuerung auf der Basis von Zielvereinbarungen. Diese Zielvereinbarungen signalisieren den Übergang von einer direkten Steuerung zu einer Kontextsteuerung. Dabei werden Rahmenbedingungen und zu erreichende Ziele vorgegeben, die Wege zur Erreichung dieser Vorgaben werden aber in Prozessen „diskursiver Koordinierung" (Braczyk 1997) zwischen Management und Beschäftigten ausgehandelt.[13] Dieser neue Typ der indirekten Steuerung äußert sich in einer Vielzahl neuer Organistionsformen, so z.B. der Gruppenarbeit, der Projektarbeit, Qualitätszirkeln usw. (Heidenreich/ Töpsch 1998, S. 16f.).[14]

„Lernende Organisationen" basieren weiterhin auf vernetzten Informations- und Kommunikationssystemen, die als technische Infrastruktur für nichthierarchische Koordinationsformen sowie für die Kontextsteuerung von Organisationen genutzt werden können. Dabei weisen die Informations- und Kommunika-

---

13 Damit erhält das Management eine neue Rollenbestimmung, es beschränkt sich auf die Vorgabe von Zielen und die Moderation und Koordinierung der erforderlichen sozialen Prozesse (vgl. Faust et al. 1994).

14 Diese neuen Organisationsformen bedeuten keineswegs ein „Ende der Hierarchie", gleichwohl aber einen grundlegenden Wandel der organistorischen Koordinierungsformen, der sich in folgenden Aspekten niederschlägt:

a) Organisatorische Ziele werden nicht mehr ausschließlich durch die Spitze definiert und detailliert, sondern innerbetrieblich ausgehandelt. Diese Aushandlungsprozesse münden in Selbstverpflichtungen der einzelnen Organisationseinheiten und Mitarbeiter und erhalten hier den Charakter von Zielvereinbarungen.

b) Die Art der Zielerreichung wird den Organisationseinheiten und Arbeitsgruppen in gewissem Maße freigestellt.

c) Management wird in dieser Organisationsform zu einem sozialen Prozeß, der auf die Koordination, Regulation und Integration bereichsspezifischer, eigensinniger Praktiken abhebt.

d) Neben hierarchische Koordinationsformen treten zunehmend verschiedene Formen horizontaler Abstimmung. Organisationsformen wie Projektgruppen eröffnen neuartige Aushandlungs- und Abstimmungsarenen. Die Fachkompetenz und die soziale Kompetenz der Beschäftigten gegenüber Autoritäten und Vorgesetzten wird aufgewertet, und entsprechende Kompetenzen gewinnen an Gewicht (vgl. ebd., S. 18).

tionsstrukturen eine „Doppelstruktur" auf. Sie ermöglichen die Unterstützung horizontaler, nichthierarchischer Abstimmungsprozesse und somit stärker als bisherige Informationssysteme eine Dezentralisierung und bündeln zugleich die Informations- und Kommunikationsprozesse im Sinne einer stärkeren Zentralisierung.

> „Diese Doppelstruktur betrieblicher Informatisierungsprozesse verweist auf ein verändertes organisatorisches Koordinierungsmuster, das zum einen auf einer stärkeren Ergebnisorientierung und auf einer Dezentralisierung von Entscheidungsmöglichkeiten beruht, zum anderen auf der Technisierung standardisierbarer Steuerungs- und Überwachungsaufgaben." (Heidenreich/Töpsch 1998, S. 20)

Die neuen Organisationsmodelle zeichnen sich darüber hinaus vor hierarchisch-bürokratischen Organisationsformen dadurch aus, daß sie die kulturellen Dimensionen organisatorischer Prozesse stärker gewichten. Die symbolische Handlungsdimension wird durch Corporate-identity-Programme und neue Leitbilder gezielt entwickelt. Unternehmensleitbilder und symbolische Konstrukte werden zu zentralen Momenten der Organisation (ebd., S. 20ff.). Zudem sind lernende Organisationen stärker als ihre Vorgänger in zwischen- und überbetriebliche Netzwerke eingebunden. Dies gilt für Produktionsnetzwerke ebenso wie für Innovationsnetzwerke. Die soziale Integration der Mitarbeiter sowie die Koordination zwischenbetrieblicher Produktions- und Innovationsnetzwerke erfordert so Koordinationsformen, die in hohem Maße auf Vertrauen basieren, das in den Produktionsprozessen beständig reproduziert werden muß.

Insgesamt zeichnen sich neue Organisationsmodelle durch einen veränderten Zugriff auf die Arbeitskräfte aus:

> „Die Organisationen setzen durch neue Organisationsformen (Projektgruppen, Gruppenarbeit, Qualitätszirkel, kontinuierliche Verbesserungsprozesse, profit center) auf umfassende Mobilisierung des Engagements und der Initiative der Beschäftigten. Dies wird flankiert durch indirekte Steuerungs- und Koordinierungsprinzipien (bereichs- und hierarchieübergreifende Aushandlungsprozesse; Zielvereinbarungen mit dem gehobenen Management), durch Weiterbildungsmaßnahmen und neue Managementformen (Management als Coach und Moderator), durch eine höhere organisatorische Transparenz (Informationssysteme) und durch die symbolische Integration der Beschäftigten in das Unternehmen (Unternehmenskultur). Die Unternehmen verzichten also auf eine Steuerung des Beschäftigtenverhaltens, sondern setzen auf eine indirekte Steuerung – indem sie die kulturellen, fachlichen, technischen und materiellen Kontextbedingungen für das eigenständige Handeln der Beschäftigten definieren." (ebd., S. 23)

Mit Blick auf die institutionellen Strukturen der Regulation der Arbeit enthält die Durchsetzung neuer Organisationsmodelle vielfältige Momente der „Entgrenzung der Arbeit", die ihrerseits der „sichtbare Ausdruck neuer arbeitskraftbezogener Rationalisierungsstrategien" (Döhl et al. 2000) sind. Diese basieren darauf, die „Auflösung und Erosion institutioneller Grenzen als Mittel der Freisetzung bislang nur begrenzt zugänglicher Ressourcen von Arbeitskraft" (ebd., S. 12) zu nutzen.

„Das gemeinsame Merkmal ist dabei die Erosion und partiell auch Auflösung einer institutionellen Verfaßtheit von Arbeit, die im Rahmen der fordistisch-tayloristischen Arbeitsorganisation 'typisch' und strukturprägend war" (Döhl et al. 2000, S. 10).[15]

Diese „Entgrenzung von Arbeit" erhält – so lassen die vorliegenden Ergebnisse zu anderen Branchen jedenfalls vermuten (Kratzer 2001) – für unterschiedliche Abteilungen und Beschäftigtengruppen der IT-Industrie eine je eigene Charakteristik. In den „Jedermannsarbeitsbereichen" geht sie einher mit der verstärkten Ausbreitung von Zeitarbeitsverträgen und Formen prekärer Beschäftigung. Die Auflösung der institutionellen Verfaßtheit der Arbeit äußert sich hier vor allem als Erosion der „Schutzhülle" des unbefristeten Normalarbeitsverhältnisses und der stärkeren Unterordnung des Arbeitsverhältnisses unter die Schwankungen eines Marktsegments, das in hohem Maße der internationalen Preiskonkurrenz ausgesetzt ist. In den kulturbestimmenden Zentren der Softwareentwicklung und

---

15   Die Erosion der institutionellen Grenzen betrifft in besonderer Weise die Trennung und Abgrenzung von Arbeitswelt und Lebenswelt, die ein Spezifikum des Fordismus-Taylorismus war. Sie berührt damit in vielfacher Weise jenes „industrielle Zeitarrangement" (Deutschmann 1985), das als Ergebnis vielfältiger Interessenauseinandersetzungen den Charakter moderner Gesellschaften nachhaltig geprägt hat. Deutschmann unterscheidet das zeitliche Arrangement der vorkapitalistischen Arbeit von dem der frühindustriellen und dem „industriellen Zeitarrangement". Das „industrielle Zeitarrangement" setzt sich seit Ende des 19. Jahrhunderts durch. Es zeichnet sich durch eine „diachron gespaltene Zeitstruktur", also eine sequentielle Teilung der Lebenszeit in Arbeitszeit und Freizeit, aus. Mit der Eingrenzung und Verkürzung der Arbeitszeit war das prinzipielle Zugeständnis an die Arbeitgeber verbunden, die entlohnte Arbeitszeit möglichst effizient dem Verwertungsprozeß zu unterwerfen. Die Beschäftigten hatten sich während der Arbeitszeit als „Arbeitskraft" dem Diktat des industriellen Produktionsprozesses zu unterwerfen, während das „eigentliche" Leben auf die freie Zeit außerhalb der Arbeitszeit verlegt werden mußte (Deutschmann 1985; Maurer 1992). „Auf diesem Arrangement – den äußeren Rahmen der Verwertung von Arbeitskraft durch Arbeitszeitvereinbarungen zu regulieren, aber die intensive Dimension der Arbeitskraftnutzung weitgehend der Disposition der Unternehmen zu überlassen – beruht das System von Normalarbeitszeitstandards, das im Laufe der letzten hundert Jahre sukzessive etabliert wurde." (Hielscher 2000, S. 5) Das Nebeneinander von „Normalarbeitszeit" und „Normalfreizeit" (Gross 1990) bildet das bestimmende Muster. Aus dieser Perspektive zielen die Strategien der Flexibilisierung auf die „Ausschöpfung objektiver, lebensweltlicher Ressourcen" (Döhl et al. 2000) und machen so die fundamentale Grenze zwischen Arbeitszeit und Lebenszeit zum wesentlichen Gegenstand betrieblicher Rationalisierungsprozesse.

IT-Beratung setzen sich demgegenüber andere Konzepte der Entgrenzung von Arbeit durch, die vornehmlich um das Leitbild der „selbstorganisierten" Arbeit gruppiert sind und insbesondere „das in vielfältiger Weise aufeinander bezogene und gegeneinander abgegrenzte Verhältnis von Arbeit und Leben zum Bezugspunkt neuer Einsatz- und Nutzungskonzeptionen von Arbeitskraft" (Döhl et al. 2000, S. 10) machen. Beiden Momenten der Entgrenzung von Arbeit ist gemein: Die „schützende Hülle" institutioneller Strukturen, die vormals eine gewisse Sicherheit der Lohnabhängigen vor den Marktrisiken gewährleistete, wird „Schicht für Schicht" abgetragen (Dörre 2000). Das erfolgt bei einem Teil der Beschäftigten durch die Aushöhlung ihres arbeitsrechtlichen Status (z.B. Zeitarbeit) und bei einem anderen Teil umgekehrt mit Bezug auf deren Interessen an einer selbständigen Gestaltung des Arbeitsprozesses („Führen über Ziele").

Mit dieser Entwicklung erhält aber auch das Subjekt als Moment betrieblicher Verwertungsprozesse eine zentrale Bedeutung. Galt die Person „hinter" der Arbeitskraft dem Taylorismus geradezu als „Störfaktor" (Kern/Schumann 1984), so setzen neue Formen der Organisation der Arbeit offensichtlich darauf, bestimmte, dem Subjekt und damit der Person eigene Kompetenzen für den Arbeitsprozeß verfügbar zu machen. Neue Arbeitsformen gehen mit der Gewährung von erweiterten Handlungsspielräumen und neuen Partizipationsangeboten für die Beschäftigten einher (vgl. Minssen 1999). Diese Spielräume sind aber häufig durch eine hohe Ambivalenz gekennzeichnet (Kühl 1994; Moldaschl/ Schultz-Wild 1994; Döhl et al. 2000). Die neuen Strategien zielen idealtypisch auf die Nutzung und Verausgabung von Arbeitskraft auf Grundlage erweiterter Spielräume zur Selbstorganisation (Döhl et al. 2000; Voß/Pongratz 1998). Beschäftigte sind immer seltener als weisungsgebundene „Befehlsempfänger" in hierarchische Organisationsstrukturen eingebunden. Statt dessen orientieren sie ihre Arbeit an Zielen, die hinter dem Schleier der Vermarktlichung der Binnenbeziehungen der Unternehmen scheinbar aus den Anforderungen des Kunden resultieren (vgl. Hielscher/Hildebrandt 1999). Dies beinhaltet zugleich auch Momente der Selbstkontrolle und der Selbstrationalisierung der Arbeitskräfte, welche sich nicht nur auf die Phase der bezahlten Arbeitszeit erstrecken, sondern vice versa stets auch die Rationalität des Umgangs mit der „Freizeit" betreffen.[16] Mit diesen Veränderungen avanciert die Person selbst zur Ressource des

---

16 Folgt man den Überlegungen des „Münchener Lebensführungsprojektes" (vgl. Jurczyk/ Rerrich 1993; Projektgruppe „Alltägliche Lebensführung" 1995; Voß 1992, 1994, 1998), so entstehen mit der Verflüssigung bzw. Auflösung der Trennung von Arbeits- und Lebenssphäre steigende Anforderung an die Individuen: Diese müssen das Verhältnis von Erwerbstätigkeit und anderen Aktivitäten im Alltag nun aktiv selbst arrangieren. Denn „die Entgrenzung des Verhältnisses von Arbeit und Leben bedeutet handlungstheoretisch gesehen eine Entstrukturierung handlungsstabilisierender Orientierungen des Alltags, auf die von den Subjekten mit aktiven 'Restrukturierungen' ihrer Le-

Produktionsprozesses. Die Zielsetzung neuer Formen der Leistungsregulation impliziert einen grundlegend erweiterten und im Extrem nahezu „totalen" Zugriff auf die gesamte Person (Voß 1994).

3.5 Zusammenfassung

Die Diskussion zur Durchsetzung neuer Organisationsmodelle und Beschäftigtentypen läßt insbesondere für die IT-Industrie einen vielfältigen Veränderungsdruck auf die Arbeitsbeziehungen erwarten. Neu an diesen Unternehmenskonzepten ist, daß sie die für die fordistisch-tayloristische Phase konstitutiven Grenzen der Regulation der Arbeit unterminieren und damit die Fundamente dieses Modus der Regulation aushöhlen (vgl. Dörre 1995a). Mit dem Verlust von Standards und Grenzen fordistisch verfaßter Arbeit gehen den betrieblichen Interessenvertretern und Gewerkschaften zugleich auch zentrale Ansatzpunkte verloren, mittels derer sie regulierend auf die Arbeit einwirken konnten. Dies ist in der IT-Industrie eine zentrale betriebs- und tarifpolitische Herausforderung (Baukrowitz/Boes 2000; Baukrowitz et al. 2000).

Dabei ist von besonderer Bedeutung, ob die neuen Organisationsmodelle sich überhaupt für eine Regulation mittels der Kerninstitutionen der deutschen Arbeitsbeziehungen eignen oder ob sie sich dem darin angelegten Regelungszugriff versperren. So vermuten Heidenreich und Töpsch (1998) sowie Töpsch et al. (2001) beispielsweise, daß sich die neuen Arbeitsformen und Beschäftigungsverhältnisse nicht nur dem Zugriff der Gewerkschaften weitgehend entziehen, sondern im Grunde einer tarifvertraglichen Regelung kaum zugänglich sind. Sie begründen dies damit, daß

> „teilweise (...) die Vorteile dieser Beschäftigungsformen für Unternehmen und Beschäftigte ja auch gerade in der Nicht-Verregelung (liegen), so daß davon ausgegangen werden muß, daß sich diese Bereiche für Regulation auf der Ebene von Tarifverträgen und Betriebsvereinbarungen kaum eignen." (Heidenreich/ Töpsch 1998, S. 34)

Des weiteren ist zu erwarten, daß die neuen Arbeits- und Steuerungsformen zu einer Ausdifferenzierung der Interessenlagen der Beschäftigten führen (Döhl et al. 2000) und damit „systematische Zielkonflikte" auf Seiten der Interessenvertreter induzieren (Heidenreich/Töpsch 1998). Die zu erwartende Heterogenisierung der Arbeit wird durch selektive „Partizipationsangebote" vermutlich ver-

---

bensführung geantwortet werden muß" (Kleemann et al. 1999, S. 15f.). Gerade hierin liegt ein wesentliches Veränderungsmoment der Gesellschaft, das hinsichtlich des Zusammenhangs von Arbeitszeit, familialer Arbeitsteilung und Geschlechterverhältnissen von zentraler Bedeutung ist (vgl. Raehlmann et al. 1993; Funder et al. 1993).

stärkt (vgl. Dörre 2000). In bestimmten Branchen und für Beschäftigtengruppen werden Angebote zur Mitgestaltung der Arbeit gemacht; häufig gerade dort, wo die Spielräume für eine organisatorische Disziplinierung ohnehin gering sind. Dies betrifft laut Dörre beispielsweise die Unternehmen der New Economy, in denen die direkte Partizipation der meist hochqualifizierten „Wissensarbeiter" oft selbstverständlich ist, während in den „Jedermannsbereichen" der klassischen Industrien die Ausbreitung prekärer Beschäftigung zu beobachten ist.

„Unter diesen Bedingungen wirkt die Beschäftigtenpartizipation als Differenzierungsverstärker. (...) Sie begünstigt einen – meist überdurchschnittlich jungen, hochqualifizierten – Typus 'moderner Wissensarbeiter', der die Zonen kontrollierter Autonomie selbstbewußt in seinem Sinne zu nutzen versteht." (ebd., S. 37)

Diese Beschäftigtengruppen kann die „Re-Kommodifizierung der Arbeitskraft" nicht schrecken, beinhaltet die Durchsetzung neuer Regulationsformen der Arbeit für sie doch ein „persönliches Glücksversprechen". Auf der anderen Seite stehen die Beschäftigtengruppen, für die partizipative Arbeitsformen aus bestimmten Gründen zum Ausschlußkriterium werden. „Das individuelle Partizipationsvermögen wird so zum Indikator für eine neue Spaltungslinie in der Erwerbsarbeit" (ebd., S. 37). In der Heterogenisierung der Beschäftigten liegt ein grundlegendes Veränderungspotential für das Prinzip der Kollektivvertretung, welches den Interessenvertretungsstrukturen zugrunde liegt. Gewerkschaften und betriebliche Interessenvertreter geraten dadurch vermutlich zunehmend in die Situation, auseinanderdriftende Interessen aufeinander beziehbar zu machen und so Solidarität zwischen den Beschäftigtengruppen herstellen zu können.

Die Frage nach der Zukunft der Kollektivvertretung erhält durch die veränderte Einbindung der Beschäftigten in den Arbeitsprozeß und den Orientierungswandel (Baethge 1991) eine neue Brisanz. Zum einen stellen hochqualifizierte, selbstbewußte Beschäftigtengruppen, wie sie in der IT-Industrie vermutlich eine große Bedeutung haben, neue Anforderungen an die Akteure der Interessenvertretung (Trautwein-Kalms 1995; Kotthoff 1997). Insbesondere dann, wenn diese Beschäftigten über eine große „Marktmacht" verfügen, können sie sich in den betrieblichen Interessenauseinandersetzungen als sehr durchsetzungsfähig erweisen, ohne hierfür unmittelbar auf kollektivvertragliche Regelungen oder betriebliche Interessenvertreter angewiesen zu sein. Damit zeichnet sich zum anderen eine weitere Veränderung ab. Denn wenn Mitarbeiter zu verhandelnden Akteuren werden, verschwimmen die Grenzen zwischen abhängiger Beschäftigung und Selbständigkeit (Heidenreich, Töpsch 1998). Auch wenn diese Veränderungen nicht unbedingt in einen tiefgreifenden Wandel der „Grundform der Ware Arbeitskraft" (Voß/Pongratz 1998; vgl. auch Hielscher/Hildebrandt 1999) münden, sind tiefgreifende Implikationen für die Arbeitsbeziehungen in der IT-Industrie zu erwarten.

4. Reorganisation der Unternehmen und Wandel der Arbeit

Im Zuge einer Beschleunigung technologischer Innovationen und der sprunghaften Entwicklung neuer Produkte und Leistungen ist eine Ausdifferenzierung von Teilmärkten zu verzeichnen. Gleichermaßen Ursache und Folge dieser Marktentwicklung ist die Veränderung der Unternehmensstrukturen in der IT-Industrie, die sich insbesondere in den traditionsreichen Großunternehmen als tiefgreifende Reorganisationsprozesse fassen lassen. Im Zuge einer Abkehr von traditionell fordistischen Unternehmensstrukturen, einer Einstellung auf neue Produkte und Leistungen werden neue, auf Selbstorganisation basierende Arbeitsformen etabliert und die Beschäftigtenstruktur verändert.

4.1 Reorganisation der Unternehmensstrukturen

Diese Entwicklungen vollziehen sich in den Unternehmen der IT-Industrie nicht gleichförmig. Vielmehr lassen sich verschiedene Unternehmenstypen unterscheiden, die eine jeweils eigene Grundcharakteristik aufweisen und in denen die aktuellen Veränderungen eine jeweils eigene Dynamik und spezifische Verlaufsmuster aufweisen. Anhand der Untersuchung lassen sich drei unterschiedliche Typen beobachten:

Eine Gruppe von Unternehmen war bis zu diesem Umbruch von traditionellen fordistischen Unternehmensstrukturen geprägt. Die gegenwärtige Entwicklung dieser Unternehmen ist durch die Reorganisation ihrer fordistischen Strukturen, die Etablierung neuer Arbeitsformen und damit verbundenen neuen Managementmethoden sowie durch einen tiefgreifenden Wandel der Beschäftigtenstruktur geprägt. Eine zweite Gruppe besteht aus jungen „Start-up-Unternehmen", die für die IT-Industrie als so typisch angesehen werden, allerdings erst mit dem Umbruch Anfang der 90er Jahre vermehrt auf den Markt drängen. Sie zeichnen sich durch ein weitgehendes Fehlen formaler Leitungsstrukturen und projektorientierte Arbeitsformen aus. Die dritte Gruppe von Unternehmen bewegt sich in einem eigenen Entwicklungsweg zwischen den beiden genannten. Sie zeichnen sich durch Organisationsstrukturen aus, die in hohem Maße selbstorganisierte Arbeitsprozesse und ein personales Leitungsmodell auf der einen

Seite und eine formale Leitungsstruktur auf der anderen Seite miteinander verbinden. Sie werden daher als „Lack-Turnschuh-Unternehmen"[1] bezeichnet.

4.1.1 Reorganisation der „ehemals fordistischen Unternehmen"

Eine bedeutende Gruppe von Unternehmen in der IT-Industrie stellen jene älteren und etablierten Unternehmen dar, deren Organisations- und Arbeitsformen sich in einer Zeit entwickelt haben, in der noch fordistische Markt- und Unternehmensstrukturen das gesamtwirtschaftliche Geschehen und (mit Abstrichen) die Entwicklung der IT-Industrie bestimmten. Aufgrund der Erfordernisse, die ihre Produkt- und Leistungsspektren an die Organisation ihrer Produktionsprozesse stellten, sowie aufgrund der weitgehend anbieterdominierten Grundstruktur ihrer Absatzmärkte waren sie bis in die 90er Jahre hinein weitgehend fordistisch geprägt. Ihre Produktpalette bestand bis dahin aus Hardware und hardwarenahen Dienstleistungen und sie wiesen dabei einen relativ hohen Anteil klassischer industrieller Produktionsprozesse in der Herstellung der Hardware auf. Die Unternehmensorganisation zeichnete sich durch vertikale, hierarchische Strukturen aus. Obwohl der Anteil der Beschäftigten, die projektförmig arbeiten oder verschiedene Formen von Expertentätigkeit (Entwicklung, Marketing, High-Level-Service u.a.) ausüben, in diesem Industriesegment sehr hoch war, dominierten doch arbeitsteilige Arbeitsprozesse, und ein großer Teil der Beschäftigten war unterhalb des Hochschul- und Fachhochschulniveaus angesiedelt.

Diese Gruppe von Unternehmen setzt sich zusammen aus den traditionellen Großunternehmen, jüngeren Hardwareunternehmen sowie Ausgründungen aus fordistisch geprägten Industrieunternehmen anderer Branchen, die diese fordistische Grundstruktur „geerbt" haben.

Idealtypische Fälle dieser Gruppe sind die Fallunternehmen A1, A2 und A4. Die Geschichte dieser Unternehmen reicht bis in das 19. Jahrhundert zurück und sie wiesen bis in die 90er Jahre die typischen Merkmale eines fordistisch geprägten deutschen Großunternehmens auf. Das Unternehmen C1 als ehemalige Behörde stellt geradezu einen Musterfall einer konsequenten Realisierung fordistisch-tayloristischer Organisationsstrukturen dar: Es zeichnete sich durch eine tiefe Arbeitsteilung und stark hierarchische Organisationsstrukturen aus und

---

1   Mit dieser Bezeichnung greifen wir ein Bild auf, mit dem ein Vertreter der Unternehmensleitung in C3 die Situation seines Unternehmens charakterisiert hat: „Wobei, da ist ein schönes Beispiel, das mit dem Turnschuh und dem Lackschuh. Die Start ups werden ja oft als Turnschuh-Unternehmen betrachtet. Die gestandenen Unternehmen kann man mal als Lack-Turnschuh-Unternehmen bezeichnen. Das heißt, die Herausforderung ist, daß sie auf dem einen Fuß gewisse Turnschuheigenschaften weiter behalten und auf dem anderen Fuß gewisse Lackschuheigenschaften annehmen."

wies auch die für diese Unternehmensgruppe typische Beschäftigtenstruktur auf. Das Unternehmen *A3* ist als Merger dreier Unternehmen mit unterschiedlicher Herkunft und organisatorischer Ausrichtung in seiner gegenwärtigen Entwicklung als Sonderfall anzusehen, der für sich zu untersuchen wäre. In Deutschland dominieren die Unternehmensteile, die aus einem traditionellen Hardwarehersteller aus dem Midrange-Bereich kommen und viele Eigenschaften eines ehemals fordistischen Unternehmens aufweisen, so daß das Unternehmen dieser Gruppe zugeordnet wird. Auch das Unternehmen *B1* als Rechenzentrumsdienstleister ist zu dieser Gruppe zu zählen. Es stellt kein traditionelles Unternehmen der IT-Industrie, sondern eine relativ junge Ausgründung aus der Chemischen bzw. Elektrotechnischen Industrie dar. Aufgrund seiner Herkunft aus einem traditionellen fordistischen Großunternehmen weist aber auch dieses mit seiner hierarchischen Linienorganisation und den relativ großen Anteilen tayloristisch organisierter Arbeitsprozesse viele der für diese Gruppe typischen Merkmale auf.

Der Umbruch der IT-Industrie trifft diese Unternehmen in besonderem Maße. Ihre gewachsenen fordistischen Strukturen werden durch die Veränderungen der Markt- und Produktionsstrukturen grundlegend in Frage gestellt. Seit den 90er Jahren ist daher in diesen Unternehmen ein Wandel in den Produkt- und Leistungsspektren sowie eine grundlegende Reorganisation der ehemals fordistischen Strukturen festzustellen: „Monolithische" Organisationsstrukturen werden aufgebrochen, neue Arbeitsformen und Managementmethoden werden etabliert und die Beschäftigtenstruktur verändert sich nachhaltig, um so eine engere Kunden- und Marktorientierung in den Produktionsprozessen und eine Ökonomisierung der Produktionsprozesse zu realisieren.

Entwicklung der Märkte

Die ehemals fordistischen Unternehmen sehen sich einem dramatischen Wandel der Märkte, auf denen sie agieren, ausgesetzt. Während der IT-Markt bis Anfang der 90er Jahre durch weitgehend starre Marktstrukturen geprägt war, die über proprietäre Technologien und die darüber erzeugte enge Bindung zwischen Hersteller und Anwenderunternehmen aufrechterhalten wurde[2], war der Telekommunikationshardwaremarkt durch das Nachfragemonopol der Deutschen Post

---

2   Mit der Entscheidung für ein Großrechnersystem war praktisch auch die Entscheidung für sämtliche Peripherien, Software und folgende Systemerweiterungen getroffen. Dies führte für die Hersteller zu einer relativ klaren Marktaufteilung mit geringer Tendenz der Anwenderunternehmen, zu einem anderen Anbieter zu wechseln. Diese hohe Bindung der Kunden an einen Hersteller führte zu einer Marktstruktur, die eine geringe Dynamik und Komplexität aufwies: Nach erfolgter Akquisition stand der Hersteller mit seinen Produkten kaum mehr im Wettbewerb mit Konkurrenten, Innovationsdruck von außen gab es nicht.

bestimmt. Der Telekommunikationsdienstleistungsbereich stellte bis dahin im engeren Sinne keinen Markt dar, da er im Aufgabenbereich einer Behörde angesiedelt war. Seit den 90er Jahren befinden sich beide Märkte in einem Umbruch, der die Marktsituation der ehemals fordistischen Unternehmen nachhaltig verändert.

Im Informationstechnikbereich kommt es zu einer massiven Ausdifferenzierung von Teilmärkten – vor allem entlang standardisierter Hardware- und Softwarekomponenten sowie im Dienstleistungsbereich – und zu einer allgemeinen Verflüssigung der Marktstrukturen. Durch die hohe Innovationsdynamik der Produkte und die weiter fortschreitende Modularisierung und Standardisierung entstehen permanent neue Marktsegmente mit jeweils spezifischer Wettbewerbssituation. Es dominiert hier nicht mehr das vertikal integrierte Großunternehmen, das in sich alle Produktionsstufen vereinigt, sondern eine unternehmensübergreifende netzwerkartige Produktionsstruktur, in der jedes Modul seinen eigenen Markt generiert und über vielfältige Kooperationsstrukturen in jeweils höherwertige Produkte einfließt.

War der Großrechnermarkt noch als Anbietermarkt zu kennzeichnen, geht nun die Marktentwicklung in sehr viel höherem Maße von den Anforderungen der Anwender aus, die nun das Angebot verschiedener Hersteller vergleichen können. Damit entsteht für die ehemals fordistischen Unternehmen eine neue Konkurrenzsituation, da sie sich mit ihrem ausdifferenzierten Produkt- und Leistungsspektrum gegenüber einer Vielzahl von Mitbewerbern behaupten müssen. Dabei verweisen diese Produkte und Leistungen auf jeweils eigenständige Märkte, die oft mit eigenen Standards hinsichtlich Unternehmenskultur, Arbeitsformen und Beschäftigtentyp verbunden sind und eine jeweils eigene Innovationsdynamik hervorbringen.

Für *A1* und *A2* werden diese Marktveränderungen dadurch verstärkt, daß in der Vergangenheit Großkunden und Behörden die Hauptabnehmer ihrer Produkte waren, deren Nachfrageentwicklung für beide Unternehmen überschaubar und weitgehend kontrollierbar war. Heute sehen sich beide Unternehmen mit ausdifferenzierten Märkten mit hoher Veränderungsdynamik konfrontiert. Ehemalige Großkunden geben ihrerseits ihre fordistischen Strukturen auf, Investitionsentscheidungen im Informationstechnikbereich werden teilweise dezentralisiert oder die Informationsverarbeitung wird komplett „outgesourced". Darüber hinaus spielen ökonomische Erwägungen und der Vergleich alternativer Technologien eine größere Rolle. Ähnliches gilt, wenn auch noch nicht ganz so ausgeprägt, für die Behörden. Bei *A1* und *A2* führte dies in den 90er Jahren zum Verlust der ehemals starken Marktposition. Darüber hinaus geht insbesondere für *A2* die Dominanz in der Technologieentwicklung verloren. Das Unternehmen hatte bis dahin über eine weitreichende Marktkontrolle verfügt und eine geringe Abhängigkeit von unternehmensfremden Technologien aufgewiesen. Es sieht

72

sich nun in einer Situation, in der die Innovation der Schlüsseltechnologien im Bereich der offenen Technologien, etwa bei den Betriebssystemen, in anderen Unternehmen und damit außerhalb seiner Kontrolle erfolgt. Das Unternehmen reagiert darauf, indem es eine Vorreiterrolle in der Entwicklung von informationstechnischen Konzepten und Schlüsseltechnologien einzunehmen bestrebt ist.

Im Gegensatz zu *A1* und *A2* war das Fallunternehmen *A3* früher auf abgegrenzten Teilmärkten aktiv und stößt nun mit dem Merger in den Bereich der Komplettanbieter und somit in für das Unternehmen neue Marktstrukturen vor.

Auch für den untersuchten Dienstleister im Informationstechnikbereich – *B1* – verändert sich gegenwärtig die Marktsituation. Als ausgegründetes Rechenzentrum wies *B1* ursprünglich eine enge Bindung an das Mutterunternehmen auf. Die nachfolgenden Geschäftserweiterungen wurden durch Aufkauf ausgegründeter DV-Abteilungen oder Rechenzentren vorgenommen, so daß auch hier eine enge Kundenbindungen gegeben war. Gegenwärtig läßt sich ein zunehmender Trend zum Outsourcing von Rechenzentrumsdienstleistungen feststellen. Die allgemeine Tendenz, sich auf Kernkompetenzen zu konzentrieren, führt in den Anwenderunternehmen dazu, spezielle Dienstleistungen wie den Rechenzentrumsbetrieb bzw. den Betrieb dezentraler Informationsinfrastrukturen auf hierfür spezialisierte Unternehmen auszulagern. Insgesamt erhält der Markt dadurch eine erhöhte Veränderungsdynamik, indem einerseits mehr Wettbewerber in den IT-Dienstleistungsmarkt stoßen und andererseits Konzentrationsprozesse befördert werden. Diese Dynamisierung wird verstärkt durch eine zunehmende Professionalisierung dieser Dienstleistung durch Standardsoftware, durch die die ehemals enge Bindung an einen bestimmten Anbieter, die insbesondere durch dessen intime Kenntnis der eingesetzten Individualsoftware aufrechterhalten wurde, tendenziell abnimmt.

Darüber hinaus vollziehen die Anwenderunternehmen in ihren Informationsinfrastrukturen aktuell einen Technologiesprung, der dazu führt, daß Beratungsleistungen in den Vordergrund rücken, für die *B1* und vergleichbare Dienstleister die notwendigen Kompetenzen vorhalten müssen. Gleichzeitig gibt er den Kundenunternehmen auch die Gelegenheit, zu einem neuen Anbieter mit ausgewiesenen Kompetenzen in den neuen Technologien zu wechseln.

Besonders ausgeprägt sind die strukturellen Veränderungen im Telekommunikationsmarkt durch die Öffnung des ehemaligen Postmonopols und die damit verbundene Ausdifferenzierung der Marktstrukturen. Hier sind verschiedene Entwicklungen festzustellen, die sich gegenseitig überlagern und eine sehr unübersichtliche Situation erzeugen: Durch die schrittweise Deregulierung des Telekommunikationsmarktes entstehen immer wieder – vor allem durch die Regulierungsbehörde bedingte – neue Rahmenbedingungen, auf die sich die Wettbewerber einstellen und die insbesondere jungen, kleineren Unternehmen durch ihre höhere Flexibilität eher kurzfristig die Möglichkeit geben, sich erfolgreich am Markt zu plazieren. Gleichzeitig sind im Massenmarkt Mobilfunk und Festnetz allerdings Konzentrationsprozesse festzustellen, die nach Meinung der Experten dazu führen werden, daß in wenigen Jahren nur noch wenige Wettbewerber den Markt prägen werden. Daneben sind aber – insbesondere an den Schnittstellen des Telekommunikationsmarktes zum Informationstechnikmarkt – ebenfalls Tendenzen zu einer horizontalen, netzwerkartigen Struktur des Marktes zu erkennen, in der die Ausdifferenzierung der Markt- und Wettbewerberstruktur weiter fortschreitet.

Von dieser Entwicklung des Telekommunikationsmarktes sind *C1* als Telekommunikationsdienstleister und *A4* sowie *A1* als Hardwarehersteller betroffen. *C1* hat als ehemalige Behörde keine Erfahrung mit Märkten und Wettbewerb. In der Vergangenheit war das Dienstleistungsangebot dieses Fallunternehmens daher sehr eingeschränkt und von geringer Innovationsdynamik. Heute ist die Marktsituation durch die Globalisierung der Telekommunikationsdienstleistungen und eine steigende Zahl von inländischen und ausländischen Wettbewerbern bestimmt, wobei das Produkt- und Leistungsspektrum sich sprunghaft ausgedehnt hat und schnellen Veränderungen unterworfen ist.

Die Hardwarehersteller *A1* und *A4* waren in ihrer Marktsituation durch ihre enge Bindung an die Post geprägt. Mit der Privatisierung der Deutschen Telekom AG und der Deregulierung des Telekommunikationsmarktes verlieren beide Unternehmen die hohe Stabilität der bisherigen Marktstrukturen und sind gezwungen, sich auf den neu entstehenden Teilmärkten zu orientieren. Für sie entsteht nun ein Massenmarkt für Endgeräte, der sich insbesondere im Bereich der Mobiltelefone durch kurze Produktlebenszyklen und durch die mit der Massenproduktion verbundenen Konzentrationsprozesse auszeichnet. Darüber hinaus entsteht ein beratungsintensiver Markt für Geschäftskunden, einerseits im Bereich der Anwenderunternehmen anderer Branchen, andererseits im Bereich der neu entstehenden Telekommunikationsdienstleister, auf denen die Kompetenzen in den Bereichen Service und Beratung ausgebaut werden müssen.

Insgesamt ist die Marktsituation der ehemals fordistischen Unternehmen durch grundlegende Veränderungen geprägt, die in allen untersuchten Unternehmen zu einer Neupositionierung am Markt durch ein verändertes Produkt- und Leistungsspektrum und insbesondere durch neue Unternehmensstrukturen führen.

Wandel des Produkt- und Leistungsspektrums

Bei den Hardware-Herstellern im IT-Bereich, *A1*, *A2* und *A3*, ist die Veränderung des Produkt- und Leistungsspektrums durch den paradigmatischen Bruch in der informationstechnologischen Entwicklung, der im Übergang von den proprietären Großrechnersystemen hin zu den offenen, verteilten Computerarchitekturen angelegt ist, sowie durch eine neuartige Nachfragestruktur, die sich mit der sich wandelnden Informatisierung in den Anwenderunternehmen ergibt, geprägt. Zum einen wird die Hardware-Produktpalette massiv ausdifferenziert, indem vor allem die verschiedenen Hardwarekomponenten verteilter Computersysteme, insbesondere PC und Unix-Server, in die Produktpalette integriert werden. Weiterhin wird der Software- und Dienstleistungsanteil an den Produkten und Leistungen gesteigert. Bei der Steigerung des Softwareanteils steht weniger die Eigenentwicklung von Software im Vordergrund als vielmehr die Integration und Konfiguration von Standardsoftware. Die Verstärkung des Dienstleistungsanteils bezieht sich sowohl auf die hardwarenahen Dienstleistungen wie Service und den Betrieb von Anlagen (Rechenzentrumsbetrieb) als auch auf komplexe Beratungsleistungen. Insgesamt stehen bei den ehemaligen Hardwareherstellern zunehmend nicht mehr Einzelprodukte im Vordergrund, sondern komplexe Lösungen, die alle für den Aufbau und den Betrieb eines Informationssystems notwendigen Software- und Hardwarekomponenten inklusive der erforderlichen Dienstleistungen enthalten können.

B1 als Rechenzentrumsdienstleister ist ebenfalls mit einem sukzessiven Austausch traditioneller Rechnersysteme durch offene Systeme konfrontiert. Das Leistungsspektrum ist in diesem Zusammenhang einerseits von einem zunehmenden Anteil an Softwareentwicklung durch die Portierung der Anwendungen der Kundenunternehmen auf eine neue technologische Plattform und andererseits von einem zunehmenden Beratungsanteil im Zuge der strategischen Weiterentwicklung der Kundenanwendungen geprägt. Darüber hinaus steigt für dieses Unternehmen die Anforderung, einen 24-Stunden-Service anzubieten, da die Produktionsprozesse und Unternehmensstrukturen der Anwenderunternehmen einen globalen Zuschnitt erhalten und so der Betrieb der Anwendungen alle betroffenen Zeitzonen und die dort geltenden Arbeitszeiten abdecken muß.

Der Telekommunikationsmarkt ist seit den 90er Jahren zum einen durch die Deregulierung und zum anderen durch eine dynamische technologische Entwicklung geprägt. Dies mündet in einer massiven Ausdehnung und Ausdifferenzierung neuartiger Dienstleistungen auf einer neuen technologischen Basis. Somit sind die Hardwarehersteller im Telekommunikationsbereich, *A1* und *A4*, mit einem tiefen Bruch ihrer technologischen Basis und einer dynamischen Veränderung der nachgefragten Produkte und Leistungen konfrontiert.

Der Bruch in der technologischen Entwicklung äußert sich hier vor allem in der Digitalisierung der Hardware, die mit einem allgemein steigenden Softwareanteil an den Produkten einhergeht und gegenwärtig in einer Konvergenz von Informationstechnologien und Telekommunikationsprodukten mündet. Angestoßen durch die schnelle Entwicklung und Veränderung der Telekommunikationsdienstleistungen ist bei den Hardwareherstellern einerseits eine extreme Verkürzung der Produktlebenszyklen und andererseits eine Steigerung des

Dienstleistungsanteils in Form von Service, Anlagenbetrieb und Beratung zu verzeichnen.

Eine gegenüber den alten Telekommunikationstechnologien grundlegende Neuerung stellt dabei die Kurzlebigkeit der Produkte dar. Während man, laut einem Vertreter der Unternehmensleitung *A4*, früher davon ausging, „daß eine Vermittlungsstelle 25 Jahre hält – in vielen Fällen mußte sie das auch, und dann kam eine relativ ähnlich Nachfolgegeneration, und man konnte die alte relativ geräuschlos beseitigen", nähere sich die Innovationsdynamik heute der im Informationstechnikbereich an.

Auch in dem untersuchten Geschäftsbereich von *A1*, dem anderen Telekommunikationsausrüster, ist durch die neue Produktgruppe der Mobiltelefone ein deutlicher Bruch gegenüber den traditionellen Telekommunikationsprodukten spürbar, der sich im Fokus dieser Produkte auf einen jugendlichen Massenmarkt und die extrem kurzen Innovationszyklen äußert. Der darin liegende Bruch in der Kultur des Produzierens wird von unserem Gesprächspartner eindringlich geschildert.

Die Veränderung des Produkt- und Leistungsspektrums im Telekommunikationsdienstleistungsbereich ist an *C1* nachzuvollziehen. Die traditionellen Leistungen im Rahmen der Bereitstellung einer öffentlichen Informationsinfrastruktur verändern sich durch die Digitalisierung der eingesetzten Technologien und den zunehmenden Softwareanteil. Daneben ist der Telekommunikationsmarkt durch eine massive Ausdehnung und Ausdifferenzierung von Dienstleistungen sowohl im Privatkunden- als auch im Geschäftskundengeschäft geprägt, die sich einerseits durch eine zunehmende Kundennähe und andererseits durch eine hohe Veränderungsdynamik auszeichnen.

Insgesamt haben diese Veränderungen in den Produkt- und Leistungsspektren der ehemals fordistischen Unternehmen weitreichende Auswirkungen auf die Unternehmensstrukturen und Arbeitsformen. Durch ihre komplexe Struktur, die sie durch die Kombination von Hardware, Software, Beratung und Service erlangen, liegen sie häufig quer zu vorhandenen Unternehmensstrukturen, in denen die ehemalige proprietäre und hardwareorientierte Produktstruktur abgebildet war. Der mit dem veränderten Produkt- und Leistungsspektrum verbundene relative Anstieg von Entwicklungsaufgaben und der steigende Software- und Dienstleistungsanteil bringen neuartige Anforderungen an die Organisation von Arbeit mit sich, die zu einem Wandel der dominierenden Arbeitsformen führen.

So waren die Produktions- und Vertriebsstrukturen im Hardwarebereich in der Regel von der Vorstellung geprägt, daß eine Anlage oder ein Gerät eine geschlossene Einheit mit fest definierten Einsatzbereichen darstellt. In den 90er Jahren ist jedoch eine technologische Entwicklung zu konstatieren, die zunehmend auf Modularisierung und Standardisierung zielt. Dies hat zur Folge, daß Geräte und Anlagen modular zusammengesetzt und skalierbar sind und so ein breites Feld von Einsatzbereichen mit den gleichen Grundkomponenten abzudecken ist. Die ehemals klare Trennung zwischen Produkten und den für sie zuständigen Organisationseinheiten wird verwischt.

Diese Inkonsistenzen der produktorientierten Organisationsstruktur, die sich aus der Angleichung der Geräte und Hardwarekomponenten sowie deren Einsatzfeldern ergeben, werden in den letzten Jahren durch eine radikale Neudefinition des Produkt- und Leistungsspektrums insbesondere der Hardwareanbieter verschärft, die die reine Produktorientierung in den Organisationsstrukturen grundsätzlich in Frage stellen. Durch das Lösungsgeschäft entstehen Anforderungen an eine kundenorientierte Reorganisation der Unternehmensstrukturen. Wesentliches Kennzeichen dieser Leistung ist eine ganzheitliche Betrachtung der Kundenanforderung und die Entwicklung einer alle Einzelkomponenten wie Hardware, Software, Service und Beratung umfassenden Lösung. In dem einer Lösung zugrundeliegenden Entwicklungs- und Produktionsprozeß ist eine Vielzahl unterschiedlicher Experten und Arbeitsbereiche mit einzubeziehen, die in den traditionellen Strukturen hermetisch gegeneinander abgeschottet sind: Vertriebsleute, Unternehmensberater, Softwareentwickler in verschiedenen Bereichen, Hardwarespezialisten der unterschiedlichsten Produktgruppen müssen zeitlich und auf eine Aufgabe begrenzt kooperieren. Damit werden Unternehmensstrukturen erforderlich, die diese Integration unterstützen, und zwar langfristig in der Produktentwicklung und kurzfristig in kundenspezifischen Projekten.

Reorganisationsstrategien

Mit der Veränderung der Marktsituation sowie der Weiterentwicklung des Produkt- und Leistungsspektrums erwiesen sich die traditionellen fordistischen Strukturen in den 90er Jahren zunehmend als Problem. Die bestehende organisatorische Abbildung von Produkten in Unternehmenseinheiten entsprach nicht mehr der Realität: Einerseits ließen sich in dieser an Hardwareprodukten orientierten Struktur die Produkte in den Bereichen Software und Dienstleistungen nur schwer integrieren, andererseits hatte sich aber auch die Struktur der Hardwareprodukte so verändert, daß die gegebenen Unternehmensstrukturen zu Inkonsistenzen im Marktauftritt führten.

Die skizzierten Probleme finden sich in den Fallunternehmen in unterschiedlichen Ausprägungen und bestimmen die jeweiligen Reorganisationsstrategien.

In *A1* wird der gesamte Bereich der Informations- und Telekommunikationstechnik neu gestaltet: Die hardwareorientierten Bereiche Telekommunikation und Informationstechnik werden entsprechend der Entwicklung der Produkte und der Märkte neu strukturiert, das Lösungsgeschäft im IT-Bereich sowie der Servicebereich werden als eigenständige Unternehmen herausgelöst.

In den neu strukturierten Unternehmenseinheiten des Hardwarebereichs wird zwischen Endgeräten und Netzen und damit auch zwischen Geschäftskundenmarkt und Massenmarkt unterschieden. Diese neu abgegrenzten Unternehmenseinheiten, die im Mutterunternehmen verbleiben, werden mit einer eigenen Geschäftsverantwortung ausgestattet und mit den jeweiligen Wettbewerbern an den fokussierten Teilmärkten verglichen.

A2 ist als Tochter eines US-amerikanischen Konzerns in die Reorganisation der internationalen Konzernstrukturen eingebunden. Hier steht die Integration globaler Geschäftsprozesse unter Einsatz weltweit vereinheitlichter Steuerungs- und Kontrollinstrumente bei gleichzeitiger Ausdifferenzierung kleiner, marktgetriebener Unternehmenseinheiten im Vordergrund. Vor allem zu Beginn der 90er Jahre bestand eine Tendenz, das Unternehmen in viele kleine Tochterunternehmen mit jeweils abgegrenzten Kernkompetenzen aufzuteilen. Diese Entwicklung wurde mittlerweile teilweise wieder zurückgenommen. Geblieben ist für Deutschland eine Struktur, die den Entwicklungsbereich, den in Deutschland angesiedelten Produktionsbereich sowie den Produktvertriebs- und Lösungsbereich voneinander trennt. Weiterhin werden im Dienstleistungsbereich (Rechenzentrumsdienstleistungen, Beratung, Service) eigenständige Gesellschaften ausgegründet, um spezielle Märkte zu bedienen.

Die neu entstandenen Unternehmenseinheiten und Konzerntöchter werden in den letzten Jahren in internationalen Lines of Business integriert, über die an den globalen Geschäftsprozessen der Produkte und Leistungen orientierte neue Leitungsstrukturen etabliert werden, die die nationalen Linienstrukturen überlagern und in deren Entscheidungskompetenz erheblich einschränken. Ein wesentliches Element dieser Integration stellt die Einführung eines weltweit einheitlichen computergestützten Controlling- und Berichtssystems dar, über das die wirtschaftlichen Daten über die Tochterunternehmen und nationalen Gesellschaften hinweg für einzelne Geschäftsbereiche aggregiert und verglichen werden können.

In A3 steht die organisatorische Bewältigung des Mergers im Vordergrund der Organisationsentwicklung. Hierbei treffen die reine Vertriebsorganisation des ehemaligen PC-Herstellers auf die fordistisch geprägten Organisationsstrukturen des ehemaligen Herstellers im Midrange-Bereich zusammen. Das Ziel der Organisationsentwicklung besteht darin, einerseits die Produktstrategie eines Lösungsanbieters in den Organisationsstrukturen abzubilden und andererseits auch weiterhin den PC-Massenmarkt sowie den Hardwaremarkt im Geschäftskundenbereich zu bedienen. Dies spiegelt sich in einer Dreiteilung der Geschäftsbereiche in eine Business-Unit, eine Consumer-Unit und eine Einheit für Unternehmenslösungen wider:

„Das sind drei Organisationsgruppen, die wir geschaffen haben, um einfach schneller mit dem Kunden vor Ort zu kommunizieren und den direkten Zugang zum Kunden zu haben." (Unternehmensleitung *A3*)

In horizontaler Perspektive werden diese Unternehmensbereiche über eine dreigeteilte Vertriebsstruktur integriert, die neben einem Direktvertrieb und der Zusammenarbeit mit Vertriebspartnern einen für Lösungen zuständigen Bereich aufweist.

Die Reorganisation von *A4* vollzieht sich vor dem Hintergrund der Deregulierung und Globalisierung des Telekommunikationsmarktes. Zentrales Reorganisationsziel ist die Schaffung unternehmens- und länderübergreifender Business-Units, die die Organisations- und Leitungsstrukturen von *A4* als nationale Tochtergesellschaft überlagern. Damit sollen vor allem weltweit vereinheitlichte Produktstrategien verfolgt und damit Doppelentwicklungen von Produkten vermieden sowie eine Vereinheitlichung und Synchronisierung der Prozesse erreicht werden. Demgegenüber wird der Fokus auf Kunden oder Märkte durch die lokalen Einheiten abgebildet, in denen der Vertrieb und die Zuständigkeit für Großkunden angesiedelt sind. Dabei lassen sich allerdings produktorientierte Strukturen und kundenorientierte Strukturen nicht immer eindeutig unterscheiden, so daß ein potentielles Konfliktfeld entsteht.

„Jeder Mitarbeiter der lokalen Business-Division ist offiziell Mitarbeiter der lokalen Unit. Die Steuerung des Geschäfts liegt offiziell aber bei den Business-Divisions. Irgendeiner muß letztlich das Sagen haben. (...) Der Vertrieb unterliegt der nationalen Organisation, der sogenannten Area, wobei man sich sehr genau darüber unterhalten muß, was der Vertrieb ist, welche Funktionen da drin sind und welche nicht. Da gibt es immer eine gewisse Spannung." (Unternehmensleitung *A4*)

Während die unternehmensinterne Restrukturierung in Form von marktgetriebenen Unternehmenseinheiten und die Ausgründung von Tochterunternehmen in *A4* noch nicht weit fortgeschritten sind, werden an den Rändern durch Zukauf eigenständige Unternehmen insbesondere im Software-Bereich angelagert.

Die Reorganisation von *C1* ist durch die Umstellung von einer Behörde zu einem Wirtschaftsunternehmen geprägt, so daß hier nicht allein die Einstellung auf eine veränderte Marktsituation und die Abbildung eines neuen Produkt- und Leistungsspektrums wirksam sind, sondern darüber hinaus die Überwindung marktfremder Institutionen und Strukturen. Die Reorganisation ist gegenwärtig durch die Umstrukturierung der Konzernmutter in produktorientierte Unternehmensbereiche und die Ausgründung von Töchtern in spezielle Teilmärkte wie den der Internetdienstleister und der Mobilfunknetzbetreiber hinein geprägt. Auch hier wird eine „integrierte Kundenbetrachtung" als zentrales Motiv hervorgehoben.

Das Unternehmen *B1* ist in die konzernweite Reorganisation des Geschäftsbereichs der Informationstechnikdienstleister eingebunden. Diese zielt auf die Schaffung unternehmensübergreifender, an Geschäftsprozessen orientierter Leitungsstrukturen. Hierbei wird zwischen kundennahen Vertriebs- und Servicefunktionen einerseits und sogenannte Produktionsfunktionen wie den (räumlich unabhängigen) Dienstleistungen und dem Rechenzentrumsbetrieb andererseits unterschieden.

4.1.2   Ansätze formaler Organisationsstrukturen in Start-up-Unternehmen

Die Unternehmen *B4* und *B5* wurden erst in den 90er Jahren als Start-up-Unternehmen in der Umbruchphase der IT-Industrie gegründet und sind mit ca. 25 Mitarbeitern den kleinen Unternehmen zuzurechnen. Sie agieren auf jungen Marktsegmenten, die sich durch eine hohe Innovationsdynamik und eine permanente Veränderung der Marktstrukturen auszeichnen. In ihrer organisatorischen Entwicklung sind diese Unternehmen aufgrund ihres geringen Alters und der Spezifik ihrer organisatorischen Strukturen nicht wie die Unternehmen der ersten Gruppe durch die Überwindung fordistisch geprägter Unternehmensstrukturen geprägt. Vielmehr haben diese Unternehmen in Auseinandersetzung mit den Anforderungen der jungen Märkte, auf denen sie sich bewegen, eine eigene Organisationsform herausgebildet, die in hohem Maße auf der Kompetenz, Selbstorganisation und Motivation der Mitarbeiter bei weitgehendem Verzicht auf starre Hierarchien und formalen Regelungen basiert. Sie sind damit Vertreter jenes Idealtyps des IT-Unternehmens, das heute bevorzugt als Leitbild zukünftiger Unternehmensentwicklung auch für Unternehmen mit ganz anderem historischen Hintergrund herangezogen wird. Für diese Unternehmensgruppe ist die Frage zu stellen, wie diese Unternehmen funktionieren und auf welchen Voraussetzungen ihre Organisationsform basiert.

B4 wurde in den 90er Jahren in einem universitären Umfeld gegründet. Das Produkt- und Leistungsspektrum bestand bis Ende 1998 aus Softwareentwicklung auf der Basis von Microsoft-Middleware und –Entwicklungsumgebungen, dem Aufbau von PC-Netzwerken und der Integration von Microsoft-Standardsoftware sowie dem Training von Anwendern, Entwicklern und Netzwerkadministratoren in diesen Softwareprodukten. Obwohl Training, Softwareentwicklung und Systemintegration unterschiedliche Kompetenzbereiche darstellen, ist das Produkt- und Leistungsspektrum über den gemeinsamen Bezug auf ein abgegrenztes Set von Standardsoftware und -middleware sowie den in der Regel gemeinsamen Kundenbezug (das Training folgt der Softwareentwicklung bzw. der Systemintegration) als weitgehend homogen und integriert anzusehen.

Ein wesentliches Merkmal des Produkt- und Leistungsspektrums ist die hohe technologische Innovationsdynamik, der es unterliegt. In der Einschätzung der

Marktsituation steht daher das „Getrieben-Sein" durch die technologische Entwicklung im Zentrum:

> „Prinzipiell sind wir von der Technologie getrieben. Das heißt, der Markt und unsere Kunden hecheln ständig hinter Zielen her, die mit der neuen Technologie zusammenhängen. Im Moment 'Jahr 2000', das ist so ein schönes Beispiel. Es gibt ein bestimmtes Muß: Ich muß bis zum Jahresende meine EDV Jahr-2000-fähig machen und danach muß ich – weil ich veraltete Betriebssysteme habe – auf Windows 2000 gehen, habe da aber keine Kenntnisse; das ist so der Technologietrieb." (Unternehmensleitung *B4*)

Der Innovationsdruck, dem sich *B4* ausgesetzt sieht, ist einerseits mit den immer kürzeren Lebenszyklen der Standardsoftware im Microsoft-Umfeld verbunden, die eine permanente Einstellung auf neue Produkte und Releases erfordert. Andererseits wird der Innovationsdruck gegenwärtig durch den Trend zur Integration lokaler Unternehmensnetzwerke in das Internet als globale Informationsinfrastruktur massiv erhöht. Hier bestimmt nicht mehr ein überschaubares Set von Standardsoftware einiger oder weniger Anbieter die Entwicklung der geforderten Leistungen, sondern unüberschaubar viele technologische Entwicklungen, die sich unter Umständen zu einem Quasistandard entwickeln und daher möglichst frühzeitig erkannt und in das Leistungsrepertoire mit aufgenommen werden müssen:

> „Wenn man nur das Zipfelchen Internet sieht, was es da an unterschiedlichen Möglichkeiten, Ideen von Netscape und wie sie alle heißen gibt – um sich da überhaupt ein Bild zu machen, um zu sagen, das eine ist gut, das andere ist schlecht, oder ich setze auf dieses oder auf jenes Pferd, das kostet unglaublich viel Zeit, sehr viel Kraft und ist letztendlich auch unbefriedigend. Längere Zyklen, in denen man sagen kann, diese Technologie wird die nächsten zwei Jahre State of the Art sein, das würde eine gewisse Entlastung bringen." (Unternehmensleitung *B4*)

Neben der Innovationsdynamik zeichnet sich das Produkt- und Leistungsspektrum von *B4* durch hohe Qualifikationsanforderungen aus, die einerseits in der hohen Komplexität der technischen Komponenten und ihres Zusammenwirkens in Netzwerken und andererseits in der Verknüpfung technischer Anforderungen mit betriebswirtschaftlichen und organisatorischen Anforderungen in den Anwenderunternehmen sowie mit Problemen der Projektabwicklung gemeinsam mit dem Kunden mitbegründet sind.

> „Der Kunde sagt: Hier sind meine Prozesse, die haben sich die letzten 20 Jahre entwickelt und die will ich jetzt auf eine Software übertragen. Das sieht so aus, daß ein Berater sich das vor Ort ansieht und dann unabhängig von der Technologie oder der Anwendung ein Geschäftsprozeßmodell entwickelt, einmal mit dem Ziel, mit dem Kunden zu überprüfen, ob er die Thematik verstanden hat, aber auch mit dem Ziel, Redundanzen, umständliche Abläufe zu verändern und

Verbesserungen in diesen Prozessen vorzunehmen. Da haben wir z.B. für ein Kundenunternehmen so etwas gemacht. Die Mitarbeiter, die das gemacht haben, waren in dem betroffenen Unternehmensteil die einzigen, die den Gesamtüberblick hatten. Wir hatten 20 verschiedene Menschen, die sich mit den einzelnen Töpfen auseinandergesetzt haben, aber keiner hatte den Gesamtüberblick. Als wir dann dargestellt haben, wie diese einzelnen Töpfe zusammenarbeiten, wie man da besser zurecht kommen kann, da wurde denen deutlich, daß man nicht diese 20 Anwendungen auf 20 neue übertragen kann, sondern daß man mit einem geänderten Geschäftsprozeßmodell alles in einer Anwendung erschlagen kann, da fast in allen 20 Anwendungen dieselben Daten benutzt worden sind. Wir versuchen immer erst einmal weg von der Technologie das über Prozesse, über Benutzerführung, über Usability, über eine Effizienzsteigerung zu betrachten." (Unternehmensleitung *B4*)

Die gegenwärtige Marktsituation von *B4* ist durch eine Beschleunigung der ohnehin schon hohen technologischen Innovationsdynamik bei gleichzeitiger tendenzieller Entwertung technischer Kompetenzen durch den Wandel der Kundenanforderungen geprägt. Die Marktstrategie von *B4* zielt daher auf eine Abkehr von rein technisch definierten Kernkompetenzen durch Fokussierung auf das Lösungs- und Beratungsgeschäft. Als zentrale Maßnahmen werden die Entwicklung einer Standardsoftware im Bereich Knowledge Management sowie die Erhöhung der Beratungsanteile in Projekten angesehen.

„Wir haben dann Ende 1998 das Ruder strategisch ein bißchen herumgerissen, da wir in der ganzen Zeit häufig der Technologie hinterhergehechelt sind. (...) Wir sagen jetzt, wir sind ein Systemhaus für Software und Beratung, wobei wir den Schwerpunkt dort auf die Beratung setzen, und helfen Kunden bei der Lösung von bestimmten IT-Problemen." (Unternehmensleitung *B4*)

Ende 1999 lagen die Umsatzanteile der Beratung bei ca. 35%, der Software bei ca. 45% und der Trainings bei ca. 20%.

Die Marktsituation von *B5* als Internetdienstleister ist gegenwärtig durch die Entwicklung der Internetdienstleistungen zu einem Massenmarkt geprägt, in dem die Marktposition der Unternehmen einerseits durch die verfügbaren Rechner-, Leitungs- und Vermittlungskapazitäten bestimmt wird und andererseits durch die Bereitstellung von Mehrwertdiensten. *B5* verfolgt daher die Marktstrategie, seine Kapazitäten durch die Schaffung neuer Standorte und Zugangsmöglichkeiten zu erweitern und neue Internetdienstleistungen zu entwickeln und anzubieten. In der gegenwärtigen Entwicklungsetappe des Produkt- und Leistungsspektrums steht das Thema E-Commerce, also der Aufbau von Shops und Malls inklusive der Abwicklung des Zahlungsverkehrs, im Zentrum der Aktivitäten von *B5*. Hier wurde ein entsprechendes Projekt in Kooperation mit Banken der Region aufgelegt.

In der Gesamtsicht weisen beide Unternehmen eine weitgehend homogene Produkt- und Leistungspalette auf. In *B4* basieren alle Arbeitsprozesse auf dem gleichen Set von Technologien und sind in der Regel auf gemeinsame Kunden fokussiert. Zwar werden erste Differenzierungslinien zwischen Entwicklung und Beratung deutlich, die sich in einer divergierenden Qualifikations- und Statusentwicklung der jeweiligen Mitarbeiter niederschlagen könnten. Dieser Umstrukturierungsprozeß befindet sich jedoch erst in den Anfängen. In *B5* stellt sich das Produkt- und Leistungsspektrum auf den ersten Blick heterogen dar. So entstehen in *B5* weitere Geschäftsaktivitäten wie das Webdesign und die Produktion von Musik, Musikjingles und Videos. Diese sind ursprünglich über die Internetaktivitäten, d.h. im Rahmen der Gestaltung des Internetauftritts von Unternehmen, entstanden, haben sich dann aber zu einem eigenen Bereich entwickelt. Der Schwerpunkt der Geschäftsaktivitäten liegt allerdings auf Internetdienstleistungen, die bisher wenig differenziert sind und den gemeinsamen Fokus eines Großteils der Beschäftigten und der Arbeitsprozesse ausmachen.

Gemein ist beiden Unternehmen weiterhin, daß sie sich auf Nischenmärkten bewegen, die zwar einerseits permanent von der Vereinnahmung durch Großunternehmen bedroht sind, andererseits aber durch technologischen Wandel immer wieder neue Nischen eröffnen, die von diesen kleinen Unternehmen bei entsprechender Flexibilität und Geschwindigkeit besetzt werden können.

Die Organisationsstrukturen beider Unternehmen zeichnen sich durch einen geringen Differenzierungs- und Formalisierungsgrad aus. *B4* ist mit seinen ca. 30 Beschäftigten auf einen Standort konzentriert. Es stellt mit seiner sehr homogenen Produkt- und Leistungspalette eine wenig ausdifferenzierte Einheit dar. Alle Geschäftsbereiche sind integriert. Es sind zwar erste Ansätze einer organisatorischen Differenzierung in Abteilungen zu erkennen, Ansätze oder Bestrebungen zu Ausgründungen von Geschäftsbereichen waren aber nicht festzustellen.

„Es gibt im Grunde nur zwei Ebenen: Es gibt einmal die kaufmännische und Personalverantwortung, und es gibt meine als Geschäftsführerverantwortung. Der Rest regelt sich in den Gruppen. Das heißt, wir haben drei Abteilungen: Wir haben den Vertrieb, der in erster Linie Training und Dienstleistungen verkauft. Wir haben den Bereich der Beratung, und wir haben den Bereich der Softwareentwickler." (Unternehmensleitung *B4*)

Etwas anders stellt sich die Situation in *B5* dar. In diesem Unternehmen erfolgte eine Abspaltung verschiedener Geschäftsbereiche, die auf sehr heterogenen Produkten bzw. Leistungen beruhen, als eigenständige Gesellschaften. So wurden die Musik- und Videoproduktion, die Softwareentwicklung und das Webdesign in jeweils eigenen Gesellschaften angesiedelt. Darüber hinaus wurden zur Kapazitätserweiterung im Bereich der Bereitstellung eines Internetzugangs neue Niederlassungen gegründet, mit denen den Kunden ortsnahe Einwählknoten zur Verfügung gestellt werden.

Allein das nun an Bedeutung zunehmende Internet-Business wird in der Muttergesellschaft angelagert. Innerhalb der Muttergesellschaft, in der der größte Teil der Mitarbeiter beschäftigt ist, gibt es intern wie in *B4* nur rudimentäre formale Organisationsstrukturen. Abteilungsstrukturen haben sich hier noch nicht herausgebildet, die Arbeitsteilung basiert auf der Übertragung bzw. der Übernahme von Zuständigkeiten auf bzw. durch einzelne Mitarbeiter.

Der geringe Differenzierungs- und Formalisierungsgrad der Unternehmensstrukturen ist in beiden Unternehmen mit Leitungsstrukturen verbunden, die in hohem Maße auf den Inhaber konzentriert sind. Alle unternehmensrelevanten Fragen werden durch den Inhaber entschieden. Allerdings ist dieser durch seine unmittelbare Mitarbeit in Projekten bzw. operativen Arbeitsprozessen auch eng in die sozialen Strukturen und Prozesse seines Unternehmens eingebunden und trifft eine Vielzahl von Entscheidungen in persönlichen Gesprächen mit den Mitarbeitern. Weitere formale Leitungsstrukturen bestehen lediglich in Ansätzen.

Dabei wird die Mitarbeiterführung in beiden Unternehmen als in hohem Maße kommunikationsorientiert beschrieben.

> „Sie sehen ja, wo der Geschäftsführer sitzt, in dem Zimmer, da sitzt auch eine Auszubildende mit drin. Das ist ein Kommen und Gehen. Da gibt es keine Geheimnisse, das ist sehr kommunikativ. Jeder kommt an alle Unterlagen heran. Wir ziehen alle am selben Strang, wir sind alle auf derselben Seite. (...) Wir haben jede zweite Woche ein Meeting mit der Technik, wo alle zusammenkommen und wo anstehende Probleme und notwendige Beschaffungen diskutiert werden, oder auch neue Entwicklungen. Bei uns im Verwaltungsbereich sitzen wir ja eh alle zusammen. Wir gehen auch meistens alle gemeinsam Mittagessen. Also eigentlich wird immer alles gleich besprochen, da staut sich gar nichts auf." (Mitarbeiter *B5*)

Für die Mitarbeiter besteht eine hohe Transparenz bezüglich der Unternehmenssituation und der bevorstehenden Probleme oder Entscheidungen, die durch kurze Kommunikations- und Informationswege, den Zugang der Mitarbeiter zu Unternehmensunterlagen sowie regelmäßige Meetings, in denen die Unternehmenssituation sowie der Status von Projekten und Akquisitionen thematisiert werden. Durch den permanenten Austausch von Informationen kommt es zu einer sehr weitgehenden faktischen Beteiligung der Mitarbeiter an den relevanten Entscheidungs- und Planungsprozessen, die nicht formal festgelegt oder abgesichert ist.

4.1.3   Organisationsentwicklung in den Lack-Turnschuh-Unternehmen

Neben den ehemals fordistischen Unternehmen und den Start ups ist im Bereich der IT eine Vielzahl von Unternehmen anzutreffen, deren Entwicklung nicht in das Muster dieser beiden Unternehmenstypen paßt. Sie zeichnen sich durch Unternehmensstrukturen aus, die einerseits in hohem Maße durch selbstorganisierte Arbeitsprozesse geprägt sind, andererseits aber – im Gegensatz zu den in der Regel jüngeren und kleineren Start-up-Unternehmen – durchgängige formale Leitungsstrukturen aufweisen. Sie bewegen sich gegenwärtig zwischen einer fortschreitenden Professionalisierung und Formalisierung und der Wahrung bzw. Etablierung der Unternehmenskultur eines „Turnschuh-Unternehmens". Die Fallunternehmen, die dieser Gruppe zuzurechnen sind, kommen aus dem Bereich der Softwareentwicklung und der Telekommunikationsdienstleistungen. Sie bewegen sich in dynamischen Nischenmärkten, die in ihrer Software- und Dienstleistungsorientierung kaum fordistische Züge aufweisen.

Die Marktsituation der beiden Softwareunternehmen *B2* und *B3* ist durch den paradigmatischen Bruch in der Technologieentwicklung sowie durch den Strukturwandel des Softwaremarktes geprägt, der sich in der abnehmenden Bedeutung der Entwicklung von Individualsoftware sowie der zunehmenden Bedeutung der Entwicklung und der Integration von Standardsoftware zeigt. Beide Unternehmen bewegen sich in Nischenmärkten, in denen sie bisher eine sichere Marktposition innehatten, die nun durch diese strukturellen Veränderungen untergraben wird.

Ihre gegenwärtige Marktstrategie ist daher darauf gerichtet, den Sprung von den traditionellen Großrechnertechnologien zu Technologien verteilter Systeme zu bewältigen und sich mit diesen neuen Kompetenzen auf dem Markt zu etablieren. In beiden Unternehmen führt dies zu einem weitgehend unvermittelten Nebeneinander von Produkten und Leistungen in der „alten" DV-Welt und der „neuen" Welt verteilter Informationssysteme. Darüber hinaus orientieren beide Unternehmen auf eine Ausweitung des Dienstleistungsanteils.

Am untersuchten Standort von *B2*[3] war das Produkt- und Leistungsspektrum in der Vergangenheit auf die Entwicklung von Individualsoftware für Großkunden insbesondere im Telekommunikationsbereich konzentriert. Hier wurde in großen Projekten administrative Software etwa im Bereich Fernmelderechnungsdienst entwickelt und gepflegt. Dieses Produkt- und Leistungsspektrum zeichnet sich vor allem dadurch aus, daß damit sehr stabile und lang dauernde Projekte generiert werden. Die zukünftige Entwicklung des Produkt- und Leistungsspektrums wird insbesondere darin gesehen, daß der Anteil der Individualsoftwareentwicklungen abnimmt und dafür die Systemintegration in den Vordergrund tritt. Zudem wird der Einstieg in den Bereich Prozeßberatung gesucht, d.h., zu analysieren:

---

3   Im Fall von *B2* wurde der Standort untersucht, der ursprünglich aus der Softwareabteilung eines Elektrogroßunternehmens hervorging. Da im Laufe der Untersuchung deutlich wurde, daß dieser Standort bisher nur begrenzt in die Unternehmenskultur integriert wurde, sind die Ergebnisse nicht ohne weitere Untersuchungen auf das Gesamtunternehmen übertragbar.

„Wie laufen die Prozesse beim Kunden, was muß man da machen, welche IT-Systeme muß man dazu kaufen und wie muß man die IT-Systeme modifizieren?" (Unternehmensleitung *B2*)

Dies dürfte gerade am untersuchten Standort von *B2* zu einer radikalen Neudefinition des Produkt- und Leistungsspektrums in Richtung Systemintegration auf der Basis von Standardsoftware führen.

Eine ähnliche Entwicklung wird in *B3* als Hersteller von Standardsoftware gesehen:

> „Produkte lassen sich nicht alleine vermarkten, sondern nur über das Dienstleistungsgeschäft. Das heißt, Technologieberatung und klassische Anwendungsentwicklung bis zur Schulung sind erforderlich. Dies schlägt sich in einer Drittelung des Umsatzes nieder: ein Drittel Produktgeschäfte, ein Drittel Wartung, ein Drittel Professional Services." (Projektleitung *B3*)

Neben diesen Softwareunternehmen sind die Telekommunikationsdienstleister *C2* und *C3* zu der Gruppe der Lack-Turnschuh-Unternehmen zu zählen.

Der Markt für Telekommunikationsdienstleistungen, auf dem beide Unternehmen tätig sind, ist aktuell ein schnell wachsender Markt, der in hohem Maße von der Deregulierung des ehemaligen Postmonopols geprägt ist, und zwar einerseits dadurch, daß mögliche Preisdifferenzen zum Angebot der Deutschen Telekom AG genutzt werden und andererseits durch die Entwicklung neuer Dienstleistungen, insbesondere im Internetbereich, aber auch im Festnetzbereich (z.B. Call by Call) oder im Mobilfunk (z.B. SMS).

Dabei stellt sich die Marktsituation der beiden Unternehmen sehr unterschiedlich dar. *C3* fokussiert als spezialisierte Tochter eines großen Konzerns den Markt für Internetdienstleistungen und gilt hier als der größte deutsche Anbieter. Dieser Markt ist durch wenige große Wettbewerber mit einem flächendeckenden Angebot sowie durch eine Vielzahl kleiner, regionaler Wettbewerber geprägt. Die Marktsituation der Unternehmen ist wesentlich dadurch bestimmt, inwieweit es gelingt, den Sprung in das Massengeschäft der Rechner- und Übertragungs–kapazitäten zu bewältigen und im Privatkunden- und Geschäftskundenbereich jeweils neue Dienstleistungen mit hoher Innovationsdynamik zu entwickeln.

Gegenüber *C3* hat *C2* seinen Schwerpunkt auf dem in seinen zukünftigen Wachstum unsicheren Markt für Festnetztelefonie, der zudem gegenwärtig durch massive Konzentrationsprozesse und durch Unternehmensaufkäufe geprägt ist.

Dieses Marktsegment war in den letzten Jahren durch einen starken Preisverfall geprägt:

> „Die Telefonie ist eine sehr austauschbare Dienstleistung. Wenn sie telefonieren, nehmen sie den Unterschied zwischen den verschiedenen Anbietern nicht mehr wahr. Dort, wo es Probleme aufgrund unzureichender Kapazitäten Störungen gab, nahm man zwar zeitweise den Unterschied wahr, aber tatsächlich gibt es in den Produkten keinen. Der Preis war der zentrale Aktionsparameter, einfach deshalb, weil die Arbitragespanne enorm hoch war." (Unternehmensleitung *C2*)

Die Marktstrategie von *C2* war wie die vieler Unternehmen in diesem Segment daher in der Vergangenheit nicht durch die Entwicklung neuer Dienstleistungen bestimmt. Vielmehr dominierten die Arbitrageure, die von Preisdifferenzen leben und durch ihre Tätigkeit diese Preisdifferenzen immer wieder untergraben und immer weiter vermindern. Aktuell flacht diese Preisdynamik etwas ab. Dafür tritt das Angebot neuer Dienstleistungen in den Vordergrund.

> „Aufgrund der Preissenkungen im letzten Jahr nicht nur bei Inlandsferngesprächen, sondern auch bei Mobilfunk- und Auslandsgesprächen, ist dieser Aktionsparameter mittlerweile praktisch wirkungslos geworden, weil die Preisspielräume zu eng und die Einsparmöglichkeiten zu gering sind, so daß sich der Wettbewerb immer mehr auf andere Aktionsparameter verlagert. Das ist zeitweise die Servicequalität gewesen, das ist in zunehmendem Maße Image, Werbung usw., und in Zukunft werden das vor allem auch Produktinnovationen sein." (Unternehmensleitung *C2*)

Hinsichtlich der Weiterentwicklung des Leistungsspektrums besteht eine der Hauptherausforderungen an die Wettbewerber auf diesem Markt darin, den Technologiesprung, der mit der Schwerpunktverlagerung der Kommunikation von Sprache auf Daten und dem Einsatz von Multimedia verbunden ist, mitzuvollziehen und diesen Anforderungen entsprechende Dienstleistungen zu entwickeln.

> „Was an neuen Produkten und Anwendungen kommt, das ist nicht mehr mit dem vergleichbar, was bisher Telefonie war. (...) Das sind ganz neue Produkte und dafür muß ein neues Angebot geschaffen werden." (Unternehmensleitung *C2*)

Dabei werden die zukünftigen Wachstumschancen dieses Marktsegments von den Gesprächspartnern in den Fallunternehmen differenziert eingeschätzt. Sie gehen in der kurzfristigen Perspektive auch für die eigenen Unternehmen von einem weiteren Wachstum aus, was sich in der Ausdehnung der Geschäftsbereiche und vor allem in der Zahl der Neueinstellungen ausdrückt. In der langfristigen Perspektive sind ihre Erwartungen jedoch weitaus zurückhaltender.

Die Entwicklung der Unternehmensstrukturen weist in den untersuchten Lack-Turnschuh-Unternehmen unterschiedliche Tendenzen auf. Während die beiden Unternehmen aus dem Informationstechnikbereich, insbesondere *B3*, tiefgreifende strategische Reorganisationen vollziehen, sind die Strukturen der Telekommunikationsunternehmen *C2* und *C3* im wesentlichen durch das Größenwachstum bestimmt, was aber bisher nur zu wenigen grundlegenden Veränderungen der Organisationsstrukturen geführt hat.

Das Unternehmen *B2* ist als Tochter eines großen Dienstleistungskonzerns zunächst in dessen Reorganisationsstrategien eingebunden. Hier finden – wie bereits für das Unternehmen B1, das ebenfalls ein Tochterunternehmen dieses Konzerns ist, festgestellt wurde – eine Reorganisation der Geschäftsbereiche und die Schaffung unternehmensübergreifender, geschäftsbereichsorientierter Leitungsstrukturen statt, in die auch *B2* eingebunden ist.

Darüber hinaus waren die Unternehmensstrukturen von *B2* in der Vergangenheit durch den Zusammenschluß eines Software-Start-ups aus den 60er Jahren mit einer durch die Hochschulnähe geprägten Kultur und der DV-Abteilung eines Elektrokonzerns mit dessen fordistischen Strukturen und Kulturen geprägt. In der Vergangenheit war es nur begrenzt gelungen, diese unterschiedlichen Strukturen und Kulturen zu integrieren, da sie durch ihre Verteilung auf unterschiedliche Standorte verfestigt wurden. Die gegenwärtige Reorganisation der Konzernstrukturen wird daher auch dafür genutzt, über die Vereinheitlichung von Leitungsstrukturen zu einer Integration zu kommen.

Das Softwareunternehmen *B3* wurde in den 60er Jahren gegründet und zeichnete sich lange Zeit durch die Strukturen und die Kultur eines Start-up-Unternehmens aus: Die Unternehmensstrukturen waren nur wenig ausdifferenziert; bei einer starken Orientierung auf die Unternehmensgründer waren formale Leitungsstrukturen nur rudimentär vorhanden und wenig professionalisiert. Bis Anfang der 90er Jahre nahm die Anzahl der Beschäftigten in *B3* stetig zu, einige Jahre lang waren je Quartal mehrere hundert Neueinstellungen zu verzeichnen, die ohne weitere organisatorische Maßnahmen etwa im Bereich der Personalentwicklung integriert wurden. Während vor diesem Wachstum, so ein Vertreter der Unternehmensleitung, in vielen Bereichen sehr viel über zwischenmenschliche Beziehungen gearbeitet worden sei, seien diese „zwischenmenschlichen Ketten" durch die hohe Fluktuation in diesen Jahren oft zerstört worden. Das habe zu einer „Art Ellbogengesellschaft" geführt.

Zudem war die Produktpalette in dieser Zeit chaotisch ausdifferenziert und ließ keinen Fokus mehr erkennen. Die Kernkompetenzen des Unternehmens seien am Markt nicht mehr hinreichend identifizierbar gewesen, und die Produkte wurden nicht mehr ausreichend schnell innoviert.

Die ersten Versuche zur Konsolidierung der Kosten und zur Professionalisierung der Strukturen wurden zunächst vom Vorstand nur halbherzig betrieben. Seine wöchentlich wechselnden verunsicherten die Mitarbeiter und Führungskräfte. Der Vorstand habe diese Woche dies, die nächste etwas anderes beschlossen. Dieses Projekt mußte aus Sicht eines heutigen Vorstandsmitglieds scheitern, weil es immer noch die „selben, künstlerischen Leute" waren, die die Konsolidierung versuchten.

Mit dem Ausscheiden des Hauptgründers wird 1996 ein Schlußstrich unter diese Entwicklung gezogen. Der sogenannte „turn around" wurde in *B3* mit der fast vollständigen Auswechslung des Vorstandes herbeigeführt. Der komplette alte Vorstand sowie der Aufsichtsrat wurden ausgewechselt. Auch die erste Führungsebene unter dem Vorstand wurde neu zusammengesetzt. Das Jahr 1996 wird im Unternehmen daher als Beginn einer neuen Phase der Unternehmensentwicklung interpretiert. Seitdem werde versucht, so erläuterte ein Vertreter der Unternehmensleitung, neue Organisationsstrukturen einzuziehen und insbesondere die Kultur „umzudrehen", denn die bestehende Kultur, in deren Mittelpunkt der „geniale Entwickler" stand, der stets „in Watte gepackt werden muß, damit er eine brillante Idee hat, die das Unternehmen weiter am Markt hält", widerspreche der „notwendigen Struktur".

Mittlerweile sei man ein gutes Stück gegangen, aber noch in der Konsolidierungsbewegung – so ein Vertreter der Geschäftsleitung. Als wichtigste Reorganisationsmaßnahme gilt die Konzentration auf die Kernkompetenzen des Unternehmens, was mit der Aufgabe verschiedener Geschäftsbereiche einherging. Der Vertrieb und damit ein großer Teil des unmittelbaren Kundenkontakts wurde in eigenständige Töchter ausgelagert. Und die Leitungsstruktur sowie die Steuerungs- und Kontrollinstrumente wurden professionalisiert.

Ein zentrales Medium der unternehmensinternen Reorganisation stellte die Einführung von SAP R/3 als durchgängiges Controllingsystem dar. Diese unternehmensweite Software zeichnet sich dadurch aus, daß sie in ihren Datenstrukturen und Funktionen eine bestimmte Arbeitsorganisation abbildet und damit auch ihr Funktionieren voraussetzt. Zwar ist es möglich, über ein komplexes Customizing die Software und damit die erforderlichen Organisationsstrukturen zu verändern, was allerdings mit einem erheblichen Aufwand verbunden ist und in diesem Fall auch gar nicht gewünscht war. In *B3* wurde mit dem Einsatz das Ziel verfolgt, formale Strukturen in die Arbeitsprozesse einzuziehen. Damit verbunden sind Projekte, in denen Arbeitsprozesse beschrieben und nach formalen Regeln implementiert werden sollen.

„Also so peu à peu ergreift SAP das Unternehmen und zwingt uns hier in Strukturen. Deswegen sind solche SAP-Projekte (...) derart umfangreich. Denn wenn sie dann erst mal dieses Ding produktiv geschaltet haben und die Leute arbeiten damit, dann kommt schon der Zwang, sich entsprechend zu verhalten." (Unternehmensleitung *B3*)

Die Einführung von R/3 hält nach Meinung der Geschäftsführung dazu an, die Prozesse zu überdenken und zu optimieren. Da das System die Prozesse „relativ fest betoniert", so daß sie nur mit relativ großem Beraueraufwand geändert werden können, muß genau überlegt werden, wie die Prozesse zukünftig aussehen sollen.

„Danach müssen Sie sich schon so verhalten, wie Sie die Stellschräubchen gestellt haben und wie es Ihnen SAP vorgibt. Insofern zwingt dieses System schon mächtig zur Organisation. (...) Wenn wir das nicht getan hätten, wüßte ich jetzt nicht, wie wir zu solchen Strukturen gekommen wären, außer daß uns jetzt eben dieses System dazu zwingt. Also ich halte das unbedingt für positiv." (Unternehmensleitung *B3*)

Die untersuchten Unternehmen im Telekommunikationsbereich, *C2* und *C3*, sind in ihrer Organisationsentwicklung im wesentlichen durch das Größenwachstum bestimmt.

C2 wurde als Start up in den 90er Jahren gegründet, hat aber bereits, vor allem bedingt durch das schnelle Beschäftigungswachstum und die Anforderungen der teilweise vorherrschenden „neotayloristischen" Arbeitsformen, eine formale Leitungsstruktur ausgebildet, so daß es nun der Gruppe der Lack-Turnschuh-Unternehmen zuzuordnen ist. Die beiden großen Geschäftsbereiche, Geschäftskunden und der Festnetz-Massenmarkt, sind durch die Verteilung auf zwei Standorte voneinander getrennt. Ansonsten sind die Organisationsstrukturen an den klassischen Unternehmensfunktionen orientiert. Allerdings werden gegenwärtig erste Probleme dieser Unternehmensstruktur sichtbar, die insbesondere aus der Zunahme der Beschäftigten entstehen:

> „Im Prinzip haben sich die Strukturen noch nicht sehr stark verändert. Aber die Wachstumsprobleme, die dadurch entstehen, sind sichtbar und werden auf jeden Fall angegangen werden müssen. Ich kann mir vorstellen, daß es eine Verteilung von Aufgaben gibt; ich kann mir auch vorstellen, daß der eine oder andere Bereich ausgelagert oder als Profitcenter definiert wird." (Unternehmensleitung *C2*)

Die gegenwärtige Entwicklung des Unternehmens ist – ähnlich wie in *B3* – durch die Bildung eines neuen Vorstandes und die damit verbundene schrittweise Professionalisierung der Leitungsstrukturen geprägt.

Das Unternehmen *C3* ist in den 90er Jahren als Ausgründung eines großen Telekommunikationsdienstleisters entstanden und ist heute ein Tochterunternehmen dieses Konzerns. Die Ausgründung wurde dabei auch als Schritt verstanden, sich eines großen Teils der hierarchischen Leitungsstrukturen des Mutterunternehmens zu entledigen. Daher weist das Unternehmen eine flache Hierarchie auf:

> „Ja, wir haben zur Zeit nur zwei formale Hierarchieebenen, (...) und haben dann darunter eine fachliche Ebene, die Seniormanager (...). Weil bei uns viele Manager aus Großunternehmen kommen, die auch alle einen gewissen Respekt vor Hierarchien haben, sind wir bestrebt, möglichst wenige Hierarchieebenen aufzubauen. Denn je mehr Hierarchieebenen sie bekommen, um so eher bekommen sie das Problem, daß sie Tempo verlieren." (Unternehmensleitung *C3*)

Dies geschieht mit dem Ziel, hochqualifizierten Beschäftigten, die Wert auf selbstorganisiertes Arbeiten legen, möglichst viel Raum zur Entfaltung zu lassen:

> „Es ist erstaunlich oft so, daß Mitarbeiter, die aus anderen Unternehmen hier hereinkommen, überrascht sind, nicht die üblichen Strukturen vorzufinden. Es gibt beispielsweise kein Bereichsdenken, also den Streit zwischen Marketing, Vertrieb und der Technik. Es ist ein gemeinsamer Geist bei allen Mitarbeitern vorhanden, der diese Konflikte auflöst. Also auch der Typ 'Freak' und der Jurist.

Da sagt man landläufig, die können nie miteinander auskommen. Aber hier ist das Gegenteil der Fall. Die streiten sich sachlich und haben andere Sichtweisen. Aber beide Seiten versuchen zu einer Lösung zu kommen. Da ist kein Barrierendenken. Das liegt auch daran, daß das Unternehmen sehr schnell wächst. Daß man eigentlich keine Zeit hat, sich Gedanken darüber zu machen: 'Welche Machtposition habe ich denn im Unternehmen eigentlich?'" (Unternehmensleitung *C3*)

4.1.4 Zusammenfassung

Die gegenwärtige Diskussion um die IT-Industrie ist von der Vorstellung beherrscht, die IT-Industrie sei durch kleine und mittelgroße Start ups in dynamischen Wachstumsmärkten geprägt und die Arbeit bestehe aus der hochqualifizierten und selbstbestimmten Tätigkeit von Softwareentwicklern und Beratern. Nach der vorliegenden Untersuchung ist dem hinsichtlich der Form und Entwicklung der Unternehmensstrukturen ein sehr viel differenzierteres Bild entgegenzustellen:

Die IT-Industrie ist keineswegs durchgängig durch das kleine, flexible Unternehmen mit flachen Hierarchien charakterisiert. In der Gruppe der ehemals fordistischen Unternehmen entstehen mit der Auflösung der monolithischen Strukturen des traditionellen Großunternehmens mit seiner tief gestaffelten Linienorganisation gegenwärtig zwar kleinere und vor allem marktgetriebene Einheiten, die mit weitaus mehr dezentralen Handlungsspielräumen ausgestattet sind als zu fordistischen Zeiten. Allerdings sind diese Autonomiespielräume unterschiedlich ausgeprägt und bewegen sich immer in einem Spannungsfeld von zentraler Steuerung und Kontrolle einerseits und gewährter Autonomie andererseits. In der Reorganisation dieser Unternehmen sind seit den 90er Jahren folgende Trends festzustellen:

– Die ehemals funktionale Sicht auf die Unternehmensstrukturen wird aufgegeben und durch eine Orientierung an Geschäftsbereichen mit jeweils eigener Geschäftsverantwortung ersetzt.
– Auf Konzernebene werden neue, an diesen Geschäftsbereichen orientierte Leitungsstrukturen etabliert, die die Legalstruktur rechtlich eigenständiger Tochterunternehmen überlagern.
– Unternehmensbereiche mit abgegrenzten Kernkompetenzen werden als eigenständige Tochterunternehmen ausgegründet und – sofern diese Kernkompetenzen nicht in die Marktstrategie passen – verkauft.
– Fremde Unternehmen werden aufgekauft, um die Kompetenzen des Konzerns zu erweitern und die Position auf Teilmärkten zu verstärken.

Im Zentrum der Reorganisationsstrategien steht daher die Definition und Abgrenzung von Geschäftsbereichen, die einen unmittelbaren Marktbezug aufweisen und mit einer jeweils eigenen Geschäftsverantwortung ausgestattet sind. Ausgehend von diesen Geschäftsbereichen lassen sich dann in immer feinerer Fokussierung auf Teilmärkte Unternehmenseinheiten abgrenzen, die bis in die kleinste Einheit hinein einer wirtschaftlichen Betrachtung, einer Analyse der Marktposition und einem Vergleich mit Mitbewerbern zugänglich sind. Darüber hinaus können so Marktveränderungen – sofern diese nicht wirklich grundlegender Natur und mit großrahmigen Verwerfungen der Marktstrukturen verbunden sind – schnell durch eine weitergehende Ausdifferenzierung bzw. Kooperation oder Zusammenschluß von Unternehmenseinheiten abgebildet werden.

Neben einer tiefgreifenden Ökonomisierung der Produktions- und Arbeitsprozesse bis in ehemals marktferne Unternehmensfunktionen, wie den Qualifizierungs- und Weiterbildungsbereich hinein, führt dieser Umgang mit Unternehmensbereichen dazu, daß diese quasi selbst zum „Produkt" werden, die bei Bedarf ausgegründet und/oder verkauft bzw. an der Börse gehandelt werden.

Mit Blick auf die Veränderung von Konzernstrukturen führt diese Orientierung an Geschäftsbereichen darüber hinaus dazu, daß sich ein neuer Zugang zur Etablierung geschäftsbereichsbezogener Leitungsstrukturen eröffnet, die die Legalstrukturen rechtlich eigenständiger Töchter umgehen und einen direkten Zugriff auf einzelne Unternehmensbereiche der Töchter erlauben. Dies spielt insbesondere in den untersuchten Unternehmen eine zentrale Rolle, die deutsche Tochtergesellschaften ausländischer Konzerne sind. Waren bis in die 90er Jahre hinein hier die Leitungsstrukturen noch weitgehend national bestimmt, mit der nationalen Geschäftsleitung an der Spitze, die dann wiederum ihre Weisungen von der Konzernspitze – bei unseren Fallunternehmen aus Frankreich und den USA – bekamen, werden diese an die rechtliche Form der Unternehmen gebundenen Leitungsstrukturen nun überlagert durch die direkte Anbindung der nationalen Geschäftsbereiche an die Geschäftsbereichsleitungen in der Konzernspitze unter Umgehung der nationalen Leitungsstrukturen. Während letztere vor allem verwaltungstechnische Aufgaben, die sich durch die rechtlichen Gegebenheiten etwa im Personalwesen und im Finanzbereich ergeben, übertragen sind, werden die relevanten wirtschaftlichen Entscheidungen in den Geschäftsbereichen getroffen. Die nationalen Geschäftsbereiche berichten direkt an die Geschäftsbereichsleitungen in der Konzernspitze und erhalten von dort auch ihre Weisungen, ohne daß die nationale Geschäftsleitung eingebunden oder auch nur informiert sein muß. Zentrales Medium dieser Leitungsstruktur ist ein international vereinheitlichtes computergestütztes Controlling- und Berichtswesen, das der Konzernzentrale die direkte Aggregation der wirtschaftlichen Daten innerhalb der Geschäftsbereiche erlaubt.

Ein dritter zentraler Aspekt der Reorganisation der Unternehmensstrukturen besteht in der seit den 90er Jahren verstärkten Tendenz, Unternehmensbereiche mit abgegrenzten Kernkompetenzen als eigenständige Tochterunternehmen auszugründen und damit ihre Rechtsform und ihre Einbindung in die internen Institutionen und Regelungsformen zu verändern. Dies geschieht aufgrund unterschiedlicher Erwägungen; wichtige Motive sind vor allem der geplante Verkauf der Unternehmenseinheit bzw. deren Börsengang oder die Einschätzung, daß auf dem jeweiligen Teilmarkt das Mutterunternehmen nicht hinreichend mit den erforderlichen Kernkompetenzen identifiziert wird. Ein weiterer Gesichtspunkt ist sicherlich auch das Bestreben, Unternehmenseinheiten aus dem etablierten Regelungswerk des Mutterunternehmens herauszulösen und z.B. die Tarifbindung mit der Ausgründung aufzuheben oder Standards im Gehaltsniveau zu unterlaufen. Durch die verstärkte Ausgründung von Tochterunternehmen ist die Rechtsform von Unternehmensbereichen häufigen Veränderungen unterworfen und damit in jedem Fall auch die Bedingungen, unter denen Arbeit reguliert wird.

Korrespondierend zur Tendenz, eigene Tochterunternehmen auszugründen und gegebenenfalls zu verkaufen, werden auch fremde Unternehmen aufgekauft, um mit diesen neuen Töchtern die Kompetenzen des Konzerns zu erweitern und die Position auf den jeweiligen Teilmärkten zu verstärken. Diese Zukäufe werden entweder in die Mutterunternehmen integriert, wodurch Probleme im Umgang mit redundanten Unternehmensbereichen entstehen, oder sie bleiben als eigenständige Tochterunternehmen bestehen.

Insgesamt wird in dieser Gruppe ehemals fordistischer Unternehmen mit der Reorganisation der Unternehmensstrukturen durch die Orientierung an Geschäftsbereichen eine neue Ausgangsbasis für gegenwärtige und zukünftige marktgetriebene Umstrukturierungen geschaffen. Durch die Ausgründungen und den Zukauf von Unternehmen erweisen sich die Unternehmensstrukturen dabei als höchst instabil und in permanenter Veränderung begriffen.

> „Es wird sicherlich innerhalb des gesamten Bereichs (...) weitere Veränderungen geben in nächster Zeit, weil sich ganz einfach der Markt extrem schnell bewegt und wir dementsprechend reagieren müssen. Wir müssen auch sehen, daß wir uns fokussieren auf die Geschäfte, in denen wir erfolgreich sein können, und andere Geschäfte entweder beenden oder in Partnerschaften überführen. Umorganisationen weiterer Art gibt es auch ständig." (Unternehmensleitung *A1*)

Gleichzeitig wird in den international agierenden Konzernen eine neue, an Geschäftsbereichen orientierte internationale Leitungsstruktur etabliert, die auf nationaler Ebene ein Auseinanderdriften von an nationale Rechtssysteme gebundenen Entscheidungen einerseits, insbesondere im Bereich des Personalwesens, der Arbeitsbeziehungen und der Bilanzierung, und räumlich nicht gebundenen wirtschaftlichen Entscheidungen international definierter Geschäftsbereiche andererseits ermöglicht.

Den Freiheitsgraden in der Arbeitsorganisation und im unternehmerischen, marktbezogenen Handeln stehen in diesen Unternehmen damit immer neue Konzepte einer hochzentralisierten Steuerung und Kontrolle über zentral vorgegebene Rahmendaten und informationstechnisch gestützte Controllingsysteme gegenüber, die durch an „Lines of Business" orientierten Leitungsstrukturen ergänzt werden.

Demgegenüber entsprechen die Start-up-Unternehmen am ehesten dem in der öffentlichen Debatte propagierten Bild des typischen flexiblen Unternehmens der New Economy (vgl. Deckstein/Felixberger 2000). Hier wurden tatsächlich Unternehmensstrukturen mit sehr geringem Formalisierungsgrad und höchstens zwei Leitungsebenen in Form des Inhabers und Projekt- bzw. Abteilungsleitern vorgefunden. Diese Unternehmen sind durch einen höchst personenbezogenen, kooperativen Leitungsstil geprägt, der den Mitarbeitern weitreichende Mitgestaltungsmöglichkeiten eröffnet. Das weitere Funktionieren der Strukturen dieser Unternehmen erscheint wesentlich davon abhängig, daß der wirtschaftliche Erfolg anhält, dabei aber ein sprunghafter Anstieg der Beschäftigtenzahl ausbleibt. Dies erscheint als Grundbedingung, um das hier vorherrschende Gemeinschaftsgefühl, das durch eine gemeinsam getragene Wachstumserwartung, kurze Kommunikationswege, den kooperativen Leitungsstil des Inhabers sowie einen sehr persönlichen Umgang miteinander reproduziert wird, als wesentlicher Basis des Interessenaustauschs zu erhalten.

Die Gruppe der Lack-Turnschuh-Unternehmen bewegt sich in einem eigenen Entwicklungsweg zwischen den beiden genannten. Sie sind entweder Ausgründungen aus ehemals fordistischen Unternehmen oder „in die Jahre gekommene" Start ups, bei denen der Anstieg der Beschäftigtenzahl und die Ausdifferenzierung des Produkt- und Leistungsspektrums zum Aufbau formaler organisatorischer Strukturen geführt hat. Auch hier ist häufig ein sehr personenbezogener Leitungsstil anzutreffen, der allerdings durch vielfältige formale Regelungen und Strukturen überlagert wird. Diese Unternehmen sind gegenwärtig vornehmlich durch das Bemühen um eine Professionalisierung des Managements sowohl hinsichtlich der Etablierung formaler Leitungsstrukturen als auch im Bereich der Personalentwicklung und -verwaltung geprägt.

4.2   Arbeitsformen in der IT-Industrie

Auf der Ebene der Arbeitsorganisation ist in der IT-Industrie insgesamt eine zunehmende Bedeutung selbstorganisierter Arbeit festzustellen. Dabei handelt es sich nicht um eine bloße Modeerscheinung. Wesentlicher für die Entwicklung der Arbeitsformen in der IT-Industrie erscheint vielmehr der Wandel des Produkt- und Leistungsspektrums der Branche insgesamt. Dieser zeichnet sich durch eine starke Standardisierung von Hardwarekomponenten, einen steigenden Softwareanteil und einen steigenden Dienstleistungsanteil sowohl im Bereich komplexer Beratungsleistungen als auch im Bereich kundennaher Serviceleistungen aus.

Mit dieser Veränderung der Produkte und Leistungen erfahren genau die Unternehmensbereiche eine quantitative Ausdehnung, die sich weitgehend einer Verwissenschaftlichung nach tayloristischem Muster entziehen und ein hohes Maß an Selbstorganisation der Arbeit durch die Mitarbeiter erfordern. Dies sind insbesondere die Bereiche Softwareentwicklung und -beratung, die Kundenberatung und -betreuung sowie Wartungstätigkeiten, in denen ein zunehmender Teil der Beschäftigten angesiedelt ist und deren Bedeutungszunahme sich in einem steigenden Angestelltenanteil und einer zunehmenden Akademisierung niederschlägt.

Diese an Bedeutung gewinnenden Unternehmensbereiche sind durch Eigenschaften geprägt, die in gewissem Maße unhintergehbare Anforderungen an die Selbstorganisation der Beschäftigten stellen: Der Bereich Entwicklung und Beratung umfaßt ein weites Leistungsspektrum der Unternehmen, das insbesondere auch die großen ehemaligen Hardwarehersteller heute zu ihrer Kernkompetenz erheben. Es umfaßt die klassische Softwareentwicklung, die Entwicklung sogenannter Lösungen, also den Aufbau und die Weiterentwicklung ganzer Informationssysteme durch Kombination von Beratungsleistungen, Software, Hardware und verschiedenen Serviceleistungen, sowie die Entwicklung von Dienstleistungsprodukten, die insbesondere im Telekommunikationsbereich durch die hier stattfindende dynamische Entwicklung des Dienstleistungsangebots von Bedeutung ist. Durch seinen innovativen Charakter entzieht sich dieser Arbeitsbereich weitgehend einer tayloristischen Planung und Kontrolle. Zwar wurden in den 80er Jahren Anstrengungen unternommen, etwa die Softwareentwicklung über verschiedene Methoden und Softwaresysteme (CASE-Tools) zu rationalisieren. Dies zeigte allerdings nur geringe Erfolge.

Der gesamte Servicebereich zeichnet sich ebenfalls wegen des engen Kundenkontakts und des Fokus auf Systemstörungen durch ein hohes Maß an Unvorhersehbarkeit aus, das der Vorausplanung der Arbeitsprozesse prinzipielle Grenzen setzt: Die unmittelbare Zusammenarbeit und Kommunikation mit Kunden, die Tatsache, daß die Arbeit häufig vor Ort bei einem Kunden erfolgt, entzieht auch diese Arbeit weitgehend einer vorausschauenden Planung, Steuerung und Kontrolle durch einen Vorgesetzten und muß weite Bereiche der Arbeitsplanung und eine Vielzahl von Entscheidungen dem einzelnen Beschäftigten überlassen.

Trotz dieser allgemein hohen Bedeutung selbstorganisierter Arbeit bleibt allerdings festzuhalten, daß sich die Arbeitsformen in der IT-Industrie und das Maß an Selbstorganisation in der Arbeit keineswegs so homogen darstellen, wie häufig unterstellt.

Zunächst einmal arbeitet auch in der IT-Industrie ein großer Teil der Beschäftigten in traditionellen tayloristischen Arbeitsformen, die zumindest die großen Konzerne der Branche bis in die 90er Jahre hinein auch kulturell dominierten: Hier sind die klassischen Fertigungsbereiche in der Hardwareproduktion, die Verwaltungsbereiche und auch weite Teile der Wartung, insbesondere bei den Netzbetreibern in der Telekommunikation, zu nennen, allesamt Arbeitsbereiche, die nach traditionellem tayloristischem Muster organisiert waren und geringe bis gar keine Freiheitsgrade zur Selbstorganisation der Arbeit boten. Auch wenn die quantitative und vor allem kulturelle Bedeutung dieser Unternehmensbereiche seit den 90er Jahren beständig abnimmt, ist hier auch heute noch ein relevanter Anteil der Beschäftigten angesiedelt.

Diesen tayloristischen Arbeitsformen stehen dann verschiedene, in mehr oder weniger hohem Maße durch Selbstorganisation geprägte Arbeitsformen gegenüber, für die seit Beginn der 90er Jahre in diesem Industriesegment eine steigende Bedeutung festzustellen ist. Aber auch hier bietet sich ein sehr heterogenes Bild der Arbeitsformen, die sich durch unterschiedliche Formen der Selbstorganisation auszeichnen. Diese Verschiedenartigkeit der Arbeitsformen resultiert vor allem aus dem Einsatz unterschiedlicher Kontroll- und Steuerungsinstrumente.

Mit dieser zunehmenden Dominanz von Arbeitsbereichen, die sich so weitgehend einer tayloristischen Planung entziehen, entsteht für die Unternehmen ein Kontroll- und Steuerungsproblem, zu dessen Lösung unterschiedliche Instrumente eingesetzt werden: Einerseits wird versucht, durch die Schaffung geeigneter organisatorischer Rahmenbedingungen und die Förderung einer Selbstökonomisierung der Beschäftigten selbstorganisierte Arbeit am Verwertungsparadigma zu orientieren. Andererseits zielen die Rationalisierungsbemühungen aber auch gleichzeitig darauf, die Arbeitsprozesse immer weiter wissenschaftlich zu durchdringen und so einer Planung und Steuerung zugänglich zu machen. Indem diese Strategien in den beiden genannten Bereichen – Entwicklung und Beratung einerseits und Service andererseits – in unterschiedlichem Maße greifen, sind auch in diesen – grundsätzlich durch Selbstorganisation geprägten Arbeitsbereichen – unterschiedliche Entwicklungstendenzen festzustellen.

Die prägende Organisationsform in den Entwicklungsbereichen ist das Projekt, durch das jenseits der individuellen Planungsebene der einzelnen Beschäftigten eine kooperative Planungsebene erzeugt wird, über die kaskadenförmig Zielvorgaben des Unternehmens – insbesondere hinsichtlich des Zeitpunkts des Projektabschlusses – auf verschiedenen Ebenen unter Beteiligung der Mitarbeiter konkretisiert und in Arbeitspläne und individuelle Zielvorgaben umgesetzt werden. Obwohl auch hier versucht wird, durch die systematische Analyse der betriebswirtschaftlichen Daten und die Anwendung formaler Vorgehensmodelle zu einer von den Beschäftigten unabhängigen Planungs- und Steuerungsgrundlage zu gelangen, spielen diese Ansätze eine relativ geringe Rolle. Wesentlich für die Planung und Steuerung der Arbeit dieser Beschäftigtengruppe sind vielmehr Managementmethoden, die unter Anerkennung (und teilweise sogar kultureller Überhöhung) des Selbstorganisationsbedarfs der Arbeit auf eine Selbst-ökonomisierung der Beschäftigten zielen: Die bereits in der Projektorganisation der Arbeit, die sich durch eine zeitliche Befristung und die Erbringung eines einmaligen Produkts unter nicht vorhersehbaren Rahmenbedingungen auszeichnet, angelegte Orientierung der Arbeitsprozesse an einem definierten Arbeitsergebnis wird verstärkt durch ein zielorientiertes Management, das die Gehaltsentwicklung an die persönliche Zielerreichung jedes einzelnen Mitarbeiters bindet und die Ausgestaltung sämtlicher relevanter Arbeitsbedingungen sowie die Arbeitszeit, den Arbeitsort und die Qualifizierung weitgehend der individuellen Selbstverantwortung überläßt.

Eine andere Entwicklung ist für die verschiedenen Bereiche des Service und der Kundenbetreuung zu verzeichnen. In diesen Bereich fällt eine Vielzahl von Tätigkeiten, die sich durch einen unterschiedlichen Grad der Selbstorganisation der Mitarbeiter auszeichnen. Die Spannbreite reicht hier von den Arbeitsformen in Rechenzentren und im technischen Service bis hin zu der Arbeit von Callcenter-Agents. Gemeinsam ist diesen Arbeitsbereichen, daß sie – im Gegensatz zur Projektarbeit der Entwickler – nicht durch die einmalige Entwicklung eines abgrenzbaren Produkts, sondern durch weitgehend gleichförmige Arbeitsprozesse geprägt sind. Zwar ist auch hier ein prinzipieller Selbstorganisationsbedarf durch die Unvorhersehbarkeit und Komplexität von Störungen im laufenden Betrieb einer informationstechnischen Anlage sowie die notwendige Entscheidungskompetenz und Handlungsflexibilität von Mitarbeitern im unmittelbaren Kundenkontakt gegeben. Dem steht jedoch gegenüber, daß die Arbeitsprozesse durch ihre tendenzielle Gleichförmigkeit, die durch das strukturelle Wiederkehren vergleichbarer Aufgaben im laufenden Betrieb erzeugt wird, gut einer wissenschaftlichen Durchdringung und einer Arbeitsteilung auf der Basis von „Fällen", also gut abgrenzbaren Störfällen oder Kundenanfragen, zugänglich sind. In diesen Arbeitsbereichen wird daher systematisch analysiert und verglichen: Die für die Fallbearbeitung benötigte Arbeitszeit wird gemessen, statistisch bearbeitet und in Planungsdaten umgesetzt. Die Fälle werden auch inhaltlich erfaßt und nach Schwierigkeitsgrad und Anforderungsniveau klassifiziert. Vorgehensweisen zur Bearbeitung von Kundenanfragen, aber auch von technischen Störungen, werden der Form nach zum Teil bis ins Detail beschrieben. In den Call Centern geht dies so weit, daß systematisch Kommunikationsmethoden geschult und in der Anwendung kontrolliert werden.

4.2.1 „Neotayloristische" Organisation kundennaher Dienstleistungsarbeit

Neben der Entwicklung von Informations- und Telekommunikationssystemen sowie der damit verbundenen Beratung, die in hohem Maße durch die Projektorganisation der Arbeit geprägt ist, liegt ein weiteres an Bedeutung zunehmendes Tätigkeitsfeld in den Unternehmen der IT-Industrie in den verschiedenen Bereichen des Kundenservice. Diese Tätigkeiten werden hier als „neotayloristische" bezeichnet. Im Unterschied zu traditionellen tayloristischen Planungs- und Steuerungsmethoden (vgl. Braverman 1977) zielen „neotayloristische" Verfahren nicht auf eine genaue Vorgabe der Ausführung der Arbeit, die die Beschäftigten tendenziell der Anforderung einer reflexiven Beurteilung des Arbeitsergebnisses entledigt. Sie erhalten vielmehr den Charakter eines engmaschigen Systems von Rahmendaten und „Hilfestellungen", die den Kern der Selbstorganisation, die Anforderung eines reflexiven Umgangs mit dem Arbeitsstand und der permanenten Anpassung des Arbeitshandelns an die jeweiligen Bedingungen bestehen lassen. Statt auf eine formale Vorgabe von Arbeitsschritten zielen diese Methoden auf eine Formierung von Subjekteigenschaften (z.B. des Kommunikationsverhaltens oder des persönlichen Arbeitsstils). Hier sind eher gering- bis mittelqualifizierte Beschäftigte vorzufinden, deren Freiheitsgrade der Selbstorganisation durch eine systematische Analyse ihrer Arbeitsprozesse und ein engmaschiges Netz von Rahmen- und Kontrolldaten tendenziell reduziert werden und deren „Zurichtung" weniger auf eine Selbstökonomisierung zielt als vielmehr auf eine Formierung grundlegender Subjekteigenschaften wie Kommunikations- und Arbeitsstil, die häufig einen extrem manipulativen Charakter erhält.

Hierunter fallen die Aufgaben, die der Aufrechterhaltung des laufenden Betriebs eines Informationssystems oder einer Telekommunikationsinfrastruktur sowie der damit verbundenen Kundenbetreuung dienen. Das sind z.B.:

– Der technische Service im Hardwarebereich,
– der Rechenzentrumsbetrieb sowie
– das Call Center als Kundenschnittstelle.

Gemeinsam ist diesen Tätigkeitsbereichen, daß sie nicht – wie die Projektarbeit im Entwicklungsbereich – durch die Herstellung eines abgrenzbaren Produkts gekennzeichnet sind, das in einem definierten Zeitraum durch eine zeitlich befristet zusammengesetzte Projektgruppe zu erbringen ist, sondern durch die laufende Abarbeitung kundenbezogener Einzelfälle, die in der Regel durch einzelne Mitarbeiter bearbeitet werden können. Diese Aufträge ergeben sich häufig aus einer Störung im Betrieb eines Systems und stehen damit unter hohem Zeitdruck.

Technischer Service

Der technische Service hat im stark hardwareorientierten Fallunternehmen *A3*, das als Tochter eines US-amerikanischen Konzerns in Deutschland vor allem die kundennahen Unternehmensbereiche aufweist, eine zentrale Bedeutung und kann exemplarisch untersucht werden.

Der technische Service ist in *A3* für die Betreuung sämtlicher beim Kunden installierter Hardware- und Softwareprodukte zuständig. Das Aufgabengebiet erstreckt sich damit vom Handheld bis zum Hochverfügbarkeitsrechner und ist damit in seinen technischen Anforderungen sehr heterogen. Allerdings wurde in letzter Zeit der untere Technologiebereich der Desktops, Terminal und PC auf Partner ausgelagert, so daß hier eher ein Trend zur Konzentration des technischen Service auf die höheren Technologielevel im Server- und Großrechnerbereich festzustellen ist. Entsprechend bewegt sich auch das Qualifikationsniveau, das bis in die 90er Jahre hinein durch Quereinsteiger auf unterem oder mittlerem Qualifikationsniveau geprägt war, nach oben.

Im Zuge der zunehmenden Orientierung des Unternehmens auf das Lösungsgeschäft und die Erweiterung der Produkt- und Leistungspalette hat sich auch der Service in den letzten Jahren verändert. Er avanciert von einer an einzelne Hardware- oder Softwareprodukte gebundenen Zusatzleistung zu einem eigenständigen Dienstleistungsprodukt, das dem Kunden verkauft wird. Es wird hier von einem „Servicekonzept" gesprochen, das dem Kunden in unterschiedlichen Abstufungen die Aufrechterhaltung des Betriebs seiner Systeme garantieren soll:

> „Das heißt, das läuft so ab, daß der Kunde einen Wartungsvertrag mit uns macht, mit welcher Laufzeit auch immer, – Servicevertrag. Wartungsvertrag kann man heute nicht mehr sagen, weil diese Serviceverträge sind eigentlich Servicekonzepte, die man dem Kunden verkauft hat. Und in diesen Servicekonzepten sind verschiedene Leistungen vereinbart, die der Kunde im Bedarfsfall abruft." (Projektleitung *A3*)

Mit seinem Anruf und der Meldung einer Störung setzt der Kunde einen Apparat in Gang, in dem auf verschiedenen Stufen die Störung bearbeitet wird. Zunächst geht der Anruf in einem Call Center ein, in dem der Vertrag des Kunden sowie die mit ihm vereinbarten Leistungen geprüft werden. Dann erfolgt die Weitergabe des Auftrags an den „Front End Service", der telefonisch und ggf. über einen Remote Access den Charakter der Störung analysiert und bewertet. Daraufhin geht der Auftrag an eine zentrale Disposition, die ihn wiederum an einen freien Techniker überträgt. Der Techniker bearbeitet den Auftrag und meldet dann den Abschluß.

> „Der Kunde meldet eine Störung an eine zentrale Störungsannahme. Die Störung wird dort registriert, bekommt dort eine Bearbeitungsnummer, und es wird verifiziert, welche Service Obligations, welche Serviceverpflichtungen wir gegenüber diesem Kunden haben. Oder anders ausgedrückt: Welchen Servicevertrag hat der Kunde. (...) Danach wird der Kunde mit einem Spezialisten verbunden, der am Front End sitzt, und der versucht, das Problem, das der Kunden hat, zusammen mit dem Kunden so gut wie möglich zu qualifizieren. Das kann über das Gespräch mit dem Kunden passieren (...), oder das kann über sogenannte Remote Diagnose Tools passieren. Der Techniker sitzt im Büro, loggt sich über eine Konsole in das Kundensystem ein, schaut sich Register an und kann dann

sehr detailliert sagen, die Maschine ist aus dem und dem Grund gecrashed, wie wir sagen, oder stehengeblieben, oder die Platte hat das und das Problem oder sonst eine Komponente. Diese Information, zusammen mit der Kundeninformation wird dann ins System gestellt, mit einem Kommentar, daß das System das und das Problem hat, und daß man dafür den und den Techniker mit dem und dem Ausbildungsstand braucht, und der geht dann an die zentrale Disposition. Die zentrale Disposition schaut, welcher Techniker in dem Produktbereich mit den entsprechend erforderlichen Skills im Moment frei ist. Der kriegt dann den Call hingeschoben." (Projektleitung *A3*)

Nach der Bearbeitung des Auftrags gibt der Techniker an die Disposition die Information, daß er für den nächsten Auftrag bereit ist.

Die Arbeit im technischen Service in *A3* weist einige charakteristische Merkmale auf, die sie grundlegend etwa von der Projektarbeit im Entwicklungs- und Beratungsbereich unterscheidet:

Zunächst einmal macht sie die Mitarbeiter in diesem Bereich zu Einzelkämpfern, die in der Regel permanent unterwegs und vor Ort bei den Kunden sind und dort die ihnen übertragenen Fälle bearbeiten. Daneben gibt es die Möglichkeit, daß einzelne Mitarbeiter für einen Kunden zuständig sind und ihren permanenten Arbeitsplatz im Kundenunternehmen haben. Gelegentlich werden für große Kunden auch kleinere Teams gebildet:

Insbesondere durch die permanente Abwesenheit und die relative Unbestimmtheit der auftretenden Störungen bestehen für die Mitarbeiter des technischen Service relativ große Freiheitsgrade in der Organisation ihrer Arbeit.

Die Steuerung und Kontrolle der Arbeitsprozesse im technischen Bereich erfolgt dabei zunehmend computergestützt. Über eine spezielle Software, die die verschiedenen Bearbeitungsstufen eines Falles vernetzt, wird eine durchgehende Informationsebene erzeugt, in die die Informationen aller Bearbeitungsstufen einfließen und die diese von dort an die jeweils nächste weitergeben: Im Call Center werden bei Auftragsannahme die Kundendaten sowie erste Daten zur Störung erfaßt. Im Front End Service wird die Störung genauer erfaßt, soweit möglich beschrieben und klassifiziert. Damit verbunden ist eine Schätzung der erforderlichen Bearbeitungszeit, die als Soll-Zeit später der realen Bearbeitungszeit gegenübergestellt wird.

„Dies passiert auf Basis der Erfahrung des Menschen, der sich damit befaßt. Außerdem gibt es Referenzdatenbanken, in denen die mittleren Erfahrungswerte abgespeichert sind. Dort wird dann auch die estimated time für die Reparatur hineingeschrieben, also die erwartete Zeit für die Reparatur. Dies wiederum braucht die Disposition, damit sie weiß, wie lange der Mitarbeiter noch unterwegs ist, denn die müssen ja die Calls, die danach kommen, irgendwo wieder unterbringen." (Projektleitung *A3*)

In der Disposition liefert das System die Informationen über die Verfügbarkeit und die Einsatzfelder der Techniker. Von hier aus wird der Auftrag an einen bestimmten Techniker über das System weitergeleitet. Und letztlich werden durch den Techniker die reale Bearbeitungszeit, benötigte Ersatzteile und die behobenen Fehler eingegeben. Auf der so erzeugten Datenbasis wird dann eine systematische Analyse der gemeldeten und bearbeiteten Fälle betrieben, die in einer Statistik des zeitlichen Auftretens von Störungen, der voraussichtlichen Bearbeitungszeit sowie der Schwachstellen bestimmter Produkte mündet.

Durch das eingesetzte computergestützte Steuerungs- und Kontrollsystem wird für die Mitarbeiter ein dichtes System von Steuerungs- und Rahmendaten erzeugt. Zwar wird der Vergleich der real benötigten Bearbeitungszeit mit der geschätzten Soll-Zeit nach Angaben des interviewten Gruppenleiters nicht zur unmittelbaren, einzelfallbezogenen Kontrolle der Mitarbeiter eingesetzt, dennoch lassen die erzeugten Daten genügend Spielräume, um in längerfristiger Perspektive die Leistungen der Mitarbeiter zu beurteilen.

Die unmittelbare Kontrolle und Steuerung der Mitarbeiter werden einerseits durch die relativ geringe Aussagekraft der erzeugten Soll-Daten für die konkrete Problemstellung und andererseits durch die Regelung, daß dieses System nicht zur Verhaltens- und Leistungsbeurteilung eingesetzt werden darf, eingeschränkt. Die ermittelten Soll-Zeiten stellen lediglich statistische Mittelwerte dar, die sich häufig mit der konkreten Problemstellung brechen. Daher stehe der Mitarbeiter nicht unter Rechtfertigungszwang, wenn er die Soll-Zeit eines Auftrages überschreite. Darüber hinaus ist eine Anonymisierung der Daten notwendig, da diese nach einer entsprechenden Betriebsvereinbarung nicht zur individuellen Leistungsbeurteilung eingesetzt werden dürfen. Allerdings läßt die Datenauswertung genügend Spielraum, um sowohl die Leistungen des gesamten Teams als auch einzelner Mitarbeiter zu bewerten:

„Wir messen da unsere Leute über entsprechende Tools und wissen schon, was die leisten und was der Durchschnitt leistet. Allein von der Anzahl der Calls und wie lange jemand braucht, um einen Call mittlerer Schwierigkeit zu lösen." (Projektleitung A3)

Insgesamt stellt sich die Arbeitssituation der Mitarbeiter im technischen Service widersprüchlich dar: Relativ weitreichenden Freiheitsgraden in der fallbezogenen Organisation ihrer Arbeit steht ein engmaschiges Kontroll- und Steuerungssystem gegenüber, durch das systematisch Daten erhoben und ausgewertet werden. Die so erzeugten Rahmendaten erlauben eine immer feinere Planung der Arbeitsprozesse und vermeiden so Leerlaufzeiten.

Charakteristisch für diesen Arbeitsbereich ist der starke Fokus auf die Arbeitszeit. Dies gilt für das Unternehmen, das dem Kunden die Behebung einer Störung in einem bestimmten Zeitraum garantieren muß. Die Kontrolle und Steuerung zielt daher – sofern ein gewisser Qualitätsstandard gehalten wird – auf die Minimierung der Bearbeitungs- und Leerlaufzeiten. In Verbindung mit den in der Regel knappen personellen Ressourcen des Teams und der Komple-

xität der Verfügbarkeitsplanung stehen die Mitarbeiter somit unter einem permanenten zeitlichen Druck, um den Anforderungen gerecht zu werden:
Entsprechend hoch ist der Druck auf die Mitarbeiter, ihre Arbeitszeit auszudehnen und Überstunden zu machen:

> „Für mich, meine Abteilung, müßte der Monat Dezember 70 Tage haben, damit die ganzen Überstundenkontingente noch abgefeiert werden können. Es gibt also Leute bei mir, die schieben 100, 150 Überstunden vor sich her." (Projektleitung *A3*)

Rechenzentrumsbetrieb

Ein weiterer an Bedeutung zunehmender Arbeitsbereich im Service ist der Rechenzentrumsbetrieb. Unter den Fallunternehmen spielt diese Dienstleistung insbesondere bei *A2*, das als größter Anbieter von Rechenzentrumsdienstleistungen auf dem deutschen Markt gilt, sowie bei *B1*, das sich vollständig auf diese Dienstleistung konzentriert, eine Rolle. Anhand der Arbeitsprozesse in *B1* lassen sich die Arbeitsformen im Rechenzentrumsbetrieb daher gut exemplarisch untersuchen.

Im Zuge der zunehmenden Tendenz in den Anwenderunternehmen, die Informationsverarbeitung auf spezialisierte Dienstleister auszulagern, gewinnt der Rechenzentrumsbetrieb in der IT-Industrie an Bedeutung. Das Leistungsspektrum dieser Dienstleister wie etwa *B1* umfaßt dabei neben dem reinen Betrieb und den hierfür notwendigen Wartungsarbeiten auch die Weiterentwicklung der Systeme und zunehmend auch die Beratung der Kunden etwa bei der Umstellung der Systeme auf eine neue Technologie.

In *B1* ist die Erbringung dieser Leistungen auf mehreren Ebenen angesiedelt: Kundenbetreuung, Anwendungsentwicklung, First und Second Level Support sowie das Operating im Rechenzentrum selbst. Die Gesamtverantwortung für die Betreuung eines Kunden liegt bei den Kundenbetreuern, die in einer speziellen Abteilung zusammengefaßt sind. Diese Mitarbeiter betreuen zwei oder mehrere Kunden und sind für den regelmäßigen Kundenkontakt insbesondere auf der Managementebene zuständig. Hier führen sie unabhängig von der Serviceabteilung Gespräche über Art und Umfang der Serviceleistungen. Sie haben den Überblick über die Vertragswerke und über die zugesagten Serviceleistungen, und die Kontrolle des Budgets liegt bei ihnen. Damit sind die Kundenbetreuer zwischen Vertrieb, dessen Aufgabe in der Akquisition und der Vertragsgestaltung liegt, und dem Service zu verorten. Die Verbindung zum Service und der dort angesiedelten permanenten Wartung der Kundensysteme sowie der ebenfalls dort angesiedelten längerfristigen Projekte zur Weiterentwicklung wird über regelmäßige Besprechungen und einen täglichen informellen Kontakt hergestellt. Darüber hinaus stellt der Kundenbetreuer die letzte Eskalationsstufe bei

Problemen im Servicebereich dar. Er vertritt im Fall größerer Probleme das Unternehmen gegenüber dem Kunden.

Weiterhin gibt es den Bereich der Anwendungsentwicklung, der für die Weiterentwicklung der Kundensysteme zuständig ist. Hier werden Systemumstellungen wie die Umstellung von Großrechner- auf Client-Server-Architektur, die Einstellung auf das Jahr 2000 u.a. in Projekten geplant und durchgeführt. Dieser Arbeitsbereich ist durch Projektarbeit und ein hohes Maß an Selbstorganisation geprägt. Der Akademikeranteil ist sehr hoch, der Anteil der Quereinsteiger gering.

Der Wartungsbereich selbst ist zweigeteilt in den zentralen First Level Support sowie den Second Level Support und ist damit ähnlich strukturiert wie der technische Service in *A3*, ohne allerdings so straff durchorganisiert zu sein wie dieser: In das Call Center des First Level Support gehen zentral für den gesamten Mutterkonzern die Kundenanrufe ein. Diese werden klassifiziert, hinsichtlich des erwarteten Arbeitsaufwands geschätzt, in ein computergestütztes Steuerungs- und Kontrollsystem eingegeben und dann der zuständigen Abteilung übergeben. Dieses Tool enthält zudem ein Eskalationsverfahren, über das ein Auftrag bei Problemfällen automatisch an die zuständigen Stellen weitergeleitet wird, etwa wenn sich ein Problem nicht in einem angemessenen Zeitrahmen lösen läßt.

Die im First Level Support aufgenommenen Wartungsaufträge werden an den Second Level Support weitergeleitet. Sie bestehen z.B. in der Behebung von Systemabbrüchen und sind in der Regel zeitlich begrenzte, quantifizierbare Aufgaben, die von der Leiterin in ihrer Bearbeitungsreihenfolge geplant und den Mitarbeitern zugewiesen werden. Für die Aufgaben liegen entweder Schätzwerte vor, die vom First Level Support in das Tool eingegeben werden, oder der Mitarbeiter, der die Aufgabe übernimmt, führt selbst vorab eine Aufwandschätzung durch und gibt diese in das System ein. Einmal jährlich werden Soll- und Ist-Zeiten verglichen, um die Güte der Schätzwerte zu überprüfen. Stellt sich das Problem als schwerer als erwartet heraus, wird gegebenenfalls der Kundenbetreuer eingeschaltet, der das weitere Vorgehen mit dem Kunden abstimmt (und den Ärger des Kunden auf sich zieht).

Diese Arbeit erfordert ein tiefes, vor allem auf Erfahrungswissen basierendes Anwendungs-Know-how. Es arbeiten hier routinierte Programmierer, die sich insbesondere auch in sehr alten Programmiersprachen wie Assembler auskennen. Die Arbeit sei eine Mentalitätsfrage, die Mitarbeiter würden eher „gern auf Anweisung arbeiten". Die Mitarbeiter sind im Schnitt schon etwas älter, da es Nachwuchsprobleme gibt. Allerdings gibt es vereinzelt auch jüngere Mitarbeiter, die es interessant finden, sich mit diesen alten Sachen zu befassen. „Es ist halt eine Mentalitätsfrage." Die Leiterin schätzt den Informatikeranteil auf 50%, den Anteil der Quereinsteiger ebenfalls auf 50% speziell in ihrem Bereich, wobei im Vergleich zu ähnlichen Abteilungen der Anteil der Quereinsteiger eher höher ist. Neben ihrer Tätigkeit in der Wartung sind die Mitarbeiter auch regelmäßig an Projekten in der Anwendungsentwicklung beteiligt.

Der unmittelbare Betrieb der Kundensysteme ist im Rechenzentrum angesiedelt, das sowohl organisatorisch als auch räumlich vom Serviceteam getrennt ist. Dieses Rechenzentrum betreibt die Anwendungen verschiedener Kunden. Den einzelnen Kunden werden dabei Rechenzentrumsmitarbeiter nach MIPS zugeteilt, die der Anwendungsentwicklung und der Wartung im Bedarfsfall zur Verfügung stehen. Die Mitarbeiter dort sind mit dem Operating, d.h. der Überwachung der Konsolen und dem Data Management sowie dem Sichern und Verwalten der Daten befaßt. Dabei handelt es sich um Routinetätigkeiten, die im wesentlichen nur geringe Qualifikationen erfordern. Die Mitarbeiter sind Quereinsteiger, „ehemalige Kellner oder Maler", die umgeschult wurden. Die Arbeit erfolgt im Schichtbetrieb.

Im Mittelpunkt des Rechenzentrumsbetriebs stehen die Serviceleistungen, die der Aufrechterhaltung des laufenden Betriebs der Anlagen und Systeme dienen, also das routinemäßige Operating, das in hohem Maße vorab planbar, arbeitsteilig organisierbar und mit geringen Qualifikationsanforderungen verbunden ist. Es entspricht damit weitgehend einer traditionellen tayloristischen Arbeitsorganisation, die den Mitarbeitern nur geringe Freiheitsgrade zur Selbstorganisation ihrer Arbeit läßt. Zudem dominieren der Service und die Wartung auf der Ebene des First- und Second Level Support. Der First Level Support weist die Spezifik der Call-center-Arbeit auf, wie sie im folgenden dargestellt wird; der Second Level Support ähnelt in vielem dem oben dargestellten technischen Service in *A3*:

– Es erfolgt eine weitgehende Arbeitsteilung durch die Zuordnung der Bearbeitungsaufträge auf einzelne Mitarbeiter.
– Innerhalb der Bearbeitung der Fälle verfügen die Mitarbeiter über weitreichende Freiheitsgrade zur Organisation ihrer Arbeit.
– Es wird ein softwaretechnisches System zur Steuerung, Kontrolle und statistischen Auswertung der Auftragsbearbeitung eingesetzt.

Im Vergleich mit dem Service in *A3* zeigen sich allerdings auch wesentliche Unterschiede:

– Das untersuchte Team ist für einen Kunden zuständig und daher eng mit dem zu betreuenden System vertraut. Zudem ist der Kontakt zum Kunden sehr eng. Die Arbeit ist ziemlich gut planbar, da einerseits der zu erwartenden Aufwand relativ gut abzuschätzen ist und andererseits durch entsprechende Absprachen mit dem Kunden hinsichtlich der Dringlichkeit der Aufträge der Zeitdruck reduziert werden kann.
– Darüber hinaus erfolgt die Arbeit nicht vor Ort beim Kunden, sondern im Haus von *B1*. Die Mitarbeiter arbeiten daher nicht isoliert, sondern inner-

halb eines Teams mit enger Rückbindung an andere Abteilungen und Teams.

Call Center

Der dritte, ebenfalls an Bedeutung gewinnende Arbeitsbereich in der IT-Industrie besteht in den Call Centern, die zunehmend zu zentralen Kommunikationsschnittstelle zu den Kunden werden und dabei je nach Produkt- und Leistungsspektrum verschiedene Aufgaben wahrnehmen: In *A3* und *B1* werden sie als zentrale Annahmestelle für Störungsmeldungen durch Anwender und als Hotline in der Anwenderbetreuung eingesetzt. Bei den Telekommunikationsdienstleistern dienen sie insbesondere der Kundeninformation, der Entgegennahme von Reklamationen sowie der Klärung z.B. rechnungstechnischer Fragen.

Das Call Center[4] bildet die zentrale Kundenschnittstelle des Unternehmens. Hier gehen die Kundenanrufe, gleich welcher Art, ein. Fragen zum Produkt- und Leistungsspektrum werden gegebenenfalls sofort beantwortet, Störungsmeldungen werden an die zuständige Serviceabteilung weitergegeben, verwaltungstechnische Fragen etwa zur Rechnungsstellung werden sofort bearbeitet oder ebenfalls weitergeleitet. Der Bearbeitungsstatus weitergeleiteter Aufträge wird verfolgt und als Information an den Kunden weitergegeben.

Im Zentrum der Organisation eines Call Centers und der unmittelbar mit ihm verbundenen Abteilungen steht eine Telefonanlage, die als Kombination einer informationstechnisch gesteuerten Vermittlungsanlage und verschiedener Informationssysteme (z.B. zu Kundendaten) die Bearbeitung der Kundenaufträge zentral steuert. Eingehende Gespräche werden automatisch an einen freien Call-Center-Agent weitergeleitet und können von diesem aus z.B. an den technischen Service oder an die Verwaltung weitergeleitet und in ihrer Bearbeitung verfolgt werden. Es werden verschiedene Informationen zur Bearbeitung einer Anfrage zur Verfügung gestellt (z.B. Kundendaten), und das Gesprächsaufkommen sowie die Bearbeitung werden statistisch erfaßt und ausgewertet.

Das zentrale Problem der Arbeitsplanung in einem Call Center besteht darin, daß das Gesprächsaufkommen zwischen den einzelnen Wochentagen und den verschiedenen Tageszeiten extrem schwankt:

> „Aufgrund der Basisdaten der ACT-Anlage, die ja alles festhält, wird das aufgestellt. (...) Zum Beispiel am Montag kommen so ca. 25% bis 26% von der Gesamtwoche. (...) Das haben wir uns hier aufgrund der Zahlen durchschnittlich irgendwann einmal errechnet. (...) Montag ist der stärkste Tag, Dienstag ist auch

---

4   Im Fallunternehmen *C2* (als Lack-Turnschuh-Unternehmen) wurde ein Call Center untersucht, das in den wesentlichen Merkmalen der hier vorzufindenden Arbeitsprozesse nach unseren Recherchen auch auf die Call Center in der Gruppe der ehemals fordistischen Unternehmen, insbesondere auf *C1*, übertragbar ist.

noch stark, Mittwoch geht es ein bißchen runter, Donnerstag geht es ein bißchen hoch, Freitag geht es ein bißchen runter, und der Samstag, der pendelt sich so ein bei 6%, 7%, 8%." (Projektleitung *C2*)

Entsprechende Erfahrungswerte stehen auch hinsichtlich der Verteilung der Calls über den Tag hinweg zur Verfügung.

Die Planungsaufgabe besteht also im wesentlichen darin, das Gesprächsaufkommen so exakt vorherzusehen, daß die notwendige Zahl der Mitarbeiter vorab geplant werden kann. Auf Basis der Daten, die die Telefonanlage liefert, werden Statistiken über die Verteilung des Gesprächsaufkommens erstellt, die dann in die Personalplanung einfließen. Auftretende Fehleinschätzungen des Gesprächsaufkommens werden durch einen flexiblen Personaleinsatz kompensiert.

„Das heißt, wenn das Gesprächsaufkommen sich verstärkt, und wir sind unterbesetzt, muß man eine Möglichkeit finden, jemanden dazuzufinden bzw. in umgekehrter Richtung, wenn das Gesprächsaufkommen nachläßt, daß man dann Leute nach Hause gehen läßt. (...) Das ergibt sich ja schon beim Einstellungsgespräch. Bei uns sind natürlich flexible Mitarbeiter gefragt. Wenn jemand diese Voraussetzung nicht bieten kann, dann ist er für uns auch nicht interessant. Das muß man ganz klar sagen, denn die Erfahrungen haben ganz eindeutig gezeigt, wenn man anfängt, Rücksicht zu nehmen, dann kommt der nächste auch. Und dann passiert folgendes, sie können gar nicht mehr planen, sie haben das Nachsehen." (Projektleitung *C2*)

Es werden vorwiegend Halbtagskräfte eingestellt, deren Arbeitsvertrag eine entsprechende Flexibilitätsregelung vorsieht.

In der Planung des Arbeitsprozesses und der Zuweisung von Aufgaben an die Mitarbeiter stellt das einzelne Gespräch bzw. die Kundenanfrage die kleinste unteilbare Einheit dar. In ihrer Bearbeitung bestehen für die Mitarbeiter zwar noch gewisse Spielräume, die jedoch sehr stark dadurch eingeschränkt werden, daß Form und Ablauf der Gespräche durch vorgegebene Kommunikationsregeln sehr stark strukturiert sind:

„In diesen Kommunikationstrainings, die da angeboten werden (...), werden halt diese Dinge richtig beigebracht. Man lernt, wie man eine Frage stellt, warum man die Frage so stellt und nicht anders. (...) Wichtig ist, daß ein Mitarbeiter, der an einem Telefonarbeitsplatz beschäftigt ist, weiß, er hat immer nur ein einziges Mal die Chance, den Kunden zufrieden zu stellen. Wenn der Kunde sich entscheidet anzurufen, wenn der nicht richtig bedient wird, dann ruft der das nächste Mal nicht mehr an. In einem Geschäft ist das anders. Da wird der Kunde noch anders gesteuert, weil er Auslagen sieht, weil er spazierengeht und automatisch darauf hingeführt wird. Beim Telefongeschäft ist das anders. Deswegen müssen diese Leute, was Kommunikation angeht, an erster Stelle geschult sein. Und das muß immer wieder, jederzeit, nachgeschult werden. Man kann nicht sagen, Kommunikationstraining ist jetzt erledigt, jetzt kannst du es." (Projektleitung *C2*)

Die Einhaltung dieser Kommunikationsregeln wird kontrolliert. Diese Kontrolle erfolgt vor allem durch die Gruppenleiter, die sich jederzeit und vom Mitarbeiter unbemerkt in ein Gespräch einschalten und mithören können:

> „Es ist ganz wichtig, daß man sich danebensetzt und sich auch mal in so ein Gespräch einklinkt, daß man beispielsweise mithört. Es gibt da verschiedene Möglichkeiten. Der Mitarbeiter kann auch den Wunsch äußern, daß man das mal auf Kassette aufnimmt, aber sehr viel sinnvoller ist es, daß man auch wirklich mithört, weil man hört dann auch gleich den Kunden und man kann dann sehr viel besser mit dem Mitarbeiter kommunizieren. Man kann jede Schwachstelle erkennen. (...) Die Gesprächsanalysen, die gemacht werden, geht man mit dem Mitarbeiter dann durch. Das geht Stück für Stück. Das beginnt bei der Begrüßung. Ein Gespräch mit einem Kunden hat eine gewisse Struktur. Und an diese Struktur sollte sich jeder Mitarbeiter gewöhnen. Und wenn man das lange genug macht, dann geht das in Fleisch und Blut über, und irgendwo ist es dann fast immer gleich. Man kann ein wenig variieren, man kann etwas verändern, aber letztendlich ist die Struktur fast immer die gleiche. Und wenn wir so ein Gespräch dann analysieren, dann geht man dieses Gespräch wirklich Stück für Stück durch. Dann erkennt der Mitarbeiter auch selber, daß das, was er da jetzt geantwortet hat, dazu geführt hat, daß der Kunde beispielsweise nicht so reagiert hat, wie er das erwartet hat." (Projektleitung *C2*)

Die Mitarbeiter unterliegen also einer rigiden Steuerung und Kontrolle, die weniger auf die inhaltlichen Aspekte des Auftrags, die jeweils kundenspezifisch und kaum planbar sind, sondern vor allem auf die Form der Kommunikation zielen: Es wird festgelegt, wie eine Kommunikationssituation, etwa bei Konfliktfällen, zu interpretieren ist, welche Körperhaltung während des Telefonats einzunehmen ist, welche Formeln einzusetzen sind. Das persönliche Empfinden in einem Gespräch mit Kunden sowie die Herausbildung eines eigenen Stils in der Gesprächsführung werden so weitgehend unterdrückt:

> „Ein simples Beispiel: Die Begrüßung sollte so ablaufen, daß erst einmal viel in die Stimme gelegt wird, die Stimme muß klingen, die muß wirken, weil man nur die Stimme zur Verfügung hat. Der Kunde, der mit mir spricht, der sieht meine Mimik nicht, der kann mir an meinem Gesicht nichts ablesen. Das muß ich in die Stimme hineinlegen." (Projektleitung *C2*)

Auch das persönliche Befinden der Mitarbeiter wird zum Gegenstand der Kontrolle:

> „Beispielsweise die Mitarbeiterin mit den Zahnschmerzen hat jetzt ihren Kunden am Ohr, und weil sie Zahnschmerzen hat, hängen ihre Mundwinkel. Das ist normal, sie ist Mensch. Da muß die Kollegin, die nebendran sitzt, eigentlich schon Obacht geben und gucken, ob das der Fall ist, und sie entweder darauf aufmerksam machen, und sie stellt es ab, oder aber der Teamleiter oder die Call-Center-Leiterin bietet dem Mitarbeiter an: 'Geh zum Zahnarzt, daß es besser wird!' Normalerweise ist es falsch, diesen Mitarbeiter ans Telefon zu lassen, er

könnte ja was damit verursachen, wenn er sich nicht wohlfühlt. Und wir haben als Unternehmen vielleicht nicht mehr die Chance, diesen Kunden wieder neu zu gewinnen." (Projektleitung *C2*)

Diese Kontrolle obliegt nicht allein den Teamleitern, auch die Mitarbeiter untereinander sind angehalten, sich gegenseitig zu kontrollieren:

> „Man kriegt mit, ob sie lächeln, man kriegt mit, ob sie jetzt garstig zum Kunden waren, und man kriegt mit, ob sie Formulierungen richtig anwenden. Und wenn der Teamleiter jetzt nicht da ist, und ich als Mitarbeiterin jetzt neben der Kollegin sitze, und ich habe das gehört, dann ist es auch meine Pflicht als Teammitglied, zur Frau (...) hinzugehen und sie aufmerksam zu machen: 'Denk doch das nächste Mal dran, du hast den Vornamen wieder vergessen!'" (Projektleitung *C2*)

Im Vergleich zu den „neotayloristischen" Arbeitsformen im Rechenzentrum oder im technischen Service zeichnet sich die Arbeit in den Call Centern durch geringe Qualifikationsanforderungen und geringe Freiheitsgrade in der Organisation der Arbeit aus. Sie ist in hohem Maße durch formale Regelungen zur Vorgehensweise und vor allem zum Kommunikationsverhalten geprägt, die einer selbstbestimmten Organisation der Arbeit praktisch keinen Raum lassen. Allerdings sind die hier vorzufindenden Steuerungs- und Kontrollansätze insofern von traditionellen tayloristischen Ansätzen zu unterscheiden, als sie grundsätzlich einen Selbstorganisations- und vor allem Subjektbedarf unterstellen. Während der tayloristische Steuerungsmodus darauf zielt, durch die möglichst genaue Vorgabe der Arbeitsschritte jedweden reflexiven Bezug zur Arbeitsaufgabe zu unterdrücken, so ist dies in der „neotayloristischen" Organisation der Call-Center-Arbeit trotz aller formaler Regelungen nicht intendiert: Der reflexive, kommunikative Bezug zum Kunden soll grundsätzlich erhalten bleiben. Insofern dient das engmaschige Kontroll- und Steuerungssystem weniger der Aufrechterhaltung eines mechanistischen Arbeitsprozesses als vielmehr der Formierung grundlegender Subjekteigenschaften wie des Kommunikationsverhaltens und der Herausbildung eines Arbeitsstils. Dies wird zusätzlich unterstützt durch einen als manipulativ zu bezeichnenden Managementstil, der sich in strategischer Weise der Kundenmetapher bedient: Der „Kunde" und die „Kundenzufriedenheit" werden systematisch überhöht und verklärt und prägen so die Diskurse in diesem Arbeitsbereich.

4.2.2 Projektarbeit

Die Arbeitsform Projekt weist gegenüber den bisher prägenden tayloristischen und den „neotayloristischen" Arbeitsformen grundlegende Unterschiede auf, die sich nachhaltig auf die Organisation der Unternehmensstrukturen, die Managementmethoden, die Arbeitsbedingungen der Beschäftigten und die Organisation der Arbeitsbeziehungen auswirken.

Mit der Projektorganisation wird der Fokus des Arbeitsprozesses auf ein spezifisches Produkt bzw. eine spezifische, abgrenzbare Leistung gerichtet und nicht auf die unspezifische Erfüllung einer Funktion. Damit wird das Projekt als organisatorische Einheit zu einem zeitlich befristeten Gebilde mit eindeutiger gemeinsamer Zielstellung. Dabei wird nicht auf die immer wiederkehrenden Routineanteile einer Aufgabe und die berechenbaren Umfeldbedingungen fokussiert, sondern auf die Einmaligkeit des Vorhabens und der Umfeldbedingungen, unter denen die Aufgabe bewältigt wird, sowie auf die damit verbundenen spezifischen, nicht routinisierbaren Anforderungen.[5]

Einmaligkeit bedeutet in der Praxis: Kein Projekt gleicht dem anderen. Auch wenn ein Auftrag in ähnlicher Form schon mehrmals bewältigt wurde, müssen das Ziel und der Lösungsweg jeweils neu bestimmt und mit den Beteiligten ausgehandelt werden. Auch wenn die Mehrzahl der Projektbeteiligten schon in mehreren Projekten zusammengearbeitet hat, muß sich die Projektgruppe unter einer veränderten Zielstellung neu organisieren. Hinzukommende Mitglieder müssen integriert und Arbeitsformen im Team immer wieder neu entwickelt werden. Projekte machen aufgrund ihrer Einmaligkeit für alle Beteiligten eine ständige Neueinstellung notwendig. Projekte sind – so gesehen – die organisierte Veränderung (Baukrowitz et al. 1994).

Im Gegensatz zu tayloristischen Arbeitsformen, die sich durch hohe Routineanteile und eine weitgehende Arbeitsteilung auf der Basis einer wissenschaftlichen Planung des Arbeitsprozesses auszeichnen, wird die Projektorganisation in Arbeitsbereichen vorgefunden, die sich durch einen geringen Standardisierungsgrad, eine begrenzte Planbarkeit und hohe Flexibilitätsanforderungen auszeichnen. Diese Arbeitsform war daher zunächst für die Bereiche der Softwareentwicklung und Beratung prägend. In den untersuchten Softwareunternehmen ist die Arbeit untrennbar mit der Projektorganisation verbunden. Die Spezifik der Softwareentwicklung als kreativer Gestaltungsprozeß, der zudem im Fall der Entwicklung von Anwendungssoftware durch einen hohen Anteil sozialer Aushandlungsprozesse mit Anwendern gekennzeichnet ist, stellt den idealtypischen Fall der Projektarbeit dar.

Konstitutiv für die Arbeitsplanung der Projektarbeit ist die geringe Planbarkeit der Aufgabenbewältigung. Im Gegensatz zu tayloristischen Formen der Arbeitsplanung, in denen in einer hierarchisch vorgelagerten Arbeitsvorbereitung eine detaillierte Planung eines Arbeitsprozesses vorgenommen wird, die der Selbstregulation der Beschäftigten im Arbeitsprozeß enge Grenzen setzt, basiert das Projekt auf der Selbstorganisation der Projektgruppe. Die Arbeitsplanung ist

---

5   Die DIN 69 901 kennzeichnet ein Projekt als „ein Vorhaben, das im wesentlichen durch seine Einmaligkeit der Bedingungen in ihrer Gesamtheit gekennzeichnet ist" (DIN 69 901).

bereits Bestandteil der Aufgabenbewältigung und wird zu großen Teilen innerhalb des Projekts vorgenommen. Dabei erfolgt diese nicht ausschließlich vorab, sondern wird sukzessive im Arbeitsprozeß verändert und an den jeweiligen Arbeitsstand bzw. veränderte Umfeldbedingungen angepaßt. Hierarchische Steuerung wird weitgehend auf das Setzen von Rahmendaten wie Zeit, Kosten und Ressourcen reduziert.

Entsprechend ist für die Projektorganisation ein hohes Maß an Selbstorganisation der Mitarbeiter konstitutiv. Leitungstätigkeiten und Managementmethoden sind im Projektumfeld nicht auf die Formulierung und Durchsetzung formaler Arbeitsanweisungen an die Mitarbeiter fokussiert, sondern darauf, einerseits die notwendigen unternehmensinternen Rahmenbedingungen für die Projektarbeit zu schaffen und andererseits in kommunikativer und sozialer Auseinandersetzung eine persönliche Bindung der Mitarbeiter an die Unternehmens- und Projektziele zu erreichen.

Insbesondere in den untersuchten Hardwareunternehmen *A1*, *A2* und *A3* wird die hohe Bedeutung der Projektarbeit hervorgehoben. Sie wird hier von einer randständigen Organisationsform für die Bearbeitung unwesentlicher Sonderaufgaben zur dominierenden Arbeitsform, die überall dort zum Einsatz kommt, wo eine Aufgabe als zeitlich abgrenzbar und durch besondere Bedingungen geprägt angesehen wird:

> „Nach meiner Wahrnehmung haben wir in letzter Zeit Projekte neu definiert. Früher hieß es einfach, entweder du arbeitest in der Linie und machst irgend etwas, womit wir Geld verdienen, oder du arbeitest in irgendeinem Projekt. Und ein Projekt ist dann irgendwas, was übergeordnet ist, aber nichts mit dem Geldverdienen zu tun hat. (...) Inzwischen ist das so, daß wir zwar vertikale Einheiten haben, aber da drin durchaus Know-how-Pools. Zum Beispiel haben wir bei Mobile Phones eine Entwicklungsmannschaft und ein Produktmanagement. Wenn wir jetzt ein neues Produkt entwickeln, dann wird dafür ein Team aufgesetzt. Und dieses Team besteht dann interdisziplinär aus allen Funktionen, die wir dafür brauchen. Und dieses Team hat die gesamte Verantwortung für das gesamte Produkt." (Unternehmensleitung *A1*)

Diese hervorgehobene Bedeutung des Projekts läßt sich etwa an der Position der Projektleiter ablesen, die in den Unternehmen zunehmend eine exponierte Rolle spielen:

> „Gerade die Projektleiter haben eine extrem hohe Visibility, sie sind sehr sichtbar. Man weiß eben, der hat das Projekt gemacht, der hat das Projekt gemacht." (Projektleitung *A1*)

Als Ursachen für diese Entwicklung werden in den Unternehmen verschiedene Aspekte gesehen. Zunächst einmal wird eine allgemeine dynamische Veränderung der Umfeldbedingungen konstatiert, die praktisch alle Aufgaben betrifft. Unternehmensintern wie –extern lösen sich vertraute Strukturen und Anforde-

110

rungen auf, so daß bis in den Verwaltungsbereich hinein, so ein Abteilungsleiter im Beschaffungsbereich von *A4*, bisher hochgradig arbeitsteilige und bürokratische Vorgänge ihre Grundlagen verlieren und jeweils fallbezogen geplant und flexibel umgesetzt werden müssen.

Der extrem kurze Lebenszyklus der Produkte ist eine weitere Tendenz, die als Ursache für die zunehmende Bedeutung dieser Arbeitsform gesehen wird. So wird in *A1* die Besonderheit des Geschäftsbereichs der Mobiltelefone darin gesehen, daß diese gegenüber etwa der Entwicklung von Vermittlungsanlagen ein sehr kurzlebiges Produkt sind:

> „Da gibt es Anlagengeschäfte, die über viele Jahre ein einziges Projekt machen, und da braucht man eine hohe Standfestigkeit und muß in relativ gleichförmiger Art immer wieder arbeiten. Bei uns ist es so, daß wir Lebenszyklen von zehn bis zwölf Monaten haben für Produkte, und da muß man schnell sein. Da braucht man eine hohe Flexibilität." (Unternehmensleitung *A1*)

Flexibel bedeutet in diesem Fall, daß eine funktionale und zeitliche Trennung verschiedener Phasen des Produktionsprozesses für diese Produkte nicht zu realisieren ist. Eine enge Kooperation von Entwicklung (betroffen sind hier die verschiedenen Entwicklungsbereiche Hardware, Software und Design), Fertigung, Marketing und Vertrieb ist für eine schnelle Marktreife unumgänglich.

Neben den kurzen Innovationszyklen, denen mit der Flexibilität der projektorientierten Arbeit begegnet werden soll, ist es vor allem die Einstellung auf das Lösungsgeschäft, die die traditionellen Hardwareunternehmen zunehmend zu einer Etablierung der Projektorganisation treibt. Einerseits nimmt im Zuge dieser Neuorientierung des Produkt- und Leistungsspektrums der Anteil an Software und Beratung erheblich zu, und damit Tätigkeitsfelder, die unmittelbar mit Projektarbeit verbunden sind. Andererseits erweist sich auch die Lösung als integriertes Produkt von Hardware, Software, Beratung und unter Umständen Dienstleistungen und Service, die eine zeitlich befristete enge Kooperation von Beschäftigten unterschiedlicher Unternehmensbereiche erfordert.

Darüber hinaus stellen diese Aufgaben häufig in ihrem Kern eine kundenspezifische Produktentwicklung dar, die eine enge Zusammenarbeit mit den Anwendern in Kundenunternehmen erfordert:

> „Aus meiner Sicht geht es gar nicht anders, als daß wir eine relativ weitgehende 'Fremdsteuerung', aus Sicht des Mitarbeiters 'Eigensteuerung', zulassen. Weil die Mitarbeiter sehr selbständig in den Projekten arbeiten müssen. Wir haben zwar formale Kriterien finanzieller Art, aber was der Mitarbeiter macht, wie er agiert, wie er die (*A2*) gegenüber dem Kunden vertritt, das können und wollen wir im einzelnen nicht kontrollieren. Das ist ein Thema, was der Mitarbeiter selbständig machen muß, so daß es für ihn tragbar und für den Kunden akzeptabel ist." (Projektleitung *A2*)

Letztlich wird grundsätzlich das Argument angeführt, daß die Qualifikationsanforderungen so hoch sind und sich so dynamisch entwickeln, daß diese durch Leitungskräfte tendenziell immer weniger nachvollzogen und die Aufgabenbewältigungen demzufolge immer weniger im Detail kontrolliert werden können.

> „Ich habe eine Koryphäe drin, dem ich sehr großen Freiraum lassen muß, so daß es manchmal schon ein wenig schwierig ist, zu wissen, was er macht. (...) Ich gebe das Ziel vor, aber ich gebe nicht unbedingt den Weg vor. (...) Kann man auch nicht. Wenn ich überall fachlich so tief drin wäre wie die Berater, wäre ich unbezahlbar." (Projektleitung *A2*)

Die Eigenschaften der Arbeitsprozesse in der IT-Industrie – hochqualifizierte Expertenarbeit mit geringem Taylorisierungsgrad, räumliche Desintegration sowie ein hoher Dienstleistungsanteil – führen dazu, daß die Arbeit der Beschäftigten in der IT-Industrie für Vorgesetzte nur begrenzt durchschaubar und steuerbar bzw. kontrollierbar ist. Es werden also Arbeitsformen und Führungskonzepte benötigt, die eine verläßliche Selbststeuerung und -kontrolle der Beschäftigten gewährleisten und nicht wie in traditionellen Industrieunternehmen auf einem hierarchischen Steuerungsansatz beruhen.

Die zentrale Bedeutung des Projekts als Organisationsform der Arbeit liegt für die Unternehmen der IT-Industrie darin, daß es in diesem Rahmen möglich wird, selbstorganisierte Arbeit seitens des Unternehmens zu organisieren und unter Berücksichtigung der spezifischen Anforderungen dieser Arbeitsprozesse zu steuern. Für in Projekten organisierte Arbeit, eingebettet in moderne Leitungsstrukturen und Managementmethoden, kann seitens der Unternehmen der Anspruch einer weitgehenden wissenschaftlichen Durchdringung des Arbeitsprozesses, seiner Teilung und seiner minutiösen Planung als Grundlage einer effektiven Steuerung und Kontrolle der Arbeit aufgegeben werden. Statt dessen wird das Flexibilitäts- und Kreativitätspotential selbstorganisierter Arbeit durch das Setzen von Rahmendaten und sozialen Kontrollmechanismen genutzt, ohne das prinzipiell vorhandene Steuerungs- und Kontrollbedürfnis des Unternehmens aufgeben zu müssen. Diese Eigenschaften des Projekts sind insbesondere in den Arbeitsbereichen von erheblichem Vorteil, in denen entweder die Anforderungen an Flexibilität und Innovativität durch eine tayloristische Arbeitsteilung und -steuerung konterkariert würden oder in denen faktisch eine geringe Kontrollierbarkeit der Mitarbeiter vorliegt: so etwa bei reinen Expertentätigkeiten oder bei Tätigkeiten, die räumlich nicht an das Unternehmen gebunden sind und eine längerfristige Anwesenheit der Mitarbeiter in Kundenunternehmen erfordern.

Die Effektivität der Projektorganisation der Arbeit basiert auf einer zweifachen aktiven Einbindung der Mitarbeiter in die für sie relevanten Entscheidungsprozesse: Einerseits werden Mitarbeiter aktiv in die Prozesse der fachlichen Projektplanung und -steuerung, andererseits zunehmend in persönliche Personalentwicklungsprogramme eingebunden, die die Möglichkeiten der Einflußnahme auf die persönliche berufliche Entwicklung erhöhten, aber auch eine neue Qualität der Bindung an „gemeinsam erarbeitete Ziele" erzeugten.

Eine Besonderheit der Projektorganisation der Arbeit in den untersuchten Bereichen ist im Arbeitsplanungs- bzw. Projektplanungsprozeß begründet, der sich im Gegensatz zu tayloristischen Arbeitsformen nicht durch ein Top-down-Verfahren des Durchreichens und Verfeinerns von Vorgaben auszeichnet, sondern ein Gegenstromverfahren darstellt, in dem *top down* grobe Zielvorgaben des Unternehmens mit *buttom up* erzeugten Planungsdaten verknüpft werden und so die Projektmitarbeiter systematisch in den Arbeitsplanungsprozeß aktiv einbezogen sind. Die Projektplanung ist dabei als iterativer Prozeß angelegt, in dem *top down* die Ziele der Unternehmensleitung, die sich in der Regel auf Termine konzentrieren, und *buttom up* die konkreten Aufwandsschätzungen aus dem Projektteam gegeneinander abgeglichen werden. Dieser Prozeß ist dadurch gekennzeichnet, daß die von der Unternehmensleitung vorgegebenen Ziele auf verschiedenen Ebenen unter aktiver Beteiligung der Projektmitarbeiter iterativ bis auf den einzelnen Arbeitsplatz ausformuliert und hinsichtlich Machbarkeit, Zeit- und Ressourcenbedarf bewertet werden.

> „Was meistens von oben vorgegeben wird, ist der Markteinführungstermin. Das ist meistens als erstes für ein Projekt klar. Die Aufgabe als Projektleiter ist es dann, das entsprechend so zu planen, daß das hin kommt. Sicher ist eine Frage auch, ob das überhaupt geht, und da wird man von oben auch schon sehr stark gedrängt, daß es geht." (Projektleitung *A1*)

Innerhalb des Arbeitsplanungsprozesses gibt es unterschiedliche „Stellschrauben", auf die die Mitarbeiter, Projektleiter und Unternehmensleiter jeweils in unterschiedlichem Maße Einfluß haben. Die wichtigsten Parameter sind hier der Abschlußtermin des Projekts, die Funktionalität des Produkts bzw. der Umfang der zu erbringenden Leistung sowie die für das Projekt verfügbaren personellen Ressourcen. In den meisten Projekten wurde eine Praxis vorgefunden, in der von der Unternehmensleitung ein Abgabetermin festgelegt wird, der relativ fix ist. Wirksame Stellgrößen waren dann einerseits die Ressourcenzuweisung, die allerdings in der Regel mit Konflikten behaftet ist und daher nur in Notfällen nachträglich revidiert wird, und andererseits die Funktionalität und der Umfang des zu erstellenden Produkts.

In diese Planungsprozesse werden in der Regel die Mitarbeiter eingebunden, die eine realistische Planung für ihren Zuständigkeitsbereich in Auseinandersetzung mit den vorgegebenen Zielen vorzulegen haben. Um dies zu erreichen, wird für die Mitarbeiter eine gewisse Transparenz der Umfeldbedingungen des Projekts erzeugt und die theoretische Möglichkeit eingeräumt, auch auf die vorgegebenen Rahmendaten Einfluß zu nehmen, sofern eine Zielerreichung unter den vorgegebenen Bedingungen als nicht realisierbar angesehen wird.

An die Stelle einer Arbeitsanweisung tritt so die persönliche Bindung jedes Mitarbeiters an selbstbestimmte bzw. mitgetragene Ziele.

> „Außerdem versucht man immer, das Commitment der Leute einzuholen und nicht, sie bewußt zu lenken. Es ist also so eine Sache, mit der Einsicht zu argumentieren und nicht mit Befehl und Gehorsam. Wesentlich ist auch die Identifikation der Mitarbeiter mit dem Projekt. Das heißt von der Führung her muß man ein gemeinsames Ziel definieren und dann auch gemeinsam dahin handeln. (...) Wir wollen Software in Qualität und in time da und da abliefern. Dann hat man eine gemeinsame Zielausrichtung, und dann wird es sehr viel einfacher. In diesem Rahmen bewegen sich dann die hochausgebildeten Mitarbeiter selbst." (Projektleitung *B2*)

Der Projektleiter muß hierbei einerseits die Planung des Unternehmens vertreten, andererseits aber auch die Planung des Teams.

> „Da muß man seinen Weg finden, den man für angemessen hält: Einerseits darf man nicht sein Team ausbluten, weil man nach oben hin alles erfüllen möchte, andererseits darf man aber auch nicht alles, was von außerhalb kommt, abwiegeln, um sein Team zu schützen."

Es gebe daher auch Situationen, in denen er gegenüber seinen Vorgesetzten

> „die Stirn haben muß, denen mitzuteilen, daß man eine Aufgabe bis zu einem bestimmten Zeitpunkt nicht abschließen kann."

Dabei kann die Arbeitsplanung nur in den seltensten Fällen als ein dem eigentlichen Projekt vorgelagerter Prozeß angesehen werden, der dem weiteren Projektverlauf die notwendigen Planungsdaten liefert. Vielmehr ist es für die Arbeit in vielen Bereichen der IT-Industrie charakteristisch, daß sie nur in geringem Maße vorab planbar ist. Die Ursachen hierfür liegen entweder darin, daß der Gegenstand der Arbeit eine Innovation beinhaltet und/oder daß die Rahmenbedingungen seitens des Marktes, des Kunden oder auch unternehmensintern in so geringem Maße konstant sind, daß permanent eine Anpassung der Arbeitsplanung vorgenommen werden muß. In den untersuchten Projekten stellte daher die Arbeitsplanung einen komplexen sozialen Prozeß dar, in dem durch Aushandlung zwischen Projektteam, Unternehmensleitung und Kunden im Fall von Kundenprojekten Ziele, Arbeitsteilung und Ressourcen festgelegt werden.

4.2.3 Neue Managementmethoden

Der Wandel der Arbeitsnormen und insbesondere die Etablierung von Projektarbeit als dominierender Arbeitsform sind u.a. in den ehemals fordistischen Fallunternehmen mit einer Veränderung des Führungsstils und der Einführung neuer

114

Managementmethoden verbunden. Unter fordistischen Bedingungen waren die Steuerung und die Kontrolle der Arbeitsprozesse und Mitarbeiter durch die Weisungshierarchie in der Linienorganisation und die Kontrolle durch den jeweils unmittelbaren Vorgesetzten geprägt. Anweisungen wurden top down weitergegeben, und die Ausführung wird möglichst im Detail kontrolliert.

Unter den Bedingungen einer zunehmenden Selbstorganisation der Arbeit stellt sich das Managementproblem in neuer Form: Die Formulierung der Rahmendaten bis auf die Ebene des einzelnen Mitarbeiters sowie die Koordination und Integration selbstorganisierter Arbeitsprozesse stehen hier im Vordergrund. Die damit verbundenen Anforderungen führen in den Fallunternehmen zu einer teilweisen Abkehr von dem traditionellen System von Anweisung und Kontrolle und zur Etablierung neuer Managementmethoden und Leitungsinstrumente. Als wesentliche Grundlage dieser neuen Managementmethoden bemühen sich die Unternehmen um die Schaffung einer offenen Kommunikationskultur und die Verkürzung von Kommunikationswegen. Darüber hinaus werden unterschiedliche Kommunikations- und Informationsforen insbesondere in Form regelmäßiger Meetings geschaffen, die der informellen Koordination von Teilarbeitsprozessen und der Bewältigung von Störungen und Problemen im Projektablauf dienen. Weiterhin werden in den Unternehmen verschiedene institutionalisierte Formen individueller Gespräche zwischen Mitarbeiter und Vorgesetztem eingeführt, die der Formulierung persönlicher Rahmendaten, der Aushandlung persönlicher Ziele, der Leistungsbewertung sowie der Gehaltsfindung dienen. In einem Unternehmen wurden darüber hinaus sogenannte Führungsgespräche vorgefunden, d.h. moderierte Diskussionen zwischen dem Vorgesetzten und seinen Mitarbeitern, in denen der Vorgesetzte ein Feedback von seinen Mitarbeitern zu seinen Führungsqualitäten erhalten sollte.

Insgesamt sind diese neuartigen informellen oder institutionalisierten Formen auf einen kommunikativen Informations- und Interessenaustausch gerichtet, der gleichermaßen der Planung der Arbeitsprozesse, der Koordination laufender Prozesse sowie der Aushandlung von Leistungsanforderungen und Gehalt der Mitarbeiter dient. Im Zentrum dieses neuen Managementansatzes steht das sogenannte Management by Objectives, das „Führen über Ziele", das insbesondere in den Fallunternehmen im Informationstechnikbereich (*A1*, *A3*, *B1* und am deutlichsten ausgeprägt in *A2*) bereits eine zentrale Rolle spielt, da hier die Etablierung von Projektarbeit und damit die Anforderung der Steuerung und Kontrolle selbstorganisierter Arbeit weiter fortgeschritten ist als im Telekommunikationsbereich.

> „Das Management by Objectives ist bei (*A2*) sehr ausgeprägt. Man bekommt Vorgaben und gestaltet dann mit diesen Zielen sein Jahr. Wieviel Zeit er braucht, spielt dann keine große Rolle. Der Mitarbeiter wird insofern auch nicht

geführt, sondern man hofft, daß er, wenn er Probleme hat, sich die richtigen Leute zu Rate zieht. Beurteilt wird das Arbeitsergebnis." (Projektleitung *A2*)

Zentrales Medium des „Führens über Ziele" stellt eine Zielvereinbarung dar, die jeder Mitarbeiter mit seinem Vorgesetzten in der Regel jährlich aushandelt. Diese Zielvereinbarung erhält durch die Unterschrift von Mitarbeiter und Vorgesetztem einen vertragsähnlichen Charakter. Sie enthält für einen definierten Zeitraum möglichst quantitativ bestimmte, meßbare Ziele, die vom Mitarbeiter zu erreichen sind. Diese Ziele setzen sich einerseits aus unternehmensbezogenen Zielen und andererseits aus persönlichen Zielen zusammen. Unternehmensbezogene Ziele sind in hohem Maße aus den von der Unternehmensleitung gesetzten Rahmendaten wie etwa einem gesetzten Markteinführungstermin eines Produkts oder Umsatzzielen sowie aus der Arbeitsplanung des Projekts, in dem der Mitarbeiter beschäftigt ist, abgeleitet. Hier ist der Verhandlungsspielraum des einzelnen Mitarbeiters relativ gering. Persönliche Ziele beziehen sich in der Regel auf die Karriereentwicklung des Mitarbeiters im Unternehmen und werden z.B. in Form einer Teilnahme an bestimmten Weiterbildungsmaßnahmen operationalisiert.

Durch eine systematische Nutzung dieser Zielvereinbarungen zur Leistungsbewertung durch Soll-Ist-Vergleich werden diese an die Gehaltsfindung gekoppelt:

> „Es gibt dann für jedes Ziel eine gewisse Punktzahl, und jeder Punkt ist dann so und so viel Mark wert." (Projektleitung *A2*)

Für die Mitarbeiter liegt die Problematik dieser Form der Leistungsbeurteilung und Gehaltsfindung darin, daß ihr Einfluß auf die Zielformulierung und die Bestimmung der der Planung zugrundegelegten Rahmendaten sehr eingeschränkt ist und das für sie letztlich relevante Kriterium, die Arbeitszeit, hierin keine Rolle mehr spielt. Ziele und Rahmendaten liegen weitgehend in der Definitionsmacht der Unternehmensleitungen:

> „Einige Ziele werden letztendlich vom oberen Management runtergebrochen. Wenn es um monetäre Ziele geht, das ist meistens eine recht einfache mathematische Rechnung: So und so viel will man am Markt wachsen, so und so Umsatz muß dahinter sein, so und so viel Profitabilität. Und dann bricht man das eben auf die verschiedenen Managementebenen runter und letztendlich dann auch auf die Mitarbeiter. Und dann kommen bestimmte Vorgaben in Zahlenform raus, die man dann auch erfüllen muß." (Projektleitung *A2*)

Dabei „muß" kein Mitarbeiter die Zielvereinbarung unterschreiben, es ist vielmehr in seine Verantwortung gestellt, zu „realistischen" Zielvereinbarungen zu kommen, für die er persönlich einstehen kann, und hierbei nötigenfalls einen Konflikt mit dem Vorgesetzten zu riskieren, falls kein Konsens gefunden werden kann.

116

„Es gibt bestimmte Ziele. Und es wird erwartet, daß man sich zu diesen Zielen committet. Wenn man dann sagt, das geht nicht, wird erwartet, daß man einen anderen Vorschlag macht. Also es wird erwartet, daß man Lösungen aufzeigt, was zu tun wäre, damit das Ziel trotzdem zu erreichen ist." (Projektleitung *A2*)

Durch die Ergebnisorientierung in der Leistungsbewertung und Gehaltsfindung verliert die Arbeitszeit als Leistungskriterium bzw. als Meßgröße der Verausgabung von Arbeitskraft an Bedeutung. Die Regulierung der Arbeitszeit wird so in höchstem Maße individualisiert und weitgehend der Verantwortung der Mitarbeiter überlassen:

> „Er (der Mitarbeiter) ist laut Betriebsvereinbarung dazu verpflichtet, einen Nachweis über die geleisteten Stunden zu führen, egal wie er das macht. Die Praxis sieht aber so aus, daß das von uns in keinster Weise nachkontrolliert wird, weil ich das für überflüssig halte. Sie können sich vorstellen, wenn mir ein Mitarbeiter sagt, ich habe 50 Stunden gearbeitet, ob er mir das nun mündlich sagt und bleibt dafür einen Tag zu Hause, oder ob er mir das noch mal auf einen Zettel Papier schreibt, das ist kein Unterschied. Ich denke, da muß man wirklich auf der Basis von Vertrauen arbeiten." (Projektleitung *A2*)

Durch diesen reinen Fokus auf die Zielerreichung wird das insbesondere in den Dienstleistungsbereichen und im Softwarebereich angelegte grundsätzliche Planungsproblem auf den Mitarbeiter externalisiert. Für die Aufrechterhaltung des Arbeitsprozesses ist dieser gezwungen, individuelle Störungen im Projektablauf, unvorhergesehene Kundenwünsche oder einfach einen nicht vorhersehbaren Arbeitsaufwand in der Bewältigung einer Entwicklungsaufgabe durch die Ausdehnung seiner Arbeitszeit zu kompensieren. Die Überschreitung tariflich oder arbeitsrechtlich vorgegebener Arbeitszeiten wird unter diesen Bedingungen soweit zur Regel, daß z.B. die Einhaltung der Arbeitsschutzregeln von den Unternehmen der Einfachheit halber auf den einzelnen Mitarbeiter delegiert und somit faktisch außer Kraft gesetzt wird.

4.2.4   *Arbeitsorganisation in den Fallunternehmen*

Ehemals fordistische Unternehmen

Die Arbeitsorganisation in den ehemals fordistischen Unternehmen ist durch das Nebeneinander unterschiedlicher Arbeitsformen geprägt, die sich in ihrem Kontroll- und Steuerungsmodus, Qualifikationsanforderungen, Technisierungsgrad sowie im Freiheitsgrad der Beschäftigten bei der Gestaltung der Arbeitsprozesse unterscheiden. Diese Heterogenität der Arbeitsformen basiert in diesen Unternehmen auf der Breite ihrer Produkt- und Leistungspalette. Hardware, Software, Beratung und Betrieb von Anlagen sind mit jeweils sehr unterschiedlichen Produktionsprozessen verbunden, die ihrerseits unterschiedliche Anforderungen an die Form und Organisation der Arbeit stellen. Qualifikationsniveau, Planbarkeit, Automatisierbarkeit und Kooperationsanforderungen differieren erheblich. Darüber hinaus war bis in die 90er Jahre hinein die Arbeitsorganisation in diesen Produktionsbereichen in die fordistische Grundstruktur dieser Unternehmen eingebunden, die eine funktionale Trennung zwischen Forschung und Entwicklung, Fertigung, Vertrieb und Service sowie den Betrieb von Anlagen implizierte. Es entstanden so Unternehmensbereiche mit jeweils eigenen Formen der Arbeitsorganisation. Dies sind verschiedene Formen der Arbeit, z.B. Projektarbeit in der Entwicklung, hochgradig individualisierte Arbeitsformen mit hohen Freiheitsgraden, etwa im Vertrieb, und verschiedene hocharbeitsteilige, tayloristische Organisationsformen in der Fertigung oder auch „neotayloristische" Arbeitsformen in den Rechenzentren und Call Centern.

Die Entwicklung der Arbeitsformen war bis in die 80er Jahre hinein durch die Anwendung traditioneller Rationalisierungsstrategien geprägt, die darauf zielten, die Arbeitsprozesse wissenschaftlich zu analysieren und sie damit einer möglichst weitgehenden hierarchischen Steuerung und Automatisierung zugänglich zu machen. So stand in den 80er Jahren beispielsweise die Softwareentwicklung im Zentrum arbeitswissenschaftlicher Analysen, für die einerseits formale Prozeßmodelle entworfen wurden, durch die der bis dahin als kreativ und von außen unplanbar geltende Prozeß der Softwareentwickung strukturiert werden sollte. Andererseits wurde Software entwickelt – sogenannte CASE (Computer Aided Software Engineering-)Tools –, mit deren Hilfe zentrale Aspekte der Projektsteuerung sowie der Programmierung automatisiert werden sollte (vgl. Hartmann 1993; 1995).

Insofern war auch für die traditionellen IT-Unternehmen, in denen der Anteil nichttaylorisierter Arbeitsformen im Vergleich zu traditionellen Industrien von Beginn an relativ hoch war, ein tayloristisches Rationalisierungsverständnis prägend: Selbstorganisierte Arbeitsprozesse und hohe Freiheitsgrade der Beschäftigten in der Gestaltung der Arbeit wurden als Rationalisierungsproblem begriffen, das durch eine systematische Analyse und tayloristische Modellierung dieser Arbeitsbereiche behoben werden sollte.

Seit den 90er Jahren ist gegenüber dieser tayloristischen Prägung der 80er Jahre eine andere Tendenz in der Entwicklung der Arbeitsformen in diesen Unternehmen festzustellen. Ausgelöst durch die Veränderungen im Produkt- und Leistungsspektrum und den Abbau der unmittelbaren Fertigungsbereiche gewinnen die Unternehmensbereiche, die sich bisher einer effektiven Arbeitsteilung und tayloristischen Organisation weitgehend entzogen haben, an Gewicht: Insbesondere Softwareentwicklung und Beratung nehmen quantitativ zu und gewinnen kulturell und in der Selbstwahrnehmung der Unternehmen an Bedeutung, indem sie zu den Kernkompetenzen erhoben werden. Die Entwicklung der Arbeitsformen stand nun unter einem anderen Vorzeichen. Einerseits hatte man mit den Professionalisierungsbemühungen über CASE-Tools nicht den erhofften Erfolg erzielt: Softwareentwicklung erwies sich nach wie vor als ein wenig planbarer und von der Kreativität und Motivation der Mitarbeiter abhängiger Prozeß. Andererseits bewegte man sich mit dem neuen Produkt- und Leistungsspektrum auf einem neuen Markt, der durch junge Unternehmen geprägt war, die ihre unbürokratischen Strukturen und die Kreativität ihrer Mitarbeiter geradezu kultivierten und zu einem wettbewerbsrelevanten Kriterium erhoben.

Ohne das Vorhaben einer weiteren wissenschaftlichen Durchdringung, Formalisierung und technischen Steuerung von Arbeitsprozessen völlig aufzugeben, wird vor diesem Hintergrund der Fokus arbeitsorganisatorischer Gestaltung in den fordistischen Unternehmen verändert: Nicht mehr die Bestimmung und organisatorische Abgrenzung von Routinearbeiten steht im Vordergrund, sondern die effektive Organisation selbstorganisierter Arbeit und ihre systematische Einbettung in die Unternehmensstruktur. Im Zentrum dieser Entwicklung liegt die Ausdehnung und systematische Organisation der Projektarbeit, die seitdem nicht zwangsläufig quantitativ, zumindest aber kulturell, in der Selbstwahrnehmung der meisten Unternehmen zur dominierenden Arbeitsform wird.

Dieser Prozeß des Wandel der Arbeitsformen ist in den untersuchten Unternehmen unterschiedlich ausgeprägt. Am deutlichsten tritt er bei den Unternehmen im Informationstechnikbereich hervor, in denen die Veränderung des Produkt- und Leistungsspektrums durch die Schwerpunktverlagerung auf Software und Dienstleistungen am weitesten fortgeschritten ist. Dies gilt insbesondere für *A1* und *A2*. In beiden Unternehmen führt der Abbau der unmittelbaren Fertigungsbereiche zu einem relativen Bedeutungsverlust klassisch tayloristischer Arbeitsformen, während gleichzeitig der Anteil der Entwicklungsarbeit bei Software und Hardware sowie der Beratungsanteil an den Arbeitsprozessen steigen. Damit nehmen die für diese Arbeitsbereiche typischen, auf Selbstorganisation basierenden Arbeitsformen, insbesondere die Projektarbeit, zu. In der Gesamtsicht der Konzernstrukturen von *A1*, *A2* und *A3*[6] zeichnen sich diese hinsichtlich der hier vorzufindenden Arbeitsformen durch ein Nebeneinander unterschiedlicher Formen aus: Kulturell dominierend ist zunehmend die Projektarbeit, die insbesondere in den Entwicklungs- und Beratungsbereichen vorzufinden ist. Die Vertriebsbereiche zeichnen sich traditionell durch höchst individualisierte Arbeitsformen auf der Basis erfolgsabhängiger Provisionen aus. Der Bereich Service und auch die Rechenzentren weisen Arbeitsformen auf, die ein sehr viel geringeres Maß an Selbstorganisation der Beschäftigten erfordern als beispielsweise Softwareentwicklung oder Beratung. Diese Arbeitsformen werden als

---

6   Die Arbeitsformen in *A3* sind ebenfalls heterogen. Im Unterschied zu *A1* und *A2* bildet hier durch eine nach wie vor starke Hardwareorientierung der Service einen dominierenden Bereich.

„neotayloristisch" bezeichnet, da sie zwar zumeist individuelle Freiheitsgrade in der Arbeitsorganisation haben, die Arbeit jedoch über ein computergestütztes Kontroll- und Steuerungssystem in ein enges Korsett zeitlicher Planung gestellt ist. Diese Tätigkeiten sind insofern „tayloristisch", als sie ein im voraus berechnetes Sollarbeitsergebnis beinhalten und damit entsprechend einem wesentlichen Moment der „Pensumidee" gestaltet sind. Folgt man aber der Bravermanschen Taylorrezeption, so sind sie nicht klassisch tayloristisch, weil die Tätigkeiten nicht oder nur wenig durch detaillierte, direkte Vorgaben auf der Arbeitsausführungsebene gesteuert werden.[7] Der zweite, dem Prinzip des vorgegebenen Sollarbeitsergebnisses komplementäre Gedanke der Taylorschen „Pensumidee" – die detaillierten Vorgaben, wie eine Tätigkeit auszuführen ist – fehlt den hier als „neotayloristisch" apostrophierten Tätigkeiten.[8] Sie beinhalten das Credo neuer Steuerungsideen – die „Selbstorganisation" auf der Ausführungsebene und die Kontrolle der Tätigkeit über das Ergebnis statt über die Ausführung – und enthalten gleichermaßen wesentliche Momente der Taylorschen Steuerungsauffassung.[9]

---

7   Laut Braverman bestimmen drei Grundsätze die Ideen Taylors. Der erste Grundsatz beinhaltet „die Loslösung des Arbeitsprozesses von den Fertigkeiten des Arbeiters" (Braverman 1977, S. 93). Der zweite zielt auf die „Trennung von Vorstellung und Ausführung" (ebd., S. 94). Der dritte beinhaltet die „Verwendung dieses Wissensmonopols dazu, jeden Schritt des Arbeitsprozesses und seiner Ausführungsweise zu kontrollieren" (ebd., S. 98). Eben diese exakte Vorgabe unterbleibt bei den hier als neotayloristisch bezeichneten Tätigkeiten. Mit Blick auf die Tätigkeiten in Call Centern verweisen auch Brose et al. (2001) – die diese Tätigkeiten im Grundsatz als neotayloristisch bezeichnen – darauf, daß diese Kennzeichnung aus verschiedenen Gründen nicht ganz exakt ist.

8   Taylor selbst hielt seine „Pensumidee" für das „hervorstechenste Merkmal" seiner Auffassung. Diese erläutert er wie folgt: „Die zu leistende Arbeit eines jeden Arbeiters ist von der Leitung wenigstens einen Tag vorher aufs genauste ausgedacht und festgelegt. Der Arbeiter erhält für gewöhnlich eine ausführliche schriftliche Anleitung, die ihm bis ins Detail seine Aufgabe, seine Werkzeuge und ihre Handhabung erklärt. Die so im voraus festgelegte Arbeit stellt somit ein Pensum, eine fest umrissene Aufgabe dar, die also nicht mehr von den Arbeitern allein, sondern durch die gemeinsame Tätigkeit der Arbeiter und der Leitung zu lösen ist. (...) Dieses Pensum bestimmt nicht nur was, sondern auch wie es getan werden soll, und setzt genau die Zeit fest, die zur Vollbringung der Arbeit gestattet ist. (...) Die Tätigkeit einer wissenschaftlichen Verwaltung und Leitung besteht hauptsächlich in der Vorbereitung und Durchführung dieser Aufgaben" (Taylor 1919, S. 41f.; vgl. auch Schmiede/Schudlich 1977, S. 172ff.).

9   Streng genommen ist der Begriff „neotayloristisch" nicht exakt. Denn historisch finden sich eine Reihe von Tätigkeiten, welche selbst in der Phase, als der Taylorismus seinen Zenit als Leitvorstellung der Steuerung und Kontrolle der Arbeit erlebte, nicht vollständig nach diesen Prinzipien gestaltet wurden. Das betrifft beispielsweise die Tätigkeiten, die im Akkordlohn bemessen und gesteuert wurden. Auch hier war zwar die Vorausbe-

B1 als Rechenzentrumsdienstleister war bereits in der Vergangenheit durch das Nebeneinander von Projektarbeit sowie „neotayloristischer" und tayloristischer Arbeitsformen geprägt. Durch die zunehmende Bedeutung der Softwareentwicklung und Beratung im Produkt- und Leistungsspektrum ist eine leichte Zunahme der Bedeutung der Projektarbeit zu verzeichnen.

Im Telekommunikationsbereich ist der Wandel der Arbeitsformen bisher nicht so weit fortgeschritten. Das Unternehmen *A4* als Hardwarehersteller weist eine breite Produkt- und Leistungspalette auf, deren Produktionsprozesse beinahe alle Produktionsstufen abdecken. Insofern ist auch hier eine große Vielfalt von Arbeitsformen vorzufinden, wobei allerdings eine tayloristische Organisation der Arbeit noch dominiert. Obwohl Projektarbeit auf der unmittelbaren Ausführungsebene bereits in allen Bereichen eine gewisse Rolle spielt, gilt sie in der Selbstwahrnehmung des Unternehmens noch als spezielle Arbeitsform der Entwicklung. Da sich im Telekommunikationsbereich die Entwicklung der Produkt- und Leistungsspektren erst am Anfang befindet, ist hier jedoch davon auszugehen, daß im Zuge der Ausweitung der Entwicklungs- und Dienstleistungsanteile an den Produktionsprozessen einerseits eine zunehmende Bedeutung der Projektarbeit und andererseits eine verstärkte Bedeutung halbtayloristischer Arbeitsformen im Betrieb von Telekommunikationsanlagen und im Service festzustellen sein werden.

In *C1* als ehemaliger Behörde ist der Wandel der Arbeitsformen nicht weit fortgeschritten. Einerseits verhindern der Beamtenstatus eines großen Teils der Beschäftigten und die damit verbundenen dienstrechtlichen Regelungen wie der Anspruch auf eine definierte Laufbahn den Abbau von Hierarchien und eine hierarchieunspezifische Zuweisung von Tätigkeitsbereichen. Andererseits wird ein Großteil des Anpassungsdrucks, der von dem Wandel des Produkt- und Leistungsspektrums im Telekommunikationsbereich ausgeht, dadurch externalisiert, daß diese auf Tochtergesellschaften mit dann jeweils produktspezifischen Arbeitsformen ausgelagert werden. Allerdings ist auch im Mutterunternehmen durch die hier ebenfalls zunehmende Bedeutung der Entwicklungsbereiche sowie durch die Veränderung der Alters- und Qualifikationsstruktur der Beschäftigten ein Wandel der Arbeitsformen und insbesondere ein verstärkter Trend zur Projektarbeit zu erwarten.

Insgesamt erhält der Wandel der Arbeitsformen im Telekommunikationsbereich durch die besondere Bedeutung kundennaher Dienstleistungen in den Be-

---

rechnung des Soll-Ergebnisses wesentliches Moment der Leistungssteuerung und der Akkordbemessung, eine direkte Vorgabe auf der Ausführungsebene unterblieb aber (vgl. Schmiede/Schudlich 1977, S. 172ff.). Insofern sind also „neo"-taylorstische Tätigkeiten keineswegs neu. In Anbetracht dieser Ungenauigkeiten wird der Begriff zwar verwendet, weil eine Differenz zu den traditionell tayloristischen Tätigkeiten gemacht werden muß, taucht aber stets in Anführungsstrichen auf.

reichen Service, Betrieb von Vermittlungsanlagen sowie Beratung im Massenmarkt der Privatkunden gegenüber dem Informationsbereich eine andere Richtung. Zwar nimmt auch hier die Projektarbeit durch die relative Bedeutungszunahme von Entwicklungsarbeit tendenziell zu, dominierend sind jedoch „neotayloristische" und tayloristische Arbeitsformen mit unterschiedlichen Freiheitsgraden, die in den genannten Dienstleistungsbereichen zumeist auf unterem oder mittlerem Qualifikationsniveau angesiedelt sind.

In der Gesamtsicht der Unternehmen ist die Veränderung der Arbeitsformen geprägt durch

– den Abbau der Fertigungsbereiche und eine damit verbundene abnehmende quantitative und vor allem kulturelle Bedeutung klassisch tayloristischer Arbeitsformen;

– eine relative Bedeutungszunahme der Entwicklungs- und Beratungsbereiche und einer damit verbundenen steigenden quantitativen und kulturellen Bedeutung der hier vorherrschenden Arbeitsformen, vor allem der Projektarbeit, die insbesondere im Informationstechnikbereich zur dominierenden Arbeitsform wird, sowie

– eine Ausdehnung und Rationalisierung der Arbeitsformen im Service und in der Kundenbetreuung, die insbesondere im Telekommunikationsbereich die Arbeitsformen dominieren.

Start-up-Unternehmen

Die jeweiligen Produkt- und Leistungsspektren beider Start-up-Unternehmen sind mit unterschiedlichen Arbeitsformen verbunden. *B4* ist durch eine weitgehend homogene und integrierte Produkt- und Leistungspalette mit hohen Qualifikationsanforderungen bestimmt. Die damit verbundenen Tätigkeitsbereiche bestehen aus Softwareentwicklung, Beratung, operativen technischen Tätigkeiten wie Installation und Wartung, Training und Vertrieb. Der Fokus dieser Tätigkeitsbereiche liegt auf einem Kundenauftrag, der als Projekt definiert wird und in seiner Bearbeitung alle genannten Tätigkeitsbereiche umfaßt. Das Projekt ist damit für die Beschäftigten die dominierende Arbeitsform. Ausgenommen sind hier die Trainer, die in der Regel nicht direkt in das Projekt eingebunden, allerdings eng an dieses angelagert sind.

Die Projekte in *B4* weisen gegenüber der Organisationsform Projekt in großen Unternehmen einige Besonderheiten auf: Das einzelne Projekt ist nur in geringem Maße organisatorisch von anderen Mitarbeitern und anderen Projekten abgegrenzt. Die Verantwortung für eine erfolgreiche Projektabwicklung wird durch das gesamte Unternehmen und tendenziell von allen Mitarbeitern wahrgenommen.

Die Arbeitsplanung erfolgt wenig professionalisiert und basiert in hohem Maße auf persönlichen Erfahrungswerten der Mitarbeiter.

B5 ist durch ein heterogenes Produkt- und Leistungsspektrum mit jeweils spezifischen Arbeitsformen geprägt. Den größten Anteil hat das Kerngeschäft, die Bereitstellung des Internetzugangs und das E-commerce-Projekt. Hier dominieren als Tätigkeitsbereiche administrative Tätigkeiten, Vertrieb und Akquisition sowie die Wartung der Technik.

> „Im wesentlichen ist das Verwaltungsarbeit, diese ganze Internetgeschichte. Das steht einmal, und dann ist das nur noch das Verwalten von Adressen und Zugängen, Zugangsnummern. Technische Arbeit fällt eigentlich nur an, wenn es Probleme gibt." (Mitarbeiter *B5*)

Im Bereich des E-Commerce, der aktuell vor allem Anforderungen im Bereich der Kundenakquisition stellt, werden in Zukunft ebenfalls administrative Tätigkeiten dominieren: Artikel einrichten, Bilder einscannen, Bilder bereitstellen sind z.B. im laufenden Betrieb immer wiederkehrende Tätigkeiten.

> „Das sind vor allem Hilfstätigkeiten, da braucht man keine Informatikerausbildung. Da kann man jemanden einarbeiten." (Mitarbeiter *B5*)

Die Arbeitsprozesse in *B5* sind durch die permanenten Anforderungen der Aufrechterhaltung eines laufenden Betriebs geprägt. Es sind individuelle Zuständigkeiten für Aufgaben festzustellen, die entweder formal festgelegt sind oder sich durch persönliche Präferenzen und Qualifikationen der Mitarbeiter herauskristallisiert haben. Diese Zuständigkeiten sind allerdings nur in geringem Maße funktional abgegrenzt und eng an den Gesamtablauf gekoppelt.

Gegenüber dieser Aufrechterhaltung eines Dauerbetriebs spielen Projekte als Arbeitsform nur eine untergeordnete Rolle. Sie werden insbesondere für die Entwicklung neuer Leistungen (E-Commerce) oder für größere technische Aufgaben definiert und neben dem laufenden Betrieb bearbeitet. Wie in *B4* sind auch hier Projekte nur in geringem Maße organisatorisch abgegrenzt und führen nicht zu einer Orientierung der Mitarbeiter an einem Projektteam oder einer Begrenzung der Verantwortungsübernahme für eine Projektaufgabe. Fokus der Mitarbeiter ist hier wie in *B4* das gesamte Unternehmen.

Die Arbeitsplanung ergibt sich in hohem Maße aus dem laufenden Betrieb und den hier auftretenden Störungen. Notwendige Planungsprozesse für komplexere Aufgaben sind nur wenig formalisiert und werden weitgehend durch die Mitarbeiter selbst geleistet.

Hinsichtlich der Organisation der Arbeit weisen beide Unternehmen entsprechend der unterschiedlichen Anforderungen ihrer Produkte und Leistungen große Unterschiede auf: Während in *B4* die Arbeit durch zeitlich begrenzte Kundenaufträge mit hohen Qualifikationsanforderungen und das Projekt als Arbeitsform dominiert ist, prägt in *B5* die Aufrechterhaltung des laufenden Betriebs eines Internet-Einwählknotens, also eine Leistung mit mittleren oder geringen Qualifikationsanforderungen sowie eine wenig verfestigte Arbeitsteilung auf der Basis individueller Zuständigkeiten, das Bild. Beiden Unternehmen gemein ist allerdings, daß der Bezug der Mitarbeiter zum Gesamtablauf im Unternehmen sehr hoch ist. Die organisatorische Abgrenzung und formale Verfestigung von Projektteams und Zuständigkeiten sind relativ gering, die soziale Einbettung und die Kommunikation erfolgen immer in bezug auf die Gesamtsituation des Unternehmens. Das bedeutet, jeder ist über die Projekte und den Arbeitsstand in anderen Bereichen informiert und wird bei Störungen und Problemen einbezogen.

Lack-Turnschuh-Unternehmen

Ein zentraler Faktor der Unternehmenskultur der Lack-Turnschuh-Unternehmen sowie der hier vorzufindenden Arbeitsformen besteht darin, daß es weder in der Softwareentwicklung noch in den Dienstleistungsunternehmen einen traditionellen Fertigungsbereich mit klassischen tayloristischen Arbeitsformen gegeben hat oder gibt. Vielmehr dominieren in den Softwareunternehmen die Entwicklungsbereiche, und in diesen die Projektarbeit, bei den Telekommunikationsunternehmen findet man ebenfalls vielfältige Entwicklungsarbeiten sowie gleichermaßen verschiedene Servicebereiche mit „neotayloristischen" Arbeitsformen. Diese arbeitsorganisatorischen Strukturen sind eingebettet in Leitungsstrukturen, die eine starke Inhaber- bzw. Geschäftsführerzentrierung und eine vergleichsweise flache Linienhierarchie aufweisen.

Durch die jeweils unterschiedliche Entwicklungsgeschichte der Unternehmen und die spezifischen Anforderungen, die die Produkt- und Leistungspalette an die Arbeitsprozesse stellt, sind in den Fallunternehmen jeweils unterschiedliche Ausprägungen in den Arbeitsformen sowie den damit verbundenen Leitungsstrukturen und Managementmethoden zu finden.

Das Unternehmen *C3* wurde Ende der 90er Jahre in den jungen Internet-Markt hinein als Ausgründung eines fordistisch geprägten Telekommunikationsdienstleisters gegründet. Der Ausgründung vorangegangen waren Aktivitäten des Mutterunternehmens in diesem Markt. Dieser ehemalige Unternehmensbereich geriet allerdings mit seinen spezifischen Arbeitsformen, die mit der Entwicklung von Internetdienstleistungen verbunden sind, zunehmend in Widerspruch zu den fordistisch geprägten Unternehmensstrukturen des Mutterunternehmens, so daß in der Einführung einer neuen, flacheren Leitungsstruktur und neuer Managementmethoden ein wesentlicher Beweggrund für die Unternehmensausgründung gesehen werden kann:

„Das Behäbige des Mutterunternehmens haben wir nicht mehr, seit wir ausgetöchtert sind. Die Austöchterung hat uns viele Hemmnisse weggenommen. Das
ist meine feste Überzeugung. Wenn wir nicht ausgetöchtert wären, Ende 1995/
1996, wir hätten es in der Struktur des Mutterunternehmens nicht geschafft, (*C3*)
so erfolgreich zu machen. Weil man doch kurze Entscheidungswege hat, weil
man in diesem schnellebigen Markt im Rahmen des Budgets einfach um-
switchen kann. Die Schwerfälligkeit der starren Verwaltung, die sich ein großes
Unternehmen zulegt, um Ordnung zu halten, das ist in einem Unternehmen, das
noch ein gewisse Überschaubarkeit hat, das auf eine Aufgabe fixiert ist, viel
leichter zu handeln." (Unternehmensleitung *C3*)

Aufgrund der Spezifik des Produkt- und Leistungsspektrums ist das Unternehmen durch das Nebeneinander von Entwicklungsbereich mit hochqualifizierter,
projektorientierter Expertenarbeit und einem großen Bereich des Service und der
Kundenbetreuung vorwiegend in „neotayloristischen" Arbeitsformen wie im
technischen Service oder im Call Center geprägt. Da diese Arbeitsbereiche auch
räumlich auf verschiedene Standorte verteilt sind, sind bisher eine kulturelle Integration und die Etablierung eines gemeinsamen Leitungsstils nicht gelungen.
Während in der Unternehmenszentrale, in der der Entwicklungsbereich angesiedelt ist, ein eher kooperativer Führungsstil vorherrscht, gelten an den übrigen
Standorten die alten Regeln unter weitgehender Beibehaltung der hergebrachten
Leitungsstrukturen.

Ähnlich wie *C3* ist auch das Start-up-Unternehmen *C2* durch das Nebeneinander sehr unterschiedlicher Arbeitsformen geprägt: „Neotayloristische" Arbeitsformen insbesondere in dem Call Center des Unternehmens, das oben beschrieben wurde, stehen neben der projektorientierten Arbeit in der Entwicklung, die
sowohl im technischen Bereich als auch im Bereich der Entwicklung neuer
Dienstleistungen vorzufinden ist.

Das Management des Unternehmens ist in hohem Maße auf den Unternehmensgründer zentriert, der einen großen Teil der unternehmensrelevanten Entscheidungen persönlich trifft. Im Vergleich zu den Start-up-Unternehmen, deren
Geschäftsführer sich durch einen kooperativen Führungsstil auszeichnen, ist das
Management in *C2* eher als patriarchalisches System zu bezeichnen, in dem sich
der Unternehmer „väterlich" um das Unternehmen und seine Beschäftigten
kümmert, dabei allerdings eine soziale und räumliche Distanz wahrt und die Beschäftigten nicht substantiell in die Entscheidungen einbezieht. Aufgrund des
schnellen Wachstums ist das soziale Klima im Unternehmen durch eine hohe
Wachstumserwartung und Aufbruchstimmung der Mitarbeiter geprägt, das Kon-
fliktpotential ist bisher gering. Darüber hinaus wurde der personenbezogene Leitungsstil in gewissem Umfang auch auf andere Vorstandsmitglieder und leitende
Führungskräfte übertragen, so daß dieser trotz des schnellen Anstiegs der Beschäftigtenzahl auch ohne stark ausgeprägte formale Strukturen bisher funktioniert hat:

„Gut, aufgrund unseres schnellen Wachstums ist das ein sehr personenbezogenes Unternehmen. Das ist nicht nur auf die Gründerpersönlichkeit bezogen, sondern zunehmend auch auf die leitenden Mitarbeiter und natürlich die Vorstände. Das heißt, wir haben eine sehr stark ausgeprägte informelle Kommunikationsstruktur, die formellen Kommunikationsstrukturen sind erst zart am Entstehen. Das heißt also, wir sind ein sehr personenbezogenes Unternehmen." (Unternehmensleitung *C2*)

Allerdings werden gegenwärtig die Grenzen dieses Führungsstils deutlich, so daß insgesamt eine Professionalisierung des Managements erwartet wird.

Eine ganz andere Entwicklung der Arbeitsformen ist in *B3* festzustellen, das ohne fordistischen Hintergrund als Start up im Softwarebereich gegründet wurde. Entsprechend dem geringen Professionalisierungsgrad der Softwareentwicklung und der hohen Innovationsdynamik der entwickelten Produkte war hier von Beginn an die Projektarbeit die dominierende Arbeitsform. Im Vergleich zu der Projektorganisation in anderen Unternehmen (etwa in *B2* oder in den ehemals fordistischen Unternehmen) zeichnete sich die hier vorzufindende Form der Projektorganisation der Arbeit durch einen relativ geringen Professionalisierungsgrad aus. Softwareentwickler galten als geniale Künstler, deren Kreativität es zu erhalten und zu fördern galt und deren Arbeitsprozesse nicht durch formale Planungsmethoden und starre Hierarchien zu steuern waren. Die anthroposophisch orientierten Unternehmensgründer legten daher Wert auf eine flache Leitungsstruktur und eine insgesamt offene Kommunikations- und Entscheidungsstruktur, in der es für die Mitarbeiter weitreichende Mitgestaltungsmöglichkeiten gab. Das Unternehmen zeichnete sich somit lange Zeit durch die Eigenschaften aus, die oben für die Gruppe der Start-up-Unternehmen skizziert wurden: eine durch ein starkes Gemeinschaftsgefühl und eine gemeinsam getragene Vorstellung von Lebensqualität und legitimen Ansprüchen an die Arbeitsbedingungen geprägte Unternehmenskultur und starke Gründerpersönlichkeiten, die mit ihrer Person für diese Unternehmenskultur einstanden. Bis in die 90er Jahre hinein hatte sich daher kein professionelles Management herausgebildet, vielmehr galt:

„Jeder hat so viel Verantwortung, wie er sich nimmt, unabhängig auf welchem Posten er sitzt." (Unternehmensleitung *B3*)

Dieser Modus geriet in den 90er Jahren in die Krise. Die oben skizzierten Reorganisationsstrategien zielten daher vor allem auch darauf, das Management zu professionalisieren und die Arbeitsprozesse insbesondere durch den Einsatz von SAP R/3 zu strukturieren und einer Wirtschaftlichkeitsbetrachtung zugänglich zu machen. In den 90er Jahren wurden unter dem Eindruck der Krise die bis dahin informellen Mitbestimmungsmöglichkeiten der Mitarbeiter weitgehend revidiert. Die sozialen, auf einzelnen Persönlichkeiten basierenden Austauschstrukturen hatten bereits durch das der Krise vorangegangene Beschäftigungswachstum ihre Grundlagen verloren. Deshalb werden aktuell neue Managementmethoden in Form von Zielvereinbarungen und einer systematischen Projektplanung und -kontrolle eingeführt, durch die sich das Unternehmen von einem zu groß gewordenen Start up zu einem durch ein professionelles Management geprägten, mittelständischen Unternehmen wandelt.

Das Unternehmen *B2* ist ebenfalls ein Softwareunternehmen und daher mit vergleichbaren Anforderungen an die Organisation der Arbeitsprozesse konfrontiert. Auch hier ist die hochqualifizierte Expertenarbeit in Projekten die dominierende Arbeitsform:

> „Wir arbeiten eigentlich nur in Projekten. (...) Wir haben eine sehr hohe Qualifikation. Vor zwei Jahren, als wir unsere letzte Statistik gemacht haben, hatten wir ungefähr 75% Akademiker, wir haben allein ungefähr 20% promovierte Leute. Dadurch ist einfach vorausgesetzt, daß ein hohes Maß an Selbständigkeit existiert. (...) Aber es ist bewußt nicht so, wie es früher in manchen EDV-Bereichen war, vor allem im Großrechnerbereichen, daß man Designer, Planer, Codierer, Tester und so hatte. Im Prinzip erwarten wir, daß jeder vom Anfang bis zum Ende alles macht." (Unternehmensleitung *B2*)

Im Vergleich zu *B2* weisen die Arbeitsprozesse hier jedoch andere Merkmale auf: Softwareentwicklung gilt nicht als die im wesentlichen unkontrollierbare Arbeit von „Künstlern", sondern als Ingenieursarbeit, die durch ISO-zertifizierte Projektplanungs- und Kontrollmethoden gesteuert und kontrolliert wird.

Auch in *B2* sind die Leitungsstrukturen ein zentraler Gegenstand der Reorganisation. In der untersuchten Geschäftsstelle wurde insofern ein Sonderfall vorgefunden, als hier zwar der Geschäftsstellenleiter die konstatierte zentrale Rolle in allen Entscheidungsprozessen spielte, dieser aber um sich herum eine sogenannte Führungsrunde etabliert hatte, die sich aus den Führungskräften der zweiten Ebene wie Projektbereichsleitern, Vertriebsleiter usw. zusammensetzt und systematisch in eine institutionalisierte Kommunikationsstruktur eingebettet ist, die das gesamte Unternehmen erfaßt.

> „Dann gibt es noch die Führungsrunde, die aus allen Projektbereichsleitern, Vertriebsleiter und den Leitern der zentralen Einheiten besteht. Die Runde ist die eigentliche Entscheidungsrunde, die erarbeitet die Budgets und solche Sachen. Darunter gibt es noch die Projektgruppenleiter, insgesamt 15 oder 16. Dazu gibt es ein Informationsgremium, das erweiterte Führungsrunde heißt und im wesentlichen ein Informationsgremium ist. Das ist die Führungsrunde plus alle Projektgruppenleiter plus alle Vertriebsleute. Dann gibt es natürlich in den Projektbereichen auch wieder Führungsrunden, die aus dem Projektbereichsleiter und den drei bis vier Projektgruppenleitern bestehen. Die haben manchmal auch noch größere Zirkel. Das ist so im großen und ganzen der Prozeß der Führung." (Unternehmensleitung *B2*)

Daneben gibt es seitens der Unternehmenszentrale Bestrebungen, in den Geschäftsstellen formale Gremien, sogenannte Geschäftsstellenleitungen, zu implementieren, die in dem konkreten Fall allerdings in Konkurrenz zu der etablierten und funktionierenden Führungsrunde stehen und zum Untersuchungszeitpunkt noch nicht eingeführt waren.

Aufgrund der spezifischen Eigenschaften der Softwareentwicklung, die sich bisher einer tiefergehenden Arbeitsteilung sowie der systematischen Trennung von Entwicklung im Sinne der Softwarekonzeption und Fertigung im Sinne der reinen, routinemäßigen Programmierung entzogen hat, sind Softwareunternehmen wie *B2* und *B3* durch eine kulturelle und quantitative Dominanz von hochqualifizierter Entwicklungsarbeit geprägt. Diese ist stark durch selbstorganisierte Arbeit der Entwickler im Projekt gekennzeichnet. Andere Tätigkeitsbereiche wie der Service, der im wesentlichen „neotayloristisch" geprägt und auch in diesen Unternehmen vorzufinden ist, stellen Randaufgaben dar.

Die Arbeitsformen im Telekommunikationsbereich sind dagegen durch das Nebeneinander zweier Welten bestimmt. Einerseits spielen auch hier Entwicklungsaufgaben eine zentrale Rolle sowohl im Bereich der Weiterentwicklung der technischen Infrastruktur als auch in der Entwicklung und technischen wie verwaltungsmäßigen Umsetzung neuer Dienstleistungen. Andererseits sind weite Tätigkeitsbereiche im Betrieb der technischen Anlage sowie der Kundenbetreuung und dem Service angesiedelt, die mit „neotayloristischen" Arbeitsformen verbunden sind.

Diese arbeitsorganisatorischen Strukturen sind eingebettet in Leitungsstrukturen, die eine starke Inhaber- bzw. Geschäftsführerzentrierung und eine vergleichsweise flache Linienhierarchie aufweisen. Seitens der formalen Unternehmensstrukturen sind die Unternehmen in eine unterschiedliche Anzahl von fachlichen Bereichen und Querschnittsbereichen wie Marketing, Verwaltung, Personalwesen u.a. gegliedert, denen jeweils ein Bereichsleiter bzw. Vorstandsmitglied vorsteht. Darunter gibt es in größeren Bereichen noch eine weitere Führungsebene wie z.B. Abteilungsleiter. Charakteristisch für die Leitungsstrukturen in diesen Unternehmen ist, daß sie in hohem Maße auf einzelne Personen zentriert sind. Das waren im Unternehmen *B3* bis in die Mitte der 90er Jahre die Gründungsmitglieder; in *C2* nimmt heute noch der Unternehmensgründer eine zentrale Rolle wahr; in der untersuchten Geschäftsstelle von *B2* ist es der Geschäftsstellenleiter. Diese personenbezogene Leitungsstruktur setzt sich dann durch die anderen Hierarchieebenen fort, die lange Zeit intern besetzt wurden. Leitungsfunktionen werden daher von Leuten wahrgenommen, die vor allem über fachliche Qualifikationen verfügen und deshalb auch anerkannt sind. Moderne Managementmethoden spielen zunächst keine bedeutende Rolle.

Durchweg liegt in diesen Unternehmen ein äußerst personenbezogener Leitungsstil vor. Insbesondere im Bereich der Softwareentwicklung wird den Anforderungen, die selbstorganisiertes Arbeiten an die Mitarbeiter stellt, dadurch begegnet, daß permanent Informationen zwischen Unternehmensleitung und Mitarbeitern in beide Richtungen fließen. Diese sind nicht allein auf das „Durchstellen" von Entscheidungen und die Erfolgskontrolle gerichtet, sondern sollen vielmehr dem Mitarbeiter eine Basis für die im eigenen Umfeld zu treffenden Entscheidungen bieten und auf die fachlich-sachliche Überzeugung der Mitarbeiter von Entscheidungen der Führungsebene zielen. Nach wie vor läuft ein großer Teil dieser Kommunikationsprozesse in informellen Strukturen ab, die über Personen vermittelt werden.

Kennzeichnend für diese Unternehmen ist, daß die Aufrechterhaltung der Steuerungsfähigkeit äußerst komplex ist. Die Institutionen und Strukturen, über die steuernd auf selbstorganisierte Mitarbeiter, Projekte und zum Teil auch ganze Geschäftsbereiche eingewirkt werden kann, stellen sich als äußerst labil heraus. Sie sind einerseits abhängig von persönlichen Beziehungen und gegenseitigem Vertrauen seitens der Mitarbeiter in die Wertschätzung der Arbeit und den wirtschaftlichen Erfolg des Unternehmens und seitens der Unternehmensleitung in die Effizienz und Zielgerichtetheit der Arbeit. Andererseits sind sie in ihren Kapazitäten in der Regel erheblich begrenzt. Es können also einerseits soziale oder ökonomische Probleme sein, andererseits aber auch gerade der Erfolg und damit verbundenes Wachstum, das in diesen Unternehmen systematisch in eine krisenhafte Situationen führt.

4.2.5 Zusammenfassung

Neben der Unterscheidung verschiedener, auf Selbstorganisation basierender Arbeitsformen ist festzustellen, daß sich jede dieser Arbeitsformen in ihrer konkreten Ausprägung noch einmal deutlich unterscheiden kann, je nachdem, in welchem Unternehmenstyp sie vorzufinden ist. Am deutlichsten wurde dies an der Form der Projektarbeit, die in allen Unternehmenstypen eine dominierende Rolle spielt, allerdings durch unterschiedliche organisatorische Einbettung und Managementkonzepte eine jeweils eigene Prägung erhält. So stellte sich uns die Projektorganisation der Arbeit in den ehemals fordistischen Unternehmen in hohem Maße professionalisiert dar: Die Projektorganisation und -planung war hier stark durch formale Methoden und Vorgehensweisen, für die die Unternehmen häufig über entsprechende Zertifikate verfügen, standardisiert. Die Dokumentation der Arbeitsprozesse, ihre Strukturierung über Meilensteine sowie Form und Inhalt dieser Meilensteine sind den Projektteams vorgegeben und dienen sowohl der internen Steuerung und Kontrolle der Arbeit als auch dem Leistungsnachweis gegenüber Kunden. Darüber hinaus ist die Projektarbeit in neue Managementkonzepte und vergleichsweise ausgeprägte Hierarchien eingebunden. In einem weitgehend hierarchisch orientierten Prozeß des „Herunterbrechens" der

Zielvorgaben des Unternehmens auf Projekte sowie durch Zielvereinbarungen zwischen Mitarbeitern und Vorgesetzten werden die Freiräume zur Selbstorganisation weitgehend auf die Ausführungsebene der Arbeit begrenzt.

Demgegenüber erschien die Projektarbeit in den Start-up-Unternehmen nur in geringem Maße professionalisiert. Sie eröffnet den Beschäftigten sehr viel mehr reale Einflußmöglichkeiten auf die Projektplanung. Der Einsatz formaler Projektmodelle und -planungsmethoden spielt hier keine Rolle, ein Projektcontrolling findet nur rudimentär statt. Da sich diese Unternehmen in der Regel in Technologiebereichen mit hoher Innovationsdynamik bewegen und Entwicklungsprojekte übernehmen, für deren Ablauf, Schwierigkeitsgrad und Aufwand es nur wenige Erfahrungswerte gibt, hängen in diesen Unternehmen die Projektplanung und -durchführung in hohem Maße von den spezifischen individuellen Erfahrungen, Qualifikationsprofilen und Arbeitsstilen der Projektmitarbeiter ab. Hierdurch entsteht für die Projektmitarbeiter eine extrem große Verantwortung für die erfolgreiche Abwicklung des Projekts, die allerdings durch hohe Informationstransparenz, einen weitreichenden Ressourcenzugriff und reale Einflußmöglichkeiten auf strategische Entscheidungen zumindest in höherem Maße als in den anderen Unternehmenstypen gedeckt ist.

4.3   Wandel der Beschäftigtenstruktur

Die Entwicklung der Beschäftigtenstruktur in der IT-Industrie ist seit den 90er Jahren einerseits durch den Wandel des Produkt- und Leistungsspektrums und den damit verbundenen Abbau von Fertigungskapazitäten und andererseits durch die zunehmende Bedeutung der Entwicklungs-, Beratungs- und Servicebereiche bestimmt.

Sie ist in den meisten ehemals fordistischen Unternehmen von einem massiven Beschäftigungsabbau geprägt, der in den Unternehmen des Informationstechnikbereichs zu Beginn der 90er Jahre mit der Krise der proprietären Großrechnersysteme und in den Telekommunikationsunternehmen Mitte der 90er Jahre mit der Privatisierung des Telekommunikationsmarktes einsetzt.

Am deutlichsten ist dieser Beschäftigungsabbau in *C1* ausgeprägt. Hier wurde im Zuge der Umwandlung der ehemaligen Behörde in eine Aktiengesellschaft zwischen 1995 und 1998 die Anzahl der Beschäftigten von ca. 210.000 auf ca. 180.000 reduziert. In *A4* sank die Beschäftigtenzahl im gleichen Zeitraum von ca. 18.000 auf ca. 12.500. Auch in den anderen Unternehmen ist ein erheblicher Beschäftigungsabbau zu verzeichnen: Für *A1* und *A3* liegen aufgrund der erheblichen Umstrukturierungen keine validen Vergleichsdaten vor, aber auch hier wird von den Personalleitern ein erheblicher Personalabbau konstatiert. In *A2* sank die Beschäftigtenzahl noch zwischen 1994 und 1998 von ca.

13.000 auf ca. 11.500, nachdem schon in den Vorjahren nach Aussage der Personalleitung massiv Beschäftigung abgebaut wurde.

Eine Ausnahme in der Beschäftigungsentwicklung stellt *B1* dar, das im Zuge des Wachstums des Outsourcing-Marktes in diesem Zeitraum eine Zunahme der Beschäftigten von ca. 180 auf ca. 310 vorzuweisen hat.

Der Beschäftigungsabbau steht in den hardwareproduzierenden Unternehmen *A1*, *A2* und *A4* in engem Zusammenhang mit dem Anfang der 90er Jahre begonnenen Abbau von Produktionsstätten. Die Verlagerung von Produktionsstätten ins Ausland bzw. deren Verkauf, die Beschaffung von Hardwaremodulen auf dem Weltmarkt oder die Auslagerung der Produktion auf Kontraktfertiger führen einerseits vom Beginn der 90er Jahre bis heute zu einem massiven Beschäftigungsabbau in diesen Unternehmen und andererseits zu einem deutlich steigenden Anteil von Angestellten gegenüber Arbeitern/Gewerblichen. Dieser Prozeß setzte in den Unternehmen im Informationstechikbereich bereits zu Beginn der 90er Jahre ein und wurde durch die krisenhafte Entwicklung des Großrechnermarktes beschleunigt.

Allerdings gilt dieser Prozeß in den Informationstechnikunternehmen als weitgehend abgeschlossen und spielt in der gegenwärtigen Reorganisation keine Rolle mehr. Demgegenüber ist dieser Umbruch in *A4* als Telekommunikationsausrüster virulent. Er setzt einerseits durch die Privatisierung des Telekommunikationsmarktes erst später, Mitte der 90er Jahre, ein und wird gegenüber der Entwicklung im Informationstechnikbereich dadurch verschärft, als hier analoge, fertigungsintensive Technologien durch digitale Technologien mit hohem Softwareanteil ersetzt werden:

„Wir kommen von einem sehr produktionsintensiven Unternehmen: Entwickeln und Produzieren von Vermittlungsanlagen. Da gab es große Fabriken, da wurde gehämmert, genietet, geschweißt, da wurden Vermittlungsanlagen gebaut. Die Technik bestand aus Relais, sehr fertigungsintensiv, hin zu einem Unternehmen, wo die Software, die aus der Entwicklung kommt, schon das fertige Produkt ist. (...) Das heißt auch, Fabriken schließen. Es gibt keine Produktion mehr, nur noch wenig Produktion. (...). Wenn sie in der Vergangenheit immer wieder gehört haben, es gibt Restrukturierungen bei der (*A4*), dann ist das im wesentlichen der Grund, daß wir immer weniger Produktion und immer mehr Software brauchen, immer mehr IT-Leute, Softwareingenieure brauchen und immer weniger Facharbeiterpersonal, um das einmal ganz deutlich zu sagen."

Insgesamt resümiert der Personalleiter:

„Das Thema Produktion und Facharbeiter hat sich für uns erledigt. Wir haben in Deutschland noch zwei Produktionsstätten, (...) vor 20 Jahren, da hatten wir noch 12, 13 Produktionsstätten, jede Fabrik mit über 1.000 Leuten. Und sie sehen ja an dem gewerblichen Anteil, wie gering das alles geworden ist." (Personalleitung *A4*)

Auch in *A1* wird für den Telekommunikationsbereich die Bedeutung der Verlagerung von Produktionsstätten und die damit verbundene Verschiebung zwischen Arbeitern und Angestellten hervorgehoben.

Durch den Abbau von Fertigungskapazitäten und die gleichzeitige Ausdehnung der Aktivitäten in den Bereichen Beratung, Softwareentwicklung und Service verändert sich das Verhältnis von Arbeitern und Angestellten in den Unternehmen nachhaltig. So wurde der Anteil der gewerblichen Beschäftigten in *A4* zwischen 1994 und 1998 von 24% auf 16% reduziert. Für die anderen hardwareherstellenden Unternehmen liegen aussagekräftige Vergleichszahlen aufgrund der Umstrukturierungen der Unternehmen nicht vor. In ihrer heutigen Struktur lag 1998 der Angestelltenanteil in *A1* bei ca. 66%, in *A2* bei 99% (hier wurden die im Konzern verbliebenen Fertigungskapazitäten in eine eigenständige Tochter ausgegründet), in *A3* bei 100% (das Unternehmen hat seit Beginn der 90er Jahre in Deutschland keine Fertigungskapazitäten mehr) und in *A4* bei ca. 84%. In *B1* liegt – bedingt durch die Spezifik von Rechenzentrumsdienstleistungen, die das Produkt- und Leistungsspektrum dieses Unternehmens ausmachen – der Angestelltenanteil bei 100%.

Mit dem Abbau der Fertigungsbereiche geht eine tendenzielle Steigerung des durchschnittlichen Qualifikationsniveaus der Beschäftigten einher, die zusätzlich durch den Wandel des Produkt- und Leistungsspektrums und die damit verbundene Qualifikationsbeschaffung durch Neueinstellungen verstärkt wird. Der paradigmatische Bruch in der informationstechnischen Entwicklung sowie die zunehmende Digitalisierung der Telekommunikationstechnik und ihre Annäherung an die Informationstechnik führen in den Unternehmen beider Bereiche dazu, daß sich die Qualifikationsanforderungen an die Beschäftigten grundlegend wandeln. Durch diesen Bruch zwischen „alten" und „neuen" Technologien wird eine sukzessive Weiterentwicklung der vorhandenen Qualifikationen der Beschäftigten erschwert und insbesondere für ältere Mitarbeiter als unmöglich angesehen. Besonders drastisch stellt sich der Bruch im Telekommunikationsbereich dar, in dem einerseits der Sprung von analogen zu digitalen und andererseits der Bruch von der traditionellen Nachrichtentechnik zu einer in ihrer Funktionalität sehr viel weitergehenden Informationstechnik zu bewältigen ist:

> „Das eine ist, wir müssen sicherstellen, daß der Skill, also die Qualität unserer Mitarbeiter, den Anforderungen entspricht. Wenn wir ein Durchschnittsalter von rund 40 Jahren hier haben, dann ist die Hälfte der Mitarbeiter eben über 40 und die andere Hälfte unter 40. Und die, die über 40 sind, die haben halt an der TU Darmstadt noch Deutsche Nachrichtentechnik studiert." (Personalleitung *A4*)

Dieses strukturelle Qualifikationsdefizit führt seit Mitte der 90er Jahre dazu, daß parallel zum Beschäftigungsabbau zum Teil in erheblichem Maße Neueinstellungen vorgenommen werden bzw. die Belegschaft durch den Zukauf jüngerer

Unternehmen aus diesen Technologiesegmenten erweitert wird, um Kompetenzen für die angestrebte Innovation des Produkt- und Leistungsspektrums aufzubauen. Bedingt durch den hohen Softwareanteil und den steigenden Bedarf an komplexen Beratungs- und Dienstleistungen bestehen diese Neueinstellungen zum größten Teil aus Hochschul- und Fachhochschulabgängern. In den Unternehmen ist daher ein Anstieg des Beschäftigtenanteils mit Hochschul- und Fachhochschulabschluß festzustellen. Für den IT-Arbeitsmarkt liegt hier eine wesentliche Grundlage für den derzeitigen Fachkräftemangel: Große Unternehmen wie *A1* oder *A2* streben Neueinstellungen in einem Umfang an, der den Absolventenjahrgang aller Informatikfachbereiche übertrifft.

Im Bereich der Hardwarehersteller liegt gegenwärtig der Akademikeranteil: in *A1* bei 36%, in *A2* bei 43% und in *A4* bei 41%. Bei dem Rechenzentrumsdienstleister *B1* liegt der Akademikeranteil aufgrund der Qualifikationsanforderungen in den Bereichen der Softwareentwicklung und -wartung traditionell hoch, allerdings wurden in der Vergangenheit häufig auch Quereinsteiger mit entsprechenden Qualifikationen eingestellt, so daß der Akademikeranteil deutlich geringer ist als beispielsweise in den untersuchten Softwareunternehmen. Dies ist insbesondere darauf zurückzuführen, daß durch den hohen Grad der Arbeitsteilung, der den Rechenzentrumsbetrieb auszeichnet, eine hinsichtlich der Qualifikationsanforderungen ausdifferenzierte Tätigkeitsstruktur besteht. Neben den hochqualifizierten Beratungs- und Entwicklungsaufgaben gibt es hier Tätigkeitsbereiche mit mittleren Qualifikationsanforderungen wie z.B. den Betrieb und die Wartung der Anwendungen sowie Tätigkeitsbereiche mit geringen Qualifikationsanforderungen wie z.B. das Druck-Operating, das zahlreiche unqualifizierte Routinetätigkeiten erfordert. Die Qualifikationsstruktur ist daher neben den Beschäftigten mit Hochschul- oder Fachhochschulabschluß sowohl durch einen relevanten Anteil Angelernter mit geringem Qualifikationsniveau bzw. fachfremden Qualifikationen als auch durch Beschäftigte mit Fachschulabschluß oder einer Berufsausbildung in den alten DV-Berufen geprägt.

Da der Beschäftigungszuwachs vor allem durch die Integration der Mitarbeiter von Rechenzentren ehemaliger Anwenderunternehmen realisiert wird, die eine vergleichbare Qualifikationsstruktur aufweisen, wird hierdurch kein struktureller Wandel ausgelöst. Lediglich die Neueinstellungen, die in geringem Maße vorgenommen werden und aus der Rekrutierung von Hochschulabsolventen bestehen, führen zu einem leichten Anstieg des Anteils dieser Beschäftigtengruppe.

Die Qualifikationsentwicklung in *C1* als Telekommunikationsdienstleister nimmt demgegenüber eine andere Richtung. In *C1* dominieren die Servicebereiche, während entwicklungsintensive Geschäftsfelder wie z.B. Internetdienstleistungen in eigenständige Töchter ausgegründet werden. Der Qualifikationsschwerpunkt liegt daher im mittleren Bereich, in dem gegenwärtig den neuen IT-Berufen eine strategische Bedeutung beigemessen wird.

Durch den Beschäftigungsabbau einerseits und die Neueinstellung von Hochschul- und Fachhochschulabgängern bzw. jungen Mitarbeitern mit relativ kurzer Berufserfahrung in modernen Technologiebereichen andererseits weist die Beschäftigtenstruktur in den meisten Unternehmen dieser Gruppe bis Mitte der 90er Jahre im Informationstechnikbereich und Ende der 90er Jahre im Telekommunikationsbereich ein sinkendes Durchschnittsalter auf, das heute bei der hohen durchschnittlichen Betriebszugehörigkeit und der geringen Fluktuation weitgehend konstant ist.

In *A4* als reinem Telekommunikationshersteller ist dieser Trend zur Stabilisierung oder Reduktion des Durchschnittsalters bisher so nicht festzustellen. Die Beschäftigungssituation ist ebenfalls durch eine hohe durchschnittliche Betriebszugehörigkeit und eine geringe Fluktuation geprägt. Zwar findet auch hier Personalabbau bevorzugt durch Vorruhestandsangebote und damit im Bereich älterer Mitarbeiter statt, da aber in sehr viel geringerem Maße als in *A1* und *A2* Neueinstellungen vorgenommen werden, schlägt sich dies bisher nicht in einer Umkehrung der Altersstruktur nieder. Das Durchschnittsalter steigt nach wie vor leicht, und die Altersstruktur wird als erhebliches Problem angesehen.

In der Gesamtsicht ist die Beschäftigtenstruktur heute in den hardwareorientierten Unternehmen durch folgende Aspekte gekennzeichnet:

– Es gibt nach wie vor einen (sinkenden) Arbeiteranteil; zur Zeit liegt er zwischen 15% und 32%, sofern die Produktionsbereiche nicht – wie in *A2* – in eigenständige Unternehmen ausgegliedert wurden und somit statistisch nicht ins Gewicht fallen.

– Der Anteil der Hochschul- und Fachhochschulabsolventen schwankt zwischen 35% und 45% bei steigender Tendenz.

– Das Durchschnittsalter liegt bei ca. 40 Jahren und ist damit, verglichen mit den beiden anderen Unternehmenstypen, hoch. Es ist im Informationstechnikbereich stabil bis leicht sinkend, im Telekommunikationsbereich ist eine leichte Steigerung festzustellen.

Die Beschäftigtenstruktur in den Start-up-Unternehmen *B4* und *B5* ist – entsprechend der Spezifik der jeweiligen Produkte und Leistungen und deren Qualifikationsanforderungen – unterschiedlich. *B4* weist eine homogene Beschäftigtenstruktur auf: Entsprechend der hohen Qualifikationsanforderungen, die die Entwicklung von Software und komplexen, kundenspezifischen Netzwerklösungen stellt, verfügen 90% der Beschäftigten über einen Hochschul- oder Fachhochschulabschluß. Die verbleibenden 10% setzen sich aus den Auszubildenden in den neuen IT-Berufen zusammen. Dieser Eindruck der Homogenität wird durch die Altersstruktur bestärkt: 98% der Beschäftigten sind unter 35 Jahre alt, 28% sogar unter 25 Jahre.

Demgegenüber weist *B5* sehr viel deutlichere Differenzierungen unter den Beschäftigten auf: Hier verfügt lediglich ein Drittel der Beschäftigten über einen Hochschul- oder Fachhochschulabschluß, 23% verfügen über einen Fachschulabschluß, ca. 38% haben eine abgeschlossene Berufsausbildung oder befinden sich gerade in Ausbildung. Auch die Altersstruktur stellt sich sehr viel heterogener dar: 20% der Mitarbeiter sind unter 25, 42% sind 25 bis 35 Jahre alt, 23% sind 36 bis 45 Jahre alt, und 15% sind älter als 45 Jahre.

Beiden Unternehmen gemein ist, daß es bisher keine formal gefestigten Segmentierungen zwischen den Beschäftigten gibt, die durch Differenzen im Qualifikationsniveau, Status oder Alter gestützt werden. Allerdings sind bei weiterem Größenwachstum beider Unternehmen unterschiedliche Entwicklungen zu erwarten: In *B4* wird durch die Spezifik des Produkt- und Leistungsspektrums und die damit verbundenen, auf Selbstorganisation basierenden Arbeitsformen die Homogenität der Qualifikationsstruktur auf höchstem Niveau gestützt. In *B5* ist demgegenüber eine strukturelle Divergenz zwischen den Beschäftigten mit relativ geringem Qualifikationsniveau im operativen Bereich der Internetdienstleistungen und den Beschäftigten mit höherem Qualifikationsniveau in Leitungsfunktionen zu erwarten.

Unter den Lack-Turnschuh-Unternehmen weisen die Unternehmen im Informationstechnik- und im Telekommunikationstechnikbereich jeweils unterschiedliche Merkmale hinsichtlich der Beschäftigtenstruktur auf.

Die beiden Softwareunternehmen im Informationstechnikbereich haben in ihrer Beschäftigungsentwicklung seit Mitte der 90er Jahre nur eine leichte Steigerung der Beschäftigtenzahl zu verzeichnen. Beide Unternehmen haben ihre Wachstumsphasen hinter sich und befinden sich derzeit in einer Phase der Konsolidierung ihrer Geschäftsbereiche. Der Angestelltenanteil liegt bei annähernd 100%, und auch im formalen Qualifikationsniveau der Beschäftigten weisen beide Unternehmen eine homogene Situation auf: Sie sind durch einen hohen Akademikeranteil von ca. 90% geprägt, daneben spielen noch Beschäftigte mit Berufsausbildungen in DV-Berufen sowie Auszubildende in den neuen IT-Berufen eine Rolle.

Im Gegensatz zu der homogenen Beschäftigtenstruktur in den Softwareunternehmen ist bei den Telekommunikationsdienstleistern eine Situation vorzufinden, die durch ein starkes Beschäftigungswachstum sowie eine breit gefächerte Qualifikationsstruktur gekennzeichnet ist.

Beide Unternehmen wurden in der zweiten Hälfte der 90er Jahre gegründet und weisen seitdem ein starkes Beschäftigungswachstum auf. Im Unternehmen *C2* stieg die Mitarbeiterzahl zwischen 1995 und 1998 von ca. 10 auf ca. 170 Mitarbeiter, im Unternehmen *C3* zwischen 1997 und 1999 von ca. 350 auf ca.

710. Der Angestelltenanteil liegt auch in diesen Unternehmen bei 100%, aber das formale Qualifikationsniveau der Beschäftigten erstreckt sich über eine große Bandbreite: So liegt der Akademikeranteil in *C2* bei nur ca. 16%, während die übrigen Beschäftigen über sonstige Berufsausbildungen verfügen oder auch ohne abgeschlossene Berufsausbildung sind. Die wesentliche Ursache dieser Qualifikationsstruktur bei den Telekommunikationsdienstleistern ist – ähnlich wie in *C1* – in dem Nebeneinander von Entwicklungsbereichen mit hohen Qualifikationsanforderungen, technischen Servicebereichen mit mittleren Qualifikationsanforderungen sowie der Kundenbetreuung in Call Centern mit geringen bis mittleren Qualifikationsanforderungen, für die keine spezielle Berufsausbildung erforderlich ist, zu suchen.

Insgesamt zeichnet sich die IT-Industrie keineswegs durch die homogene Beschäftigtenstruktur aus, die durch die eingeschränkte Perspektive auf junge Softwareunternehmen mit jungen, hochqualifizierten und selbstorganisierten Beschäftigten in der gegenwärtigen Diskussion der Branche erzeugt wird. Trotz abnehmender Bedeutung weist die IT-Industrie nach wie vor einen relevanten Anteil an Beschäftigten auf, die in weitgehend tayloristischen oder „neotayloristischen" Arbeitsformen tätig sind.

Im Verhältnis Arbeiter zu Angestellten ist allerdings als deutlicher Trend zu erkennen, daß durch den Abbau der Fertigungskapazitäten im Hardwarebereich der Anteil der Arbeiter sinkt.

Aber auch unter den Angestellten ist eine heterogene Beschäftigtenstruktur hinsichtlich Alter und Qualifikation vorzufinden: Bei insgesamt sinkendem Durchschnittsalter ist insbesondere in den ehemals fordistischen Unternehmen zum Teil über ein Drittel der Beschäftigten älter als 45 Jahre, ein weiteres Drittel ist zwischen 35 und 45 Jahre alt. Für diese Beschäftigten können ganz andere Ansprüche an die Arbeitsbedingungen, insbesondere an die Arbeitszeit und an den Arbeitsort, angenommen werden als bei den jüngeren Beschäftigten.

Auch das formale Qualifikationsniveau und die fachlichen Qualifikationsprofile differieren – bei insgesamt steigendem Qualifikationsniveau – erheblich: Hier ist einerseits die Segmentierung zwischen hochqualifizierten Beschäftigten in den Entwicklungs- und Beratungsbereichen und gering- bis mittelqualifizierten Beschäftigten in den Servicebereichen festzustellen. Andererseits spiegelt sich der paradigmatische Bruch der Technologieentwicklung sowohl im Informationstechnikbereich als auch im Telekommunikationsbereich in den Qualifikationsprofilen der Beschäftigten wider: Ein Teil der Beschäftigten ist in neuen Technologiebereichen mit hoher Innovationsdynamik und hohen Wachstumserwartungen angesiedelt. Diese Beschäftigten verfügen häufig schon durch ihre Ausbildung, etwa ein Informatikstudium, über die entsprechenden Grundqualifikationen, sind allerdings gefordert, sich permanent weiterzubilden, um ihre berufliche Entwicklung zu sichern. Ein anderer Teil der Beschäftigten – häufig sind dies ältere Beschäftigte – ist in „alten" Technologiebereichen, z.B. im Großrechnerbereich, angesiedelt. Diese Beschäftigten sind durch ihre Qualifikationen auf Geschäftsbereiche ohne Wachstumserwartung bzw. sogar mit abnehmenden Tendenzen konzentriert. Ein Wechsel in Bereiche neuerer Technologien ist für diese Beschäftigten nicht ohne weiteres möglich, da die hier geforderten Qualifikationen nur begrenzt an ihre Grundqualifikationen anschlußfähig sind. Die Anforderungen an Form und Inhalt der Weiterbildung differieren gegenüber den Beschäftigten mit Grundqualifikationen in neuen Technologiebereichen erheblich.

Letztlich arbeiten die Beschäftigten in unterschiedlichen Arbeitsformen, die sich vor allem hinsichtlich der Freiräume zur Selbstorganisation und der damit verbundenen Anforderungen an die individuelle Aushandlung der Arbeitsbedingungen – vor allem die Arbeitszeit und die Qualifizierung – sowie des Gehalts unterscheiden: Betrachtet man Beschäftigte im Vertrieb, in den Entwicklungs- und Beratungsbereichen und in den Servicebereichen, so weisen diese häufig nur wenige Gemeinsamkeiten auf. So sind z.B. Entwickler und Berater dadurch gekennzeichnet, daß sie ihre Arbeit weitgehend selbst organisieren und dabei über moderne Managementkonzepte in eine Situation gestellt sind, in der sie substantielle Aspekte ihrer Arbeitsbedingungen sowie ihr Gehalt individuell mit Vorgesetzten aushandeln müssen. Demgegenüber sind die Selbstorganisation der Arbeit und die individuelle Regelung von Arbeitszeit und Gehalt in den meisten Servicebereichen sehr viel geringer ausgeprägt.

Aus der Perspektive der betrieblichen Interessenvertretungen wie auch tarifvertraglicher Regelungen ist daher zu resümieren, daß die IT-Industrie bezüglich ihrer Beschäftigtenstruktur ein sehr heterogenes Feld darstellt, das einer differenzierten Herangehensweise bei der Schaffung von Interessenvertretungsstrukturen und kollektiver Regelungen bedarf.

4.4   „Krise des Fordismus" und Umbruch in der IT-Industrie

Seit nunmehr fast 20 Jahren vollzieht sich in den Unternehmen ein Umbruchprozeß, der die Ablösung des überkommenen fordistisch-tayloristischen Produktionsmodells und des mit diesem einhergehenden Regulationsmodus der Arbeit mit sich zu bringen scheint. Obwohl gegenläufige Entwicklungen nicht von der Hand zu weisen sind (Schumann et al. 1994; Springer 1999; Kurz 1998) und auch hinsichtlich der Charakteristik eines neuen Produktionsmodells weder theoretisch noch empirisch ein einheitliches neues Leitmodell konstatiert werden kann, läßt sich die Vielzahl der Veränderungstendenzen mit einer gewissen Plausibilität als grundlegender Wandel, als Umbruch in den Unternehmen interpretieren.

Die Phänomenologie dieses Umbruchs ist in einer empirisch vergleichsweise validen Form anhand der IT-Industrie zu studieren. Es ist daher kein Zufall, daß zentrale Momente des Wandels (Internationalisierung der Produktion, Netzwerkunternehmen, neue Managementmethoden, neue Arbeitsformen und Beschäftigtentypen) gerade an diesem Industriesegment analysiert werden und die Basis für sehr weitreichende Interpretationen des Wandels der Produktionsstrukturen und der Arbeit darstellen (Castells 1996; Rifkin 2000).

Hinsichtlich des konstatierten Wandels des Produktionsmodells und des Regulationsmodus der Arbeit bietet die IT-Industrie aber auch ein gutes empirisches Fundament für notwendige Differenzierungen und tiefergehende Analysen der historischen Genese dieses Umbruchprozesses. Das vorgelegte Material macht deutlich, daß der Umbruchprozeß nicht einem universalen Entwicklungspfad folgt, sondern aus einem Konglomerat sehr unterschiedlicher Entwicklungen resultiert, die jede für sich – einer eigenen „Logik" folgend – im Prinzip der „Netzwerkproduktion" (vgl. Castells 1996) einen neuen stabilen Zustand zu finden scheint. Das Hervorheben dieser Differenzierungen und historischen Ungleichzeitigkeiten verweist auf eine Schwäche der bisherigen Umbruchdiskussion, die insbesondere anhand der IT-Industrie zu unzulässigen Verallgemeinerungen führt.

Idealtypisch findet sich der konstatierte Wandel von fordistischen Strukturen zu neuen Produktionsmodellen in den Unternehmen, die in dieser Untersuchung als ehemals fordistische Unternehmen bezeichnet werden. Diese zum Teil bereits im 19. Jahrhundert gegründeten Unternehmen prägte bis zu Beginn der 90er Jahre (die Großunternehmen der Telekommunikation sogar bis Mitte der 90er Jahre) ein Produktionsmodus, der in hohem Maße von den Leitideen fordistisch-tayloristischer Organisationsvorstellungen geprägt war. Mit dem grundlegenden Wandel des Produkt- und Leistungsspektrums im Bereich der Informations- und Kommunikationstechnik sowie der Privatisierung der Telekommunikation wurde hier eine Veränderungsdynamik in Gang gesetzt, die als eine Abkehr von diesen Organisationsvorstellungen interpretiert werden muß. Diese betrifft die organisatorische Struktur der Unternehmen als Ganze, die Leitvorstellungen der Steuerung der Produktionsprozesse und auch die Prinzipien der Regulation der Arbeit.

Dabei impliziert der konstatierte Umbruch in diesen Unternehmen in seiner historischen Genese ein verwirrendes Nebeneinander von „Altem" und „Neuem". Was heute aufgrund der Häufung von „postfordistischen" Momenten als „neu" erscheint, ist in weniger ausgeprägter Form bereits in früheren Stadien angelegt. Dies betrifft beispielsweise die Herausbildung der Projektarbeit, die seit Beginn der 90er Jahre zur bestimmenden Form der Organisation der Arbeit geworden ist. Diese Organisationsform wurde bereits in den 80er Jahren in bestimmten Aufgabenbereichen angewandt. Sie war hier meist die Form der Organisation der Arbeit von hochqualifizierten Beschäftigten, insbesondere im Segment hochqualifizierter Softwareentwicklung und Ingenieurtätigkeiten, die in den Großunternehmen der Informationstechnik (im Gegensatz zu denen der Telekommunikation) bereits in den 80er Jahren einen – verglichen mit anderen Industrien – hohen Anteil an den Belegschaften hatten.

Was die These von der Herausbildung eines neuen Produktionsmodells und eines neuen Modus der Regulation von Arbeit plausibel macht, ist das Aufeinandertreffen vieler Veränderungsmomente, die zusammengenommen auf einen grundlegenden Wandel schließen lassen. Dabei bestätigt sich in vielen der Fallunternehmen die Vermutung, daß die Herausbildung neuer Konzepte nicht unbedingt das Ergebnis rational geplanter Umgestaltungsstrategien ist, sondern vielmehr die Folge verschiedener, oft unabhängig voneinander betriebener und in ihrem Zusammenwirken keineswegs absehbarer Einzelmaßnahmen, die, wenn sie einmal in die Welt gebracht sind, das Unternehmen dennoch tiefgreifend verändern. Das erfolgreiche Zusammenwirken der verschiedenen, zum Teil „hinter dem Rücken der Akteure" zustande gekommenen Veränderungsmomente läßt das Handeln der Akteure im Nachhinein strategisch geplant erscheinen, ohne daß dies hinsichtlich der Antizipation des Zusammenwirkens der Einzelmaßnahmen der Fall gewesen ist. So gelingt den ehemals fordistischen Unternehmen der IT-Industrie ein Übergang zu einem „postfordistischen" Produktionsmodell, das, wird es erst einmal von den bestimmenden Akteuren im Management als solches erkannt, eine orientierende Wirkung für weitere Umgestaltungsmaßnahmen haben kann. In diesem Entwicklungsszenario befinden sich die meisten als ehemals fordistisch eingestuften Unternehmen erst am Anfang. Lediglich in den Unternehmen A2 und B1 lassen sich die Konturen des neuen Regulationsmodells in einem Stadium studieren, das in sich ein tragfähiges neues Konzept repräsentiert.

Die beiden anderen Unternehmenstypen – Lack-Turnschuh-Unternehmen und Start-up-Unternehmen – passen im Gegensatz zu den ehemals fordistischen Unternehmen auf den ersten Blick nicht in das Bild des Übergangs vom fordistischen zum „postfordistischen" Regulationsmodus. Sie haben niemals in ihrer Entwicklung fordistisch-tayloristische Produktionsstrukturen aufgebaut; prägend ist hier nicht der Umbau fordistischer Strukturen.

Die Mehrzahl der Lack-Turnschuh-Unternehmen wurde zu einer Zeit gegründet, als das fordistische Modell bereits an Anziehungskraft eingebüßt hatte. Ihr Entstehen kann umgekehrt geradezu als Vorbote des Wandels der leitenden Produktionsmodelle interpretiert werden. Viele dieser Unternehmen wurden in den 70er und 80er Jahren in den Nischen des weltweiten Produktionsprozesses der Computerindustrie gegründet oder aus fordistischen Großunternehmen ausgegründet. Sie beschäftigten sich mit der Entwicklung und dem Vertrieb von Software und erbrachten damit verbundene Beratungsleistungen, oder sie orientierten sich auf bestimmte Produkte, die für die Herstellung von PC erforderlich waren. Im Schatten der Großunternehmen, die vorwiegend mit der Produktion und dem Vertrieb proprietärer Großrechnersysteme befaßt waren, entwickelte sich so eine (in sich äußerst heterogene) Gruppe von Unternehmen, deren Ausgangsvoraussetzungen sich grundlegend von denen der traditionellen Großrechnerindustrie unterschieden. Sie waren von Beginn an von hochqualifizierten Beschäftigtengruppen und einer spezifischen Expertenkultur (die sich im weitverbreiteten Mythos der „Garagenfirma" widerspiegelt) bestimmt. Die vorherrschenden Arbeitsformen waren von den Erfahrungen in universitären Expertenteams geprägt. Klassische Organisationsvorstellungen, ja selbst einfache Formen betriebswirtschaftlichen Kostendenkens, hatten lange Zeit eine Randbedeutung. Diese Unternehmen hatten demnach schon in den 70er und 80er Jahren zentrale Momente jener Produktions- und Arbeitsformen ausgebildet, die im Nachhinein als posttayloristische interpretiert werden. Die gegen Ende der 80er Jahre einsetzenden Professionalisierungs- und Rationalisierungsbestrebungen in diesen Unternehmen, die mit dem Ausbau von Leitungsstrukturen und einer verstärkten Kostenorientierung einhergingen, waren stets darauf gerichtet, die Spezifik der teamartigen Arbeitsformen und die damit verbundene Expertenkultur nicht zu konterkarieren.

Lassen sich die Lack-Turnschuh-Unternehmen als Ausdruck der sich abzeichnenden Krise des fordistischen Regulationsmodus interpretieren, so sind die Start-up-Unternehmen in der IT-Industrie Indiz seines Niedergangs. Die heute diesem Typ zuzuordnenden Unternehmen entstehen erst in den 90er Jahren und sind in erster Linie Ausdruck eines grundlegenden Wandels der technologischen Basis der IT-Industrie. Der Übergang zu offenen Informationsnetzen, der Anfang der 90er Jahre die Dominanz proprietärer Großrechnersysteme und die damit einhergehende Regulationsweise unterminierte, sowie der Aufstieg des Internets in der Mitte der 90er Jahre (vgl. Baukrowitz 1996) und die Privatisierung des Telekommunikationssektors brachten in zwei Wellen eine Vielzahl von schnellwachsenden Kleinunternehmen hervor, die in dem dynamischen Wandel der technologischen Basis der IT-Industrie beständig auf der Suche nach neuen Märkten sind.

Diese Unternehmen ähneln auf den ersten Blick den traditionellen Kleinunternehmen, die die industriesoziologische Forschung auf die Notwendigkeit differenzierter Analysen der gesellschaftlichen Umbruchprozesse aufmerksam machten (Kotthoff/Reindl 1990; Hilbert/Sperling 1990; Wassermann 1992). Dennoch sind sie nicht ohne weiteres dem Muster traditioneller Klein- und Handwerksbetriebe zuzuordnen. Insbesondere die enge Bindung vieler dieser Unternehmen an die Kernprozesse der gesellschaftlichen Produktivkraftentwicklung, die sich um den Übergang zur „Informationsökonomie" ranken, ihre daraus resultierende gute Verwertbarkeit auf den globalen Aktienmärkten und ihre Eignung als Übernahmekandidaten für Großunternehmen verleihen ihnen einen hohen Marktwert. Zusammen mit ihren spezifischen, häufig von universitären Expertenkulturen geprägten Binnenbeziehungen entsteht eine Charakteristik in den Kleinunternehmen der IT-Industrie, die sich deutlich von der traditioneller Kleinunternehmen unterscheidet.

Der beschriebene Umbruch in der IT-Industrie ist vor allem Ergebnis eines zweiseitigen Entwicklungsprozesses. Im Zentrum dieser Entwicklung steht der Umbruch der Produkte und Leistungen, um die sich die Produktionsprozesse der IT-Industrie ranken. In mehreren Entwicklungsphasen vollzog sich bis Anfang der 90er Jahre als Antwort auf die neuen Anforderungen des Marktes, die vornehmlich aus der Durchsetzung eines neuen „Informatisierungsmodus" in den Anwenderunternehmen resultieren (Baukrowitz/Boes 1996; Boes 2001), eine grundlegende Abkehr von proprietären Großrechnersystemen; an deren Stelle trat in dieser Zeit mit den „offenen Netzwerken" eine neue Orientierung, die mit dem Nutzbarmachen des Internets seit Mitte der 90er Jahre den Durchbruch einer neuen Produktivkraftbasis der IT-Industrie implizierte (vgl. Baukrowitz 1996; Baukrowitz et al. 2001). Dieser Umbruch beinhaltete einen grundlegenden Wandel der „Produktions- und Tauschnormen" (Aglietta 1979)[10] in diesem Industriesegment: Die Regulation der Produktionsprozesse zentrierte sich nunmehr nicht mehr um die proprietären Standards der fordistischen Großunternehmen, sondern orientierte sich an „offenen", gleichwohl aber rigide monopolistisch organisierten Systemstandards. Diese werden in den USA zutreffend als „open but owned" bezeichnet (vgl. Lüthje 1998).

Dieser Wandel impliziert einen Wandel der Produktionsstrukturen. Neben den bisher dominierenden fordistischen Großunternehmen entstehen Produktionsprozesse, die nicht von diesen beherrscht werden. Zunächst um den PC (vgl. Drüke 1992, 1997) und in einer zweiten Phase um das Internet herum bilden sich neue Wertschöpfungsketten, die vorwiegend von Start-up-Unternehmen wie Microsoft oder Intel und aktuell beispielsweise Cisco dominiert werden (vgl. Kap. 3). Je stärker die Leitorientierung der „offenen Netze" die internationalen Märkte bestimmt, desto höher wird die Bedeutung dieser Unternehmen. Mit diesen Unternehmen etablieren sich weltweit ein neuer Modus der Regulation der Produktionsprozesse (vgl. Lüthje 1998) und ein neuer Typus von Unter-

---

10   In der Diktion von Aglietta (1979) gruppieren Branchen sich in den historischen Entwicklungsformationen des Kapitalismus um historisch spezifische Formen der Preissetzung und Marktkontrolle, die ihrerseits mit besonderen Formen der Organisation der Produktion verbunden sind. In der Interaktion von Kapitalen und Branchen werden „strukturelle Formen" der kapitalistischen Regulation entwickelt, die gleichermaßen Normen und Standards der Produktion wie Muster des Warenkonsums und der Reproduktion der Lohnarbeit darstellen. Diese werden als „Produktions- und Tauschnormen" gefaßt.

nehmen. Die Durchsetzung des Leitbilds der „offenen Netze" in der Wirtschaft zu Beginn der 90er Jahre, die sich vor allem als Wechsel zum Konzept des Client-server-Computing niederschlägt, markiert insofern den endgültigen „Sieg" des neuen Leitkonzepts über das alte (Baukrowitz/Boes 1996). Seitdem sind die bisher bestimmenden fordistischen Großunternehmen darauf verwiesen, ihr Produkt- und Leistungsspektrum auf dieses Leitbild zu beziehen. Dies geht hier mit tiefgreifenden Reorganisationsprozessen einher, die sich in der Dezentralisierung und „Vermarktlichung" der Unternehmen niederschlagen.

Beide Momente zusammen – sowohl das verstärkte Aufkommen „nichtfordistischer" Unternehmen seit den 70er Jahren als auch die Dezentralisierung der fordistischen Großunternehmen seit Beginn der 90er Jahre – sind Teilmomente einer grundlegenden Restrukturierung der IT-Industrie. In summa entwickelt sich so eine Produktionsstruktur, die sich im Vergleich mit der vorherigen, von „vertikalen" fordistischen Großunternehmen bestimmten, eher durch „horizontale" Netzwerkstrukturen (Castells 1996) auszeichnet. In einer beständigen „Fragmentierung und Zentralisierung" (Ernst/O'Connor 1992) der Branchenstrukturen bilden sich immer wieder spezialisierte Branchensegmente heraus, die ihrerseits wiederum in die Struktur des Produktionsprozesses integriert werden. Dies korrespondiert mit einem Muster der permanenten weltweiten De- und Reinstitutionalisierung der Produktionsprozesse, welche sich nicht mehr wie vormals über die proprietären Standards steuern, sondern über die strategischen Komponenten und Leistungen innerhalb der Wertschöpfungsketten gesteuert werden (vgl. Lüthje 1998).[11]

Bei den ehemals fordistischen Unternehmen enthält diese Entwicklung vielfältige Momente der Erosion „institutioneller Grenzen" (Döhl et al. 2001) der Unternehmen, die für das fordistische Produktionsmodell geradezu konstitutiv waren. Dies betrifft vor allem die Grenze zwischen „innen und außen", das Verhältnis der Unternehmen zu ihrer Umwelt und der Betriebe zum Unternehmen, welche je nach Produktionserfordernis wechseln können. Zwei Prinzipien kennzeichnen die Reorganisation der Produktionsprozesse in diesen Unternehmen: die fortschreitende Dezentralisierung der Unternehmen, die systematisch mit einer Vermarktlichung der unternehmensinternen Beziehungen verbunden ist, und der Ausbau der überbetrieblichen Kooperation und Vernetzung (Sauer/Döhl 1997; Tullius 1999). Insofern sind die Unternehmensnetzwerke mit Blick auf die ehemals fordistischen Unternehmen Ausdruck einer „Auflösung" des Unternehmens traditionellen Typs und zugleich dessen Erhaltung in modifizierter Form (Döhl et al. 2001).

---

11 Die Überlegung, daß der „Zugang" als Kern eines neuen Verteilungsmodus zu verstehen ist, läßt sich auf diesen Wandel der Produktionsstrukturen fruchtbar anwenden (vgl. Rifkin 2000).

Für die Lack-Turnschuh-Unternehmen und die Start-up-Unternehmen impliziert diese Entwicklung nicht die Erosion bereits etablierter institutioneller Strukturen. Sie durchlaufen bei zunehmendem Größenwachstum vielmehr eine in gewissem Sinne gegenläufige Entwicklung, indem sie organisatorische Strukturen ausbilden und ihre Wertschöpfungsprozesse einem konsequenteren Kostendenken unterwerfen.

Dieser Prozeß beinhaltet auf seiten der kleinen und mittleren Unternehmen eine deutliche Veränderung ihrer Entwicklungsvoraussetzungen. Galten Klein- und Mittelbetriebe in der Hochphase fordistisch-tayloristischer Produktion als Unternehmen zweiter Klasse, nämlich als historische Relikte (z.B. Handwerksbetriebe), Lückenbüßer (sie besetzten häufig Märkte und Produktionsfunktionen, wo die Gewinnmargen unter der für Großunternehmen tolerablen Schwelle liegen), Scouts (sie erkunden neue Märkte, die – falls sie ausreichend hohe und stabile Gewinne versprechen – alsbald von den Großen besetzt werden) oder Nachzügler (Großunternehmen in statu nascendi), so erhalten sie nun in den Netzwerkstrukturen eine deutliche Aufwertung. Gerade weil Netzwerke nicht auf Homogenisierung und Standardisierung der Teileelemente ausgelegt sind, sondern vielmehr sehr heterogene Produktionsformen und -verfahren aneinander anschlußfähig machen, ohne ihre Unterschiede einzuebnen, und insbesondere, weil die Veränderungsflexibilität der Netzwerke ihr zentrales Konstruktionsprinzip ist, werden kleine und mittlere Unternehmen zu konstitutiven Bestandteilen des in Netzwerken angelegten neuen Produktionsmodus.

Beide Entwicklungszüge – die „Verkleinbetrieblichung" der fordistischen Großunternehmen und der Bedeutungszuwachs „nichtfordistischer" Klein- und Mittelunternehmen – zusammen prägen in der gesamten IT-Industrie einen neuen Produktionsmodus aus, der im Kern als Entgrenzung des fordistischen Großunternehmens mit den dieses prägenden institutionellen Strukturen wie tiefgestaffelte Hierarchien, bürokratische Weisungsstrukturen und Teilung des Unternehmen in funktionale Abteilungsstrukturen interpretiert werden kann. Dabei bleibt ein Spezifikum der Produktionsstrukturen der IT-Industrie, daß die Betriebsförmigkeit der Steuerung der Produktionsprozesse weiterhin erhalten bleibt. Anders als beispielsweise in bestimmten Segmenten der Medienindustrie, die sich durch eine weitgehende „Entbetrieblichung" auszeichnen, so daß hier die Leistungen nur noch in fallweise zusammengesetzten „Projektnetzwerken" von kleinen Dienstleistern, Selbständigen und „freien Mitarbeitern" unter Führung von Produktionsfirmen erstellt werden, die ihrerseits nur noch einen Bruchteil der Arbeitskräfte fest beschäftigten (vgl. Sydow 1999; Sydow/Windeler 1999; Sydow/Wirth 2000), bilden die Betriebe in der IT-Industrie trotz aller Entgrenzungstendenzen die zentralen Bezugspunkte der Organisation der Leistungserstellungsprozesse. Arbeit ist hier – obwohl in komplexe netzwerkartige Strukturen eingebunden – vorwiegend betriebsförmig organisierte Arbeit. Nicht der Betrieb an sich steht in diesem Reorganisationsprozeß zur Disposition, sondern dessen Regulationsmuster im inneren (also zur Arbeit hin) und die Stellung des Betriebs innerhalb der Leistungsketten von Unternehmen und Produktionsnetzwerken.

Zwischen den Unternehmen der genannten Typen bestehen große Unterschiede. Die These vom Umbruch der Produktions- und Arbeitsstrukturen kann demnach nicht im Sinne eines universalen Entwicklungsweges gefaßt werden. Die Entwicklung impliziert vielmehr auf der Ebene einzelner Unternehmen ein vielfältiges Nebeneinander scheinbar gegenläufiger Entwicklungstendenzen. Gerade weil die Unterscheidung in sehr unterschiedliche Unternehmenstypen in der Regel nicht ins Feld geführt wird und in einer unzulässigen Verallgemeinerung von „der" IT-Industrie oder gar „der" New Economy gesprochen wird, erhalten die Diagnosen zum Wandel der Arbeit oft etwas künstlich Stilisiertes. Für das Industriesegment als Ganzes in Anschlag gebrachte Thesen gelten häufig nur für einen bestimmten Typ der Unternehmen. In der Öffentlichkeit herrscht daher das Bild vor, bei der IT-Industrie handele es sich um ein sehr junges Wirtschaftssegment, das von (meist kleinen) Unternehmen bestimmt ist, die erst in den 90er Jahren gegründet, nach wenigen Jahren bereits ein Vielfaches des Börsenwerts von Großunternehmen der „old" Economy haben. Unternehmen wie Cisco, Netscape oder SAP gelten hier als beispielhaft.

Mit Blick auf die sehr jungen Unternehmen, die in den 90er Jahren im Zuge des Internetbooms auf den Markt drängten, werden die Merkmale der neuen Ökonomie definiert. Radikale Börsenorientierung, flache Hierarchien und teamartige Arbeitsstrukturen sowie ein neuer (hochqualifizierter) Arbeitskrafttyp gelten als Inbegriff eines neuen Produktionsmodells. Und weil diese Unternehmen nur eine kurze Geschichte aufweisen, lassen sich Fragen nach dem „Woher" des Neuen und seinen inneren Verwerfungen leicht beiseite schieben. Daher eignen sich diese Unternehmen so gut als Protagonisten einer rosigen Zukunft des kapitalistischen Gesellschaftsmodells.

Reflektiert man die „Stars" der New Economy vor dem Hintergrund der historischen Entwicklung der gesamten IT-Industrie, so wird deutlich, daß sie in ihrer Spezifik Ausdruck einer historischen Umbruchsituation dieses Industriesegments sind, keineswegs aber Idealtypen eines neuen Regulationsmodus. Angesichts des geringen Lebensalters dieser Unternehmen und der Besonderheiten der wirtschaftlichen Situation in der „Gründerphase" der Internetökonomie steht vielmehr zu erwarten, daß diese Unternehmen im Laufe der nächsten Jahre noch eine Reihe tiefgreifender Umwälzungen durchlaufen werden. Mit Blick auf die hier untersuchten Lack-Turnschuh-Unternehmen, die gewissermaßen die vorherige Generation von Start-up-Unternehmen darstellen, läßt sich schlußfolgern, daß auch die „Stars" der New Economy den Charme des „Winners" verlieren werden. Der Niedergang der Börsenkurse in diesem Segment, die Diskussion um das „Sterben der dot.coms" und erste Meldungen über Entlassungswellen in diesem Unternehmen mögen hier als Indizien genügen.[12]

Nimmt man die hier erläuterten Differenzierungen der IT-Industrie sowie deren historische Genese in den Blick, so wird deutlich, daß sich der Umbruch hinsichtlich des bestimmenden Produktionsmodells – also die Herausbildung von Netzwerkproduktionsstrukturen – aus einer Vielzahl von Veränderungsprozessen ergibt, die einer je eigenen „Logik" folgen. Diese Logiken wiederum sind in hohem Maße von der Spezifik der jeweiligen Unternehmen und deren historisch gewachsenen Charakteristik geprägt. Will man also die Entwicklung der Produktionsformen und der Arbeit in der IT-Industrie verstehen, so kommt es darauf an, die „Logik" und Bewegungsform einzelner Unternehmenstypen nicht für das Ganze zu halten und die Besonderheiten der unterschiedlichen Muster nicht mit der Planierraupe eines Denkens in „one best ways" einzuebnen.

---

12 Die soeben abgeschlossene Betriebsrätebefragung des WSI bei 200 Betriebsräten der IT-Industrie läßt ebenfalls darauf schließen, daß der Trend hier eher in Richtung einer weiteren Ausbreitung der gewählten Interessenvertreter geht als in Richtung auf eine „mitbestimmungsfreie Zone".

5. Charakteristik und Entwicklungsperspektiven der Arbeitsbeziehungen

Die Analyse der Arbeitsbeziehungen in der IT-Industrie hat sich eines Gegenstands von ausgeprägter Differenziertheit anzunähern. Sehr unterschiedliche, historisch begründete Kulturen der industriellen Beziehungen stoßen hier aufeinander. Dies findet seinen Niederschlag in der Tatsache, daß bisher kein einheitliches Tarifsystem geschaffen werden konnte und die Beziehung der einzelnen Unternehmen zu den Institutionen der Arbeitsbeziehungen sehr unterschiedlich ist (Wagner/Schild 1999). Obwohl sich mit Blick auf das Produkt- und Leistungsspektrum sowie die Produktions- und Arbeitsformen gegenwärtig gewisse Konvergenztendenzen zwischen den Segmenten des Wirtschaftsbereichs beobachten lassen, ist eine Vereinheitlichung der Arbeitsbeziehungen und der institutionellen Strukturen bisher nicht zu erwarten.

Von zentraler Bedeutung sind die historisch gewachsenen Bindungen von Unternehmen an das System industrieller Beziehungen (ebd.). In der Entwicklungsgeschichte der IT-Industrie haben sich im wesentlichen drei unterschiedliche Einflußsphären mit einer je eigenen Kultur der Arbeitsbeziehungen herausgebildet. Diese wirken als historisch gewachsene „Gravitationszentren", als politische Arenen, um die sich ein je eigenes Verständnis der Regulierung der Arbeit und der institutionellen Ausgestaltung der Arbeitsbeziehungen rankt.

Die erste Einflußsphäre der Arbeitsbeziehungen bildet sich um die Hardwareindustrie heraus, die seit ihrem Bestehen von fordistischen Unternehmen geprägt war. Aufgrund ihrer historischen Wurzeln in der Büromaschinen- und der Elektrotechnischen Industrie weisen die traditionellen Computer- und Telekommunikationshersteller eine enge Bindung zum Verhandlungssystem der Metall- und Elektroindustrie auf. Die Kerninstitutionen der deutschen Arbeitsbeziehungen – Tarifvertrag und betriebliche Interessenvertretung – sind hier verhältnismäßig gut verankert; die Akteure in diesem Segment verfügen sowohl auf der Betriebsebene als auch auf der Branchenebene über eine lange Tradition des geregelten Interessenaustauschs.

Ganz anders haben sich die charakteristischen Strukturen der Arbeitsbeziehungen im Bereich Software und IT-Dienstleistungen entwickelt. Die hier auftretenden selbständigen Unternehmen bildeten bis in die 70er Jahre hinein zunächst nur ein kleines Marktsegment. Sie waren von Anfang an von Produktionsstrukturen geprägt, die in ihrer Charakteristik nicht dem fordistischen Paradigma entsprachen. Die seit den 80er Jahren schnell wachsenden selbständigen Unternehmen in diesem Markt wiesen von Anfang an keine Bindung zu den bestehenden Tarifvertragsstrukturen auf, und auch die betriebliche Interessenvertretung hatte hier nur marginale Bedeutung. Die Regulation der Arbeit bei den Protagonisten dieser Einflußsphäre – also beispielsweise SAP, Software AG, CSC Ploenzke, Andersen Consulting – war nicht durch das traditionelle institutionelle System der deutschen Arbeitsbeziehungen bestimmt. In diesem Segment wurde daher nie eine Tarifvertragsstruktur ausgebildet. Dennoch wurden hier vielfältige Formen der Beteiligung der Beschäftigten an der Gestaltung der Arbeitsbedingungen praktiziert, und die sozialen Standards waren aufgrund der extrem großen Verteilungsspielräume sehr hoch.

Die dritte Einflußsphäre der Arbeitsbeziehungen bildet das Verhandlungssystem Bundespost. Es wird bestimmt von einer Akteurskonstellation mit einer Bundesbehörde auf der einen Seite und einer allein für die Unternehmen der Bundespost zuständigen Gewerkschaft – der Deutschen Postgewerkschaft – auf der anderen Seite. Insofern unterscheidet es sich in vielem von Verhandlungssystemen der privaten Wirtschaft. Tarifliche Vereinbarungen sind hier vor der Privatisierung gesetzlich vorgeschrieben; die die Arbeit regulierenden Vereinbarungen sind daher sehr vielfältig, nahezu alle Bereiche betreffend und stark verrechtlicht. Hinzu kommt, daß ein Großteil der Beschäftigten verbeamtet ist. Zwischen den Hauptakteuren bestehen enge Beziehungen; das Revirement von Verantwortungsträgern zwischen den Tarifparteien ist keineswegs eine Seltenheit, sondern fester Bestandteil der Kultur der Arbeitsbeziehungen, wie sie sich in diesem Segment bis Ende der 80er Jahre herausgebildet haben.

Die Analyse der Arbeitsbeziehungen in den Fallunternehmen ist angesichts der differenzierten Voraussetzungen von dem Bestreben geleitet, die Unterschiedlichkeit der Arbeitsbeziehungen zu identifizieren, ihre Ursachen und Hintergründe auszuleuchten, um erst dann der Frage nachzugehen, welche Rückschlüsse sich aus diesen Beobachtungen für die Entwicklung der industriellen Beziehungen in der IT-Industrie insgesamt ziehen lassen. Um die Besonderheiten der Arbeitsbeziehungen der Fallunternehmen herauszuarbeiten, ist es sinnvoll, sie im Kontext von Vergleichsgruppen darzustellen. Anhand dieser Untersuchung lassen sich drei unterschiedliche Typen beobachten: Eine Gruppe von Unternehmen bezeichnen wir als „ehemals fordistische Unternehmen", eine zweite als „Lack-Turnschuh-Unternehmen" und eine dritte als „Start-up-Unternehmen". Diese drei Unternehmenstypen bieten uns eine Grundlage, die unterschiedlichen Entwicklungsvoraussetzungen, die wir in der IT-Industrie vorfinden, zu klassifizieren und so der vorgefundenen Vielfalt gerecht zu werden. Wir stellen fest, daß diese Typen mit einem jeweils spezifischen Muster der Regulation des Interessenaustauschs und einem damit einhergehenden institutionellen System der Arbeitsbeziehungen korrespondieren.

Alle als ehemals fordistische Unternehmen eingestuften Fallunternehmen weisen sowohl eine Tarifbindung als auch eine gewählte betriebliche Interessenvertretung auf. Hierzu zählen die Unternehmen *A1*, *A2*, *A3*, *A4*, *B1* und *C1*. Sie verfügen in der Regel über eine historisch gewachsene Bindung an das System industrieller Beziehungen und sind in ihrer historischen Bindung stark von den Verhandlungssystemen der Metall- und Elektroindustrie oder der Deutschen Bundespost beeinflußt.

Drei der vier von uns als Lack-Turnschuh-Unternehmen eingestuften Unternehmen – hierzu zählen die Fallunternehmen *B2*, *B3*, *C2* und *C3* – haben ebenfalls eine gewählte betriebliche Interessenvertretung, weisen aber keine tarifvertraglichen Bindungen auf. Eine Ausnahme bildet hier lediglich das Telekommunikationsunternehmen *C2*, das keinen Betriebsrat hat.

Die Start-up-Unternehmen – hierzu zählen die Fallunternehmen *B4* und *B5* – verfügen durchgängig nicht über Betriebsräte und tarifvertragliche Bindungen. Sie haben vielmehr einen eigenen Modus des Interessenaustauschs ausgebildet.

In der Verquickung des spezifischen Entwicklungspfades mit einer historisch gewachsenen institutionellen Form des Interessenaustauschs ergeben sich eigene Muster des Wandels der Arbeitsbeziehungen. Der beschriebene Umbruch in der IT-Industrie wird demnach je nach Entwicklungspfad und institutionellem System der Arbeitsbeziehungen in unterschiedlicher Weise vollzogen. Diese Muster sind im folgenden eingehender zu analysieren.

5.1 Arbeitsbeziehungen in den ehemals fordistischen Fallunternehmen

Die Arbeitsbeziehungen in den ehemals fordistischen Fallunternehmen sind vorrangig von der dualen Struktur industrieller Beziehungen in Deutschland geprägt. Jenseits dieser Gemeinsamkeit weisen die Fallunternehmen jedoch unterschiedliche „Spielarten" der Arbeitsbeziehungen auf.

Das *Unternehmen A1* ist als Geschäftsbereich eines großen, traditionsreichen deutschen Elektrokonzerns seit vielen Jahrzehnten in tarifliche Strukturen eingebunden. Als Mitglied des Arbeitgeberverbands in der Metall- und Elektroindustrie wird hier der Flächentarifvertrag dieses Tarifsystems auch auf den untersuchten Geschäftsbereich angewandt. Der Tarifpartner ist hier die IG Metall; die DAG (Deutsche Angestelltengewerkschaft) hat den Flächentarifvertrag mitunterzeichnet. Die Politik gegenüber dem Arbeitgeberverband wird vom Konzern gemacht, die Leitung des Geschäftsbereichs ist hier nicht gesondert involviert.

Eine betriebliche Interessenvertretung besteht in dem Unternehmen seit vielen Jahrzehnten. Das interessenpolitische Konzept sowie der Umgang der Unternehmensleitung mit den einzelnen Standortbetriebsräten variieren allerdings sehr stark. In den Interessenvertretungsorganen gibt es keine „Meinungsführerschaft" einer bestimmten Gewerkschaft; hauptsächlich vertreten sind die IG Metall und die DAG. Der gewerkschaftliche Organisationsgrad in der Belegschaft wird mit ca. 10% angegeben. Die gewerkschaftsunabhängigen Betriebsratsmitglieder haben einen hohen Anteil.

Das *Unternehmen A2* ist das Kernunternehmen einer Holding und hundertprozentige Tochter eines US-amerikanischen Computerunternehmens. Es war bis Anfang der 90er Jahre Mitglied des Arbeitgeberverbands der Metall- und Elektroindustrie und als solches in den Flächentarifvertrag dieses Tarifsystems eingebunden. Diese Mitgliedschaft wurde gekündigt; für weite Bereiche des Konzerns ebenso wie für das hier untersuchte Hauptunternehmen wurde anstelle des Flächentarifvertrags der Metall- und Elektroindustrie ein Haustarifvertrag mit der DAG abgeschlossen. Lediglich der letzte Hardwareproduktionsstandort des Konzerns in Deutschland, der als rechtlich selbständiges Unternehmen fungiert und nicht Gegenstand der Untersuchung war, verblieb im Flächentarifvertrag.

Ein Betriebsrat besteht in dem Unternehmen schon seit den 50er Jahren; seine Gründung wurde durch die Nähe zur Metallindustrie gefördert. Heute sind betriebliche Interessenvertreter in allen Betrieben vorhanden und fest im Unternehmen etabliert. In den unterschiedlichen Betriebsratsgremien sind vor allem zwei Gewerkschaften – die DAG und die IG Metall – vertreten. Hinzu kommen viele unabhängige Betriebsratsmitglieder. Die DAG hat im Gesamtbetriebsrat eine deutliche Mehrheit und tritt als einzige Tarifvertragspartei auf. Der gewerkschaftliche Organisationsgrad der Beschäftigten beträgt laut Aussage des Betriebsrats für DAG und IG Metall zusammen ca. 5%. Das Studium von Unterlagen der DGB-Gewerkschaften läßt allerdings den Schluß zu, daß er deutlich höher, nämlich bei ca. 10% liegt. Die Betriebsräte der verschiedenen Standorte bilden ihrerseits einen Gesamtbetriebsrat. Durch die Schaffung des Haustarifvertragssystems wurde die Stellung der Betriebsräte und insbesondere des Gesamtbetriebsrats im Unternehmen sowie dessen Wertschätzung bei der Unternehmensleitung deutlich aufgewertet, weil er einen wesentlichen Anteil an der Erhaltung und Weiterentwicklung dieses Tarifvertragssystems hat.[1]

Das *Unternehmen A3* ist in seiner heutigen Gestalt erst im letzten Jahr aus einer Fusion von zwei großen US-amerikanischen Computerunternehmen entstanden, welcher die Übernahme eines kleineren, spezialisierten Computerherstellers ein Jahr vorher voranging. In Deutschland wurde dabei ein traditioneller Großcomputerhersteller mit ca. 2.400 Beschäftigten von einem der weltweit führenden PC-Hersteller mit ca. 450 Mitarbeitern übernommen. Mit diesen Übernahmen wurden drei unterschiedliche Kulturen der industriellen Beziehungen aufeinander bezogen. In dem PC-Unternehmen, das erst Anfang der 80er Jahre

---

1   Zwar werden die Tarifverträge mit der AG abgeschlossen, doch hat der Gesamtbetriebsrat aufgrund seiner Kenntnisse des Unternehmens – vergleichbar mit anderen Unternehmen mit Haustarifvertragsstrukturen – großes Gewicht in den Verhandlungen.

gegründet wurde, existierten bis dahin keine tarifvertraglichen Bindungen und keine gewählten betrieblichen Interessenvertreter. Das als erstes übernommene kleinere Computerunternehmen hatte Betriebsräte, aber keinen Tarifvertrag. Und der traditionelle Großcomputerhersteller hatte seit Anfang der 80er Jahre Betriebsräte und seit 1993 einen Tarifvertrag in Form eines Anerkennungstarifvertrags zum Flächentarifvertrag der Metall- und Elektroindustrie, der von der Belegschaft per Streik „erzwungen" worden war.[2] Heute besteht eine tarifliche Bindung an den Flächentarifvertrag der Metall- und Elektroindustrie für das gesamte neu gebildete Unternehmen.

Auch die Situation der betrieblichen Interessenvertretung muß für die fusionierten Unternehmen differenziert gesehen werden. Der PC-Hersteller hatte traditionell keine gewählte betriebliche Interessenvertretung. Ein Kontakt zu gewählten Betriebsräten kam erstmals 1997 zustande, als das kleinere Spezialcomputerunternehmen übernommen wurde. Dennoch wurde in den Unternehmensbereichen des PC-Herstellers erst kurz vor Vollzug der Unternehmensfusion mit dem traditionellen Großcomputerhersteller ein Betriebsrat gewählt. Sonst wären die Betriebe des PC-Herstellers durch die bestehenden Betriebsräte des übernommenen Großcomputerherstellers mitvertreten worden. In diesem Prozeß der Übernahme und insbesondere in den Verhandlungen um den Sozialplan und den Tarifvertrag hat sich der Umgang des Managements mit der betrieblichen Interessenvertretung deutlich verändert; die anfängliche Ablehnung des Betriebsrats durch die Unternehmensleitung wich einer Haltung rationaler Anerkennung. Zum gegenwärtigen Zeitpunkt kann davon ausgegangen werden, daß die betriebliche Interessenvertretung fest in dem Unternehmen etabliert ist. Darüber hinaus ist der gewerkschaftliche Organisationsgrad verglichen mit anderen Computerunternehmen hoch.[3]

Das *Unternehmen A4* ist als traditionsreiches deutsches Unternehmen der Elektroindustrie mittlerweile Teil eines französischen Konzerns. Es hat – vergleichbar mit Unternehmen *A1* – eine historisch fest verankerte Tradition des geregelten Interessenaustauschs. Sowohl die Strukturen betrieblicher Interessenvertretung als auch eine tarifvertragliche Bindung an den Flächentarifvertrag der Metall- und Elektroindustrie wurden bereits vor Jahrzehnten installiert. Auch die Integration in den Konzern hat diese Grundorientierung nicht verändert. Das Unternehmen ist fest in den entsprechenden Arbeitgeberverband integriert und gilt nach Aussage des Gesamtbetriebsrats als „sehr tariftreu".

---

2   „1992 und 1993 haben wir ja den ersten Tarifvertrag bei (dem Großcomputerhersteller, der in *A3* einging) erstreikt – das war der erste Arbeitskampf in der deutschen Computerindustrie überhaupt." (Gesamtbetriebsratsvorsitzender *A3*)

3   In den Betrieben des traditionellen Computerherstellers beträgt dieser laut Angaben des Betriebsrats *A3* 36%. In den Betrieben des PC-Herstellers war er bis zur Fusion laut Angaben der IG Metall München dagegen sehr gering.

Die betriebliche Interessenvertretung ist seit vielen Jahrzehnten fest etabliert. Ihre Arbeit ist seit mehr als zwölf Jahren durch ständige Personalabbaumaßnahmen des Unternehmens bestimmt. Nicht zuletzt aufgrund der hiermit verbundenen Auseinandersetzungen besteht bei den Betriebsräten ein interessenpolitisches Grundkonzept, das auf „Gegenmacht" orientiert ist. Obwohl zwei Gewerkschaften in den Gremien der betrieblichen Interessenvertretung mit Mitgliedern vertreten sind, die IG Metall und die DAG, zeichnet sich die Zusammenarbeit durch ein hohes Einvernehmen zwischen beiden Gruppen aus. Zur Verhinderung von Personalabbau hat es in dem Unternehmen verschiedene Formen von Arbeitskampfmaßnahmen gegeben. Der gewerkschaftliche Organisationsgrad der Beschäftigten liegt nach Aussagen des Gesamtbetriebsrats bei 30% für die IG Metall.

Das *Unternehmen B1* ist ein rechtlich selbständiges Unternehmen innerhalb eines Dienstleistungskonzerns, der im Jahr 1990 aus einem Automobilkonzern ausgegründet wurde. Innerhalb dieses Konzerns werden verschiedene Unternehmen zusammengefaßt, die zum Teil eine sehr unterschiedliche Kultur der Arbeitsbeziehungen aufweisen. Das untersuchte Unternehmen *B1* verfügt über eine lange Tradition der Bindung an die Strukturen der industriellen Beziehungen. Dies ist in engem Zusammenhang damit zu sehen, daß das Fallunternehmen *B1* historisch aus dem Zusammenschluß der DV-Abteilungen zweier Unternehmen der traditionellen Industrien (Elektrotechnische und Chemische Industrie) entstand. Hieraus resultiert eine Tradition betrieblicher Interessenvertretung. Die aktuell gültige Tarifvertragsbindung kam erst 1999 zustande. Sie wurde vom Dienstleistungskonzern in Form von Ergänzungstarifverträgen zum Flächentarifvertrag der Metallindustrie Nordwürttemberg/Nordbaden bzw. der Metall- und Elektroindustrie Berlin abgeschlossen und von dem Fallunternehmen übernommen.

Eine betriebliche Interessenvertretung besteht seit Gründung des Unternehmens. Sie war bereits in den beiden Vorgängerunternehmen fest etabliert. In diesem Gremium ist die IG Metall als Gewerkschaft stark vertreten. Eine zweite relevante Gruppe besteht aus gewerkschaftlich ungebundenen Betriebsratsmitgliedern. Die bisherige Geschichte des Unternehmens ist durch eine anhaltende wirtschaftliche Aufwärtsentwicklung geprägt. Der Betriebsrat verfolgt dabei ein interessenpolitisches Konzept der aktiven Gestaltung dieser Entwicklung im Sinne der Beschäftigteninteressen. Der Abschluß des Ergänzungstarifvertrags ist ein Ausdruck dieses Bestrebens. Dabei versteht er sich als „kooperative Gegenmacht".

Das *Unternehmen C1* ist Marktführer im deutschen Markt der Telekommunikationsdienstleistungen. Als ehemalige Behörde wurde es in den 90er Jahren privatisiert. In dieser Tradition als Bundesbehörde verfügt das Unternehmen über eine lange Tradition des geregelten Interessenaustauschs. Fest eingebunden in das ehemalige Verhandlungssystem der Deutschen Bundespost, wurde hier ein stark ausdifferenziertes System des geregelten Interessenaustauschs etabliert. Bei der Privatisierung wurden die bestehenden Verträge und Institutionen in die neue Rechtsform überführt. Dieser Prozeß war durch ein eigenes Überleitgesetz gesichert.

Die Arbeitsbeziehungen in diesem Unternehmen unterscheiden sich in vielfältiger Hinsicht von denen der übrigen Fallunternehmen dieser Gruppe. Wichtig ist zunächst, daß das Unternehmen nach wie vor einen hohen Anteil von Beschäftigten im Beamtenstatus hat, die gesonderten Regelungen unterliegen. Weiterhin ist es von Bedeutung, daß in der Phase als Bundesbehörde die tarifvertragliche Regelung vieler Gegenstandsbereiche gesetzlich vorgeschrieben war, so daß das so entstandene Tarifsystem sowohl in seinem Umfang als auch in seiner Differenziertheit weit über den Stand der übrigen Unternehmen hinausgeht. Und von großer Bedeutung ist, daß zwischen den Tarifparteien sowie den betrieblichen Interessenparteien ein über viele Jahrzehnte gewachsenes enges Kooperationsverhältnis entstanden ist, so daß sowohl die hier aktive Gewerkschaft, die DPG, als auch die Interessenvertreter vor Ort integraler Bestandteil der Unternehmenskultur sind. Dieses Verhältnis hat auch durch den großen Personalabbau in den letzten Jahren nicht gelitten. Da hier Vereinbarungen bestehen, diesen „sozialverträglich" zu gestalten und von betriebsbedingten Kündigungen abzusehen, sind beide Seiten bemüht, diesen Prozeß so weit wie möglich einvernehmlich zu gestalten. Dabei haben die Interessenvertreter und die Gewerkschaft sehr weitgehende Gestaltungsrechte.

Die übergroße Mehrheit der Betriebsratsmitglieder gehört der Deutschen Postgewerkschaft an, diese hat in dem Unternehmen eine klare „Meinungsführerschaft". Der gewerkschaftliche Organisationsgrad der Beschäftigten in diesem Unternehmen liegt bei über 80%. Über ein dichtes Netz von Vertrauensleuten besteht eine gewachsene und gut funktionierende Kommunikationskultur zwischen Beschäftigten und der Gewerkschaft. Gegenwärtig gehen die Tarifparteien daran, das tarifliche System zu überarbeiten. Dabei werden bzw. wurden Kernfragen des Entlohnungssystems und der Qualifizierung einer Neuformulierung unterzogen.

Gemeinsam ist den genannten Unternehmen die Einbindung in unternehmensübergreifende Verhandlungssysteme und Akteurskonstellationen sowie das Vorhandensein zweier starker Akteure der Arbeitsbeziehungen auf der Unternehmensebene. Die in den letzten Jahren mit der forcierten Etablierung neuer Arbeitsformen anzutreffenden „neuen Beteiligungsformen" bilden darüber hinaus eine dritte – an Bedeutung gewinnende – Beziehungsebene des Interessenaustauschs zwischen Beschäftigten und Unternehmen. Entsprechend der Dominanz der traditionellen Institutionen der Arbeitsbeziehungen beginnt die Analyse bei diesen und den damit verbundenen Akteursbeziehungen und reflektiert darauf aufbauend jene Formen des Interessenaustauschs, die mit den neuen Arbeitsformen entstehen, und deren Wechselverhältnis zu den traditionellen Institutionen der industriellen Beziehungen.

Die Analyse des traditionellen institutionellen Systems der Arbeitsbeziehungen hat zunächst die Außenbeziehungen zu reflektieren, in die die Unternehmen eingebunden sind. Das sind insbesondere die aus der tarifvertraglichen Bindung resultierenden sowie die Beziehungen der Hauptakteure zu Interessenverbänden und Gewerkschaften. Danach folgt eine Darstellung der Akteure – also Betriebsräte auf der einen und Management auf der anderen Seite – und deren Verhältnis zueinander. Darauf aufbauend werden die wichtigsten kollektivvertraglichen „Regelwerke" des formell geregelten Interessenaustauschs – Tarifvertrag und Betriebsvereinbarungen – thematisiert. Zum Abschluß folgt eine Analyse des Zusammenwirkens dieses traditionellen institutionellen Systems mit den Formen des Interessenaustauschs, die mit der Etablierung neuer Arbeitsformen zunehmend Gewicht erhalten.

5.1.1 Einbindung in unternehmensübergreifende Akteursbeziehungen

Die Formen des Interessenaustauschs im Unternehmen sind vor dem Hintergrund seiner Bindungen an übergeordnete Akteursstrukturen und Verhandlungssysteme zu diskutieren. Während dieser Einflußfaktor bei Unternehmen, die keine tarifvertragliche Bindung aufweisen, eher von geringer Bedeutung ist, muß ihm bei Unternehmen, die über eine tarifvertragliche Bindung verfügen, Gewicht zugemessen werden.

Die Unternehmen mit einer fordistischen Herkunft verhalten sich aufgrund ihrer historisch gewachsenen Beziehungen zum System industrieller Beziehungen in Deutschland und aufgrund ihrer großen Bedeutung in der IT-Industrie in ihrer Mehrzahl als strategisch handelnde Akteure in den Verbänden und Organisationen. Entscheidungen in Fragen der Arbeitsbeziehungen, die für das Unternehmen getroffen werden, werden in den ehemals fordistischen Unternehmen in der Regel nicht nur mit Bezug zu den erwarteten Binnenwirkungen, sondern auch mit Blick auf ihre potentielle Außenwirkung auf das System industrieller Beziehungen insgesamt reflektiert. Das unterscheidet sie grundlegend von den Fallunternehmen der beiden anderen Typen, die sich von den unternehmensübergreifenden Verhandlungssystemen industrieller Beziehungen abschotten und keinen strategischen Bezug zu diesen aufbauen.

Das Tarifvertragsrecht etabliert oberhalb der Unternehmen eine Verhandlungsebene, die darauf gerichtet ist, grundlegende Regelungsgegenstände wie Gehalt, Arbeitszeit usw. zwischen starken unternehmensübergreifend agierenden Akteuren zu vereinbaren. Die IT-Industrie hat bisher kein einheitliches Tarifvertragssystem ausgebildet. Die Mehrzahl der vorhandenen Tarifverträge in der

IT-Industrie resultieren aus dem Verhandlungssystem der Metall- und Elektro-industrie oder sind an dieses angelehnt. Dies gilt insbesondere für die Unternehmen aus dem Segment Hardware- und Computerindustrie sowie für einige Unternehmen im Segment Software, IT-Dienstleistungen, IT-Beratung. Hierbei handelt es sich in der Regel um Ausgründungen aus traditionellen Computerunternehmen oder um solche aus den traditionellen Industrien, insbesondere der Automobilindustrie. Der weitaus größte Teil der Beschäftigten im Segment Telekommunikation ist dagegen über Tarifverträge abgesichert, die aus dem ehemaligen Verhandlungssystem Bundespost stammen. Darüber hinaus bestehen in den privaten Telefongesellschaften noch tarifvertragliche Bindungen, die aus den Mutterkonzernen der traditionellen Industrien (Chemische Industrie, Metallindustrie, öffentlicher Sektor u.a.) übernommen wurden.

Die verbände- und tarifpolitische Landschaft befindet sich seit Anfang der 90er Jahre in einem Übergangsprozeß. Die Unternehmen in jenen Marktsegmenten, die sich traditionell nicht auf die beiden tarifpolitisch bedeutsamen Verhandlungssysteme der Metall- und Elektroindustrie bzw. der ehemaligen Bundespost beziehen, gewinnen an wirtschaftlicher Bedeutung und befördern die Gefahr des weiteren Bedeutungsverlusts tarifvertraglicher Regelungen in der IT-Industrie. Gleichzeitig werden seitens wichtiger Akteure der Computer- und Telekommunikationshardware-Industrie die Bindungen an den Flächentarifvertrag aufgegeben oder zumindest in Frage gestellt. Dies könnte zu einer Erosion tarifvertraglicher Regelungen und einer Schwächung des Metallarbeitgeberverbands führen.

Angesichts dieser Entwicklung gewinnen weitere Aktivitäten auf der Verbändeebene eine hervorgehobene Bedeutung. Unterhalb der Ebene des Tarifvertragssystems gibt es noch eine weitere unternehmensübergreifende Einflußsphäre, die zu berücksichtigen ist. Dies ist die Ebene der Industrieverbände, die in Deutschland im Bundesverband der Deutschen Industrie (BDI) zusammengefaßt sind. Diese treten bisher zwar nicht als Tarifvertragspartei auf, trotzdem kommt ihnen für die Ausgestaltung der Arbeitsbeziehungen Bedeutung zu, denn die Zusammenarbeit der Unternehmensvertreter in diesen Verbänden betrifft auch Fragen der Personalwirtschaft. Die Bedeutung der Industrieverbände wird sich weiter erhöhen, weil sich mit dem Bundesverband Informationswirtschaft, Telekommunikation und neue Medien (BITKOM) ein Verbändeverband gegründet hat, der die wichtigsten Unternehmensverbände der IT-Industrie – BVB, BVIT, VDMA und ZVEI (mit den Fachverbänden Informationstechnik und Kommunikationstechnik) – vereint. Sie vertreten nach eigenen Angaben gemeinsam mehr als 1.000 Unternehmen mit 200 Mrd. DM Umsatz und 700.000 Beschäftigten (BITKOM 2001). Die wichtigsten Unternehmen der IT-Industrie haben in den Gremien Funktionen. Für diesen Verband ist zum gegenwärtigen Zeitpunkt nicht eindeutig geklärt, inwieweit er in absehbarer Zeit auch als Tarifpartei auftreten wird. Die Interviews mit den Verantwortungsträgern gaben hier kein klares Bild. Auf jeden Fall, das zeigen die ersten Monate seines Bestehens, hat dieser Verbändeverband im politischen Umfeld bereits große Beachtung gefunden.[4]

Auf Arbeitnehmerseite lassen sich ähnliche Neuordnungsprozesse beobachten. Gegenwärtig sind in der IT-Industrie mehrere Gewerkschaften aktiv. Im einzelnen sind das die DAG, die DPG, die GdED, die HBV, die IG BCE, die IG Metall und die ÖTV.[5] In den Segmenten Hardware- und Softwareindustrie treten die IG Metall und die DAG als Tarifparteien auf, bei den Telekommunikationsdienstleistern die DPG, die GdED, die IG BCE und die ÖTV.[6] Für die Zukunft zeichnet sich ab, daß im wesentlichen zwei große Gewerkschaften in der IT-Industrie aktiv sein werden: die IG Metall und die sich neu bildende ver.di.

Von den sechs Unternehmen, die als ehemals fordistische einzustufen sind, sind insgesamt drei in Arbeitgeberverbänden vertreten. Dies sind die Unternehmen *A1*, *A4* und *B1*. Die Unternehmen *A1* und *A4* sind über diese Mitgliedschaft im Arbeitgeberverband der Metall- und Elektroindustrie direkt in dessen Flächentarifvertragsstruktur eingebunden. Im Falle von *B1* ist der Konzern, dem das Unternehmen angehört, Mitglied einer „Tarifgemeinschaft von Dienstleistungsunternehmen", welcher einen „Ergänzungstarifvertrag" zum Flächentarifvertrag dieses Tarifsystems abgeschlossen hat. Das Unternehmen *A3* wendet zwar den Flächentarifvertrag der Metall- und Elektroindustrie an, ist aber nicht Mitglied in diesem Arbeitgeberverband, sondern hat mit der IG Metall einen Anerkennungstarifvertrag abgeschlossen. Das Unternehmen *C1* gehörte als ehemalige Behörde lange Zeit dem Tarifsystem Bundespost an und hat nach der Privatisierung einen Haustarifvertrag mit der DPG abgeschlossen. Es ist aber bisher nicht Mitglied in einem tariffähigen Arbeitgeberverband. Das Unternehmen *A2* hat einen Haustarifvertrag mit der DAG. Es war lange Zeit im Arbeitgeberverband und ist zu Beginn der 90er Jahre aus diesem ausgeschieden.

In den Fallunternehmen dieses Typs sind Betriebsräte aus verschiedenen Gewerkschaften aktiv, was der bisher ungeklärten gewerkschaftlichen Zuständig-

---

4   Die von BITKOM vorgeschlagene Aktion „Greencard", welche die begrenzte und befristete Verteilung von Arbeits- und Aufenthaltsgenehmigungen an Nicht-EU-Ausländer vorsieht, wurde in den Gesprächen zum „Bündnis für Arbeit" von der Bundesregierung aufgegriffen. Sie hat den neugegründeten Verband nachhaltig in die öffentliche Diskussion gebracht.

5   Da wir die Medienindustrie nicht zur IT-Industrie zählen, findet die IG Medien hier keine Beachtung.

6   Die IG Metall bemühte sich, auch in diesem Segment Tarifvertragspartei zu werden. Sie befand sich zum Erhebungszeitpunkt mit dem Unternehmen Mannesmann Mobilfunk in Tarifverhandlungen. Welchen Einfluß hier die kürzlich beschlossene Fusion mit dem britischen Konzern Vodafone Airtouch hat, kann zum gegenwärtigen Zeitpunkt nicht abgesehen werden.

keit für die gesamte IT-Industrie entspricht. In der Mehrzahl der Unternehmen konkurrieren verschiedene Gewerkschaften miteinander. Eine klare Hegemonie hat je eine Gewerkschaft in den Unternehmen *A3* (IG Metall), *A4* (IG Metall), *B1* (IG Metall)[7] und *C1* (DPG).

Die Frage der „Meinungsführerschaft" einer Gewerkschaft hat sich in diesen Unternehmen in manchen Fällen allein aus der klaren historischen Bindung zu einem bestimmten Verhandlungssystem ergeben. Dies ist vor allem in den Unternehmen *A4* und *C1* der Fall. Das Unternehmen *A4* ist fest in die Metall- und Elektroindustrie eingebunden und hat seinen Hauptsitz in einer Region mit einer starken Verwaltungsstelle der IG Metall. Der Einfluß dieser Gewerkschaft ist in den Auseinandersetzungen um den Personalabbau, den das Unternehmen seit mehr als zwölf Jahren vollzieht, weiter gewachsen. Im Betriebsrat arbeiten die Vertreter dieser Gewerkschaft, die die übergroße Mehrheit stellen, mit denen der DAG eng und einvernehmlich zusammen. Das Unternehmen *C1* war durch seine Sonderstellung als Bundesbehörde über viele Jahrzehnte hinweg in das Verhandlungssystem Bundespost eingebunden, welches originär von der DPG betreut wurde. Im verhältnismäßig jungen Unternehmen *B1* wurzelt die „Meinungsführerschaft" der IG Metall in der Bindung der Konzernmutter in das Verhandlungssystem der Metall- und Elektroindustrie.

In dem Unternehmen *A3* basiert die Meinungsführerschaft der IG Metall nicht auf historisch gewachsenen Strukturen, sondern auf einer bewußten Entscheidungsfindung der Betriebsratsgremien. Hier waren unterschiedliche DGB-Gewerkschaften vertreten. Hinzu kam noch die DAG, die zum Erhebungszeitpunkt noch nicht in den DGB integriert war. Zur Klärung der Zuständigkeit führten die Betriebsräte eine Art Benchmarking durch, bei dem sie die einzelnen Gewerkschaften auf den Prüfstand stellten und sich letztlich für eine entschieden. Diese Entscheidung wurde durch den Autoritätsgewinn, den diese Gewerkschaft während der Auseinandersetzungen um den Beschäftigungsabbau auf Seiten des in dieses Unternehmen eingegangenen traditionellen Computerherstellers in der Vergangenheit hatte, gefestigt.

Im Unternehmen *A1* sind die Gewerkschaften IG Metall und DAG sowie eine Liste von unabhängigen Betriebsräten vertreten. Keine der genannten Gewerkschaften bzw. Listen hat eine klare Dominanz auf Seiten der betrieblichen Interessenvertreter. Im Unternehmen *A2* sind vor allem die IG Metall und die DAG in den Betriebsräten vertreten. Die Mehrheit im Gesamtbetriebsrat des Unternehmens hat die DAG, welche hier auch alleinige Tarifvertragspartei auf Seiten der

---

7   Im Konzern tritt neben der IG Metall auch die DAG als Tarifpartei auf. Beide haben den Tarifvertrag gleichlautend abgeschlossen. In dem hier untersuchten Unternehmen ist die Bedeutung der DAG allerdings marginal.

Gewerkschaften ist. Im Aufsichtsrat ist darüber hinaus auch die IG Metall vertreten.

Insgesamt zeigt sich, daß die ehemals fordistischen Unternehmen in hohem Maße in unternehmensübergreifende Verhandlungssysteme und Akteurskonstellationen einbezogen sind. Die aktive Mitgliedschaft in den Industrieverbänden ist für diese Unternehmen ein absolutes Muß. Aber auch die Mitwirkung auf der Ebene unternehmensübergreifender Tarifvertragssysteme hat hier Bedeutung. Betrachtet man die arbeitgeberseitigen Bindungen, so wird deutlich, daß diese Unternehmen selbst wichtige Akteure in den Tarifvertragssystemen sind. Sie üben hier nachhaltigen Einfluß auf die Gestaltung der Arbeitsbeziehungen insgesamt aus.

Die Einbindung der betrieblichen Interessenvertreter in die Gewerkschaften ist sehr unterschiedlich. Eine Vielzahl von Gewerkschaften ist hier aktiv und tritt teilweise in Konkurrenz zueinander auf. Auffallend ist, daß keine der aktiven Gewerkschaften eine eindeutige Dominanz in allen genannten Unternehmen und der IT-Industrie insgesamt für sich beanspruchen kann. Eine hervorgehobene Stellung haben die IG Metall, die in drei genannten Unternehmen die Dominanz hat, und die DPG, die in dem Unternehmen *C1*, dem mit Abstand größten der hier genannten Unternehmen, dominiert. Außer den genannten Gewerkschaften ist noch die DAG von Bedeutung. Sie hat in einem der Fallunternehmen die Federführung auf Seiten der betrieblichen Interessenvertretung. Neben den gewerkschaftlich organisierten Interessenvertretern ist eine Vielzahl gewerkschaftlich ungebundener Betriebsräte im Amt. Für die Arbeitsbeziehungen ist es oft von Belang, ob, und wenn ja, in welcher Gewerkschaft, ein Betriebsrat organisiert ist und ob das Gremium von Mitgliedern unterschiedlicher Gewerkschaften gebildet wird. Gerade weil die organisatorischen Einflußbereiche in der IT-Industrie von gewerkschaftlicher Seite her nicht geklärt sind und sich dies in einem offenen oder latenten Konkurrenzverhältnis zwischen den Mitgliedern unterschiedlicher Organisationen ausdrückt, hat diese Beziehungsebene für die Analyse Gewicht.[8]

5.1.2 Internationalisierung und institutionelle Strukturen

Der Wandel der industriellen Beziehungen in der bundesdeutschen IT-Industrie ist Bestandteil eines globalen Umbruchs der Produktionsstrukturen in diesem In-

---

8 Eine grundlegende Veränderung dieser Situation ist dann zu erwarten, wenn es innerhalb der DGB-Gewerkschaften gelingt, eine Klärung über die organisatorische Zuständigkeit der einzelnen Gewerkschaften zu erzielen, die nach der Eingliederung der DAG in die sich neu bildende Gewerkschaft ver.di alle relevanten Akteure betreffen würde. Zum Erhebungszeitpunkt ließ sich diese Entwicklung aber noch nicht abschließend beurteilen.

dustriesegment. Mit dem Niedergang des fordistisch-tayloristischen Produktions-modells, der sich seit den 70er Jahren abzeichnet und in der IT-Industrie mit dem Ende der proprietären Großrechner seine Vollendung fand, verliert auch das hierauf gerichtete System des institutionalisierten Interessenaustauschs seine „Geschäftsgrundlage" (Dörre 1995a) und gerät unter Veränderungsdruck. Diese Entwicklung ist insbesondere in den ehemals fordistischen Unternehmen, die die duale Struktur des institutionellen Systems meist voll ausgeprägt haben, virulent.

Die Restrukturierung weltweit agierender Produktionsnetzwerke wird als zen-trale Herausforderung der bundesdeutschen industriellen Beziehungen angese-hen. Von vielen Autoren wird erwartet, daß die spezifischen Institutionen des sozialen Ausgleichs, die lange Zeit als besonderer Wettbewerbsfaktor der bun-desdeutschen Industrie angesehen wurden, unter dem Druck einer neuen Dyna-mik globaler Produktionsprozesse erodieren. Angenommen wird, daß eine histo-risch bislang unbekannte Dynamik grenzüberschreitender Wirtschaftsaktivitäten, wie sie gerade für die IT-Industrie prägend ist, in einen Wettlauf unterschiedlich organisierter Regulierungssysteme führe. Dabei drohe der „rheinische Kapitalis-mus" mit seinen ausbalancierten Stakeholder-Interessen trotz größerer sozialer Leistungsfähigkeit auf der Strecke zu bleiben (Albert 1992, S. 165; Thurow 1996, S. 16; kritisch dazu Dörre 1996; Dörre et al. 1997).

Die mit der Internationalisierung der Produktion verbundenen Wirkungen auf die Binnenstrukturen der industriellen Beziehungen lassen sich anhand der sechs Unternehmen des ehemals fordistischen Typs eingehender analysieren. Die ehe-mals fordistischen Unternehmen des Samples sind allesamt in international agie-rende Konzerne eingebunden, die einen Großteil ihrer Umsätze über den Welt-markt realisieren. Die Internationalisierung der Produktion ist in allen diesen Un-ternehmen in der einen oder anderen Weise ein zentrales Thema.

Folgt man der These von Dörre (1996), wonach auch multinationale Konzer-ne in Fragen des Umgangs mit den politischen Umfeldbedingungen nicht unab-hängig von ihrer angestammten Operationsbasis agieren, so ist zwischen Unter-nehmen, die ihre Operationsbasis in Deutschland haben, und solchen, deren Hauptsitz im Ausland ist, grundsätzlich zu unterscheiden, weil angenommen werden kann, daß erstere eine höhere Affinität zum deutschen System indu-strieller Beziehungen aufweisen, während letztere auf deren Funktionieren einen geringeren Wert legen. Drei Unternehmen (*A1*, *B1* und *C1*) haben ihre Konzern-zentrale in Deutschland. Demgegenüber sind Konzernzentralen der übrigen drei Fallunternehmen dieses Typs im Ausland angesiedelt. Im Falle von *A2* und *A3* hat die Konzernzentrale ihren Sitz in den USA, im Falle von *A4* in Frankreich. Die starke internationale Orientierung hat auf Seiten der Betriebsräte in einigen Unternehmen zur Intensivierung der internationalen Zusammenarbeit und insbe-sondere zur Bildung von Eurobetriebsräten geführt.

Bei den drei genannten Unternehmen, die ihren Hauptsitz in Deutschland haben, handelt es sich um traditionsreiche deutsche Unternehmen, die fest in das System industrieller Beziehungen eingebunden sind. Sie können als zentrale Akteure dieses spezifischen nationalen Systems des Interessenaustauschs gelten. Darüber hinaus sind sie durch eine enge geschäftliche Beziehung zu staatlichen Institutionen geprägt, die ihrerseits die Einhaltung gewisser Standards im Bereich der Mitbestimmung oder der beruflichen Erstausbildung bei der Vergabe von staatlichen Aufträgen beachten.

Die Kernbestandteile des deutschen Systems industrieller Beziehungen, der Tarifvertrag und die Mitbestimmung nach dem Betriebsverfassungsgesetz, werden von den jeweiligen Konzernspitzen grundsätzlich bejaht. Der „Weltmarkt" wird hier zwar von den Akteuren als eine abstrakte Voraussetzung ihres Agierens aufgefaßt. Man wähnt sich in internationalen Konkurrenzbeziehungen und orientiert sich zunehmend am „shareholder value", so daß beispielsweise die Lohnhöhe oder andere soziale Standards ganz prinzipiell diskutierenswert erscheinen. Eine Abkehr vom deutschen System der Arbeitsbeziehungen wird aber grundsätzlich nicht in Erwägung gezogen. Insofern bestätigt sich an diesen drei Unternehmen die These von Dörre, wonach Unternehmen sehr wohl eine enge Bindung zu ihrer Heimatbasis aufbauen und aus ihrer Interessenlage heraus an einer Stabilisierung der Rechtsstandards und Normen der industriellen Beziehungen interessiert sind.

Eine andere Ausgangsvoraussetzung ist bei jenen drei Unternehmen zu unterstellen, die ihren Hauptsitz im Ausland haben. Die in der Literatur unterstellten Zusammenhänge von Internationalisierung der Produktionsstrukturen und der Veränderung der auf nationalen Rechtssystemen basierenden industriellen Beziehungen lassen sich hier unter den Bedingungen analysieren, daß die Konzernspitze ihren Sitz in Frankreich bzw. den USA hat und in ihrer Politik an den Arbeitsbeziehungen dieser Länder orientiert ist. In diesen Fällen könnte die Abkehr vom deutschen System industrieller Beziehungen stärker ausgeprägt sein.

Geradezu paradigmatisch für die Einbindung der nationalen Tochterunternehmen in internationale Konzernstrukturen ist das Unternehmen *A2*. Dieses Unternehmen gilt in dieser Frage als weit fortgeschritten und für viele andere Unternehmen als richtungsweisend. Hatten bis Anfang der 90er Jahre die jeweiligen nationalen Tochterunternehmen in diesem Unternehmen eine relativ hohe Eigenständigkeit, so wird seitdem deren Anbindung an die Unternehmenszentrale deutlich enger; Ausgangspunkt der Entwicklung war eine strategische Reorganisation des gesamten Weltkonzerns. Der Vertreter des Gesamtbetriebsrats beschreibt dies folgendermaßen:

„Bis (19)92 waren die Landesgesellschaften (Deutschland, Frankreich usw.) aufgrund ihres Geschäfts, ihrer Struktur relativ selbständig. Mit der Globalisierung funktionierten die Ländergesellschaften in dem Sinne nicht mehr, sie mußten Kompetenzen abgeben. Das heißt, über dem deutschen Konzern sitzt die Muttergesellschaft in Paris und darüber die Corporation in den USA. Und alles läuft jetzt passend zur Globalisierung mehr nach den USA." (Betriebsrat A2)

Die Einbindung der nationalen Gesellschaften vollzieht sich nach der Reorganisation vor allem auf zwei Wegen: einerseits durch eine Veränderung der organisatorischen Strukturen und andererseits durch ein einheitliches Berichts- und Informationssystem des Gesamtkonzerns.

Die Unternehmensstrukturen werden in „lines of business" reorganisiert, die eine direkte Anleitung und Kontrolle der jeweiligen Geschäftsbereiche durch die Zentrale des Gesamtkonzerns vermittels der Zentrale in Europa ermöglichen, statt wie vorher alle Informationsströme über die jeweilige nationale Führung zu transportieren. Von der Zentrale werden detaillierte Vorgaben gemacht, die dann von den Fachabteilungen der jeweiligen Tochtergesellschaften zu adaptieren und zu erfüllen sind. Diese berichten wiederum auf direktem Weg an die jeweiligen Vorgesetzten in der fachlichen Linie über die Zentrale in Paris bis zur Zentrale in den USA und darüber hinaus an die formell vorgesetzte Leitung der Tochtergesellschaft in Deutschland. Diesen Zusammenhang erklärte uns der Vertreter der Unternehmensleitung folgendermaßen:

„Wir sind eigentlich angewiesen auf das, was weltweit bestimmt wird, und sollen das dann für unseren Markt von der Produktseite sowie von der Marketingseite adaptieren und dann in den Markt bringen." (Unternehmensleitung A2)

Als Pendant zu den organisatorischen Veränderungen wurde in dem Unternehmen ein weltweit einheitliches Berichts- und Buchungssystem eingerichtet. Dieses erlaubt es der Unternehmenszentrale, in kürzester Zeit auf die einschlägigen Informationen zur Geschäftsentwicklung in allen Tochtergesellschaften zugreifen zu können. Die zentrale Bedeutung des Berichtssystems erläutert der Vertreter des Gesamtbetriebsrats wie folgt:

„Aber die eigentlichen zentralen Entscheidungen sind alle aus den USA gekommen. Die weltweiten Berichtssysteme, die Buchungssysteme. Das heißt, ich kann weltweit das gleiche tun. Vorher wurde mit länderspezifischen Berichts- und Buchungssystemen gearbeitet, die stufenweise über Paris in die USA gingen. Heute geht das in ein System. Und in den USA kann der Leiter des Konzerns auf die Enter-Taste drücken und weiß, was in Deutschland passiert. Und damit sind natürlich bestimmte Freiheiten und Spielräume rausgenommen." (Betriebsrat A2)

Dieses Informationssystem wird vor allem dazu genutzt, die einzelnen Gesellschaften und deren Abteilungen miteinander zu vergleichen. So entsteht ein großer Informationsfundus, der wiederum für die strategische und operative Entscheidungsfindung in der Zentrale genutzt wird. Der Vertreter des Gesamtbetriebsrat erklärt diesen Sachverhalt wie folgt:

„Ja, und zwar, das Unternehmen vergleicht ja seine Töchter weltweit. Transparent ist das. Und dann weiß man ganz genau, von der Arbeitszeit, wo die Engländer, wo die Italiener, wo die Franzosen stehen, wieviel Wochenstunden dort gearbeitet werden. In unserer Branche wird ja jede Stunde verglichen – pro Mitarbeiter. Und das kann ich genau nachrechnen." (Betriebsrat *A2*)

Die Anbindung der nationalen Tochtergesellschaft an die Konzernentscheidungen betrifft die Kernfragen der Markt- und Produktstrategie sowie des organisatorischen Aufbaus des Unternehmens. Im Zuge einer globalen Reorganisation wurden dabei die Kompetenzen der nationalen Tochtergesellschaft wesentlich eingeschränkt. Diese Entwicklung hat auch nachhaltige Auswirkungen auf die Arbeitsbeziehungen und ihre Akteure in Deutschland.

Das Bestreben des Unternehmens, weltweit einheitlich steuerbare Unternehmensstrukturen zu schaffen, erfordert mit einer gewissen Zwangsläufigkeit auch die Standardisierung zentraler Aspekte der Arbeitsbedingungen. Insbesondere die weltweit einheitlichen Berichts- und Informationssysteme erzeugen offensichtlich in dem Unternehmen einen Trend zur weltweiten Vereinheitlichung von Bezahlungs- und Leistungssystemen. Denn um wirklich wirksam zu sein, müssen die Basisdaten dieser Informationssysteme (Funktionsbeschreibungen, Aufstiegs- und Qualifizierungswege, Bezahlungs- und Arbeitszeitmodelle u.a.) weltweit vergleichbar und entsprechend standardisiert werden. Dies hebelt die nationalen Besonderheiten nicht vollständig aus. Das Unternehmen ist aber bemüht, sie in ihrer Wirkung soweit als möglich gegenüber den weltweiten Standards im Gesamtunternehmen zu minimieren. Der Vertreter der Unternehmensleitung erläutert dies folgendermaßen:

„Das Human Resource versucht, daß sie europaweit die gleiche Bezahlung bekommen für die gleiche Leistung, für den gleichen Level. Nur die Umsetzung, wie das erreicht werden muß, muß dann jeweils die Personalabteilung nach den jeweiligen Landesgesetzen, Tarifverträgen, Betriebsvereinbarungen ausarbeiten. Aber die klare Zielrichtung in den letzten Jahren ist, daß wir uns weltweit vergleichen, daß die Level auch in etwa in der gleichen Bezahlung sind. Daß die Level gleich sind, das läuft heute eigentlich weltweit. Nur die Umsetzung müssen wir dann eben so machen, daß sie in unsere Gesetzgebung paßt." (Unternehmensleitung *A2*)

Die Ausgestaltung der Basisstandards der Arbeit und der Arbeitsbeziehungen vollzieht sich demnach in diesem weltweit hochintegriert agierenden Unternehmen in einem komplexen Wechselspiel zwischen dem Bestreben nach maximaler Standardisierung der Basisdaten einerseits und der Respektierung nationaler Besonderheiten andererseits. In diesem Wechselverhältnis ist das Unternehmen aber insgesamt bestrebt, die Grundlagen von Bezahlung, Aufstieg und Qualifizierung soweit als möglich zu vereinheitlichen; wohlwissend, daß hier nationale Besonderheiten nie ganz auszuschalten sind.[9]

Der weiter oben bereits erwähnte Ausstieg aus dem Flächentarifvertrag der Metall- und Elektroindustrie und die Etablierung eines Haustarifvertrags werden von dem Vertreter der Unternehmensleitung daher vor dem Hintergrund dieser weltweiten Standardisierungsbemühungen als Versuch dargestellt, einen „weltweiten Tarifvertrag" zu etablieren. Hier heißt es:

> „Wenn ich das Unternehmen betrachte, ist das eigentlich eh ein Flächentarifvertrag, der ist nur weltweit für das Unternehmen. (...) Das wird eigentlich angestrebt, daß das eigentlich weltweit vergleichbar ist." (Unternehmensleitung *A2*)

Die engere organisatorische Einbindung und die Standardisierung der Basisdaten des Arbeitsprozesses und der Personalführung erzeugen einen latenten Druck auf die Sozialparteien, von nationalen Besonderheiten abzusehen. Dennoch kann nach unseren Erfahrungen nicht von einer „automatischen" Erosion nationaler Mitbestimmungsrechte und sozialer Standards gesprochen werden. Im Gegenteil, die formalen Mitbestimmungsrechte der Interessenvertretung wurden im großen und ganzen erhalten. Nach einer gewissen Übergangsphase, in der die Konzernzentrale in den USA nach Auffassung des Betriebsrats „lernen mußte", daß in Deutschland andere gesetzliche Grundlagen bestehen als in den USA, hat die Unternehmensspitze offensichtlich diese Besonderheiten des deutschen Systems industrieller Beziehungen akzeptiert. Mit anderen Worten: Ein unmittelbarer, von der Konzernspitze verfügter Abbau von Mitbestimmungsrechten wird in diesem Unternehmen nicht angestrebt. Dies deckt sich mit den Erfahrungen der Interessenvertreter der anderen beiden Unternehmen mit Hauptsitz im Ausland.[10] Vielmehr besteht die Gefahr einer Erosion von tariflichen und anderen

---

9   Die Komplexität des damit einhergehenden Problems reflektiert folgender Auszug aus dem Interview mit dem Vertreter der Unternehmensleitung. Frage: „Gibt es in den USA ein formales Entgeltsystem, das den (Unternehmens-)Standort in den USA unmittelbar vergleichbar macht mit einem hier?" Antwort: „Von der Mitarbeiterbezahlung her ja. Wobei gewisse Dinge ... Gut, in Amerika ist es schon länger gang und gäbe, die Mitarbeiter zu bezahlen nach stock options, also mehr in diese Richtung, was hier erst langsam kommt. Wobei wir das aber auch einführen. Aber sonst von der Bezahlung her ja. Natürlich haben sie eigene Kündigungsgesetze in den verschiedenen Ländern. Das ist dann immer die Schwierigkeit, die unsere Personalabteilung hat." (Unternehmensleitung *A2*)

10   Die drei genannten Unternehmen lassen hinsichtlich der Steuerungsmodi des Weltkonzerns vergleichbare Grundmuster erkennen. Auf einen Nenner gebracht ist hier das Credo: so viel Vereinheitlichung wie möglich, so viele Konzessionen an nationale Besonderheiten wie erforderlich. Übereinstimmend wird uns von unseren Gesprächspartnern in beiden Unternehmen gesagt, daß die Konzernzentralen den jeweiligen nationalen Leitungen beim Umgang mit der Interessenvertretung keineswegs durch direkte Direk-

sozialen Standards bei gleichzeitiger Wahrung der formalen Mitbestimmungs-rechte. Diese resultiert nicht aus einer direkten Machtausübung seitens der Kon-zernleitung in den USA, sondern aus einem komplexen sozialen Prozeß, der im Zusammenspiel von Betriebsräten und nationaler Leitung vonstatten geht.

Ein Grundproblem für die Verhandlungssituation in dem deutschen Tochter-unternehmen ist das Auseinanderfallen von legaler und realer Entscheidungs-struktur. Zwar ist die jeweilige nationale Leitung der legale Ansprechpartner der Betriebsräte. Ihre Funktion ist allerdings in hohem Maße von Vorgaben der Un-ternehmenszentrale bestimmt. Aus dieser organisatorischen Einbindung resul-tiert in Deutschland eine doppelte Verantwortungsstruktur. Über die fachliche Linie werden die zentralen Unternehmensentscheidungen wie beschrieben kom-muniziert, und zugleich sieht das deutsche Rechtssystem vor, daß jeweils natio-nale Verantwortungsträger die Personalverantwortung haben.

Die Verantwortungsträger haben aber – wie oben dargestellt – innerhalb der Konzernstrategie seit der Reorganisation zu Beginn der 90er Jahre nur einge-schränkte Handlungsmöglichkeiten. Dieses Auseinanderfallen von legaler und realer Verantwortungsstruktur erschwert grundsätzlich die Verhandlungen zwi-schen den Interessenparteien in der deutschen Tochtergesellschaft. Der Betriebs-rat erfährt dies dadurch, daß „die Spielräume enger geworden sind" und natio-nale Besonderheiten den Verantwortungsträgern im weltweiten Konzern immer wieder vermittelt werden müssen. Dabei herrscht sowohl beim Vertreter der Unternehmensleitung als auch des Gesamtbetriebsrats der Eindruck vor, daß US-amerikanische Entscheidungsträger aufgrund ihres Erfahrungshintergrunds den nationalen Besonderheiten der Kultur und des Rechtssystems oft nur wenig Verständnis entgegenbringen.[11] Sowohl das deutsche Management als auch die

---

tiven „hineinregieren". Das institutionelle Gefüge der Arbeitsbeziehungen und der Um-gang mit Tarifverträgen und Betriebsräten gelten vielmehr als „Länderangelegenheit", bezüglich derer die nationalen Verantwortungsträger bestimmte Freiräume haben. Die-se Freiräume nationaler Ausgestaltung reichen grundsätzlich so weit, wie das nationale Unternehmen im Rahmen der internationalen Leistungsvergleiche des Konzerns seine wirtschaftliche Leistungsfähigkeit unter Beweis stellt. Gerät es aber gegenüber anderen nationalen Gesellschaften, die im Gesamtkonzern als Vergleichsmaßstab angesehen werden, ins Hintertreffen, so ist damit zu rechnen, daß die Konzernzentrale aktiv wird.

11   Der Vertreter der Unternehmensleitung verdeutlicht dieses Problem wie folgt: „Das Pro-blem, das die Amerikaner teilweise haben, ist, die sehen Europa als Europa. Wie wenn es einen europäischen Markt gäbe. Ich sage immer, es gibt keinen europäischen Markt, es gibt viele Märkte in Europa. Das lernen die Amerikaner, wenn sie mal da sind. Das ist wirklich das Problem, daß sie meinen, sie könnten jetzt Europa behandeln wie Nord-amerika. Da haben sie mal gerade Kanada und die großen Vereinigten Staaten, und da klappt das auch. Aber hier mit den großen kulturellen Unterschieden, das ist für sie zum Teil sehr, sehr schwer zu verstehen. Da müssen die Europäer eigentlich immer mit dieser Gegenargumentation kommen." (Unternehmensleitung *A2*)

Interessenvertreter sehen sich daher seit der engeren Einbindung in den Weltkonzern vor die Notwendigkeit gestellt, diese Besonderheiten zu erläutern und ihren Entscheidungsspielraum zu behaupten. Nach Einschätzung des Gesamtbetriebsrats ist dies aber mit Blick auf das deutsche Mitbestimmungssystem im wesentlichen gelungen.

Läßt sich zunächst festhalten, daß es dem Gesamtbetriebsrat gelungen ist, trotz einer engeren Einbindung in den weltweiten Konzern seine formalen Rechte nach einigen Auseinandersetzungen zu behaupten, so erzeugt das vermeintlich geringe Verständnis der Verantwortlichen in der US-Zentrale für die hiesigen Interessenvertreter offensichtlich einen ständigen Druck, der nicht so sehr über die formale Ebene wirkt als über vielfältige soziale Beziehungen. Die betrieblichen Interessenvertreter in Deutschland agieren in ihrer eigenen Wahrnehmung stets vor dem Hintergrund des „Verdachts", sie seien als Deutsche „engstirnig", „auf veralteten Rechtspositionen verharrend" und würden so zu „Bremsern" der Weiterentwicklung des Gesamtkonzerns.

Dennoch wirkt die vermutete Apostrophierung als rückwärtsgewandter Bremser offensichtlich und erzeugt ein Gefühl, denen in den USA zeigen zu müssen, daß die betriebliche Interessenvertretung keinesfalls an „alten Zöpfen hängt" und sich den Anforderungen der Zeit gewachsen sieht. Der Vertreter des Gesamtbetriebsrats verweist darauf, daß, als Anfang der 90er Jahre weltweit die Kosten des Unternehmens gesenkt werden sollten, die deutschen Interessenvertreter durch Absenkung bestimmter sozialer Standards und durch Abschluß eines Haustarifvertrags, der statt der 35-Stundenwoche eine 38-Stundenwoche ermöglichte, ihren Teil dazu beigetragen haben, das Unternehmen wieder wettbewerbsfähig zu machen.

> „Aber nach den USA hin haben wir demonstriert, daß wir beweglich sind. Und dann kam parallel dazu der Tarifvertrag. Der hat schon Öffnungen gebracht. Das war die 38-Stundenwoche. Damals sind die Gewerkschaften allerorts auf 35 Stunden heruntergegangen. Wir sind mit dem Tarifvertrag auf 38 hoch gegangen. Das heißt, wir haben den Amerikanern und unseren Mitbewerbern innerhalb der Company gezeigt, daß wir nicht deutsche Gesetze haben und hängen daran, sondern wir haben versucht, sie mitzugestalten. Wir waren einmal das Schlußlicht. Die Laterne haben wir abgegeben. Und wir sind heute von der Arbeitszeit ziemlich weit vorn. Weiter als die Engländer." (Betriebsrat *A2*)[12]

Die Einbindung in die weltweiten Konzernstrukturen schränkt also weniger die formalen Mitbestimmungsrechte des Betriebsrat ein. Nach einigen Auseinandersetzungen ist es den Interessenvertretern vielmehr gelungen, die Besonderheiten

---

12   In gleicher Weise äußert sich auch der Vertreter der Unternehmensleitung. Die beiden
      Interessenparteien erleben sich offensichtlich angesichts des weltweiten Konzernvergleichs vor einer gemeinsamen Herausforderung.

des Rechtssystems zu reklamieren. Dahingehend bestätigen uns sowohl die Gesprächspartner in dem Unternehmen *A2* als auch die in dem zweiten US-amerikanischen Unternehmen *A3*, daß in den Konzernen sehr wohl ein gewisser Spielraum für nationale Besonderheiten bestünde, der sich in den letzten Jahren eher ausgeweitet habe. Die Wirkungen der stärkeren internationalen Einbindung auf die deutschen Arbeitsbeziehungen werden nicht so sehr mit Blick auf die formalen Strukturen deutlich als mit Blick auf die kulturelle und soziale Gemengelage, die sich in dem Unternehmen seit der Reorganisation herausgebildet hat. Der Druck, der auf den Interessenvertretern lastet, ist demnach weniger einer der formalen Beschneidung ihrer Rechte und Möglichkeiten als vielmehr ein subtil wirkender sozialer Mechanismus, der die betriebliche Interessenvertretung zu Akteuren des Abbaus sozialer Standards bei gleichzeitiger Wahrung ihrer Mitbestimmungsrechte macht.

Dieser soziale Mechanismus wiederum scheint seine Wirksamkeit nicht über ein direktes Einwirken auf die Entscheider und die Interessenvertreter, sondern vielmehr über eine indirekte Beeinflussung über die konzernweiten Diskurse zu entfalten. In den unternehmensweiten Diskursen hält sich der stets präsente Verdacht, die deutschen Interessenvertreter seien „rückwärtsgewandte Paragraphenreiter", die sich den Anforderungen des modernen Unternehmens nicht stellen wollen. Dieser schwebt offensichtlich wie ein Damoklesschwert über den Interessenvertretern. Aktiviert wird er insbesondere durch den detaillierten Vergleich der Ländergesellschaften untereinander. Steht das deutsche Unternehmen im Vergleich mit den anderen Tochtergesellschaften hinsichtlich der wirtschaftlichen Kennziffern schlechter da, geraten die deutschen Mitbestimmungsrechte sowie die sozialen Standards in die Diskussion und die Interessenvertreter sind unter Legitimationsdruck.

Grundsätzlich gilt zwar, daß nationale Besonderheiten „geduldet" werden, solange die Unternehmensergebnisse im internationalen Vergleich stimmen und die strategischen Vorgaben erfüllt werden. Droht aber eine nationale Tochtergesellschaft „unproduktiver" zu werden als eine andere, entsteht auf Seiten der nationalen Leitung schnell ein erhöhter Handlungsbedarf, dem sich die Betriebsräte nur schwer entziehen können. Oft entsteht hier das Gefühl, daß man „denen in der Zentrale" beweisen muß, daß die Betriebsräte in Deutschland nicht „unflexibel" und „bürokratisch" auf „überkommenen" Rechtspositionen beharren und einer „Gesundung" des Unternehmens nicht im Weg stehen.

Was hierbei oft übersehen wird, ist, daß die Informationsbasis, auf der solche Entscheidungen zwischen den Parteien getroffen werden, meist einseitig von der Unternehmenszentrale vorgegeben wird. Diese wählt aus, welche Indikatoren für die Bewertung der wirtschaftlichen Leistungsfähigkeit aussagekräftig sind. Und sie ist es, die über die Vergleichszahlen der anderen Tochtergesellschaften verfügt und diese aufbereitet. Selbst wenn es den Betriebsräten gelingt, sich bezüglich der nationalen Unternehmenssituation kompetent zu informieren, stoßen sie bezüglich der erforderlichen Informationen über andere nationale Tochtergesellschaften schnell auf Grenzen. Dieses strukturelle Informationsdefizit der betrieblichen Interessenvertretung bestimmt ihre Verhandlungsposition nachhaltig.

Insgesamt läßt sich feststellen: Die Internationalisierung erzeugt keinen blindwirkenden Automatismus des Abbaus von Mitbestimmungsrechten und sozialen Errungenschaften. Die Konzerne mit Hauptsitz in Deutschland halten am deutschen System industrieller Beziehungen aus vielfältigen Erwägungen fest. Und international agierende Konzerne mit Hauptsitz im Ausland lassen den nationalen Tochterunternehmen weitgehende Spielräume bei der Ausübung von Mitbestimmungsrechten. Gerade bei einigen US-amerikanischen Unternehmen ist hier offensichtlich ein gewisses Umdenken eingetreten. Die neuen Methoden der integrierten Steuerung dieser Großunternehmen können dennoch zu einer schleichenden Unterhöhlung der Mitbestimmungsrechte und vor allem der sozialen Standards führen. Perfiderweise kann dies unter aktiver Beteiligung der Betriebsräte geschehen, die sich unter dem Druck einer ungleichen Informationslage vermeintlichen Sachzwängen beugen.

5.1.3 Neue Beteiligungsformen und deren Verhältnis zum traditionellen institutionellen System

Neben der (globalen) Reorganisation der Konzern- und Unternehmensstrukturen sind die ehemals fordistischen Unternehmen durch einen nachhaltigen Wandel der Arbeitsformen sowie der damit verbundenen Managementkonzepte geprägt. Insbesondere in den Unternehmen im Bereich der Informationstechnik wird die in den Entwicklungsbereichen vorherrschende Projektorganisation der Arbeit als kulturell dominierend wahrgenommen. Diese wirkt in ihrem hohen Selbstorganisationsbedarf orientierend auf die Konzeption neuartiger Managementstrategien. Und auch in den meisten Servicebereichen, die ebenfalls an Bedeutung zunehmen, erwächst mit den hier vorherrschenden neotayloristischen Arbeitsformen ein mehr oder weniger ausgeprägter Selbstorganisationsbedarf, so daß entsprechende Managementkonzepte auch auf diesen Bereichen angewandt werden.

Die Einführung neuer Managementkonzepte erfolgte hier mit dem Ziel der Steuerung und Kontrolle von weitgehend selbstorganisierter Arbeit. Im Zentrum dieser Bestrebungen einer effektiven Regulation dieser Arbeitsform steht das Konzept des Führens über Ziele. Die Mitarbeiter vereinbaren individuell mit den Vorgesetzten Ziele bezüglich der ökonomischen Rahmendaten ihrer Arbeit (Vereinbarungen über die rechtzeitige Fertigstellung von Projekten, über den zu erzielenden Umsatz oder den Gewinn, der mit den Projekten erwirtschaftet werden soll). Weiterhin werden hier Vereinbarungen bezüglich der anzustrebenden Qualifikationsentwicklung und der dafür erforderlichen Qualifizierungsmaßnahmen geschlossen (Baukrowitz/Boes 2002). Das Erreichen dieser Ziele wird von den Vorgesetzten bewertet und bildet die Basis für die Auszahlung variabler Gehaltsbestandteile. Diese Entwicklung geht meist mit der Einführung von Arbeitszeitmodellen einher, die den Beschäftigten große Spielräume bei der Festlegung der täglichen und der Wochenarbeitszeit überläßt.

Mit diesen neuen Arbeitsformen und modernen Managementkonzepten entsteht in den Unternehmen neben den traditionellen Formen der Interessenvertretung eine Reihe neuer Institutionen, in denen der Interessenaustausch zwischen Arbeitgeber und Arbeitnehmer in verschiedenen Formen und bezüglich unterschiedlicher Gegenstände geregelt wird. Solche Institutionen der Beteiligung sind beispielsweise die formell oder informell verankerten Mitspracherechte in Projekten und Arbeitsgruppen. Eine hervorgehobene Bedeutung innerhalb dieser neuen Beteiligungsformen hat das sogenannte Zielvereinbarungsgespräch, das mittlerweile in allen Unternehmen dieses Typs durchgeführt wird. In diesen Mitarbeitergesprächen werden zentrale Fragen der individuellen Arbeitszeitgestaltung, der Entlohnung sowie der Qualifizierung geregelt, womit substantielle Aspekte der kollektivvertraglichen Regelwerke berührt sind.

Eine zentrale Frage der Entwicklung der Arbeitsbeziehungen in den ehemals fordistischen Unternehmen ist unter diesen Bedingungen, in welchem Verhältnis die traditionellen Institutionen des Interessenaustauschs, die betriebliche Interessenvertretung sowie der Tarifvertrag zu diesen neuartigen Institutionen im Kontext neuer Managementkonzepte stehen. In der gegenwärtig geführten Debatte wird häufig die IT-Industrie als Beleg für die Leistungsfähigkeit der „neuen Mitbestimmungsformen" herangezogen: Die Mitarbeiter erhielten in diesen vom Unternehmen geschaffenen Institutionen genügend Möglichkeiten, individuell ihre Interessen durchzusetzen. Demgegenüber erscheinen die traditionellen Institutionen Betriebsrat und Tarifvertrag als „veraltet" und „nutzlos".

In dieser Gegenüberstellung „neuer" und „alter" Mitbestimmungsformen ist allerdings zu bedenken, daß diese – obwohl sie gleichermaßen Institutionen sind, in denen der Interessenaustausch zwischen Arbeitnehmern und Arbeitgebern vollzogen wird – dennoch auf je eigenen, nicht deckungsgleichen „Rationalitätskalkülen" beruhen. Lepsius weist mit Bezug auf Max Weber darauf hin, daß Institutionen stets spezifische Rationalitätskalküle verkörpern, die einerseits Ergebnis der sie tragenden Interessenstrukturen sind, dabei aber andererseits ihren jeweils eigenen Leitorientierungen folgen (Lepsius 1996). Dieser Überlegung folgend speisen sich „alte" und „neue" Mitbestimmungs- und Beteiligungsformen aus sehr unterschiedlichen Leitorientierungen und folgen jeweils unterschiedlichen Rationalitätsvorstellungen (vgl. Dörre 1996).

Die traditionellen Mitbestimmungsmuster resultieren aus der Einsicht in die Notwendigkeit zur Regulierung eines komplexen Geflechts von Interessendivergenzen zwischen den Interessenparteien. Für beide Parteien scheint es im Sinne ihrer Ziele durchaus rational, einer unbeschränkten Aufschaukelung des Konflikts eine gemeinsam getragene Struktur des Interessenaustauschs entgegenzusetzen. Das gesamte System der industriellen Beziehungen nährt sich aus der Leitvorstellung der rationalen Behandlung unterschiedlicher Interessen; die Funktionsfähigkeit seiner institutionellen Arrangements inklusive der Beteiligungsmöglichkeiten für die Beschäftigten orientiert sich an diesem Ziel.

Demgegenüber weisen die neuen Beteiligungsformen eine andere Leitorientierung auf. Beteiligung dient hier zunächst und zuallererst der Steigerung der Effizienz der Arbeitsprozesse, die „Beteiligung der Beschäftigten rechtfertigt sich nach den von der Managementlehre gesetzten Maßstäben nur in dem Maße, wie sie zur Produktivitätsverbesserung in den Unternehmen beiträgt" (Dörre 1996, S. 9). Die neuen Beteiligungsformen verfügen daher über ein eigenes Rationalitätskalkül, das eine autonome Interessenposition der Beschäftigten und grundlegende Interessendivergenzen zwischen den Interessenparteien nicht vorsieht. Der Interessenaustausch wird hier als Funktion der Erreichung der im wesentlichen vom Unternehmen vorgegebenen und von den Beschäftigten mitgetragenen Ziele gesehen. Zwar ist auch hier in gewissem Maße eine Verhandlungssituation zu unterstellen, in der die Beschäftigten gegenwärtig durchaus in der Lage sind, individuell ihre Interessen insbesondere hinsichtlich der Gehaltsentwicklung durchzusetzen. Allerdings ist in die Bewertung der Verhandlungsposition der Beschäftigten die gegenwärtige Arbeitsmarktsituation der IT-Industrie einzubeziehen: Der insbesondere im Bereich der hochqualifizierten Beschäftigten herrschende Fachkräftemangel und die daraus resultierende Konkurrenz der Unternehmen um diese Beschäftigten (ein Personalleiter sagte uns, es sei durchaus üblich, daß Beschäftigte in der Woche mehrere Anrufe von Headhuntern bekämen) zwingt die Unternehmen zu erhöhter Kompromißbereitschaft.

Zur Bewertung der Rolle dieser neuartigen Institutionen des Interessenaustauschs in den ehemals fordistischen Unternehmen ist darüber hinaus zu bedenken, daß sie im Gegensatz etwa zu den aufstrebenden Kleinunternehmen unter den Bedingungen einer weitgehenden Einbindung in das System industrieller Beziehungen erfolgt: Dies bedeutet, daß der Interessenaustausch hier immer auf der Basis einklagbarer tarifvertraglicher Regelungen oder Betriebsvereinbarungen erfolgt, und der Betriebsrat steht „naturwüchsig" als Eskalationsinstanz im Konfliktfall zur Verfügung.

Die zentrale Frage der Entwicklung der Arbeitsbeziehungen in den ehemals fordistischen Unternehmen besteht darin, in welcher Form die betriebliche Interessenvertretung sowie das betriebliche sowie tarifvertragliche Regelwerk als autonome Institutionen der Interessenvertretung auf dieses neue Institutionensystem im Rahmen neuer Managementkonzepte und die damit verbundene neuartige Interessensituation der Beschäftigten bezogen werden. Für die vorgefundenen Entwicklungsszenarien erwies sich dabei als Dreh- und Angelpunkt, ob und wieweit es gelingt, die traditionellen Institutionen dazu zu nutzen, die Beschäftigten in der individuellen Aushandlung ihrer Arbeitsbedingungen effektiv zu unterstützen, indem diese kollektivvertraglich abgesichert und an kollektive Interessen des Interessenaustauschs rückgebunden werden.

Für die hochregulierten Unternehmen des ehemals fordistischen Typs zeichnet sich ab, daß sich hier eine Verbindung beider institutioneller Systeme durchsetzen wird. Hier lassen sich generell verstärkte Bemühungen erkennen, die neuen Beteiligungsformen ihrerseits durch einvernehmliche Regelungen zwischen Betriebsrat und Unternehmensleitung zu unterfüttern. Dies hat hier zu verschiedenen Vereinbarungen geführt, die Ziel und Inhalt der Gespräche, die Eskalationsmechanismen bei Konflikten sowie die Beteiligungsrechte des Betriebsrats festlegen.

Mit Blick auf die Unternehmen, die sich am ausgeprägtesten um eine Innovation ihres Regelwerks bemühen (*A2, A3* und *B1*), läßt sich feststellen, daß hier die „neuen" Beteiligungsformen darüber hinaus zum Gegenstand tarifvertraglicher Vereinbarungen und diese ergänzender Betriebsvereinbarungen gemacht und somit unter Einschluß der Gewerkschaften vollzogen wurden. Beide institutionellen Systeme stützen sich hier im Idealfall gegenseitig und bilden die Basis eines einvernehmlich getragenen Wandels zu neuen Unternehmenskonzepten und den darin angelegten neuen Regulierungsmodi des Interessenaustauschs.

5.1.4 *Akteure und deren Beziehung im Unternehmen*

Die ehemals fordistischen Unternehmen weisen die für die deutschen Arbeitsbeziehungen typische duale Struktur auf. In allen Betrieben bestehen seit vielen Jahren nach dem Betriebsverfassungsgesetz gewählte Interessenvertreter, die als Institution gut in den Unternehmen verankert sind.[13] Diese sind in ihrer Funktion durch geltende Tarifverträge abgestützt. Kennzeichnend für alle Unternehmen dieses Typs ist, daß die gewählten Interessenvertreter eine starke Position als Akteure im Interessenaustausch haben und ein professionelles Verhältnis zu den Unternehmensleitungen pflegen. Während in den Unternehmen der beiden anderen Gruppen – Lack-Turnschuh-Unternehmen und Start-up-Unternehmen – Betriebsräte entweder überhaupt nicht bestehen oder in einem konflikthaften Verhältnis zu den Leitungen stehen, prägt in den ehemals fordistischen Unternehmen eine gegenseitige Akzeptanz die Kultur des Verhältnisses der betrieblichen Sozialparteien. Durchweg bekennen sich die Unternehmensleitungen hier

---

13   Dabei stellen wir in Rechnung, daß zwischen der Verankerung und Stabilität des Betriebsrats als Institution und dessen Durchsetzungsfähigkeit zu unterscheiden ist. Darauf weist Kotthoff in einer interessanten Analyse des Wandels der Betriebsratsarbeit hin (Kotthoff 1998).

prinzipiell zur Notwendigkeit einer betrieblichen Interessenvertretung und sind bemüht, ein einvernehmliches Verhältnis zu den Betriebsräten zu pflegen. Daß es hierbei je nach Standort und politischer Zusammensetzung des Betriebsrats durchaus Unterschiede in der Akzeptanz gibt, hat demgegenüber – verglichen mit den konflikthaften Verhältnissen in den Lack-Turnschuh-Unternehmen bzw. der meist schroffen Ablehnung einer betrieblichen Interessenvertretung in den Start-up-Unternehmen – nebenrangige Bedeutung. Die Basis der Beziehung ist das Betriebsverfassungsgesetz und die hierin festgelegten Rechte und Pflichten; das wird von beiden Seiten in den ehemals fordistischen Unternehmen uneingeschränkt anerkannt.

Die Betriebsräte und deren Rolle und Bedeutung in den Unternehmen

Die betrieblichen Interessenvertreter in den Unternehmen dieses Typs gibt es seit vielen Jahren; in der Mehrzahl der Unternehmen bereits seit den 50er Jahren und lediglich in einem erst seit den 80er Jahren. Häufig wird bezüglich der Frage, seit wann das Unternehmen gewählte Betriebsräte habe, darauf verwiesen, daß es diese schon „seit Menschengedenken" gebe. Oft läßt sich ohne längeres Aktenstudium nicht einmal mehr ein konkretes Jahr festmachen, so lange gibt es sie schon.

Der Betriebsrat ist hier ein Stück historisch gewachsene Normalität, die weder von den Beschäftigten noch von den Unternehmensleitungen in Frage gestellt wird. Dies gilt insbesondere für die Unternehmen *A1*, *A2*, *A4* und *C1*, allesamt Unternehmen mit einer langen Tradition des geregelten Interessenaustauschs. Hier bestehen die Betriebsratsgremien mindestens seit den 50er Jahren und blieben durch die Jahre trotz aller Umorganisationen konstant erhalten.

Ihre Gründung erfolgte in den Jahren nach dem Krieg, während derer es geradezu zeitgemäß war, einen Betriebsrat zu wählen. Dem konnten sich auch Unternehmen, die aufgrund ihrer kulturellen Herkunft nicht in den deutschen industriellen Beziehungen verankert waren, nicht entziehen. Der Vertreter des Gesamtbetriebsrats des Unternehmens *A2* erläutert dies wie folgt:

„Der Betriebsrat in der Niederlassung hier besteht seit 1952, dem Jahr der Verabschiedung des alten Betriebsverfassungsgesetzes. Besonders ist dies, weil es sich bei dem Unternehmen um eine amerikanische Firma handelt. Das Unternehmen war eine Produktionsstätte zu diesem Zeitpunkt. Diese Produktion war klassisch. In Stuttgart war das Zentrum. Das war schon immer von einer Gewerkschaft 'durchsetzt'. Über diese Gewerkschaft ist der Betriebsrat zunächst in (Ort) hereingekommen. In dieser Niederlassung hatte man damals nur 32 Mitarbeiter. Im Jahr der Erlassung des Betriebsverfassungsgesetzes wurde ein Gesamtbetriebsrat von dort aus gegründet. Der Betriebsrat ist in die Fläche gegangen. Die 'Keimzelle' ist der Stuttgarter Raum, weil dort die Automobilindustrie

'Pate stand'. Es ging nicht, daß das Unternehmen, eine Produktionsstätte von 3.000 Mitarbeitern, ohne Betriebsrat war, während Daimler und andere Unternehmen diesen hatten. Das gehörte damals nach dem Krieg dazu." (Betriebsrat A2)

Ihre lange Tradition verleiht den betrieblichen Interessenvertretungen der genannten vier Unternehmen eine große Stabilität. Sie sind hier zur gelebten Normalität geworden. In allen Unternehmen wird die Institution des Betriebsrats von der Geschäftsleitung uneingeschränkt akzeptiert und im wesentlichen entsprechend der gesetzlichen Vorgaben informiert und beteiligt.[14]

Auch wenn das Unternehmen B1 in dieser Form erst seit Anfang der 90er Jahre besteht, gilt das zuvor Ausgeführte im wesentlichen auch für dieses Unternehmen. Obwohl das Unternehmen selbst noch relativ jung ist, weisen doch seine historischen Vorläufer, zwei traditionsreiche deutsche Unternehmen, sowie auch die Konzernmutter eine lange Bindung an das System industrieller Beziehungen auf, so daß auch hier die Institution der betrieblichen Interessenvertretung durch eine lange Praxis stabilisiert ist. Dies wirkt sich sowohl in einer großen Wertschätzung durch die Geschäftsleitung als auch durch die Beschäftigten aus. Stabilisierend für den Betriebsrat wirkt darüber hinaus, daß er zugleich Konzernbetriebsratsvorsitzender ist und in dieser Funktion wichtige Vertretungsfunktionen im Gesamtkonzern ausübt.

Im Unternehmen A3 dagegen ist die gefestigte Stellung der Betriebsräte nicht in gleichem Maße auf eine jahrzehntelange Praxis zurückzuführen. Hier haben andere Faktoren eine gewichtigere Bedeutung. Hier kommen durch die Fusion drei unterschiedliche Unternehmen mit je unterschiedlichen Traditionen der betrieblichen Interessenvertretung zusammen. Seitens des traditionellen Computerherstellers besteht seit Anfang der 80er Jahre ein Betriebsrat. Bei dem PC-Hersteller wurde er erst kürzlich im Zusammenhang mit dem „Merger" etabliert; hier wurde sowohl seitens der Beschäftigten als auch seitens der Unternehmensleitung bis zu diesem Zeitpunkt keine entsprechende Notwendigkeit gesehen.[15]

---

14 Diese grundsätzliche Anerkennung gilt der Institution des Betriebsrats. Das bedeutet aber keineswegs, daß alle Betriebsratsgremien gleichermaßen akzeptiert und beteiligt sein müssen. Die Unternehmen, in welchen unterschiedliche Gewerkschaften oder Gruppierungen vertreten sind, unterscheiden sehr wohl zwischen solchen Gremien, die sie aufgrund ihrer politischen Zusammensetzung bevorzugt einbeziehen, und solchen, denen gegenüber sie mit Informationen und Beteiligungsangeboten zurückhaltender sind.

15 Der Vertreter des Gesamtbetriebsrats, den wir interviewten, vermutet, daß die Bildung des Betriebsrats nicht aus Überzeugung der Beschäftigten resultiere, sondern vielmehr auf Betreiben der Geschäftsleitung zustande gekommen sei. Wäre vor dem rechtlichen Zusammenschluß kein Betriebsrat gewählt worden, hätte der Betriebsrat des traditio-

Entsprechend der unterschiedlichen Kultur der fusionierten Unternehmen bestehen in diesem Unternehmen auch unterschiedliche Kulturen der Betriebsratsarbeit und der Verankerung dieses Gremiums.

Anders als in den fünf anderen Unternehmen ist der Betriebsrat in *A3* keinesfalls ein Teil gelebter Normalität, seine hohe Stabilität – die aufgrund der Gespräche zu konstatieren ist – resultiert weniger aus einer langen Tradition des geregelten Interessenaustauschs und des professionellen Miteinanders mit der Unternehmensleitung als vielmehr aus einer sehr hohen Anerkennung bei der Belegschaft, die ihrerseits einen gewerkschaftlichen Organisationsgrad von ca. 35% (IG Metall-Mitglieder) aufweist.[16] Diese Anerkennung durch die Belegschaft hat sich der Betriebsrat schon zum Ende der 80er und zu Beginn der 90er Jahre in den Auseinandersetzungen um den Niedergang des traditionellen Computerherstellers erworben. Schon in der Phase, als der traditionelle Computerhersteller noch bestand, war das Verhältnis zur Unternehmensleitung keineswegs konfliktfrei und einvernehmlich. Viele Jahre des Personalabbaus und eine – aus der Sicht der Interessenvertretung – falsche Unternehmenspolitik hatten das Verhältnis nicht günstig beeinflußt. Hinzu kam, daß die deutsche Unternehmensleitung die schlechten wirtschaftlichen Ergebnisse gegenüber der US-amerikanischen Konzernleitung stets mit dem Hinweis auf die Behinderungen durch das deutsche Mitbestimmungssystem und das „halsstarrige Verhalten" des Betriebsrates begründete (Betriebsrat *A3*). Die Situation kulminierte in einem Streik, dem ersten in der IT-Industrie, zur Erzwingung einer tariflichen Bindung. Da die Beschäftigten und der Betriebsrat in dieser Auseinandersetzung wesentliche Forderungen durchsetzen konnten, besteht in den Betrieben des traditionellen Computerherstellers ein besonderes Klima. Dies beinhaltet einerseits eine starke Position des „kämpferischen" Betriebsrats sowie andererseits eine Meinungsführerschaft der IG Metall in diesem Gremium (vgl. Betriebsrat *A3*).

Als die Unternehmensleitung des übernehmenden PC-Herstellers mit den Interessenvertretern des traditionellen Computerherstellers konfrontiert wurde, hatte sie keinerlei Erfahrung im Umgang mit einer gewählten Interessenvertretung. Offensichtlich erwog man sogar in der ersten Zeit nach Vereinbarung der Fusion, das Unternehmen „gewerkschaftlich zu entbeinen", wie uns ein Verbandsvertreter schilderte. Doch dieses Konzept wurde schnell ad acta gelegt und

---

nellen Computerherstellers am Standort die Beschäftigten aus dem PC-Hersteller mitvertreten. (Betriebsrat *A3*)

16   Die Betriebsräte, welche die Beschäftigten der Betriebe des PC-Herstellers vertreten, sind nicht gewerkschaftlich gebunden oder orientiert. Hier ist auch der gewerkschaftliche Organisationsgrad sehr gering. Ganz anders ist die Situation in den Betrieben, die aus dem traditionellen Computerhersteller hervorgegangen sind. Hier dominieren die Mitglieder der IG Metall die Gremien. Der gewerkschaftliche Organisationsgrad liegt bei über 35%.

statt dessen ein Personalverantwortlicher in das Unternehmen geholt, der über eine lange Erfahrung im Umgang mit der betrieblichen Interessenvertretung, insbesondere in der Metallindustrie, verfügte. In den nun folgenden Verhandlungen zum Stellenabbau und zum Sozialplan, die der unmittelbaren Fusion auf Seiten des zu übernehmenden traditionellen Computerherstellers vorausgingen, gelang es dem Betriebsrat, seine Position auch gegenüber der Unternehmensleitung zu behaupten. Deutlicher Ausdruck dieser Tatsache ist, daß es ihm gelang, im Gegenzug zu der Zustimmung zum Stellenabbau – insgesamt wurden ca. 800 von 2.400 Stellen des traditionellen Computerherstellers vor der rechtlichen Fusionierung abgebaut – den Anerkennungstarifvertrag auf das neue Unternehmen zu übertragen sowie außerordentlich günstige Sozialpläne und Abfindungsregelungen auszuhandeln.

Nach Vollzug des „Mergers" hat sich der aus der Tradition des traditionellen Computerherstellers stammende Betriebsrat gegenüber der Unternehmensleitung als legitimer Interessenvertreter durchsetzen können. Hier ist man nunmehr daran interessiert, dessen Rechte zu respektieren und das Verhältnis zueinander einvernehmlich zu gestalten (vgl. Unternehmensleitung und Personalleitung A3).

Die meist jahrzehntelange Praxis des geregelten Interessenaustauschs hat bei den Betriebsräten in den ehemals fordistischen Unternehmen zu einer hochgradigen Professionalisierung ihrer Arbeit geführt. Indikatoren dafür sind die hohe organisatorische Ausdifferenzierung dieser Gremien und die „Verschriftlichung" ihrer Vorgänge und Vereinbarungen. Alle Betriebsratsgremien haben jeweils Ausschüsse und Untergliederungen, die nach fachlichen Gesichtspunkten gegliedert sind und eine Spezialisierung auf bestimmte Themen ermöglichen. Sowohl Quantität als auch Qualität der mit den Unternehmensleitungen im Laufe der Jahre getroffenen Vereinbarungen verdeutlichen den Professionalisierungsgrad der betrieblichen Interessenvertretungen. Hinzu kommt, daß die betrieblichen Interessenvertreter in vielen der ehemals fordistischen Unternehmen neue Formen der Zusammenarbeit entwickelt haben. Häufig wurden bestimmte Verhandlungen oder zeitlich befristet zu bearbeitende Themen von eigens dafür gebildeten Projektgruppen des Betriebsrats bearbeitet, in die bisweilen auch interessierte Beschäftigte, die als Experten in diesem Thema galten, eingebunden wurden.

Aufgrund der Größe der Unternehmen sind die Betriebsratsgremien auf nationaler Ebene meist über zwei bzw. drei Ebenen strukturiert; darüber hinaus entwickelt sich in einigen Unternehmen eine Eurobetriebsratsebene. In den Unternehmen A1 und A4 ist diese bereits etabliert. Im Unternehmen A2 befindet man sich in der Gründungsphase eines Eurobetriebsrats. Im Unternehmen C1 werden die Interessenvertreter der ausländischen Tochtergesellschaften bei Aufsichtsratssitzungen hinzugezogen.

In allen Unternehmen sind auf nationaler Ebene flächendeckend Betriebsräte gewählt. Diese werden in Gesamtbetriebsräten und darüber hinaus zum Teil in

Konzernbetriebsräten zusammengefaßt. Das Verhältnis der Gremien zwischen den einzelnen Ebenen ist nicht konfliktfrei. Auftretende Konflikte haben ihre Grundlage nach Auskunft der Betriebsräte zunächst darin, daß die Interessen einzelner Standorte und des Gesamtunternehmens „naturgemäß" nicht unbedingt deckungsgleich sind. Häufig anzutreffender Streitpunkt ist hier das Verhältnis von zentral vereinbarten Arbeitszeitregelungen und örtlichen Regelungen. Zusätzlichen Konfliktstoff erzeugt oft die Tatsache, daß aufgrund der unklaren gewerkschaftlichen Vertretungsstruktur in der IT-Industrie sehr verschiedene Gewerkschaften in den Gremien vertreten sind, die auf den unterschiedlichen Ebenen je verschiedene Mehrheitsverhältnisse hervorbringen können.

Insgesamt stellt die beständige Reorganisation der Unternehmen für die Struktur der Betriebsratsgremien und das Zusammenwirken der Gremien auf den verschiedenen Ebenen eine große Herausforderung dar. Die institutionellen Formen geregelter Austauschbeziehungen zwischen Arbeitgebern und Arbeitnehmern setzen immer eine gewisse Stabilität der Unternehmensstrukturen voraus. Die permanenten Reorganisationen, die die Unternehmen und die IT-Industrie als Ganze durchlaufen, birgt die Gefahr, daß die institutionellen Formen der betrieblichen Interessenvertretung „auf Treibsand" geraten. Dies schlägt sich insbesondere in unklaren Zuständigkeiten zwischen den einzelnen Interessenvertretungsgremien nieder.

Reorganisationsprozesse ließen sich in den Fallbetrieben allenthalben beobachten (vgl. Kap. 4). Besondere Bedeutung haben Unternehmenszusammenschlüsse, -übernahmen und -beteiligungen. Eine zweite strategische Reorganisationsmaßnahme ist die Ausgliederung von Geschäftsbereichen und Organisationseinheiten. Bisweilen steht hinter diesen Ausgliederungen das Interesse, den entsprechenden Geschäftsbereich an einen ehemaligen Konkurrenten zu verkaufen bzw. mit diesem zu fusionieren.

Die beständigen Veränderungen der Binnenstruktur eines Konzerns machen es für die betriebliche Interessenvertretung notwendig, Organisationsformen für die Betriebsratsarbeit zu finden, die ein kontinuierliches Arbeiten im Zusammenspiel zwischen Konzernbetriebsrat, Gesamtbetriebsräten und örtlichen Betriebsräten ermöglichen. Dabei besteht die Gefahr, daß durch unternehmensrechtliche Veränderungen, wie sie in der IT-Industrie an der Tagesordnung sind, auch die Interessenvertretungsstruktur beständig reorganisiert werden müßte. In Reaktion auf diese permanenten Veränderungen entwickelt sich in den Gremien bisweilen eine doppelte organisatorische Wirklichkeit. Den gesetzlichen Erfordernissen entsprechend besteht eine „Legalstruktur", den Erfordernissen einer kontinuierlichen Betriebsratsarbeit entsprechend besteht daneben eine „Realstruktur".

Ein besonderes Problem für die betriebliche Interessenvertretung entsteht dann, wenn die Unternehmenszugehörigkeit und die örtliche Präsenz von Mitarbeitern auseinanderfallen. Es kann vorkommen, daß für Mitarbeiter in einem Büro sehr unterschiedliche Betriebsräte zuständig sind, da sie im juristischen Sinne unterschiedlichen Unternehmen angehören, so daß die Zuordnung zum zuständigen Betriebsratsgremium häufig wechselt und schwer durchschaubar ist.

Durch Veränderungen der Zuständigkeit von Betriebsratsgremien kann das kollektivvertragliche „Regelwerk" für Mitarbeiter an einem Standort stark differieren – so daß beispielsweise ein Teil der Mitarbeiter an einem Standort eine Zeiterfassung hat, ein anderer nicht. Die Mitarbeiter verlieren im Prozeß der permanenten Reorganisation nicht selten die Orientierung; stabile Bindungen zwischen der Interessenvertretung und den Mitarbeitern sind erschwert. Ein besonderes Problem für die Betriebsräte entsteht darüber hinaus dann, wenn das Unternehmen in sehr kleine Einheiten über verschiedene Standorte verstreut wird. Betriebsräte werden dann nicht selten zu „Reisepäpsten", um die Bindung an die Mitarbeiter gewährleisten zu können.

Machtbasis und Rollenverständnis der Betriebsratsgremien

Wichtig für das Agieren der Betriebsräte in den Unternehmen ist ihr „Rollenverständnis" gegenüber den Beschäftigten, die sie vertreten, und gegenüber der Unternehmensleitung. In diesem Dreiecksverhältnis verorten sich die betrieblichen Interessenvertreter mit ihrem Selbstverständnis, das zugleich Widerspiegelung und Basis ihrer interessenpolitischen Strategie ist. Je nach Definition dieser Rolle bestimmen sie darüber hinaus ihr Verhältnis zu den Gewerkschaften.

Die Analyse des Rollenverständnisses der Betriebsratsgremien bedarf zunächst einer Relativierung. Denn es kann keinesfalls ein homogenes Verständnis für alle Gremien eines Fallunternehmens unterstellt werden. Zwischen den Gremien einzelner Standorte bestehen oft große Unterschiede, die sich in der Zusammensetzung der Betriebsräte nach einzelnen Listen, differierenden interessenpolitischen Grundansätzen und einem je eigenen Selbstverständnis ausdrücken. Nimmt man die sechs Fallunternehmen, so ist für die vier Unternehmen mit einer klaren Dominanz einer bestimmten Gewerkschaft oder Liste eine höhere Homogenität zu unterstellen als für die zwei mit unklaren Mehrheitsverhältnissen.

Wesentlich für das Rollenverständnis der Betriebsräte in den ehemals fordistischen Unternehmen ist, daß sie meist über Jahrzehnte hinweg als legitime Interessenvertreter der Beschäftigten agieren und daher eine gefestigte Position gegenüber Beschäftigten und Unternehmensleitung gleichermaßen einnehmen. Die Informations- und Beteilungsrechte der Betriebsräte werden in diesen Unternehmen im großen und ganzen entsprechend der gesetzlichen Vorgaben gehandhabt. Die betrieblichen Interessenvertreter fühlen sich in ihrer übergroßen Mehrzahl daher durchweg informiert und einbezogen. Dabei muß aber beachtet werden, daß die Information und Beteiligung der Betriebsräte nicht alle Gremien gleichermaßen betreffen muß. Wenn die Unternehmensleitungen Standortbetriebsräte in ihrer Politik als unterschiedlich einschätzen und in ihrer Kooperationsbereitschaft nach „kooperativen" und „sperrigen" Betriebsratsgremien differenzieren, sind hier zwischen den Gremien gewisse Unterschiede zu konstatieren. Dies ist insbesondere in den Unternehmen der Fall, in denen es keine klare Dominanz einer Gewerkschaft gibt.

Die trotz der gemachten Differenzierungen im großen und ganzen in allen Unternehmen vorhandene Akzeptanz gegenüber den Betriebsräten korrespondiert damit, daß die betrieblichen Interessenvertreter der ehemals fordistischen Unternehmen „durchsetzungsfähig" (Kotthoff 1981, 1994) gegenüber der Unternehmensleitung sind. Alle befragten Gremien machen die Erfahrung, daß es ihnen gelingt, ihrer Position Gehör zu verschaffen und Regelungen im Interesse der Beschäftigten durchzusetzen. Dabei stützen sie sich allerdings auf sehr unterschiedliche „Machtressourcen".

In den Unternehmen *A3*, *A4* und *C1* trafen wir mehr oder weniger ausgeprägt ein klassisches Muster betriebsratlicher Macht an. Hier bildet ein verhältnismäßig hoher gewerkschaftlicher Organisationsgrad – er beträgt laut Angaben der zuständigen Gewerkschaften bzw. der Betriebsräte in *A3* 35%, in *A4* 30% und in *C1* über 80%[17] – eine wichtige Machtressource und bietet die (theoretische) Möglichkeit, daß diese Betriebsräte sich notfalls auch im Konflikt mit Hilfe von Arbeitskampfmaßnahmen durchsetzen könnten.[18]

In den übrigen Fallunternehmen *A1*, *A2* und *B1* basiert die Durchsetzungsfähigkeit der betrieblichen Interessenvertretung nicht in erster Linie auf einem hohen gewerkschaftlichen Organisationsgrad. In den Unternehmen *A1* und *A2* beträgt er nach Angaben der befragten Betriebsräte etwa 5% für beide aktiven Gewerkschaften zusammengenommen;[19] im Unternehmen *B1* liegt er bei 10%. Dennoch ist die Durchsetzungsfähigkeit der betrieblichen Interessenvertretung insbesondere in den Unternehmen *A2* und *B1* als sehr hoch einzustufen.

---

17   Für dieses Unternehmen lagen uns exakte Zahlen vor. Die Angaben zum gewerkschaftlichen Organisationsgrad in den übrigen Unternehmen sind aufgrund der schwierigen Datenlage nur als Annäherungen zu verstehen.

18   Von diesen Unternehmen verfügen Beschäftigte und Betriebsräte in den Unternehmen *A3* und *A4* über entsprechende Erfahrungen, die aus Sicht der betrieblichen Interessenvertretung nach wie vor so virulent sind, daß im Konfliktfall Arbeitskampfmaßnahmen ergriffen werden könnten.

19   Das Studium der Unterlagen von DGB-Gewerkschaften läßt allerdings den Schluß zu, daß die Schätzung des Betriebsrats für das Unternehmen *A2* deutlich zu niedrig liegt. Demnach liegt der gewerkschaftliche Organisationsgrad der DGB-Gewerkschaften bei ca. 10%.

Im Falle des Unternehmens *A2* speist sie sich aktuell vor allem aus einer engen Kooperationsbeziehung zwischen der Unternehmensleitung und der Mehrheit des Gesamtbetriebsrats, die insbesondere durch den Abschluß eines Haustarifvertrags gefestigt wurde. Das Unternehmen hatte beschlossen, aus dem Arbeitgeberverband und dem Flächentarifvertrag auszuscheiden und fand im Gesamtbetriebsrat und der Gewerkschaft, der die Mehrheit dieses Gremiums angehörte, einen neuen Verhandlungspartner. Für die Unternehmensleitung – die an einer tariflichen Bindung in Form eines Haustarifvertrags großes Interesse hatte – gewann so der Gesamtbetriebsrat zentrale Bedeutung. Umgekehrt erweiterte dieser in den Verhandlungen seine Handlungsspielräume und seine Durchsetzungsfähigkeit. Die Durchsetzungsfähigkeit der betrieblichen Interessenvertretung basiert in diesem Unternehmen also vor allem auf einer besonderen Interessenkonstellation im Wechselverhältnis zwischen Unternehmensleitung und der Mehrheit des Gesamtbetriebsrat.

Im Unternehmen *B1* basiert die Durchsetzungsfähigkeit der betrieblichen Interessenvertretung auf anderen Faktoren. Das Unternehmen war zum Zeitpunkt der Untersuchung fest in einen Dienstleistungskonzern eingebunden, der seinerseits wiederum zu einem Automobilkonzern gehörte. Insbesondere die Unternehmen, die aus den ehemaligen Rechenzentren von verschiedenen Unternehmen der Metall- und Elektroindustrie entstanden sind – und dazu zählt auch das Fallunternehmen *B1* –, haben einen (verglichen mit dem Rest der IT-Industrie) verhältnismäßig hohen gewerkschaftlichen Organisationsgrad und eine klare Dominanz der IG Metall. Auf dieser Grundlage kommt ein wichtiger subjektiver Faktor zur Geltung. Hier ist der Betriebsratsvorsitzende zugleich Konzernbetriebsratsvorsitzender und steht in dieser Funktion in engen Beziehungen zur Leitung des Konzerns, dem das Unternehmen angehört. Hinzu kommt, daß er im Aufsichtsrat des Konzerns vertreten ist und bei der Leitung als Verhandlungspartner große Autorität genießt. Er hat also im Unternehmen einen „Kanzlerbonus". Diese hervorgehobene Position zusammen mit der hohen persönlichen Ausstrahlungskraft des Betriebsratsvorsitzenden verleiht der Institution der betrieblichen Interessenvertretung eine hohe Autorität.

Bei der Mehrzahl der betrieblichen Interessenvertreter besteht ein professionelles Verständnis ihrer Funktion im Wechselspiel mit den Unternehmensleitungen. Man erlebt sich selbst als starken und legitimen Vertreter der Interessen der Beschäftigten und gesteht dem Gegenüber zu, in gleichem Maße die Interessen des Unternehmens professionell zu vertreten. Daher erscheinen den Betriebsräten beide Interessenpositionen häufig als „Rollen", die jeweils entsprechend der Vorgaben des Betriebsverfassungsgesetzes zu besetzen und auszufüllen sind. Dies ist insofern „professionell", als die Aktionen der Gegenseite als legitime Versuche zur Durchsetzung einer bestimmten Interessenposition gewertet werden. Nicht zuletzt deshalb ist es den Betriebsräten durchweg möglich, auch schwierige Verhandlungssituationen zu meistern, ohne das Kooperationsverhältnis mit der Unternehmensleitung zu gefährden. Die Interpretation als „Rollenspiel" hilft den Betriebsräten aber offensichtlich auch, ihre eigene Funktion zu legitimieren. Denn sie beinhaltet, daß beide Seiten durchaus unterschiedlicher Auffassung sein können und je eigene Interessen verfolgen.

Die befragten Betriebsräte der ehemals fordistischen Unternehmen definieren ihre Rolle im Unternehmen durchweg im Spannungsfeld der Beschäftigteninteressen einerseits und des wirtschaftlichen Erfolgs der Unternehmen andererseits. In allen anderen Gremien ist man im Grundsatz darum bemüht, beide Seiten „unter einen Hut zu bringen". Zwischen den beiden Bezugspunkten der Interessenvertretung werden die Rolle und das interessenpolitische Vorgehen mit je eigenen Schwerpunkten definiert.

Dabei unterscheiden sich die Betriebsräte vor allem hinsichtlich der Fokussierung auf das Unternehmen. Für einen Teil der Betriebsräte ist eine „unternehmensbezogene" Grundhaltung bestimmend. Diese korrespondiert mit der Auffassung, daß der wirtschaftliche Erfolg des Unternehmens und die Befriedigung der Interessen der Beschäftigten in hohem Maße kongruent sind. Diese Grundhaltung ist bei den Betriebsräten des Unternehmens *A2* am deutlichsten ausgeprägt. Dieser Betriebsrat ist sich darüber im klaren, daß er vor allen Dingen denen verpflichtet ist, die ihn gewählt haben, also den Beschäftigten. In dieser Funktion erlebt er das Umgehen mit der Unternehmensleitung als ein „ständiges Geben und Nehmen", bei dem beide Seiten gefordert sind. Seine Positionsbestimmung ist aber vor allem davon geprägt, daß das „Geben und Nehmen" nur dann funktioniert, wenn das Unternehmen wirtschaftlichen Erfolg hat. Hier erwarten die betrieblichen Interessenvertreter, daß die Befriedigung der Interessen der Beschäftigten vor allem an den wirtschaftlichen Erfolg des Unternehmens gekoppelt ist, so daß sie ihre Rolle so definieren, daß sie vor allem „ihren" Beitrag zum wirtschaftlichen Erfolg des Unternehmen zu leisten haben, damit die Interessen der Beschäftigten befriedigt werden können. Diese Haltung korrespondiert mit einer langen Erfahrung, daß das Unternehmen seinen wirtschaftlichen Erfolg auch den Beschäftigten zugute kommen läßt, und einer positiven Prognose des Betriebsrats hinsichtlich der wirtschaftlichen Entwicklung des Unternehmens.

In den übrigen vier Unternehmen bezieht der Betriebsrat sein Handeln über das Unternehmen hinausgehende Beziehungsgeflecht; zwischen der Interessensvertretung für die Beschäftigten im eigenen Unternehmen und denen anderer Unternehmen wird ein systematischer Zusammenhang hergestellt. Sie unterstellen keine prinzipielle Kongruenz zwischen dem wirtschaftlichen Erfolg des Unternehmens und der Verbesserung der Situation der Beschäftigten. Sie definieren ihre Rolle vielmehr so, daß hier ein Spannungsverhältnis zwischen beiden Aspekten vorliegt, das durch eine aktive Interessenvertretung zu einer weitgehenden Deckung gebracht werden muß. Einer der befragten Betriebsräte umschrieb diese Rolle mit dem Terminus der „kooperativen Gegenmacht".

In der IT-Industrie war es über lange Jahre hinweg aufgrund der wirtschaftlichen Situation gut möglich, beide Bezugspunkte der Interessenvertretung – also die Interessen der Beschäftigten und die Gewinnerwartungen des Unternehmens – miteinander zu vereinbaren. Nicht selten wurden in den Fallunternehmen soziale und materielle Leistungen gewährt, die weit über den tarifvertraglichen Vereinbarungen lagen; dies gilt trotz gewisser Abstriche für das Gros der Unternehmen bis heute. Das bedeutet, in der IT-Industrie agieren die Beschäftigten wie auch die betrieblichen Interessenvertreter häufig vor dem Hintergrund der Erwartung einer „immerwährenden Prosperität" (Lutz 1984). Gerade die hohen materiellen Leistungen, die in erfolgreichen Software- und Beratungsunternehmen gewährt werden, wurden von vielen Gesprächspartnern aus den Unternehmen als Argument angeführt, daß es in der IT-Industrie seitens der Betriebsräte und der Gewerkschaften doch eigentlich nichts zu „schützen" gäbe.

Die gute Gewinnsituation der IT-Unternehmen, die nahezu ungebrochen bis Anfang der 90er Jahre anhielt, schaffte hier große Spielräume, um hohe Gehälter und weitere Sozialleistungen der verschiedensten Art zu gewähren.

Für die traditionellen Großunternehmen endete der „Traum immerwährender Prosperität" (ebd.) zu Beginn der 90er Jahre. Zum ersten Mal machten Beschäftigte und Belegschaftsvertreter die Erfahrung eines wirtschaftlichen Einbruchs. Dieser war überall mit Kürzungen der sozialen und materiellen Leistungen verbunden; in einigen Unternehmen gar mit Personalabbau und Entlassungen. Für den Großteil der ehemals fordistischen Unternehmen ist diese besondere Situation – im Gegensatz zu den wesentlich jüngeren Unternehmen der beiden anderen Gruppen – zu Beginn der 90er Jahre eingetreten. Allein das Unternehmen *B1*, das zu dieser Zeit noch nicht bestand, hat in seiner kurzen Geschichte bisher noch keine grundlegende Krisenerfahrung gemacht.[20]

Je nach diesen Vorerfahrungen ergeben sich Unterschiede in der Grundeinstellung der betrieblichen Interessenvertreter. Im Falle der Unternehmen, die eine schwierige wirtschaftliche Phase durchlaufen haben, wird oft der Aspekt der konsequenten Orientierung an den Interessen der Beschäftigten stärker betont, während in den Unternehmen, die eine stabile wirtschaftliche Aufwärtsentwicklung prägt, das Moment der aktiven Gestaltung der Unternehmensentwicklung im Sinne der Beschäftigten vorrangig im Vordergrund steht.

Mit dem unterschiedlichen Rollenverständnis der betrieblichen Interessenvertreter korrespondiert auch ein je eigener Bezug auf die Gewerkschaften. Alle befragten Betriebsräte profitieren nach eigener Einschätzung von den Leistungen

---

20 Die Beschäftigten dieses Unternehmen waren aber – so sie aus den Vorgängerunternehmen kamen – bereits mit wirtschaftlichen Einbrüchen konfrontiert.

der Gewerkschaften und schätzen sie sehr für ihre Arbeit. Dies betrifft vor allem die Unterstützung in rechtlichen und tarifrechtlichen Fragen sowie bei Schulungen. Dabei nehmen sie – obwohl selbst in der Regel Gewerkschaftsmitglieder – eine durchweg rational-abwägende Haltung zu diesen ein. Sie reflektieren genau, wo die Gewerkschaften ihre Arbeit befördern können, hegen auch eine gewisse Solidarität zu diesen, gehen aber keine „intrinsische" Bindung zu diesen ein. Sie erleben sich häufig selbst eher als Akteure in diesen Organisationen, die dazu beitragen, die Arbeit der Gewerkschaften in der IT-Industrie zu verbessern und den besonderen Gegebenheiten anzupassen.[21] Auch hier scheint wieder die hohe Professionalität der Betriebsräte der ehemals fordistischen Unternehmen durch.

Dennoch ist das Verhältnis der Betriebsräte zu den Gewerkschaften in den untersuchten Fallunternehmen dieser Gruppe keineswegs einheitlich. Die jeweiligen Personen lösen das zumindest latent vorhandene Spannungsverhältnis zwischen ihrer Zugehörigkeit zu einer bestimmten Gewerkschaft und ihrer Funktion als Interessenvertreter in einem bestimmten Unternehmen verschieden auf. Hier markiert die Positionsbestimmung der Betriebsräte aus dem Unternehmen *A2* und dem Unternehmen *A3* ein je eigenes Muster.

Im Unternehmen *A2* definieren die befragten Betriebsräte ihr Verhältnis zur Gewerkschaft, der die Mehrheit des Gesamtbetriebsrats angehört, vor allem aus der Perspektive autonomer Betriebsräte eines bestimmten Unternehmens. Diese sehen in der Gewerkschaft einen Dienstleister, dessen sie sich bedienen, um ihre Aufgaben besser erfüllen zu können. Dieses Verhältnis könnte man als „instrumentell" bezeichnen.[22]

Sie definieren ihr Verhältnis zur Gewerkschaft primär aus der Binnensicht des Unternehmens und nehmen diese insoweit in Anspruch, wie es aus dieser Perspektive erforderlich ist. Dabei ergibt sich das Erfordernis einer Bindung an die Gewerkschaft vor allem aus tarifvertragsrechtlichen Erwägungen, da der gewünschte Tarifvertrag nur unter Beteiligung einer Gewerkschaft geschlossen werden konnte. Sie verweisen auf ihre hohe Eigenständigkeit und starke Position gegenüber der Gewerkschaft. Dies drückt sich u.a. darin aus, daß sie sich der „Exit-Funktion" ihr gegenüber sehr bewußt sind. Zwar braucht man aus tarifrechtlichen Gründen eine Gewerkschaft, doch diese ist aus der Sicht der Betriebsräte durchaus austauschbar:

---

21 Auch wenn der Einfluß der Konzern- und Gesamtbetriebsräte aus den großen Unternehmen der IT-Industrie in den Gewerkschaften nicht mit dem der klassischen Branchen konkurrieren kann, haben sie dennoch mittlerweile ein gewisses Gewicht in den jeweiligen Gewerkschaften.

22 Die befragten Betriebsräte äußern sich in dieser Frage wie folgt: „Neueste Rechtsprechung und so, da nutzen wir schon den Service der Gewerkschaften. So betrachten wir auch die Gewerkschaften, als Service." (Betriebsrat *A2*)

„Wir sind ja diejenigen, die den Haustarifvertrag, die die Forderungen aufstellen und mit Hilfe der Gewerkschaft, sagen wir mal, mit dem gewerkschaftlichen Rahmen, diese Vereinbarung abschließen. Wenn wir mit denen nicht zufrieden wären, (...) dann würden wir die vor die Tür setzen und uns eine andere Gewerkschaft suchen." (Betriebsrat *A2*)

Eine deutlich andere Grundposition nehmen die Betriebsräte der Unternehmens *A3*, *A4*, *B1* und *C1* zu den jeweiligen Gewerkschaften ein. Deren Bindung ist nicht in erster Linie vom „Service-Gedanken" geprägt, sie hat darüber hinausgehende Ursachen. Betriebsrat und Mitglied einer bestimmten Gewerkschaft zu sein, sind hier zwei Seiten einer Medaille. Mitglied einer bestimmten Gewerkschaft zu sein, ist ein unverzichtbarer Teil der Identität dieser Betriebsratsmitglieder. Dabei ist die Bindung an die jeweilige Gewerkschaft oft tief in die Biographie der Betriebsräte eingelassen und wird durch eine feste soziale Einbindung in deren soziales Milieu stabilisiert. Sie kann aber auch – gerade bei Betriebsräten mit einem akademischen Hintergrund, die oft über keine biographische Nähe zu Gewerkschaften verfügen – auf einer sehr bewußten politischen Entscheidung basieren.

Die Kultur des Umgangs zwischen Unternehmensleitung und Betriebsrat

Der sachliche und professionelle Umgang der betrieblichen Interessenvertreter mit der Unternehmensleitung wird von dieser erwidert. Die rechtlichen Bestimmungen des Betriebsverfassungsgesetzes gelten hier als Grundlage der Zusammenarbeit, auf die man sich ohne „Wenn und Aber" zu beziehen hat. Dementsprechend erleben die Unternehmensleitungen die Betriebsräte – anders als die Unternehmensleitungen der beiden anderen Unternehmensgruppen – als wichtiges Organ im innerbetrieblichen Interessenaustausch. Sie stellen deren Legitimität nicht in Frage und bemühen sich, das Verhältnis zur betrieblichen Interessenvertretung im Sinne eines einvernehmlichen Miteinanders zu „pflegen". Dies gilt im Grundsatz für alle Fallunternehmen dieser Gruppe. Hier herrscht offensichtlich eine hohe Übereinstimmung in den Unternehmensleitungen. Gerade in den traditionsreichen deutschen Großunternehmen, die sich ihrer Verantwortung für die Kultur der industriellen Beziehungen in Deutschland bewußt sind, wird trotz aller Probleme im alltäglichen Miteinander die Unverzichtbarkeit der Mitbestimmung hervorgehoben:

„Und da muß man auch eins klipp und klar sagen: Trotz aller Probleme, die wir haben an den Basics und in der täglichen Arbeit. Die Unternehmensleitung ganz oben, unser Vorstand und unser Vorstandsvorsitzender (Name) steht letztendlich dazu. Nach dem Motto: Ihr müßt euch zwar täglich herumärgern und täglich zusammenraufen. Aber letztendlich, wenn ihr das mal geschafft habt, dann habt ihr eine gemeinsame Sichtweise erarbeitet. Und dadurch habt ihr hinterher weniger

Ärger, als wenn ihr alles so machen könntet, wie ihr wolltet. Dann habt ihr wahrscheinlich hinterher viel mehr Auseinandersetzungen mit den einzelnen Mitarbeitern. Das heißt, die Leitung dieses Hauses steht zur Betriebsverfassung. Das ist ein ganz wichtiger Satz. Die steht dazu. Und ich sage: Im Endeffekt ist es so, daß wir es positiv sehen sollten. Wir sollten aber alles dafür tun, um diese Freiheitsräume auszuweiten, im Rahmen von Betriebsvereinbarungen. Aber die Betriebsverfassung wird von unserer Leitung nicht in Frage gestellt. Sondern nach dem Motto: Tut alles, was möglich ist, um mehr Flexibilität zu erreichen. Verhandelt und verhandelt hart. Aber steht zur Betriebsverfassung." (Personalleitung *A1*)

Dabei heben einige Vertreter der Unternehmensleitung hervor, daß sich die Mitbestimmung aus ihrer Sicht als wirtschaftlich effizient und als „Standortvorteil" erwiesen habe, den es weiterhin zu erhalten und zu fördern gelte.

Die positive Grundeinstellung der Unternehmensleitungen gegenüber der deutschen Mitbestimmungspraxis ist in einigen Unternehmen aber an eine konkrete Erwartung hinsichtlich der interessenpolitischen Grundeinstellung der Betriebsräte gebunden. Der Personalleiter eines Unternehmens erläutert dies:

„Mitbestimmung ist ein Standortvorteil, ich möchte nicht darauf verzichten. Wenn man Mitbestimmung verantwortlich betreibt. Aber das ist bei uns im Hause der Fall. Wir verstehen Mitbestimmung nicht nur als Verhinderung, sondern als Mitgestalten, vor allem als Mitverantwortung. Da gibt es einen schönen Spruch: 'Ohne Mitbestimmung geht in Deutschland gar nichts, mit Mitbestimmung geht alles'. Den hat ein Amerikaner gesagt. Stimmt. Man kann mit den Betriebsräten sehr, sehr viel machen, solange man über Jahre hinweg ein kooperatives Verhältnis mit ihnen pflegt. Wenn das erst einmal in Konfrontation ausgeartet ist, dann ist es allerdings außerordentlich schwierig, das wieder in die richtige Bahn zu lenken." (Personalleitung *A2*)

Die Erwartungshaltung gegenüber den betrieblichen Interessenvertretern ist insbesondere in den Unternehmen besonders ausgeprägt, in denen es keine eindeutige Dominanz einer Gewerkschaft gibt. Hier differenzieren die Unternehmensleitungen je nach Betriebsrat. Im konkreten Verhältnis pflegen sie je nach politischer Einschätzung des Betriebsrats unterschiedliche Beziehungen. Dies gilt sowohl für das Unternehmen *A1* als auch für das Unternehmen *A2*. Dort, wo eine solche Alternative in Form einer konkurrierenden Gewerkschaft oder Liste nicht besteht, sind die Unternehmensleitungen aber auch in der Lage, ein vertrauensvolles Verhältnis mit solchen Betriebsräten herzustellen, die sich nicht als „business-orientierte" Betriebsräte verstehen. So schätzte die Unternehmensleitung im Unternehmen *A3* das Verhältnis als sachlich und positiv ein. Der Geschäftsführer:

„Ich glaube, das Verhältnis ist sachlich, zur Zeit. Mir gegenüber, würde ich sagen: positiv. Wobei ich das nicht überbewertet wissen will. Es gibt immer Positionen, die ich habe, die Kollegen haben, die nicht immer deckungsgleich sein müssen. Allein durch die Verschmelzung der verschiedenen Kulturen (gemeint sind die verschiedenen Kulturen der fusionierten Unternehmen). Da gibt es immer noch so Dinge, Harmonisierung der Arbeitsbedingungen. Manche Sachen lassen sich nicht so einfach machen, auch kostenneutral machen. Aber ich würde mal so sagen, das Verhältnis ist zur Zeit – das 'zur Zeit' ist sicherlich wichtig – positiv konstruktiv." (Unternehmensleitung *A3*)

Dies war insofern erstaunlich, als der Betriebsrat des Unternehmens in der Branche als „kämpferisch" gilt. Nach einer anfänglichen Phase der Konflikte, die während der Vorbereitung und Durchführung der Unternehmensfusion zwischen dem traditionellen Computerhersteller und dem PC-Hersteller dadurch entstanden, daß die Unternehmensleitung zu einem „harten" Kurs gegenüber dem Betriebsrat des traditionellen Computerherstellers und der hiermit verbundenen Gewerkschaft neigte, entschloß man sich in der Unternehmensleitung offensichtlich zu einem kooperativen Kurs gegenüber dem Betriebsrat und „pflegt" seitdem das Verhältnis. Hierbei kommt auch zum Tragen, daß der neue Geschäftsführer des Unternehmens aufgrund seiner langjährigen Erfahrungen in den USA zu einem offenen, kooperativen Führungsstil neigt, den er auch im Umgang mit dem Betriebsrat pflegt, so daß sich hier mittlerweile zwischen den beiden Interessenparteien ein gewisses Vertrauensverhältnis herausgebildet hat, das von beiden Seiten begrüßt wird. Die auf Integration orientierende Haltung des neuen Geschäftsführers, aber auch die Tatsache, daß für die Unternehmensleitung – selbst wenn sie wollte – anders als in den Unternehmen *A1* und *A2* offensichtlich keine realistischen Alternativen zu dem bestehenden Betriebsrat bestehen, haben dazu beigetragen, daß die Unternehmensleitung mittlerweile ein kooperatives Verhältnis zur betrieblichen Interessenvertretung pflegt.

Von zentraler Bedeutung für die Gestaltung des Verhältnisses zwischen betrieblichen Interessenvertretern und der Unternehmens- bzw. Personalleitung ist die Form der Institutionalisierung des Kontakts. In allen Unternehmen bestehen mehr oder weniger fest institutionalisierte Foren zwischen beiden Interessenparteien, in denen anstehende Fragen besprochen und die gesetzlich vorgeschriebenen Informations- und Beteiligungsmöglichkeiten realisiert werden. In manchen Unternehmen sind regelmäßige Treffen der Geschäftsleitung oder der Personalleitung mit dem Betriebsrat bestimmend, in anderen werden weniger stark institutionalisierte Formen der Beteiligung wie Projekte oder Arbeitsgruppen bevorzugt, um den Betriebsrat einzubeziehen.[23]

---

23 Dabei geht die Beteiligung nicht selten über das gesetzliche Maß hinaus: „Wir haben manchmal übergreifende Themen, wie z.B. Verbesserung der Arbeitsprozesse inner-

184

5.1.5 Tarifvertragsstruktur und Betriebsvereinbarungen

In der öffentlichen Meinung zur IT-Industrie wird häufig die Auffassung vertreten, daß sie eine weitgehend „tarifvertragsfreie Zone" sei. Die Regelungen seien hier vorrangig individuell und flexibel gehandhabt und Gewerkschaften hätte hier ein Randdasein. Generell wird davon ausgegangen, daß in der IT-Industrie Arbeitsbedingungen vorherrschen, deren soziale und materielle Standards weit über den tarifvertraglichen Regelungen liegen. Tarifverträge sowie andere kollektivvertragliche Regelungen wie Betriebsvereinbarungen seien dem Funktionieren der Unternehmen eher hinderlich und würden aufgrund der guten Arbeitsbedingungen und Erwerbsmöglichkeiten auch nicht gebraucht. Im wissenschaftlichen Diskurs wird daher die Frage aufgeworfen, ob diese Art der Arbeit überhaupt regulierbar sei (Töpsch et al. 2001).

Tatsache ist, daß dieses Bild von der IT-Industrie vor allem von den kleinen und mittleren Unternehmen geprägt ist, die insbesondere im Bereich der Softwareentwicklung und IT-Dienstleistungen angesiedelt sind. Sie stellen mit Sicherheit die übergroße Mehrheit der Unternehmen in der IT-Industrie. Dennoch ist dies nur ein Teilausschnitt der tarifvertraglichen Situation der IT-Industrie. Nach einer Erhebung der IG Metall sind 50% der Beschäftigten in den IT-Großunternehmen mit mehr als 2.000 Mitarbeitern in den Bereichen Hardware/Computerindustrie sowie Software, IT-Beratung und IT-Service in einer Tarifbindung. Nach Informationen der DPG und der IG Metall ist der Tarifbindungsgrad der entsprechenden Unternehmen im Segment der Telekommunikationsdienstleister sogar deutlich höher.[24] Nach unserer Schätzung kann daher davon ausgegangen werden, daß zwischen 30% und 35% der Beschäftigten der IT-Industrie in einer Tarifbindung sind.[25]

Verglichen mit der Wirtschaft insgesamt kann die Tarifbindungsquote in der IT-Industrie als unterdurchschnittlich eingeschätzt werden. Die durchschnittliche Tarifbindung westdeutscher Betriebe liegt nach Untersuchungen des IAB-Betriebspanels bei 62%, davon sind 53,4% in einen Branchentarifvertrag und 8,2% in einen Haus- bzw. Firmentarifvertrag gebunden. Bezogen auf die Beschäftigten arbeiten 83% aller Beschäftigten in Betrieben mit einer tarifvertrag-

---

halb der einzelnen Organisationen, und dort haben wir z.B. Betriebsratsmitglieder involviert und haben sie als Teammitglieder gebeten, dort mitzuarbeiten. Aber ich habe da keine Berührungsängste." (Unternehmensleitung *A3*)

24 Nach unseren Befragungen verfügt keiner der in der IT-Industrie aktiven Akteure über einen Gesamtüberblick zur tariflichen Bindung in der IT-Industrie.

25 Diese Schätzung basiert auf Befragungen, die wir mit den verschiedenen Gewerkschaften, die in der IT-Industrie aktiv sind, durchgeführt haben. Wir haben die Experten dieser Organisationen anhand einer Liste der Unternehmen über 500 Beschäftigten sämtliche Unternehmen zusammenstellen lassen, die über eine Tarifbindung verfügen.

lichen Bindung. Zu berücksichtigen ist aber, daß die Tarifbindung stark nach der Betriebsgröße variiert. Kleinere und mittlere Unternehmen weisen eine geringere Tarifbindung auf als große Unternehmen. Signifikanten Einfluß auf die Tarifbindung hat darüber hinaus der Aspekt, ob es sich um eine Neugründung handelt. Diese Unternehmen weisen eine deutlich geringere Bindung auf (Kohaut/ Bellmann 1997, S. 331). Damit sind zwei wichtige Gründe für die unterdurchschnittliche Tarifbindung der IT-Industrie genannt.

Die ehemals fordistischen Unternehmen des Samples gehören allesamt zu den Unternehmen, die eine tarifvertragliche Bindung und ein umfassendes kollektivvertragliches Regelwerk grundsätzlich bejahen. In diesen Unternehmen ist der Interessenaustausch in hohem Maße vertraglich abgesichert. Diese Unternehmen verfügen meist über ein weit ausdifferenziertes Regelwerk von Tarifverträgen und Betriebsvereinbarungen. Die Tarifvertragsstruktur in den Unternehmen bildet dabei einen Rahmen von Kernvereinbarungen, die durch eine große Anzahl von betriebsspezifischen Regelungen unterfüttert und ergänzt werden.

Hinsichtlich der Vertragsart und der inhaltlichen Ausgestaltung der Tarifverträge unterscheiden sich die Unternehmen der Gruppe deutlich. Zwei Unternehmen – *A1* und *A4* – gehören dem Arbeitgeberverband und Flächentarifvertragssystem der Metall- und Elektroindustrie an; Vertragspartner ist hier die IG Metall. Zwei weitere Unternehmen – *A3* und *B1* – haben eine Anbindung an das Flächentarifvertragssystem Metall über Anerkennungs- bzw. Ergänzungstarifverträge hergestellt. Dabei werden im Ergänzungstarifvertrag von *A3* geringe und im Ergänzungstarifvertrag von *B1* deutliche inhaltliche Veränderungen gegenüber dem Flächentarifvertrag festgelegt. Im Falle von *B1* ist neben der IG Metall auch die DAG Vertragspartner. Die Unternehmen *A2* und *C1* verfügen jeweils über Haustarifverträge. Der Vertragspartner von *A2* ist die DAG, der von *C1* die DPG.

Bei den beiden Unternehmen, die im Arbeitgeberverband der Metall- und Elektroindustrie sind, handelt es sich um traditionsreiche deutsche Unternehmen der Elektroindustrie. Beide sind zentrale Akteure im Segment Telekommunikationshardware. Das Unternehmen *A1* ist darüber hinaus auch einer der deutschen Pioniere der Computerindustrie.

In beiden Unternehmen steht die Mitgliedschaft im Arbeitgeberverband nicht zur Disposition. Im Falle des Unternehmens *A1*, welches als Geschäftsbereich einem großen Konzern angehört, gilt dies allerdings nur für den Konzern insgesamt. Im Falle der Ausgliederung des Geschäftsbereichs oder Teile von ihm aus dem Konzern können hier allerdings grundlegende Veränderungen der Tarifbindung stattfinden. Hinsichtlich der Bindung an das Flächentarifsystem zeigen beide Unternehmen keine einheitliche Haltung. Im Falle des Unternehmens *A4* ist die Haltung zu den tarifvertraglichen Regelungen eindeutig. Dieses Unternehmen gilt als tarif- und verbandstreu. Dagegen ist die Bindung an den Flächentarifvertrag im Unternehmen *A1* weniger stark ausgeprägt.[26]

In den beiden Unternehmen, die über Anerkennungs- bzw. Ergänzungstarifverträge eine Anbindung an den Flächentarifvertrag der Metall- und Elektroindustrie haben, wurde der Flächentarifvertrag mit mehr oder minder weitgehenden unternehmensspezifischen Veränderungen auf die Unternehmen übertragen.

Das Unternehmen *A3* entstand aus der Fusion dreier Unternehmen mit sehr unterschiedlichen Kulturen der Arbeitsbeziehungen. Während der übernehmende PC-Hersteller weder Betriebsräte noch einen Tarifvertrag hatte, verfügte der übernommene traditionelle Computerhersteller über beide Institutionen. Seit dem Jahre 1993 hatte dieses Unternehmen einen Tarifvertrag in Form eines Anerkennungstarifvertrags zum Flächentarifvertrag der Metall- und Elektroindustrie, der von der Belegschaft per Streik „erzwungen" wurde. Diese tarifliche Bindung wurde auf das neu gebildete Unternehmen übertragen. Dabei gelang es dem Betriebsrat des übernommenen Computerunternehmens, die ursprünglich vorhandene Ablehnung der Geschäftsführung des PC-Herstellers gegenüber einer betrieblichen Interessenvertretung und einer tarifvertraglichen Bindung in den Verhandlungen zur Unternehmensfusion zu überwinden.[27] Da das Unternehmen nicht Mitglied im Arbeitgeberverband ist, wurde ein Anerkennungstarifvertrag zum Flächentarifvertrag der Metall- und Elektroindustrie abgeschlossen. Tarifpartner ist hier die IG Metall.

Dieser regelt den Anschluß an das Tarifvertragswerk des Tarifbezirks Südbaden und darüber hinaus Besonderheiten wie die Erweiterung der Tarifgruppen um eine weitere Tarifgruppe,[28] die Qualifizierung und die schrittweise Angleichung der Wochenarbeitszeit aus den bisher nicht tariflich gebundenen Unter-

---

26   „Eine Zeit hat es geheißen, kein Flächentarifvertrag, und inzwischen sagen sie, es ist nicht so schlecht. Aber die Tendenz geht dahin, alles, was nicht Kerngeschäft ist, wird outgesourced. Und was nicht Kerngeschäft ist, ist auch nicht so hoch bezahlt. Hier versuchen sie, aus dem Arbeitgeberverband rauszugehen, und sie sagen, wir sind nicht an den Tarifvertrag gebunden." (Betriebsrat *A1*)

27   Die Übertragung des Anerkennungstarifvertrags auf das gesamte Unternehmen nach der Übernahme des tarifgebundenen Computerunternehmens wurde erreicht, indem die Verhandlungen über einen Sozialplan mit denen für die Übernahme des Tarifvertrags gekoppelt wurden („Zebrastrategie"). Das Unternehmen wollte allein auf Seiten des übernommenen Unternehmens weltweit 15.000 von 53.000 Stellen und in Deutschland 800 von 2.400 Stellen abbauen. „Wir haben Tarifvertrag und Sozialplan parallel und zusammen verhandelt mit einer Verhandlungskommission, die aus Gesamtbetriebsrat und Tarifpartei gleichzeitig bestand. Wir haben das immer als Paket verstanden, wir haben der Unternehmensleitung gesagt: Es gibt nur eine Lösung, die alles beinhaltet." (Gesamtbetriebsratsvorsitzender *A3*)

28   Die Beschäftigten können ein Jahreseinkommen bis DM 137.000 bzw. bis DM 157.000 innerhalb des Tarifrahmens erzielen.

nehmen auf die vereinbarten 35 Stunden. In das Vertragswerk sind neben Tarifverträgen des Tarifgebiets Südbaden Betriebsvereinbarungen des Unternehmens zu den Themen „Erfolgsabhängige Einkommen" und „Zielvereinbarungen und Leistungsbeurteilungen" eingelassen.

Nach der schwierigen Phase der Sozialplanverhandlungen, die der Fusion bei dem übernommenen Computerhersteller vorausging, wurde der Abschluß des Anerkennungstarifvertrags von seiten der Unternehmensleitung und der betrieblichen Interessenvertreter als wichtige Vertrauensbasis für das weitere Miteinander interpretiert. Beide Seiten verbinden damit die Hoffnung, daß es in dem neu gebildeten Unternehmen gelingt, die Beziehungen zu versachlichen und vertrauensvoll zu gestalten.

Im Unternehmen *B1* kam die aktuell gültige Tarifvertragsbindung erst im Jahre 1999 zustande. Vorher bestanden für einen Teil der Beschäftigten im Konzern Überleitungsregelungen, die aus den Vorläuferunternehmen resultierten. Dabei schloß sich das Unternehmen der Tarifbindung des Dienstleistungskonzerns an, dem es angehört. Dieser Tarifvertrag des Konzerns wurde in Form von Ergänzungstarifverträgen zu dem Flächentarifvertrag der Metallindustrie Nordwürttemberg/Nordbaden bzw. der Metall- und Elektroindustrie Berlin abgeschlossen. Vertragspartner waren auf der Arbeitgeberseite eine „Tarifgemeinschaft Dienstleistungsunternehmen" im Verband der Metallindustrie Baden-Württemberg namens dieses Arbeitgeberverbands bzw. eine „Tarifgemeinschaft Dienstleistungsunternehmen" im Verband der Metall- und Elektroindustrie in Berlin und Brandenburg namens dieses Verbandes und auf der Gewerkschaftsseite die IG Metall und die DAG. Dieser Ergänzungstarifvertrag regelt die Gültigkeit der jeweiligen Flächentarifverträge sowie davon abweichende Vereinbarungen, insbesondere hinsichtlich der Arbeitszeit, der variablen Entlohnung und der Qualifizierung. In der Diktion der Vertragspartner wird er als „Branchenfenster im Flächentarifvertrag" verstanden. Eine Übertragung auf weitere „Dienstleistungsunternehmen" wird von beiden Seiten nach einer gewissen Frist angestrebt. Das Fallunternehmen *B1* hat diese Regelungen in vollem Umfang übernommen.

Mit dem in Fallunternehmen *B1* geltenden Ergänzungstarifvertrag wird eine Vertragsform vorgelegt, die in der IT-Industrie ein Novum darstellt. Einerseits enthält dieses Vertragswerk eine deutliche Revision zentraler Regelungsbestandteile des Flächentarifvertrags. Wesentliche Vereinbarungselemente wurden hier – abweichend von den Bestimmungen im Flächentarifvertrag – geregelt. Die Interessenparteien halten dies übereinstimmend für eine „branchenkonforme" Anpassung des Tarifvertragssystems der Metall- und Elektroindustrie. Gleichzeitig wird eine vertragliche Kopplung des Ergänzungstarifvertrags an den Flächentarifvertrag festgeschrieben. Aus Sicht des Betriebsrats liegt gerade in der Verklammerung von prinzipieller Anbindung und gleichzeitiger branchenspezifischer Öffnung ein wesentlicher Beitrag zur Zukunftssicherung des Flächentarifvertragssystems für die IT-Industrie insgesamt. Der Ergänzungstarifvertrag wird daher von diesem und den Vertretern der Unternehmensleitung als Protagonist eines zukünftigen Tarifvertragssystems in der IT-Industrie angesehen.

Die Unternehmen *A2* und *C1* verfügen über einen Haustarifvertrag, der nicht an den Flächentarifvertrag der Metall- und Elektroindustrie angebunden ist. Beide Vertragswerke haben aufgrund der unterschiedlichen historischen Bezüge der beiden Unternehmen eine je eigene Spezifik.

Das zwischen den Tarifparteien des Unternehmens *A2* beschlossene Haustarifvertragssystem trat erstmals 1994 in Kraft. Dieser Vertrag wurde seitens des Unternehmens mit einer Gewerkschaft außerhalb des Regulierungssystems der Metall- und Elektroindustrie geschlossen. Den Kern bilden die Tarifverträge zu „Arbeitszeit und Mehrarbeit" und der „Entgeltrahmentarifvertrag". Diese wurden in weiteren Verhandlungen durch eine Vielzahl von Tarifverträgen zu unterschiedlichen Themen sowie durch Protokollnotizen ergänzt.[29] Die Arbeitszeitregelung wurde darüber hinaus in einem neuen Tarifvertrag noch einmal grundlegend neu geregelt. Die wichtigsten Veränderungen des neu geschaffenen Regelwerks gegenüber dem vorher gültigen Flächentarifvertrag liegen im Bereich der Arbeitszeitgestaltung und der variablen Entlohnung.

Das Unternehmen war ursprünglich im Arbeitgeberverband der Metall- und Elektroindustrie und somit an den Flächentarifvertrag gebunden. Anfang der 90er Jahre entschied man sich zum Ausstieg aus diesem Vertragssystem; dieser Schritt sorgte bei vergleichbaren Unternehmen in der IT-Industrie für großes Aufsehen. Der Vertreter der Personalleitung erläutert die Beweggründe für den Ausstieg aus dem Flächentarifvertrag wie folgt:

> „Es waren zwei entscheidende Gründe. Einmal der Trend zu immer kürzeren Arbeitszeiten. Damals war in der Metallindustrie die 35-Stundenwoche angesagt. Wir hatten 1992 noch die 36-Stundenwoche und hätten auf die 35 zurückgehen müssen. Und das ist etwas, daß in der Dienstleistungsbranche einfach nicht geht. In der IT-Branche. Egal, ob sie zu SAP gehen oder zu Siemens Nixdorf oder zu HP oder wo auch immer: Da arbeitet keiner 35 Stunden. Das war einmal der eine Punkt. Die geringe Arbeitszeitflexibilität kommt dazu, aber das ist nicht so wichtig. Der zweite Punkt ist der, daß die Möglichkeiten für eine lei-

---

29 Dies sind im einzelnen Tarifverträge zu den Themen „Tarifvertrag über Gehaltsabkommen", „Tarifvertrag über betriebliche Sonderzahlungen", „Tarifvertrag über Jahresurlaub", „Tarifvertrag über Rahmenregelungen für individuelle Arbeitszeiten", „Tarifvertrag über Vereinbarkeit von Beruf und Familie", „Tarifvertrag über Schlichtungsvereinbarungen", „Tarifvertrag zur Beilegung von Meinungsverschiedenheiten", „Tarifvertrag über Rahmenvereinbarung", „Entgelttarifvertrag für befristete Beschäftigte", „Tarifvertrag zur Verbesserung der Wettbewerbsfähigkeit" und „Tarifvertrag zur Altersteilzeit". (DAG)

stungsdifferenzierte Bezahlung in der Metallindustrie sehr eingeschränkt sind. Wir wollen unsere Mitarbeiter am Unternehmenserfolg teilhaben lassen; wir wollen denjenigen, der sich mehr engagiert, besser bezahlen als denjenigen, der sich weniger engagiert. Und die Flexibilität, die da der Metalltarifvertrag vorsieht, ist – wenn überhaupt vorhanden – sehr, sehr gering." (Personalleitung *A2*)

Der wichtigste Partner der Unternehmensleitung beim Abschluß des Haustarifvertrags war – obwohl aus tarifvertragsrechtlichen Gründen nicht Vertragspartner – der Gesamtbetriebsrat des Unternehmens. Dieser hebt insbesondere die Flexibilität eines Haustarifvertrags gegenüber den Regelungen des Flächentarifvertrags hervor. Dies habe ihm die Möglichkeit geschaffen, über den Tarifvertrag hinausgehende Regelungen, die – solange das Unternehmen in den Flächentarifvertrag eingebunden war – als Betriebsvereinbarungen abgeschlossen waren, tarifvertraglich zu regeln.

Die Einführung des Haustarifvertrags hat sich aus Sicht der Unternehmensleitung wie des Gesamtbetriebsrats bewährt. Beide Seiten heben die bessere „Passung" der Vereinbarungen gegenüber den Besonderheiten des Unternehmens hervor und verweisen insbesondere auf die Flexibilität, die der Haustarifvertrag in Fragen der Arbeitszeit- und der Lohngestaltung gebracht habe:

„Der Haustarifvertrag hat sich sehr bewährt. Nicht nur aus Sicht des Unternehmens, sondern auch aus Sicht des Mitarbeiters. Nicht deshalb, weil wir vielleicht Kosten gespart haben, sondern: Wir haben vor allem Flexibilität gewonnen. Flexibilität hinsichtlich der Arbeitszeit. Die Möglichkeit, 41 Stunden zu vereinbaren, aber auch auf der anderen Seite die Möglichkeit, weniger als 38 Stunden zu vereinbaren. Wir haben die variable Bezahlung eingeführt. In der Metallindustrie hätte man in diesem Jahr beinahe gestreikt, wegen einem Prozent variabler, erfolgsabhängiger Bezahlung. Wir haben 10% erfolgsabhängige Bezahlung.[30] Wir waren im letzten Jahr beispielsweise recht erfolgreich. Die Mitarbeiter haben 13,5% ausgezahlt bekommen. Das ist etwas, wovon Mitarbeiter in anderen Unternehmen nur träumen können, die in einem starren, wenig flexiblen Tarifvertrag gebunden sind. Wir haben in vielerlei Hinsicht moderne Regelungen geschaffen. (...) Also, dieser Tarifvertrag ist nicht nur in unseren Augen ein bewährtes Instrument." (Personalleitung *A2*)

Der Gesamtbetriebsrat hebt darüber hinaus hervor, daß der Tarifvertrag dem Unternehmen in einer wirtschaftlich schwierigen Situation auch eine Kostenersparnis gebracht habe. Darüber hinaus habe die Anhebung der wöchentlichen Ar-

---

30 Die Größenordnung der erfolgsabhängigen Bezahlung wurde in anderen Interviews mit 20% angegeben. Vermutlich erklärt sich die Differenz daraus, daß die Entlohnung nach einem komplexen, zweisäuligen Prinzip verläuft, das unterschiedliche Momente variabler, erfolgsabhängiger Bezahlung vorsieht.

beitszeit die Stellung des deutschen Unternehmens im Leistungsvergleich des weltweiten Konzernverbunds erheblich verbessert:

> „Und dann kam parallel dazu der Tarifvertrag. Der hat schon Öffnungen gebracht. Das war die 38-Stundenwoche. Damals sind die Gewerkschaften allerorts auf 35 Stunden heruntergegangen. Wir sind mit dem Tarifvertrag auf 38 hoch gegangen. Das heißt, wir haben den Amerikanern und unseren Mitbewerbern innerhalb der Company gezeigt, daß wir nicht deutsche Gesetze haben und hängen daran, sondern wir haben versucht, sie mitzugestalten. Wir waren einmal das Schlußlicht. Die Laterne haben wir abgegeben. Und wir sind heute von der Arbeitszeit her ziemlich weit vorn. Weiter als die Engländer." (Betriebsrat *A2*)

Während der Erfolg des Ausstiegs aus dem Flächentarifvertrag von den Vertretern der anderen Unternehmen insgesamt skeptisch beurteilt wird, sind die Unternehmensleitung und der Gesamtbetriebsrat stolz auf die geschaffenen Regelungen. Dieser Haustarifvertrag hätte bei weiteren Verträgen als „Blaupause" gedient, meint der Gesamtbetriebsrat. Und aus der Sicht der Personalleitung hat er für die Branche insgesamt eine Signalwirkung in tarifpolitischer Hinsicht gehabt, so daß die Tariflandschaft insgesamt eine grundlegende Veränderung erfahren habe.[31]

Gegenüber der Situation der vorher genannten Unternehmen weist das Unternehmen *C1* grundlegende Besonderheiten auf. Dieses hat ein Haustarifvertragssystem mit der DPG vereinbart, das nicht der Tradition des Regelungssystems der Metall- und Elektroindustrie entspringt, sondern dem Tarifvertragssystem der Bundespost. In dem Haustarifvertragssystem wurden die Regelungsinhalte und Vereinbarungen, die im wesentlichen schon in der Phase entstanden, als das Unternehmen noch Teil einer Bundesbehörde war, nach dessen Privatisierung in eine neue – privatwirtschaftlichen Erfordernissen entsprechende – Rechtsform überführt. Das Tarifvertragssystem dieses Unternehmens läßt sich sowohl hinsichtlich des Umfangs als auch der Differenziertheit des Regelungswerks mit keinem der übrigen genannten Unternehmen vergleichen. Weil in der Zeit als Bundesbehörde laut Gesetz alle wesentlichen Regularien per Tarifvertrag oder Betriebsvereinbarung zu fixieren waren und diese Form der Regulierung von

---

31 Der Vetreter der Personalleitung reflektiert die so entstandene tarifpolitische Situation wie folgt: „Ich will mal arrogant behaupten, daß der Debis-Tarifvertrag mit der Metallgewerkschaft nicht möglich gewesen wäre ohne unseren Tarifvertrag. Hier fand der zweite Kampf um die IT-Industrie zwischen den Gewerkschaften statt. Wenn die IG Metall sich da nicht flexibel gezeigt hätte, wäre es entweder nicht zu einem solchen Tarifvertrag gekommen oder möglicherweise hätte es dann auch wieder die DAG gemacht. Dann wäre die Branche für die IG Metall verloren gewesen. Jetzt muß man sehen, wie das mit ver.di wird; wer da letztendlich das Sagen hat. Das ist heute schwer zu beurteilen." (Personalleitung *A2*)

den Tarifparteien auch nach der Privatisierung beibehalten wurde, gilt hier eine große Zahl unterschiedlicher Tarifverträge und Betriebsvereinbarungen zu den verschiedensten Themen. Besondere Beachtung fanden ein erster Qualifizierungstarifvertrag mit weitgehenden Beteiligungsrechten bei der Qualifizierungsplanung und -durchführung für den Betriebsrat sowie ein erster Tarifvertrag zur Regelung der Teleheimarbeit. Tarifpolitisch stellt das Unternehmen bisher gegenüber den übrigen Unternehmen einen Sonderfall dar.

5.1.6 Entwicklungstendenzen des Tarifsystems: Arbeitszeit, Entlohnung und Qualifizierung

Insgesamt befindet sich die tarifpolitische Landschaft in der IT-Industrie im Umbruch. Dies betrifft sowohl die Frage nach einer unternehmensübergreifenden Branchentarifstruktur als auch die nach zentralen inhaltlichen Regelungsgegenständen. Zwar befürworten alle befragten Unternehmen dieser Gruppe eine tarifvertragliche Regelung. Ein irgendwie geartetes „Konzept" der verbindlichen Regulierung zentraler Aspekte der Arbeit scheint auch in Zukunft erforderlich. Hinsichtlich der Form der tarifvertraglichen Bindung und des Verhältnisses von unternehmensspezifischen Regelungen sowie bestimmter Regelungsinhalte weisen die untersuchten Unternehmen jedoch deutliche Unterschiede auf.

Die klassische Form der Tarifbindung über die Mitgliedschaft im Arbeitgeberverband der Metall- und Elektroindustrie, die in den ersten Jahrzehnten der IT-Industrie zumindest für die Großunternehmen zentrale Bedeutung hatte, wird nur noch von einem Unternehmen (*A4*) uneingeschränkt befürwortet. Im zweiten Unternehmen (*A1*), das als Mitglied im Arbeitgeberverband an den Flächentarifvertrag gebunden ist, ist die Entwicklungstendenz nicht eindeutig geklärt. In den vier anderen Unternehmen besteht aus den unterschiedlichsten Gründen entweder keine Mitgliedschaft im Metallarbeitgeberverband (*A2, A3, C1*) oder eine vollständige Übernahme der tariflichen Bestimmungen des Flächentarifvertrags (*B1*) wird nicht gewünscht.

Eine große Beachtung erfahren gegenwärtig in den untersuchten Unternehmen Formen von Tarifverträgen, die diesen einen größeren Spielraum bei der unternehmensbezogenen Gestaltung von Regelungsinhalten lassen. Dabei werden von den Tarifpartnern je unterschiedliche Vertragsformen gewählt. Ein Teil der Tarifverträge in den Unternehmen spiegelt das Bestreben wider, sich einerseits in zentralen Fragen wie Arbeitszeitgestaltung, Entlohnung und Qualifizierung von den Regelungsinhalten des Flächentarifvertrags partiell zu lösen, die Bindung an diesen andererseits aber grundsätzlich aufrechtzuerhalten. Währenddessen setzen zwei weitere Unternehmen – allerdings aus sehr unterschiedlichen Gründen – ganz auf eine Haustarifvertragsstruktur und verzichten somit auf eine kollektivvertragliche Einbindung in unternehmensübergreifende Strukturen, um größere Freiheiten bei der unternehmensspezifischen Gestaltung zu haben.

Das Interesse an einer unternehmensspezifischen Öffnung bei zentralen Regelungsinhalten wird von den Unternehmen in unmittelbarem Zusammenhang mit der Veränderung der Arbeitsformen und der Beschäftigtenstrukturen gesehen. Vereinfacht gesagt lautet das Kernargument, das aus Arbeitgebersicht vorgetragen wurde, daß die neuen Arbeitsformen und der zunehmende Anteil von kundennahen Dienstleistungstätigkeiten sich mit der klassischen, auf traditionelle industrielle Prozesse ausgelegten Regelungsstruktur der Metall- und Elektroindustrie nicht vereinbaren ließen. Insbesondere die Arbeitszeitregelung und die Entlohnungsformen stimmten nicht mehr mit den Gegebenheiten moderner Arbeitsprozesse überein. Die vorgebrachten Argumente decken sich mit denen, die gegenwärtig auch für andere Branchen vorgetragen werden und von verschiedenen Autoren als generelle Entwicklungstendenz des Tarifsystems unterstellt werden (vgl. Heidenreich/Töpsch 1998; Töpsch et al. 2001).

Neue Konzepte der tariflichen Regulierung der Arbeitszeit

Die Regelung der Arbeitszeit ist neben der Entlohnungsfrage der zentrale Gegenstand kollektivvertraglicher Regelungssysteme. Mit der verstärkten Durchsetzung neuer Arbeitsformen und insbesondere mit der Projekt- und der Teamarbeit geraten traditionelle Regelungsformen, die auf einheitliche Arbeitszeitregime fokussieren, in doppelter Weise unter Druck. Einmal wird die Arbeitszeit gegenüber der traditionellen Fabrikarbeit hochgradig individualisiert. Insbesondere kundennahe Projekte lassen sich nicht in festgefügten standardisierten Zeitregimen bewältigen. Abweichungen von der vereinbarten Arbeitszeit sind häufig erforderlich, um vereinbarte Aufträge erfüllen zu können. Während in traditionellen Fabriken ein festes standardisiertes System der Arbeitszeit für alle Beschäftigten konstitutiv ist, ist eine individuelle Ausdifferenzierung von Arbeitszeiten für neue Arbeitsformen kennzeichnend (vgl. Hielscher 2000). Zum zweiten geraten traditionelle Regelungsmechanismen unter Druck, weil mit der Entstandardisierung der Arbeitszeit die Kontrolle bezüglich der geleisteten Arbeitszeit wesentlich schwieriger zu realisieren ist. In der traditionellen Fabrik gilt ein vereinbartes Regime, das von der Interessenvertretung kollektivvertraglich vereinbart wird und dessen Einhaltung sich anhand der Schichtpläne und sonstigen Dokumente leicht nachprüfen läßt. Die Unternehmen nutzen ihrerseits eine zentrale Arbeitszeiterfassung, um sicherzustellen, daß einzelne Beschäftigte nicht von den Standardregeln abweichen. Im Gegensatz dazu kann die Kontrolle über die geleistete Arbeitszeit bei entstandardisierten Arbeitszeitregimen immer nur am Individuum oder der Arbeitsgruppe ansetzen. Sie ist sowohl für die Unternehmen als auch für die betriebliche Interessenvertretung viel weniger transparent und bedarf tendenziell der aktiven Beteiligung durch die Beschäftigten.

In diesem Formwandel des Kontrollregimes liegt ein zentrales Veränderungsmoment für das geltende Institutionenset kollektivvertraglicher Vereinbarungen. Zugespitzt formuliert: In neuen Arbeitsformen ist eine Kontrolle der Arbeitszeit nur in dem Maße möglich, wie sich die Teams und die Mitarbeiter „in die Karten schauen lassen". Individualisierte Formen der Dokumentation geleisteter Arbeitszeit sind daher nur unter aktiver Beteiligung der Beschäftigten auf kollektivvertragliche Vereinbarungen rückzubeziehen. Und genau diese aktive Beteiligung wird in vielfältiger Weise durch die Unternehmenskultur beeinflußt.

Dies hat zur Konsequenz, daß in einigen Unternehmen die geleistete Arbeitszeit penibel notiert wird, während die Beschäftigten in anderen Unternehmen darauf verzichten. Diese Kultur des Umgangs mit der geleisteten Arbeitszeit kann wiederum von Abteilung zu Abteilung und von Team zu Team verschieden sein. In einigen Unternehmen hat sich so eine „Überstundenkultur" entwickelt, die als geradezu „naturgegeben" gilt. Hier herrscht die Auffassung vor, daß die Arbeit in der IT-Industrie gar nicht im Rahmen der vereinbarten Wochenarbeitszeit zu bewältigen sei. In anderen Unternehmen wird demgegenüber größter Wert darauf gelegt, daß die vereinbarte Arbeitszeit bezogen auf einen definierten Ausgleichszeitraum eingehalten wird. Da beide Formen des Umgangs mit der Arbeitszeit in Unternehmen mit vergleichbarem Produkt- und Leistungsspektrum anzutreffen sind, liegt die Vermutung nahe, daß sich in den Unternehmen eine Kultur des Umgangs mit der Arbeitszeit herausgebildet hat, die Teil eines gewachsenen und sozial stabilisierten Verständnisses der Leistungsverausgabung ist. Diese Kultur läßt sich – zumindest näherungsweise – über die bestimmenden Diskurse in den Unternehmen und den Grad ihrer Vereinheitlichung beschreiben. Die Hauptunterscheidungslinie der unterschiedlichen Kulturen konturiert sich an der Frage, ob die Arbeitszeit als Tauschobjekt des Lohnarbeitsverhältnisses zu behandeln ist. Dies wird im folgenden näher erläutert.

Hinsichtlich des Umgangs mit der Arbeitszeit vollzieht sich in dem Unternehmen der IT-Industrie ein grundlegender Wandel der Regelungsmechanismen. In vielen Unternehmen wird versucht, die Steuerung der Leistungsverausgabung nicht mehr primär über die geleistete Arbeitszeit, sondern über andere Mechanismen zu realisieren. In diesen Unternehmen wird an die Stelle der Steuerung über die Arbeitszeit der Steuerungsmechanismus der Ziele eingeführt. In der idealtypischen Variante dieses Modells bedeutet dies, daß es für das Unternehmen überhaupt nicht mehr von Belang ist, wie lange ein Beschäftigter arbeitet, sondern nur noch, ob er die gesetzten Ziele erreicht.[32] Damit tritt die Arbeitszeit

---

32 Die Formen der Steuerung der Leistungsverausgabung ohne Rückbezug auf die geleistete Arbeitszeit gehen in der Realität damit einher, daß die formale Kontrolle über die

als zentraler Gegenstand des „Tauschs" zwischen Arbeitgeber und Arbeitnehmer in den Hintergrund.[33]

Die von uns untersuchten ehemals fordistischen Unternehmen bewegen sich bezüglich dieser Veränderungen in einem Übergangsfeld. Fabrikähnliche Arbeitszeitregime sind hier nur noch an den Produktionsstandorten anzutreffen. In dem Teil der Unternehmen, in denen neue Arbeitsformen zwar angewandt werden, aber bisher nicht bestimmend sind, gelten Arbeitszeitregelungen, wie sie in der öffentlichen Verwaltung mittlerweile oft anzutreffen sind, d.h. Gleitzeitregelungen innerhalb eines relativ engen Zeitfensters mit zentraler, verpflichtend durchzuführender Arbeitszeiterfassung. Währenddessen überwiegen in den Unternehmen, in denen neue Arbeitsformen dominieren, unterschiedliche Regelungsformen zur Arbeitszeit, die deren Entstandardisierung gerecht werden. Eines dieser Unternehmen war darum bemüht, den Steuerungsmechanismus grundlegend zu revidieren und die Steuerung über vereinbarte Ziele anstelle der Steuerung über die Arbeitszeit in „reiner" Form zu etablieren.

Von zentraler Bedeutung für die Analyse der ehemals fordistischen Unternehmen ist, daß hier die beschriebenen Veränderungen stets nur über Veränderungen der kollektivvertraglichen Regelungen und insbesondere der Tarifverträge

---

geleistete Arbeitszeit wegfällt. Dies kann durchaus im Rahmen von Arbeitszeitkonten-Modellen stattfinden. Häufig werden diese Modelle der Arbeitszeitkonten mit dem Verzicht der betrieblichen Arbeitszeitkontrolle verbunden (Klein-Schneider 1999). Hier besteht ein fließender Übergang zu den sich ausbreitenden Modellen der „Vertrauensarbeitszeit". „Bei der Vertrauensarbeitszeit zählt faktisch nicht mehr die Anwesenheit im Betrieb, sondern die Erbringung einer vereinbarten Leistung. Die betriebliche Kontrolle der Arbeitszeit und Anwesenheit wird dabei zugunsten von Leistungsvereinbarungen aufgegeben, letztere sind unabhängig vom benötigten Zeiteinsatz zu erbringen" (Hielscher 2000, S. 29). Klein-Schneider sieht hierin eine konsequente Fortsetzung der Arbeitszeitflexibilisierung, welche die tarifvertraglichen Standards aushebele. Außerdem berührt sie Kernelemente des Beschäftigungsverhältnisses (z.B. die Abhängigkeit, das Direktionsrecht, die Risikoverteilung und die Ergebnisverteilung) und wirft zwingend die Frage auf, ob nicht eine ergebnisorientierte Arbeitszeit auch eine am Ergebnis orientierte Bezahlung, also eine Gewinnbeteiligung, erforderlich macht (Klein-Schneider 1999).

33 Wie tiefgreifend der hierin liegende Wandel für die Charakteristik des Interessenaustauschs ist, ergibt sich aus folgender Überlegung: Das Verhältnis zwischen Arbeitgeber und Arbeitnehmer beinhaltet in seinem Kern einen „Tausch" von Arbeitszeit gegen Lohn. Den Unternehmen oblag es, durch entsprechende Maßnahmen der Steuerung der Leistungsverausgabung sicherzustellen, daß mit der geleisteten Arbeitszeit auch eine entsprechende Arbeitsleistung einherging (vgl. Braverman 1977). Während die Lösung dieses „Transformationsproblems" im Falle der traditionellen Fabrikstrukturen beim Unternehmen lag, kehrt es sich im Falle neuer Arbeitsformen tendenziell um. Die Unternehmen vereinbaren mit den Beschäftigten die zu erbringende Leistung in Form von Zielen und überlassen es diesen, die dafür erforderlich Arbeitszeit einzubringen.

erreicht werden können. Sie bedürfen daher der aktiven Unterstützung durch die betriebliche Interessenvertretung und die jeweilige Gewerkschaft als Tarifvertragspartei. Dadurch haben die hier realisierten Veränderungen ihrerseits wiederum Rückwirkungen auf das Tarifvertragssystem der IT-Industrie und in Deutschland generell. Sich dessen bewußt, agieren die Akteure in der Regel nicht nur mit Blick auf die konkrete Situation im Unternehmen, sondern auch auf die Rückwirkungen ihres Handelns auf das politische Umfeld.

Zwei Fragen sind hinsichtlich der tarifvertraglichen Gestaltung der Arbeitszeit besonders umstritten: zum einen die Dauer der wöchentlichen Arbeitszeit. Hier steht insbesondere zur Debatte, ob eine durchschnittliche wöchentliche Arbeitszeit von 35 Stunden, wie sie für die Metall- und Elektroindustrie vereinbart ist, unter Wettbewerbsaspekten möglich ist. Von Seiten der Unternehmensleitungen wird oft das Argument vorgetragen, daß die Zunahme der kundennahen Serviceaufgaben eine Ausweitung der wöchentlichen Arbeitszeit bedinge. Vor allem aufgrund der Tatsache, daß man in dem entsprechenden Marktsegment mit Wettbewerbern konkurriere, die, weil sie keine Bindung zu tarifvertraglichen Strukturen aufweisen, deutlich längere Wochenarbeitszeiten hätten, müßten längere wöchentliche Arbeitszeiten vereinbart werden. Zum anderen geht es um die Frage der Flexibilität der Arbeitszeitregime. Eine festgelegte Arbeitszeit entspreche nicht mehr den Anforderungen, wie sie sich stellten. Die Arbeitszeit müsse vielmehr so gestaltet sein, daß man den je wechselnden Anforderungen der Kunden paßgenau gerecht werden könne. Zur Begründung verweisen viele Unternehmensvertreter darauf, daß der Anteil der Dienstleistungstätigkeiten in den 90er Jahren sehr deutlich gewachsen sei, so daß sich auch Unternehmen, die ihren Produktfokus auf der Hardware haben, wegen der hohen Umsatzanteile von Dienstleistungstätigkeiten mittlerweile als „Dienstleistungsunternehmen" verstehen.[34]

Die Frage nach der Dauer der wöchentlichen Arbeitszeit ist in der IT-Industrie nicht ohne weitergehende Differenzierungen zu diskutieren. Die Spannweite zwischen den Unternehmen ist sehr groß, ein einheitlicher Trend läßt sich nicht erkennen. Allgemein wird in der Branche angenommen, daß die wöchentliche Arbeitszeit deutlich über der tariflich vereinbarten liege. Die Untersuchungen zeigen aber, daß dies nicht für alle Unternehmen und für alle Geschäftsbereiche gleichermaßen gilt. Geringe Probleme mit der Einhaltung der jeweils ver-

---

34 Beispielhaft ist hier die Aussage eines Unternehmensvertreters: „Wir sind einer der wenigen, die in der IT-Branche fast alles anbieten. Wir haben den Wechsel geschafft von einer sehr stark hardwareorientierten Firma in eine dienstleistungsorientierte. 55% des Umsatzes werden im Servicebereich gemacht. Dann haben wir immer noch einen starken Hardwareanteil, ich sage mal, wir haben einen gesunden Hardwareanteil. Über 55% ist Software und Services und dann Leasing und Miete mit knapp 15%, und 30% ist Hardware." (Unternehmensleitung *A2*)

einbarten Wochenarbeitszeit wurden in den Unternehmen *A3*, *A4*, *B1* und *C1* deutlich. Hier gibt es zwar in bestimmten Geschäftsbereichen (Entwicklung, kundennahe Projekte) gewisse Abweichungen, dennoch ist das Mehrarbeitszeitproblem bezogen auf den jeweils vereinbarten Ausgleichszeitraum hier nicht sehr gravierend. Demgegenüber gehen die Gesprächspartner in den Unternehmen *A1*[35] und *A2* davon aus, daß hier wesentlich länger gearbeitet werde als die vereinbarten 35 bzw. 38 Stunden pro Woche. Ein kurz- oder langfristiger Ausgleich der Mehrarbeit im Laufe eines bestimmten Zeitraums scheint ihnen allenthalben unrealistisch. Diese Zusammenstellung zeigt, daß die Dauer der durchschnittlichen Arbeitszeit keineswegs deterministisch mit der Durchsetzung neuer Arbeitsformen einhergeht. Von den genannten Unternehmen, die keine Probleme mit der Einhaltung der durchschnittlichen wöchentlichen Arbeitszeit haben,[36] sind zumindest zwei dabei (*A3* und *B1*), die bei der Umsetzung neuer Arbeitsformen weit fortgeschritten sind. Das legt die Vermutung nahe, daß die Einhaltung oder Nichteinhaltung der durchschnittlichen wöchentlichen Arbeitszeit nicht allein von objektiven Faktoren abhängig ist und eine eingehendere Analyse der Kultur des Umgangs mit der Arbeitszeit notwendig ist.

Ebenso ist auch die Frage nach dem Erfordernis der Flexibilisierung der Arbeitszeit anhand des vorliegenden Materials keineswegs eindeutig zu beantworten. Zwei Grundmodelle prägen die tarifvertraglichen Regelungen der sechs Unternehmen. Drei Unternehmen – *A1*, *A4*, *C1* – lehnen sich mit ihren Regelungen weitgehend am Modell der geregelten wöchentlichen Arbeitszeit ohne große Spielräume an. Diese schaffen über Kern- und Gleitzeitregelungen den für erforderlich gehaltenen Spielraum für eine flexible Lage der Arbeitszeit und bemühen sich, die Varianz der wöchentlichen Arbeitszeit in einem verhältnismäßig engen Rahmen zu halten. Die Unternehmen *A2*, *A3* und *B1* – bei denen die Veränderungen im Bereich neuer Arbeitsformen im Vergleich zu den vorher genannten Unternehmen deutlich ausgeprägter sind – orientieren sich demgegenüber an einem Arbeitszeitmodell, das eine große Abweichung der jeweils gearbeiteten Wochenarbeitszeit ermöglicht. Nicht die möglichst gleichförmige Verteilung der Arbeitszeit ist hier der Fokus der Vereinbarungen, sondern vielmehr die optimale Passung der Arbeitszeit an die jeweiligen geschäftlichen Erfordernisse. Unter den Unternehmen, die auf eine geschäftsbezogene Flexibilisierung der Arbeitszeit orientiert sind, hat dies bei den Unternehmen *A2* und *B1* zu tarifvertraglichen Regelungen geführt, die sich deutlich von den Regelungen des

---

35   Für dieses Unternehmen ist zwischen den Produktionswerken und den übrigen Geschäftsbereichen zu unterscheiden. Die getroffenen Aussagen der Gesprächsteilnehmer bezogen sich auf die Bereiche jenseits der Produktionswerke.

36   Das bedeutet in diesem Fall nicht, daß alle Mitarbeiter eine konstante Wochenarbeitszeit haben. Hier erfolgt aber bei Überschreitung der Wochenarbeitszeit ein Ausgleich in Freizeit im Laufe eines vereinbarten Zeitraums.

Flächentarifvertrags unterscheiden. Im Unternehmen *A3* wurden die für erforderlich gehaltenen Öffnungen zur flexibleren Verteilung der Arbeitszeit über ergänzende Betriebsvereinbarungen geregelt, die im Anerkennungstarifvertrag zum Flächentarifvertrag fundiert sind.[37]

Im Unternehmen *A3* wird ein Arbeitszeitmodell verfolgt, das – vergleichsweise eng an die Regelungen des Flächentarifvertrags angelehnt – die für erforderlich gehaltene Flexibilität der Arbeitszeit über Betriebsvereinbarungen und Ergänzungsvereinbarungen zum Vertrag der Metall- und Elektroindustrie regelt. Hier wurde über den Anerkennungstarifvertrag zum Flächentarifvertrag eine wöchentliche Arbeitszeit von 35 Stunden festgelegt. Diese Regelung, die vorher bereits bei dem übernommenen traditionellen Computerhersteller bestand, ist bei der Fusion auf das neue Unternehmen übertragen worden. Für die Beschäftigten des PC-Herstellers gilt eine schrittweise Angleichung der wöchentlichen Arbeitszeit auf 35 Stunden bis zum Jahre 2002. Weiterhin kann per individueller Vereinbarung ein Anteil von 13% der Beschäftigten eine Wochenarbeitszeit von 40 Stunden haben.[38]

Generell gilt eine Betriebsöffnungszeit von 6 bis 22 Uhr. Die Arbeitszeit wird nach dem Gleitzeitmodell mit einer Gleitzeitspanne von 8 bis 20 Uhr geregelt. Für jede Abteilung und für jeden Mitarbeiter muß eine „Kernzeit" festgelegt werden, in der er anwesend sein muß. In begründeten Fällen, z.B. im Vertrieb, kann auf Antrag auf eine Kernzeit verzichtet werden. Die Kernzeit darf zwischen drei und sechs Stunden (ohne Pausen) lang sein, um der Belegschaft maximale Gestaltungsfreiheit gewähren zu können. Die Beschäftigten können ein Zeitguthaben von bis zu vier Fünfteln der individuellen wöchentlichen Regelarbeitszeit „ansparen" und auf den nächsten Monat übertragen. Ein negativer Saldo des Arbeitszeitkontos in gleicher Höhe ist ebenso zu behandeln.[39] Der Ausgleich von Mehrarbeitszeit soll jeweils zum Ende des Jahres vorgenommen sein; maximal beträgt der Ausgleichszeitraum 24 Monate. Zeitguthaben können entweder als Freizeit (vier Tage pro Monat), mit definierten Brückentagen oder mit Bildungsmaßnahmen ausgeglichen werden.[40]

---

37 Diese Situation macht deutlich, daß die kürzlich vom DGB-Vorsitzenden Schulte erhobene Forderung, wonach auch eine 50-Stundenwoche in der IT-Industrie möglich sein müsse, in einigen Unternehmen längst realisiert ist. Sie hat hier bereits zu entsprechenden kollektivvertraglichen Regelungen geführt.

38 Diese Regelung basiert auf dem zugrundeliegenden Tarifvertrag. Dabei wurde der Anteil der in Frage kommenden Beschäftigten per Ergänzungstarifvertrag von 18% auf 13% verringert.

39 Bei besonderen Erfordernissen kann auch mit den örtlichen Betriebsräten ein höheres maximales Gleitzeitkonto vereinbart werden.

40 Bildungsmaßnahmen sind nicht berufsbezogene Trainings, sondern in einem Katalog aufgelistete Schulungen zur persönlichen Weiterbildung. Die ersten 22 Stunden dafür

Die Arbeitszeit wird in den Betrieben, die aus dem traditionellen Computerhersteller hervorgegangen sind, nicht zentral erfaßt. Die Beschäftigten schreiben ihre geleisteten Arbeitsstunden mit Hilfe einer Tabelle auf und legen dies dem Vorgesetzten einmal monatlich zur Unterschrift vor. Der Betriebsrat kann die Arbeitszeitnachweise jederzeit einsehen.[41] In den Betrieben des ehemaligen PC-Herstellers und bei den Vertriebsbeauftragten[42] wird die Arbeitszeit nicht erfaßt.

Die erforderliche Flexibilität der Arbeitszeit – insbesondere in den kundennahen Projekten – wird durch gesonderte Betriebsvereinbarungen gesichert; eine Regelung, die es nach Auffassung des Betriebsrats bisher gewährleistet habe, die Kunden- und Markterfordernisse mit der 35-Stundenwoche zu vereinbaren. Er hält daher das häufig vorgetragene Argument, daß sich die besonderen Arbeitsbedingungen der IT-Industrie nicht mit einer 35-Stundenwoche vereinbaren ließen, für „ideologisch" und „politisch" begründet, denn diese Regelung sei aus seiner Sicht sehr wohl praktikabel.

Am ausgeprägtesten waren die Bestrebungen zur tarifpolitischen Veränderung der Arbeitszeitregelungen in den Unternehmen *A2* und *B1*. In den genannten Unternehmen hatte dies weitreichende Auswirkungen auf die tarifvertragliche Gestaltung. Im Unternehmen *A2* lag hierin ein wesentlicher Grund für den Abschluß eines Haustarifvertrags anstelle des Flächentarifvertrags. Und in *B1* wurden die entsprechenden Bestimmungen des Flächentarifvertrags in dem Ergänzungstarifvertrag neu geregelt. Hier setzte man darauf, dieses Vertragswerk durch unternehmensbezogene Ergänzungsregelungen entsprechend den eigenen

---

bringt der Arbeitnehmer allein über Aufbau von Zeitguthaben ein. Von der 23. bis zur 66. Stunde bringt der Arbeitgeber die Hälfte der Freistellungszeit, ab der 67. Stunde bringt der Arbeitgeber die gesamte Freistellung ein. Die Schulung selbst bezahlt der Arbeitgeber.

41 Alle Arbeitnehmer notieren ihre Arbeitszeit selbst in eine dafür zur Verfügung gestellte Excel-Tabelle. Die Daten dürfen in andere EDV-Systeme nur nach gesonderter schriftlicher Vereinbarung mit dem Gesamtbetriebsrat übertragen werden. Zur Zeit wird das nicht gemacht.

42 „Zur Zeit haben wir eine heftige Diskussion, ob auch die Vertriebsbeauftragten einen Arbeitszeitnachweis führen sollen. Da sind wir sogar innerhalb des Betriebsrats geteilter Meinung, denn schließlich werden die meisten der Betroffenen recht solide entlohnt (typischerweise über 135 TDM p.a.; Überstunden werden nicht vergütet). Über die Konsequenzen ihres Tuns (oder besser Lassens) haben wir sie ausführlich informiert, aber sie halten das wohl für ehrenrührig, wenn wir sagen: 'Auch die schönste Arbeit sollte man mal beenden.' Für einige Arbeitnehmer ist das ja offensichtlich auch ein Image- oder Prestigeproblem, ob sie solange arbeiten dürfen, wie sie gerne würden, d.h., den Tauschhandel Lebenszeit gegen Geld scheinen sie entweder nicht verstanden zu haben oder sie können mit ihrer Zeit eh nichts anderes anfangen, als Geld zu verdienen, sprich Umsatz und damit Einkommen/Provisionen zu erzielen. Manche sagen im direkten Gespräch sogar wörtlich: 'Was soll ich zu Hause?'" (Betriebsrat *A3*)

Erfordernisse zu reformulieren. Die Analyse dieser zwei „Spielarten" der unternehmensbezogenen Anpassung tariflicher Regelungen ergibt Aufschluß über zentrale Fragen der zukünftigen Gestaltung des Tarifsystems, wie sie seit einigen Jahren auch in anderen Branchen diskutiert werden.

Im Unternehmen *A2* regelt der Haustarifvertrag zur Arbeitszeit eine durchschnittliche Wochenarbeitszeit von 38 Stunden. Darüber hinaus ist festgelegt, daß zwischen dem Unternehmen und einer nicht quantitativ festgelegten Zahl von Beschäftigten bestimmter Tätigkeitsbereiche (vor allem Servicefunktionen) individuelle Verträge geschlossen werden können, die eine „pauschale Mehrarbeit" von wöchentlich bis zu drei Stunden oberhalb der tariflichen Regelarbeitszeit möglich machen. Diese Vereinbarung kann für mindestens ein Jahr und maximal drei Jahre geschlossen werden. Sie muß auf der Basis einer freiwilligen Vereinbarung zwischen dem Unternehmen und dem jeweiligen Beschäftigten zustande kommen. Die Regelung zur „pauschalen Mehrarbeit" findet keine Anwendung für Mitarbeiter im Schichtbetrieb.[43]

Die Mitarbeiter mit einer entsprechenden Regelung erhalten für die „pauschale Mehrarbeit" einen Ausgleich von 1% des Grundgehalts pro Mehrarbeitsstunde (gerechnet auf den Monat) sowie einen Freizeitausgleich von einem Tag im Jahr für jede Stunde Mehrarbeit pro Woche, so daß sie insgesamt bis zu drei Tagen zusätzlichen Freizeitanspruch im Jahr haben können. Dies deckt nach Auffassung der Personalleitung die geleistete Mehrarbeit insgesamt nicht in vollem Umfang.

Für die Verteilung der Arbeitszeit wurde in einem Tarifvertrag eine sogenannte „Zeitsouveränität"[44] vereinbart. Diese gilt für grundsätzlich alle Beschäftigten, außer für diejenigen, die „mit festen Beginn- und/oder Endezeiten", also z.B. in Schichtarbeit oder „mit einer definierten Anwesenheitspflicht innerhalb eines definierten Arbeitszeitrahmens" arbeiten. Bezüglich der täglichen Arbeitszeit gilt bei den Mitarbeitern mit „Zeitsouveränität" ein „Zeitfenster" von 6 bis 20 Uhr von Montag bis Freitag, innerhalb dessen per definitionem keine Überstunden anfallen können. Weicht die geleistete Arbeitszeit von der vereinbarten ab, soll der Beschäftigte in Abstimmung mit seiner Führungskraft selbständig im Laufe eines Jahres einen Ausgleich in Freizeit erreichen. Die außerhalb dieses Zeitfensters liegende angeordnete Arbeitszeit ist „Mehrarbeit". Sie unterliegt der Zustimmung des Betriebsrats und wird für Beschäftigte mit einem Grundgehalt

---

43 Der Anteil der Beschäftigten mit einer wöchentlichen Regelarbeitszeit von 41 Stunden ist zumindest in den kundennahen Geschäftsfeldern hoch. So berichtete der Verantwortliche für das Geschäftsfeld Systemintegration in einer Region, daß fast alle Beschäftigten seines Bereichs mit 41-Stundenverträgen arbeiteten.

44 „Unter Zeitsouveränität ist die unter Abwägung betrieblicher Erfordernisse und persönlicher Belange vom/von Mitarbeiter/in selbstverantwortlich festgelegte Verteilung der Arbeitszeit zu verstehen." (Haustarifvertrag *A2* Arbeitszeit)

bis zu DM 9.500 monetär entgolten. Fahrzeiten, wie sie in diesem Unternehmen häufig anfallen, gelten als Arbeitszeit.[45]

Diese Arbeitszeitregelung setzt darauf, daß es den Beschäftigten überlassen wird, innerhalb der definierten Grenzen und in Abstimmung mit dem jeweiligen Vorgesetzten die Lage der Arbeitszeit selbst festzulegen. Dabei sorgen sie (in Abstimmung mit der Führungskraft) für den erforderlichen Ausgleich zwischen vereinbarter und geleisteter Arbeitszeit und sind gehalten, die gesetzlichen Bestimmungen (vor allem maximal zehn Stunden am Tag) selbständig einzuhalten.[46] Diese „Zeitsouveränität" der Mitarbeiter wird von den Gesprächspartnern der zuständigen Gewerkschaft als „Kulturrevolution" interpretiert. Aus Sicht des Unternehmens ist die neue Arbeitszeitregelung von dem Gedanken geprägt, daß nicht die geleistete Arbeitszeit, sondern die zu erreichenden Ziele den Fokus des Strebens der Mitarbeiter darstellen. Vorrangig komme es darauf an, daß die Beschäftigten „selbstverantwortlich" darauf achten, daß die vereinbarten Arbeitsziele in Abstimmung mit den betrieblichen Erfordernissen erreicht werden. Dem Mitarbeiter bleibt es überlassen, unter Berücksichtigung der betrieblichen Erfordernisse das zur Erreichung der Ziele erforderliche Arbeitszeitmanagement selbständig zu bewerkstelligen.

Ein Ausgleich der Arbeitszeit soll innerhalb von zwölf Monaten stattfinden, dabei soll ein monetärer Ausgleich die Ausnahme darstellen.[47] Zur Feststellung eines Ausgleichsbedarfs wird in Streitfällen die persönliche Zeiterfassung des Beschäftigten herangezogen, weil zugleich mit dem in Kraft treten dieser Ar-

---

45   Bei Fahrzeiten am Wochenende werden allerdings nur vier Stunden als Arbeitszeit gerechnet.

46   „Er muß auch selbst auf die gesetzlichen Bestimmungen achten. Da ist er selbst für verantwortlich. Das ist auch so festgelegt worden. Denn von 6 bis 20 Uhr, das wären ja mehr als 10 Stunden." *Frage:* „Obliegt die Einhaltung der gesetzlichen Bestimmungen nicht der Fürsorgepflicht des Arbeitgebers?" *Antwort:* „Das ist auch richtig, was sie sagen. Aber das Unternehmen hat dies an den Mitarbeiter übertragen. Er kann ja diese Fürsorgepflicht delegieren. Und das ist auch so gemacht worden. Das heißt, der Mitarbeiter ist jetzt eigenverantwortlich." (Betriebsrat *A2*) Diese „Übertragung" der Fürsorgepflicht des Arbeitgebers auf die Mitarbeiter ist nicht ohne weiteres mit dem geltenden Recht in Übereinstimmung zu bringen. Durch die neue Arbeitszeitregelung entsteht so eine Situation, die weitere Klärungsprozesse erwarten läßt. In einem Standort des Unternehmens wies beispielsweise das Gewerbeaufsichtsamt die Unternehmensleitung darauf hin, daß der Arbeitgeber die von der Arbeitszeiterfassung betroffenen Arbeitnehmer in geeigneter Form deutlich auf ihre neuentstandenen, primär dem Arbeitgeber obliegenden Verpflichtungen hinweist, die mit der Einführung des neuen Zeiterfassungssystems verbunden sind.

47   Reicht bei zeitkritischen Projekten dieser Ausgleichszeitraum nicht aus, so kann mit den Vertretern der Mitbestimmung eine Verlängerung um bis zu zwölf Monate beantragt werden.

beitszeitregelung die Verpflichtung der Mitarbeiter zur zentralen Zeiterfassung und die bis dahin geltende Gleitzeitregelung abgeschafft wurden. Die persönliche Zeiterfassung ist nicht verpflichtend, die „Mitarbeiter sollen selbstverantwortlich über die Nutzung dieses Systems entscheiden" (Haustarifvertrag *A2 Arbeitszeit*). Sie kann auf eigenen Unterlagen (Zetteln etc.) oder in einem elektronischen System stattfinden. Im zweiten Fall bietet es den Betriebsräten die Möglichkeit, einen gewissen Gesamtüberblick über die verausgabte Arbeitszeit zu erhalten; im Falle der persönlichen Zettel ist dies nicht ohne weiteres möglich. Das elektronische Erfassungssystem war allerdings bis zum Erhebungszeitpunkt noch nicht vollständig fertiggestellt. Außerdem erfordert die tägliche Zeiterfassung von den Mitarbeitern eine – gemessen am technischen Standard – verhältnismäßig umständliche Eingabeprozedur.[48] Der Anteil jener, die ihre Arbeitszeit erfassen, wird von den befragten Vertretern des Betriebsrats auf ca. 30% geschätzt; dabei wird angenommen, daß sich dieser Anteil in Zukunft erhöhen wird, wenn die elektronische Arbeitszeiterfassung voll funktionsfähig ist.[49]

Hinsichtlich der Notwendigkeit einer persönlichen Zeiterfassung bestehen zwischen Unternehmensleitung und Gesamtbetriebsrat unterschiedliche Auffassungen, die in einer je eigenen Leitvorstellung gründen. Der Vertreter der Unternehmensleitung verweist darauf, daß der beschrittene Weg der „selbstverantwortlichen" Arbeitszeitregelung die Arbeitszeiterfassung überflüssig mache. Er empfindet es als „altes Denken", wenn Beschäftigte weiterhin zur Absicherung und Legitimierung ein solches Arbeitszeitkonto führen, statt die vorhandenen Freiheiten zu nutzen. Der Gesamtbetriebsrat befürwortet demgegenüber die individuelle Zeiterfassung, und zwar im elektronischen System. Wird er in Streitfällen hinzugezogen, macht er das Vorhandensein einer persönlichen Zeiterfassung zur Grundlage, um aktiv zu werden.

Die Beschäftigten verhalten sich in dieser Frage der individuellen Zeiterfassung ambivalent. Deutlich wird, daß die wöchentliche Arbeitszeit zumindest in den serviceorientierten Bereichen im Durchschnitt deutlich über der vereinbarten wöchentlichen Arbeitszeit liegt. Das gilt insbesondere für die befragten Pro-

---

48 Die Beschäftigten müssen ihre Komm- und Gehzeiten von Hand eintippen. Ein Ausweisleser, der diesen Vorgang vereinfachen würde, steht nicht zur Verfügung.

49 *Frage:* „Wieviele nutzen die Zeiterfassung?" *Antwort:* „Das sind – ich schätze mal – 30% im Moment. Das liegt aber auch daran, daß wir den Tarifvertrag erst in diesem Jahr abgeschlossen haben und bestimmte Teile des elektronischen Systems erst einmal programmiert werden müssen, und das ist sehr aufwendig. Es laufen noch nicht alle Funktionen. Deswegen benutzen auch etliche der Mitarbeiter das System noch nicht." (Betriebsrat *A2*) Über die reale Nutzung des Zeiterfassungsprogramms durch die Mitarbeiter liegen offensichtlich keine gesicherten Daten vor. Die angegebenen 30% Nutzungsgrad geben die subjektive Einschätzung der befragten Betriebsratsvertreter wieder.

jektleiter, die allesamt mehr als die vereinbarten 41 Stunden arbeiten. Nach deren Erfahrung habe die wöchentliche Arbeitszeit in den letzten Jahren ständig zugenommen, die Einführung der Zeitsouveränität habe diese Entwicklungstendenz nicht verändert oder sogar verstärkt. Der vereinbarte Zeitausgleich während eines Jahres wird von den Projektleitern für unrealistisch gehalten.[50]

Nur ein kleinerer Teil erfaßt – nach Auskunft der befragten Betriebsräte – die persönliche Arbeitszeit nach dem Wegfall der zentralen Zeiterfassung. Hier kommen je unterschiedliche Motive zum Tragen, das zeigt die Befragung der Projektleiter. Jene Projektleiter, die weiterhin ihre Arbeitszeit erfassen, verweisen darauf, daß sie hiermit zwar nicht verhindern könnten, daß sie mehr als die vereinbarte Arbeitszeit arbeiten, dennoch aber eine persönliche Kontrolle haben wollten. Demgegenüber betonen diejenigen, die ihre Arbeitszeit nicht aufschreiben, daß sie gar nicht wissen wollten, wie viele „Überstunden" sie wirklich machten. Insgesamt – so betonen die Projektleiter mit einem ironischen Unterton – sei man durch die Zeitsouveränität „sehr flexibel" geworden. Sie begrüßen die Möglichkeit, in ruhigeren Projektphasen auch einmal nur drei Tage die Woche ins Büro zu kommen, vermuten aber, daß sie insgesamt mehr arbeiten. Weil die zentrale Arbeitszeiterfassung weggefallen ist, wird dies konkret nicht mehr bewußt – zumindest, wenn sie ihre Arbeitszeit nicht selbst aufschreiben.[51]

Einen anderen Weg der tarifvertraglichen Regelung der Arbeitszeit ist man im Unternehmen *B1* gegangen. Hier gilt grundsätzlich die „lebensaltersdifferenzierte Arbeitszeit". Der abgeschlossene Ergänzungstarifvertrag zu den Flächentarifverträgen der Metallindustrie Nordwürttemberg/Nordbaden und Berlin-Brandenburg enthält eine wöchentliche tarifliche Regelarbeitszeit von 35 bis 40 Stunden. Für junge Mitarbeiterinnen und Mitarbeiter gilt die 40-Stundenwoche. Beschäftigte im Schichtbetrieb, Auszubildende sowie Beschäftigte, die bereits vorher eine wöchentliche Arbeitszeit von 35 Stunden hatten, arbeiten 35 Stunden in der Woche. Weiterhin können Mitarbeiter, die dem Unternehmen mindestens zehn Jahre angehören, die Reduzierung auf eine wöchentliche Arbeitszeit von 35 Stunden beantragen. Dies ist nur aus wichtigem Grund abzulehnen. Ab dem

---

50 „Auch bei uns ist es möglich, noch Buch zu führen. Bloß, es gibt kein System, und man macht das freiwillig. Und man kann dann auch Freizeit dagegen nehmen. Nur kann es sein, daß man irgendwann einmal soviel Überzeit angesammelt hat, daß es völlig unrealistisch ist, das abzufeiern. Ich glaube, man soll sogar im gleichen Jahr abfeiern. Das ist wirklich völlig unrealistisch." (Projektleitung *A2*)

51 Dies verdeutlichen die Aussagen von zwei Projektleitern: „Also, ich finde, die Arbeitszeit hat im Servicebereich Jahr für Jahr zugenommen. Für mich muß ich das so sagen. Die Zeitsouveränität, das ist zwar schön, daß man nicht mehr Zeit erfaßt, aber sie hat mir nicht mehr Freizeit gebracht." Ergänzend dazu der zweite Projektleiter: „Das ist ganz bestimmt so. Nur, mir wird nicht mehr bewußt, wieviele Überstunden ich habe, was ich sonst immer wußte." (Projektleitung *A2*)

50. Lebensjahr erfolgt eine schrittweise Reduzierung. Zunächst um zwei Stunden, ab dem 53. Lebensjahr um vier Stunden und ab dem 55. Lebensjahr um fünf Stunden. Den Beschäftigten ist freigestellt, ob sie diese Reduzierung bei Beibehaltung der 40-Stundenwoche auf einem Langzeitarbeitskonto „ansparen" oder ihre wöchentliche Arbeitszeit reduzieren. Die erzielten Zeitgutschriften des Langzeitarbeitskontos können zum früheren Ausscheiden aus dem Unternehmen genutzt werden.

Arbeitszeitbudgetvereinbarungen ergänzen diese Arbeitszeitregelungen. Entsprechend den geschäftlichen Erfordernissen oder den persönlichen Bedürfnissen der Beschäftigten können zwischen dem Mitarbeiter und dem Vorgesetzten auch Arbeitszeitbudgets für maximal zwölf Monate schriftlich vereinbart werden. Diese können über oder unter der vereinbarten Arbeitszeit liegen; der Betriebsrat ist über die getroffenen Vereinbarungen zu informieren.[52] Die Gleitzeit- und Überstundenregelungen sind davon unberührt. Die in den Arbeitszeitbudgets „angesparten" Stunden werden nicht als Überstunden abgegolten, sondern je nach Wahl der Mitarbeiter entweder auf ein Fünfjahreskonto als Zeitguthaben überführt oder in Ansprüche auf Versorgungskapital umgewandelt. Dabei können die angesammelten Stunden in den Arbeitszeitbudgets in Form von Qualifizierungsmaßnahmen oder Blockfreizeit genutzt werden. Hierfür können dem Konto maximal in einem Jahr 135 Stunden zufließen, und es kann einen Höchststand von 550 Stunden haben. Grundsätzlich hat der Arbeitnehmer einen Anspruch auf Ausgleich des Fünfjahreskontos innerhalb eines Ausgleichszeitraums von fünf Jahren; Guthaben aus dem Fünfjahreskonto können aber auch in das Langzeitarbeitskonto übertragen werden.

Das Arbeitszeitmodell des Unternehmens *B1* setzt eine Erfassung der Arbeitszeiten voraus.[53] Nur so kann die Arbeit aus dem Arbeitszeitbudget in die entsprechenden Arbeitszeitkonten der Mitarbeiter überführt werden. Über die tarifliche Arbeitszeit hinausgehende Arbeitszeiten müssen darüber hinaus im voraus gesondert vereinbart werden. Sie sollen so der besseren Planung der Arbeitszeitbudgets der Aufgabenbereiche dienen.

Innerhalb der tarifpolitischen Szenerie der IT-Industrie fand die hier getroffene Arbeitszeitregelung Beachtung, verbindet sie doch eine vertragliche Anbindung an den Flächentarifvertrag der Metall- und Elektroindustrie mit neuen Formen der Arbeitszeitregulierung. Die Unternehmensleitung begrüßt die beschlos-

---

52 Dieser ist auch zur Vermittlung hinzuzuziehen, falls Streit über Erfordernis und Umfang eines zusätzlichen Arbeitszeitbudgets entsteht.

53 Sie erfolgt in diesem Fall via elektronischer Zeiterfassung, von wo aus die Daten automatisch zur Gehaltsrechnung und den Zeitkonten überführt werden. Es wäre aber auch ebenso eine vom einzelnen Mitarbeiter gesteuerte Erfassungsform möglich, wie sie beispielsweise im Unternehmen *A3* realisiert ist. Wichtig ist, daß die Arbeitszeiten erfaßt und die erfaßten Daten von allen Parteien akzeptiert werden.

sene Vereinbarung und weist auf ihre Konformität gegenüber den Erfordernissen von Dienstleistungsarbeiten hin. Durch die neuen Arbeitszeitregelungen sei man gegenüber den Konkurrenten wettbewerbsfähig, und das vereinbarte Modell zur Flexibilisierung der Arbeitszeit ermögliche insbesondere in den kundennahen Aufgabenfeldern eine genaue Anpassung der Arbeitszeiten an die jeweiligen Erfordernisse.

Demgegenüber verweist der Betriebsrat auf die Informations- und Beteiligungsrechte, die mit dem Arbeitszeitmodell verbunden sind. Da im Fallunternehmen *B1* eine Erfassung der Arbeitszeit erfolgt und der Betriebsrat über die vereinbarten Arbeitszeitbudgets unterrichtet wird, ist er stets über die real geleistete Arbeit informiert, hat somit die Grundlage für ein qualifiziertes Eingreifen und erhält so Handhabe, um dauerhafte Überschreitungen der Regelarbeitszeit anzugehen. Nach seiner Auffassung sei so eine Handhabe des Betriebsrats geschaffen, um der unbegrenzten Ausweitung der Arbeitszeit entgegenzuwirken. Hinzu komme, daß das vereinbarte Arbeitszeitmodell nicht wie Vereinbarungen anderer Unternehmen der Branche das Überschreiten der vereinbarten Regelarbeitszeit durch zusätzliche monetäre Anreize befördere, sondern umgekehrt den Mitarbeitern Spielräume eröffne, längere Arbeitszeiten durch Freizeitausgleich oder frühzeitiges Ausscheiden aus dem Beruf auszugleichen.

Insgesamt – so seine Argumentation – sei mit den Regelungen zur lebensaltersdifferenzierten Arbeitszeit ein neuartiges Modell der flexiblen Arbeitszeitgestaltung geschaffen, das in seiner Art ein Meilenstein für die Regelung von Lebensarbeitszeitmodellen darstellen könne. Anders als in der klassischen Industrie, in der die 35-Stundenwoche zu positiven Arbeitsplatzeffekten geführt habe, habe deren formale Durchsetzung in der IT-Industrie weit geringere Arbeitsplatzeffekte, zumal sich ohnehin niemand daran halte. Demgegenüber seien die Arbeitsplatzeffekte des hier beschlossenen Modells erheblich höher, weil das hierdurch begünstigte frühere Ausscheiden älterer Arbeitnehmern zu einer realen Entlastung des Arbeitsmarktes führe.

Die beschriebenen Modelle zur Arbeitszeit – wie wir sie insbesondere in den Fallunternehmen *A2, A3* und *B1* vorgefunden haben – machen die Bestrebungen der Unternehmen in der IT-Industrie um neuartige Regelungsformen deutlich. Dabei bemühen sich diese Unternehmen, die vereinbarten Regelungen nicht außerhalb des Tarifvertrags zu institutionalisieren, sondern hierüber abzusichern. In keinem der untersuchten Unternehmen dieser Gruppe ist angestrebt, auf eine tarifvertragliche Absicherung der Arbeitszeitregelungen zu verzichten. Dennoch sehen sie einen unterschiedlich weitgehenden Bedarf, statt der Bindung an den Flächentarif der Metall- und Elektroindustrie, der für alle Unternehmen außer *C1* als Bezugsrahmen angesehen wird, eigene Regelungen zu vereinbaren. Dies war in den Unternehmen *A2* und *B1* am ausgeprägtesten zu beobachten. Aber auch in dem flächentarifvertragsgebundenen Unternehmen *A1* und im Unternehmen *A4* wurden Überlegungen in diese Richtung angestellt. Im Unternehmen *A4* bestehen Betriebsvereinbarungen zur Gleitzeitregelung. Das Konzept eines festen wöchentlichen Arbeitszeitsregimes soll hier aber nicht verändert werden. In Unternehmen *A1* bestehen Gleitzeitregelungen für die tariflich Beschäftigten; bei AT-Mitarbeitern sowie in ausgegründeten Unternehmen bemüht man sich aber um Arbeitszeitmodelle, die dem in *A2* vergleichbar sind.

Die dargestellten Bestrebungen zur tarifpolitischen Absicherung alternativer Arbeitszeitmodelle unterscheiden sich bezüglich der vertraglichen Form grundsätzlich dadurch, in welchem Maße sie an das Kollektivvertragssystem der Metall- und Elektroindustrie angelehnt sind bzw. in welchem Ausmaß sie davon abweichende Regelungen festschreiben. Der Vergleich der Unternehmen *A2*, *A3* und *B1* zeigt, daß sich hier kein „one best way" herauszubilden scheint. Weder ist davon auszugehen, daß die Vertragsform des Haustarifvertrags in Zukunft bestimmend sein wird, noch daß die vertragliche Anbindung an den Flächentarifvertrag zum Idealmodell wird. Sicher erscheint uns, daß unternehmensbezogene Spezifizierungen hinsichtlich der Arbeitszeitflexibilisierung erforderlich sind. Das bedeutet aber keineswegs – das zeigt das Beispiel des Unternehmens *A3* –, daß diese Spezifizierungen eine grundlegende Neufassung des Arbeitszeitmodells des Flächentarifvertrags – wie bei *A2* und *B1* geschehen – beinhalten müssen. Es ist aus tarifvertragsrechtlichen Gründen durchaus möglich, durch Gleitzeit- und Überstundenregelungen sowie durch absichernde Betriebsvereinbarungen die erforderliche Flexibilität der Arbeitszeitregelung unter Anwendung der Arbeitszeitregelungen des Flächentarifvertrags zu ermöglichen.

Die vorgestellten Arbeitszeitregelungen unterscheiden sich weiterhin hinsichtlich der jeweils vereinbarten wöchentlichen Durchschnittsarbeitszeit. Insbesondere die Frage, ob es möglich ist, mit einer Wochenarbeitszeit von 35 Stunden in diesem Markt erfolgreich zu sein, ist sehr umstritten. Eine eindeutige Antwort auf diese Frage läßt sich anhand der untersuchten Unternehmen nicht geben. Dabei ist allerdings davon auszugehen, daß mit zunehmendem „Dienstleistungsanteil" der Unternehmen auch deren Drängen auf eine längere wöchentliche Arbeitszeit zunehmen wird. Denn anders als in klassischen industriellen Produktionsprozessen, bei denen die Dauer der Arbeitszeit in keinem deterministischen Verhältnis zum erbrachten Output steht, so daß es den Unternehmen in den letzten Jahrzehnten immer wieder gelungen ist, trotz einer Verkürzung der Arbeitszeit den Output pro Beschäftigten zu steigern, wirkt sich insbesondere in den kundennahen Arbeitsbereichen eine Ausweitung der Arbeitszeit pro Beschäftigten unmittelbar auf den erzielbaren Umsatz aus. Dies vor allem deshalb, weil die Beschäftigten so länger in Projekten beim Kunden eingesetzt werden können und auf diese Weise höhere Deckungsbeiträge erzielen. In dieser Situation benötigen betriebliche Interessenvertreter eine feste Verankerung bei den Beschäftigten, um Arbeitszeiten im Rahmen der Regelungen des Flächentarifvertrags erhalten zu können, wenn die Unternehmen nicht über eine Mitgliedschaft im Arbeitgeberverband an diesen gebunden sind. Dies ist nur im Unternehmen *A3* gelungen, das allerdings über einen außergewöhnlich hohen gewerkschaftlichen Organisationsgrad der Beschäftigten und eine konflikterprobte Belegschaft verfügt und insofern eine Ausnahme in der IT-Industrie bildet.

Bisher wird die 35-Stundenwoche zur Schlüsselfrage in der Diskussion um die Arbeitszeitgestaltung erhoben. Hier liegt sowohl auf Arbeitgeberseite als auch auf Gewerkschafts- und Betriebsratsseite der Fokus der Bewertung. Uns scheint ein darüber hinausgehender Aspekt bisher noch zu wenig beachtet, der ein Kernproblem der Zukunft der Arbeitsbeziehungen berührt: Die dargestellten Modelle einer alternativen tarifvertraglichen Arbeitszeitgestaltung gruppieren sich um zwei sich sehr stark unterscheidende Konzepte der Regulation von Arbeitszeit überhaupt. Sie haben jeweils unterschiedliche Auswirkungen auf die Position der betrieblichen Interessenvertretung und der Art und Weise des Interessenaustauschs in den Unternehmen insgesamt sowie auf die Bedeutung der Akteure auf der tariflichen Ebene. Exemplarisch läßt sich das Grundkonzept beider Modelle im Vergleich der Arbeitszeitregelungen der Unternehmen *A2* und *B1* zeigen.

Das Unternehmen *A2* etabliert mit seinem Modell der „Zeitsouveränität" per Tarifvertrag ein Arbeitszeitmodell, das im Kern davon bestimmt ist, nicht die erbrachte Arbeitszeit – gemessen in Stunden – zum Fokus der Betrachtung zu machen, sondern die zu erbringenden Leistungen. Zugespitzt formuliert, so erklärte uns ein Betriebsrat aus einem Telekommunikationsunternehmen, welches ein ähnliches Konzept verfolgt, gehe es bei diesem Modell nicht mehr um die Arbeitszeit, die ein Beschäftigter im Unternehmen „absitze", sondern darum, daß er die gesetzten Arbeitsziele „selbstverantwortlich" erreiche. Die Arbeitszeit als zentrales Moment des Tauschs zwischen Arbeitgeber und Arbeitnehmer sei ein Relikt des „Industriezeitalters", das in den Zeiten moderner Arbeit nicht mehr „zielführend" sei.

Im Unternehmen *A2* steht nach dessen eigener Darstellung die „Eigenverantwortlichkeit" des Mitarbeiters im Vordergrund. Dieser entscheidet – unter Beachtung der geschäftlichen Erfordernisse – innerhalb eines großen Zeitfensters über die Einteilung der Arbeitszeit. Er ist lediglich gehalten, diese innerhalb eines Jahres entsprechend der vereinbarten Wochenstundenzahl auszugleichen. Dieser Ausgleich wiederum soll vor allem im direkten Verhältnis zwischen Vorgesetztem und Mitarbeiter geregelt werden. Daher verzichtet das Unternehmen darauf, die Arbeitszeit zentral zu erfassen und überläßt es den Beschäftigten, eine persönliche Arbeitszeitkontrolle durchzuführen. Sowohl die Vertreter der Unternehmensleitung als auch des Betriebsrats gehen davon aus, daß die Mitarbeiter im Laufe der Zeit lernen werden, mit dieser „Freiheit" umzugehen.

Und auch manche Vorgesetzten – so der Betriebsrat – müßten lernen, Vertrauen gegenüber den Mitarbeitern an die Stelle des alten Kontrollbedürfnisses zu stellen. Sowohl Unternehmensleitung als auch Betriebsrat halten es daher für ihre Aufgabe, die Entwicklung der Beschäftigten zu einem „eigenverantwortlichen" Verhalten zu fördern. Für den Betriebsrat beinhaltet die Fähigkeit zur „Selbststeuerung" auch, daß die Mitarbeiter lernen, die geleisteten Stunden zu erfassen, um die Arbeitszeit in gewissem Umfang zu begrenzen.

Durch die Orientierung auf die „Zeitsouveränität" der Mitarbeiter steht der Betriebsrat nunmehr unter dem Druck, die Beschäftigten zu überzeugen, sich ihre Stunden aufzuschreiben und Überzeiten auch wieder bei den jeweiligen Vorgesetzten einzufordern. Die hierbei bisher erzielten Erfolge scheinen aber eher bescheiden. Das zeigt schon die Tatsache, daß laut Angaben des Betriebsrats nur ca. 30% der Mitarbeiter die elektronische Zeiterfassung nutzen. Der Erfolg der Versuche des Betriebsrats, die Mitarbeiter zum Führen einer persönlichen Arbeitszeiterfassung zu bewegen, wird wie folgt reflektiert:

> „Was glauben Sie, wie viele Briefe wir da rausgeben. Das ist schon sehr schwer, dem Mitarbeiter das klar zu machen. Weil das ja zusätzlich 'Arbeit' für den Mitarbeiter ist, die Stunden aufzuschreiben. Der sagt: 'Ich muß in meinem Projekt arbeiten, da habe ich keine Zeit dafür.' Wir müssen es rüberbringen – und das ist schwierig für uns –, daß das für die Eigensteuerung notwendig ist, daß ich aufschreibe."

In dem neuen Arbeitszeitmodell der „Zeitsouveränität" hat sich sowohl die Charakteristik des Interessenaustausch zwischen Beschäftigten und Unternehmensleitung als auch die Rolle des Betriebsrats in diesem Wechselverhältnis verändert.

Die Charakteristik des Interessenaustauschs war in dem vorherigen, von einer Gleitzeitregelung und einer zentralen Arbeitszeiterfassung bestimmten Arbeitszeitmodell (zumindest potentiell) durch ein System der unternehmensweiten Transparenz bestimmt. Wer wie lange gearbeitet hat, ließ sich über die zentrale Zeiterfassung leicht nachvollziehen, wenn die Beschäftigten regulär „stempelten". In diesem Fall hatte der Betriebsrat einen detaillierten Einblick in die geleistete Arbeitszeit und die Beschäftigten eine objektive Grundlage, um ihre geleistete Mehrarbeitszeit nachzuweisen. Demgegenüber wird die real geleistete Arbeitszeit mit dem neuen Arbeitszeitmodell nur dann im Unternehmen und für den Betriebsrat transparent, wenn die Beschäftigten diese in das elektronische System eintragen. Das führt zunächst dazu, daß der Betriebsrat nur noch einen eingeschränkten Überblick über die geleistete Arbeitszeit hat. Dazu ist es erforderlich, daß die Mitarbeiter ihn aktiv über die geleistete Arbeitszeit informieren. Insofern sind seine Möglichkeiten der Einflußnahme auf die Personalpolitik des Unternehmens durch fehlende Informationen eingeschränkt. Die Beschäftigten wiederum müssen ihre „Überzeit" in direkter Auseinandersetzung mit dem Vorgesetzten geltend machen und stehen darüber hinaus gegenüber den Kollegen der Projektgruppe in einer schwierigen Situation. Da in den Projekten häufig ein enormer Zeitdruck herrscht, laufen Beschäftigte, die auf einen vollständigen Freizeitausgleich bestehen, schnell Gefahr, die Solidarität des Projektteams zu verletzen. Selbstverständlich ist es möglich, geleistete Mehrarbeit auszugleichen. In der Binnenwahrnehmung des Unternehmens – und zwar sowohl der Vorgesetzten als auch der Kollegen – besteht aber stets die Gefahr, daß sich ein solcher Mitarbeiter dem Verdacht aussetzt, sich nicht ausreichend mit den Zielen des Unternehmens und der Arbeitsgruppe zu identifizieren. Dabei ist zwar davon auszugehen, daß diese potentielle Drucksituation nicht von allen Beschäftigten gleichermaßen als Problem erlebt wird. Es ist auch nicht von der Hand zu weisen, daß die Beschäftigten der IT-Industrie, die sich selbst häufig für sehr durchsetzungsfähig halten, sich mit dieser Form des individualisierten Interessenaustauschs gut zurechtfinden. Es bleibt dennoch festzuhalten – und darauf kam es uns an dieser Stelle an –, daß sich der Austauschmodus in puncto Arbeitszeit in dem genannten Unternehmen durch die „Zeitsouveränität" grundlegend gewandelt hat. An die Stelle einer kollektiven tritt nun eine weitgehend individualisierte Auseinandersetzungsstruktur.

Ein grundlegend anderes Konzept der Arbeitszeitregelung liegt dem Arbeitszeitmodell in Unternehmen *B1* zugrunde. Ebenso wie im vorher dargestellten Unternehmen wurde hier ein Modell entwickelt, das – verglichen mit dem Flächentarifvertrag – eine längere wöchentliche Arbeitszeit und bestimmte Regelungen zur Flexibilisierung der Arbeitszeit beinhaltet. Insofern ist es mit dem vorher dargestellten durchaus vergleichbar. Es unterscheidet sich aber grundlegend von dem Modell der „Zeitsouveränität", weil es auf die Arbeitszeit als zentrales Moment des Interessenaustauschs fokussiert und die betriebliche Transparenz über die geleistete Arbeitszeit sowohl für die Beschäftigten als auch für die Betriebsräte fördert.

Drei Momente der Steuerung der Arbeitszeit wirken hier zusammen: zum einen die Notwendigkeit, über die Regelarbeitszeit hinausgehende Arbeitszeiten im voraus zu vereinbaren und diese Vereinbarungen dem Betriebsrat zugänglich zu machen. Dadurch werden im Unternehmen zwischen den Beschäftigten und den Vorgesetzten unter Einbeziehung des Betriebsrats Prozesse des geplanten Umgangs mit Mehrarbeit angestoßen; zum anderen die transparente Überführung der geleisteten Mehrarbeit in ein Arbeitszeitkonto bzw. in das Lebensarbeitszeitkonto. Hierdurch besteht für die Beschäftigten die Möglichkeit, ihre Freizeitansprüche abgesichert durch die Tarifvereinbarung einzulösen und diese, falls es das Projekt nicht zuläßt, in das Lebensarbeitszeitkonto oder Ansprüche in die betriebliche Alterssicherung zu überführen. In diesem Zusammenhang kann drittens die zentrale Arbeitszeiterfassung, die in industriellen Produktionsprozessen häufig als wichtiges Moment der Kontrolle durch das Unternehmen angesehen wird, „entlastend" für die Beschäftigten wirken. Weil ihre Arbeitszeit zentral erfaßt wird, besteht ein „objektives" Maß für die geleistete Arbeitszeit.[54] Anders als im Falle der Zeitsouveränität wird hier die geleistete Arbeitszeit nicht aus dem Fokus der unternehmensöffentlichen Diskurse verdrängt, sondern zum zentralen Moment des Austauschprozesses im Unternehmen gemacht. Die Regularien des Tarifvertrags ermöglichen es den Beschäftigten, sich auf kollektive und in gewissem Maße verobjektivierte Interessenpositionen zu beziehen, wenn sie einen Ausgleich für geleistete Mehrarbeit realisieren wollen. Der Betriebsrat erhält in diesen Prozessen des Interessenaustauschs eine zentrale Rolle. Weil er über die Möglichkeiten verfügt, sich über die geleisteten Arbeitszeiten zu informieren und weil er über die Vereinbarungen zur Mehrarbeit in Projekten informiert werden muß, hat er eine gesicherte Informationsbasis, um bei personalpolitischen Fragen eingreifen zu können. Darüber hinaus wird seine Funktion im Unternehmen dadurch aufgewertet, daß er bei der Lösung von Konfliktfällen einbezogen werden muß. Er erhält so insgesamt erweiterte Eingriffsmöglichkeiten in der Interessenvertretung. Das so realisierte Arbeitszeitmodell ermöglicht eine Flexibilisierung des Arbeitseinsatzes und eine Ausweitung der Zeitsouveränität der Mitarbeiter, beläßt den Interessenaustausch um die Arbeitszeit aber in einer kollektiven Auseinandersetzungsstruktur, in der der Betriebsrat einen zentralen Platz einnimmt.

Insgesamt drei Aspekte unterscheiden die beiden Konzepte der Regulierung von Arbeitszeit in den genannten Unternehmen: erstens die Anerkennung der geleisteten Arbeitszeit als Wert im Interessenaustausch. Im Falle der Zeitsouveränität tritt dieser Wert in den Hintergrund, wird nicht als Fokus der Prozesse der Austauschbeziehungen zwischen Beschäftigten und Unternehmen angesehen. Zentrum des Handelns ist hier das Erreichen gesetzter Ziele und Aufgaben, die Beschäftigten können sich nicht darauf zurückziehen, eine bestimmte, vereinbarte Zeit gearbeitet zu haben, wenn diese Ziele nicht erreicht sind. Im Falle des Modells der „lebensaltersdifferenzierte Arbeitszeit" wird die Arbeitszeit als wichtiger Wert und als zentraler Gegenstand im Interessenaustausch behandelt.

---

54 Die Bedeutung der „Stechuhr" ist in der Branche sehr umstritten. Ihre Entfernung wird nicht ohne weiteres als positiv gewertet. In zwei Betrieben, in denen die zentrale Arbeitszeiterfassung abgeschafft werden sollte, wehrte sich der Betriebsrat nach Durchführung von Beschäftigtenbefragungen vehement dagegen und setzte ihre Beibehaltung durch. Die Motive der Beschäftigten sind nach deren Meinung vor allem darin zu suchen, daß dadurch die geleistete Arbeitszeit „objektiv" werde und den Anspruch der Beschäftigten auf Freizeitausgleich erleichtere. Wir haben daraus gelernt, daß es zu kurz gedacht ist, die Stechuhr als Relikt eines alten Kontrollmodus zu diffamieren. Viel wichtiger für die Analyse ihrer Bedeutung ist es, in welchem Kontext und zu welchem Zweck sie genutzt wird.

Das Erreichen von Zielen im Arbeitsprozeß tritt hier als Wert neben den der geleisteten Arbeitszeit und verdrängt ihn nicht. Zu erreichende Ziele und zu leistende Arbeitszeit stehen so in einem produktiven Spannungsfeld, das von den Akteuren immer wieder aufs neue aufgelöst werden muß.

Zweitens unterscheiden sich die beschriebenen Modelle hinsichtlich der Struktur, in denen der Interessenaustausch zwischen Unternehmen und Beschäftigten vollzogen wird. Im Falle der Zeitsouveränität wird der Interessenaustausch in einer weitgehend individualisierten und personalisierten Konfliktstruktur vollzogen. Jeder Mitarbeiter ist gefordert, seine gegebenenfalls vorhandenen Freizeitansprüche individuell geltend zu machen, ohne sich dabei auf „objektive" Maßzahlen beziehen zu können. Demgegenüber weist das Modell der lebensaltersdifferenzierte Arbeitszeit eine weitgehend kollektive Konfliktstruktur auf. Die hier getroffene Tarifvereinbarung über die Arbeitszeitkonten schafft auf kollektivvertraglicher Basis institutionelle Grundlagen, um die Freizeitansprüche geltend zu machen. Dabei verleihen die vorhandenen Institutionen (Fünfjahreskonto, Lebensarbeitszeitkonto) der Forderung nach Ausgleich für Mehrarbeit den Status, etwas „Normales" zu sein.

Demnach stehen die genannten Aspekte – Anerkennung der geleisteten Arbeitszeit als „Tauschgut" und Struktur des Interessenaustauschs – in engem Zusammenhang. Denn wenn die geleistete Arbeitszeit als Wert im Austauschprozeß nicht anerkannt wird, erfahren die Institutionen, die darauf basieren, auch keine Anerkennung. Im Falle des Zeitsouveränitätsmodells laufen daher die Versuche des Betriebsrats, die Beschäftigten zum Eintrag der geleisteten Arbeitszeit in das elektronische System zu motivieren, der „immanenten Logik" des gewählten und gemeinsam verabschiedeten Arbeitszeitmodells und den dominanten Diskursstrukturen entgegen. Das bedeutet freilich nicht, daß Bestrebungen zur Verankerung der individuellen Arbeitszeitdokumentation von vornherein zum Scheitern verurteilt sind. Die These ist vielmehr, daß der vereinbarte Tarifvertrag ein „Rationalitätskalkül" beinhaltet, welches diesen Bestrebungen strukturell zuwider läuft.

Das verweist auf einen dritten Unterschied beider Modelle, der in der je unterschiedlichen Stellung der betrieblichen Interessenvertretung liegt. Im Falle der Zeitsouveränität hat der Betriebsrat die Rolle des Moderators. Das Wesen der Tarifvereinbarung besteht darin, einen Rahmen zu schaffen, in dem der Austauschprozeß zwischen dem einzelnen Beschäftigten und dessen Vorgesetzten laufen kann. Diese beiden müssen sich einigen. Der Betriebsrat verzichtet weitgehend auf eigene Eingriffsmöglichkeiten und delegiert den Interessenaustausch weitgehend an die Beschäftigten. Im Falle der lebensaltersdifferenzierten Arbeitszeit werden die Eingriffsmöglichkeiten des Betriebsrats demgegenüber gestärkt. Zwei Faktoren machen dies aus: einmal ist der Betriebsrat über die geleistete Arbeitszeit im Unternehmen und über geplante Mehrarbeit vollständig informiert. Er muß sich diese Informationen nicht erst durch Befragungen der Beschäftigten holen, denn es besteht die Verpflichtung, ihn entsprechend zu informieren. Da zum zweiten der Eskalationsprozeß bei Konflikten um bestehende Freizeitansprüche definiert ist und dem Interessenvertreter innerhalb dieses Prozesses eine zentrale Rolle zugemessen wird, erhält er innerhalb des Interessenaustauschs um die Arbeitszeit eine institutionell abgesicherte Position. Während ein Mitarbeiter, der sich im Falle der Zeitsouveränität beim Betriebsrat beschwert, sich dem Verdacht aussetzt, einen „Außenstehenden" einzubeziehen, sitzt der Betriebsrat im zweiten Fall von Anfang an „mit am Tisch"; sein Eingreifen entspricht einem Szenario, das Arbeitgeber und Betriebsrat gemeinsam vertraglich vereinbart haben.

Zusammenfassung

Es lassen sich in den untersuchten Unternehmen des ehemals fordistischen Typs deutliche Bestrebungen zur Flexibilisierung der Arbeitszeiten konstatieren. Diese schlagen sich zum einen in einer Variabilisierung von Schichtmodellen nieder und äußern sich zum anderen in der Realisierung von Arbeitszeitmodellen, die einen neuen Modus des Umgangs mit der Arbeitszeit implizieren. Obwohl sich beide Modelle in ihrer „inneren Logik" sowie in der Handhabbarkeit für das betriebliche Interessenhandeln grundlegend unterscheiden, implizieren sie dennoch – wenn auch mit Unterschieden in der Ausprägung – eine Form der „Individualisierung des Arbeitszeitkonflikts" (Hielscher 2000, S. 37). Dies schließt ein,

> „daß im Zuge der Deregulierung der täglichen und wöchentlichen Arbeitszeit die Beschäftigten bei der Aushandlung ihrer Arbeitszeiten, der Leistungsvorgaben und der Freizeitentnahme zunehmend auf sich selbst gestellt sind" (ebd.).

Die vorgestellte Empirie macht aber deutlich, daß die Individualisierung des Arbeitszeitkonflikts keineswegs mit einem Bedeutungsverlust kollektivvertraglicher Regelungen einhergehen muß. Hielscher und Hildebrandt ist zuzustimmen, daß diese neue Konfliktstruktur auf Seiten der Beschäftigten einen permanenten Abwägungsprozeß verlangt, der Kompetenz und Durchsetzungskraft und ein individuelles Zeitmanagement erfordert, so daß sie die Flexibilitätsanforderungen des Betriebs, die Koordination des Privatlebens und die familiären Zeitvorgaben zueinander ins Verhältnis setzen können (Hielscher/Hildebrandt 1999). Doch genau in dieser neuartigen Anforderung liegt gerade eine wesentliche Bedeutung für kollektivvertragliche Regelungen der Arbeitszeit.

Bei der individuellen Interessenwahrnehmung beziehen sich die Beschäftigten auf eine Kultur des Umgangs mit der Arbeitszeit, wie sie in ihrer sozialen Arbeitsumgebung vorherrscht. Diese bestimmt eine Referenzfolie dafür, was individuell als zumutbar angesehen oder als Problem empfunden wird.

Das Vorhandensein kollektivvertraglicher Regelungen, die im Interessenhandeln der Beschäftigten real erfahrbar sind – weil z.B. Arbeitszeiten dokumentiert werden müssen oder weil kollektivvertragliche Regelungen ein „Verfallen" geleisteter Arbeitszeit durch Ausgleichsvereinbarungen bei Schichtmodellen oder Lebensarbeitszeitkonten verhindern –, hat, das zeigen die Gespräche mit den Projektleitern, wesentlichen Einfluß auf die Kultur des Umgangs mit der Arbeitszeit. Sie wirken hier als „Merkposten" und „legitime Zumutbarkeitsvorstellungen" im individualisierten Arbeitszeitkonflikt. Die kollektivvertraglichen Regelungen haben insofern strukturierende Bedeutung für die Kultur des Umgangs mit der Arbeitszeit und die Vorstellungen eines „gerechten Tauschs". Die Tatsache, daß in den Unternehmen *A3* und *B1*, welche flexible Arbeitszeitregelungen mit starken kollektivvertraglich abgesicherten Mitbeistimmungsrechten verknüpfen, nur in geringem Maße über Arbeitszeitprobleme geklagt wird, während im Unternehmen *A2*, wo eine kollektivvertragliche Regelung beschlossen wurde, welche die Hauptverantwortung zur Regelung des Arbeitszeitkonflikts allein im wesentlichen den Beschäftigten überläßt, die Extensivierung der Arbeitszeit allenthalben beklagt wurde, ist hier als Indiz zu werten.

Aus den dargestellten Ergebnissen lassen sich folgende Rückschlüsse ziehen:

(a) Die mit der Flexibilisierung der Arbeitszeit und der Aufhebung der zentralen Arbeitszeitmessung einhergehende Individualisierung des Arbeitszeitkonflikts muß keineswegs die Bedeutung von kollektivvertraglichen Regelungen aushebeln. Eine Gegenüberstellung von individueller und kollektivvertraglicher Regelung erscheint den neuen Arbeitsformen nicht mehr angemessen.

(b) Daraus folgt weiterhin, daß das Vorhandensein bzw. Nichtvorhandensein eines Tarifvertrags oder anderer kollektivvertraglicher Regelungen keine Aussage über das Ausmaß der Individualisierung des Arbeitszeitkonflikts zuläßt. Im Extrem, das zeigt das Unternehmen *A2*, kann sogar eine kollektivvertragliche Regelung dazu dienen, das Primat des individualisierten Interessenaustauschs festzuschreiben.

(c) Die Ausbreitung von Zielvereinbarungen sowie die Variabilisierung und Individualisierung der Arbeitszeiten bedeuten nicht zwangsläufig, daß die geleistete Arbeitszeit als Gegenstand des Tauschs zwischen Kapital und Arbeit verloren geht und „als solche heute einem Erosionsprozeß ausgesetzt ist" (Hielscher 2000, S. 56). Insbesondere in den Unternehmen *A3* und *B1* finden sich kollektivvertraglich abgesicherte Arbeitszeitmodelle, die darauf verweisen, daß es möglich ist, die Arbeitszeit bei zunehmender Flexibilisierung und Variabilisierung als Tauschgut zu erhalten.

(d) Der Arbeitszeitkonflikt erhält in den untersuchten verhältnismäßig hochregulierten Unternehmen des ehemals fordistischen Typs eine neue Charakteristik. Dabei geht es im Kern nicht so sehr um die Frage, ob das institutionelle System des kollektivvertraglich geregelten Interessenaustauschs unter den Flexiblisierungsbestrebungen der Unternehmen und den Zeitsouveränitätsbestrebungen neuer Beschäftigtengruppen „zermahlen" wird, sondern welche innere Funktionslogik die Tarifverträge und Betriebsvereinbarungen haben müssen, um die verausgabte Arbeitszeit als fundamentales Moment des Interessenaustauschs zwischen Kapital und Arbeit zu erhalten. Hier entwickelt sich eine neue „Gretchenfrage" moderner Arbeitszeitgestaltung.

Tarifvertragliche Gestaltung der Entlohnung

Neuartige Regelungen der Entlohnung bilden einen Kernbestandteil eines veränderten Steuerungskonzepts, das mit der Ausweitung neuer Arbeitsformen verbunden ist. In dem Maße, wie immer größere Gruppen von Beschäftigten ihre Leistungsverausgabung „selbstorganisiert" bewerkstelligen sollen, gewinnen Entlohnungsformen an Bedeutung, die das Erreichen oder Nichterreichen bestimmter Ziele gratifizieren. In den Unternehmen des ehemals fordistischen Typs wird die Einführung neuartiger Entlohnungsformen vor allem zum Gegenstand veränderter tarifvertraglicher Regelungen. Hier lassen sich in allen Unternehmen mehr oder weniger ausgeprägte Anstrengungen finden, das dem Flächentarifvertrag zugrundeliegende Entlohnungssystem zu verändern.

In den Unternehmen der IT-Industrie ist kennzeichnend, daß hier die Gehälter verglichen mit anderen Branchen sehr hoch liegen.[55] Ein verhältnismäßig großer Anteil der Beschäftigten liegt in seinem Gehalt oberhalb der üblichen tariflichen Gehaltsgruppen anderer Branchen. Hinzu kommt, daß die Unternehmen der IT-Industrie aufgrund ihrer besonderen Produktions- und Arbeitsformen ein großes Interesse daran haben, das Gehalt als wesentlichen Anreiz der „Selbststeuerung" der Mitarbeiter zu nutzen. Insofern in diesen Modellen der Selbststeuerung die Leistung des einzelnen fokussiert wird, gewinnen Modelle der leistungs- oder erfolgsdifferenzierten Entlohnung, meist gekoppelt mit „Leistungsbeurteilungen" oder „Zielerreichungsgesprächen", an Bedeutung. Der Trend in den untersuchten Unternehmen geht daher eindeutig in Richtung auf eine erfolgs- oder leistungsorientierte Entlohnung, und zwar unabhängig davon, ob tarifvertragliche Vereinbarungen dies regeln oder nicht. Dieser Entlohnungsmodus ist orientiert auf die Differenzierung der Gehälter in feste und variable Gehaltsbestandteile, wobei die variablen Gehaltsbestandteile in Abhängigkeit von der Erreichung be-

---

55 Dies gilt im Durchschnitt, keinesfalls aber für alle Beschäftigtengruppen, wie die neueste Gehaltsanalyse der IG Metall zeigt.

stimmter Vorgaben (seien es Umsatz- oder Gewinnvorgaben des Unternehmens oder bestimmte Ziele einzelner Beschäftigter) variieren.

Vorreiter dieser Entwicklung sind die Gehaltssysteme, wie sie bei den Vertriebsbeauftragten eingeführt wurden. Diese erhalten einen sehr hohen Anteil ihres Einkommens abhängig von der Erreichung bestimmter Zielmargen (beispielsweise ein in einer bestimmten Zeit zu erbringender Umsatz). Diese Beschäftigtengruppe ist oft auch aus den tarifvertraglichen Regelungen ausgenommen und hat eigene Entgeltsysteme. Bei den übrigen Beschäftigten liegt der variable Anteil deutlich niedriger, gleichwohl läßt sich ein Trend beobachten, diesen deutlich auszudehnen.

In diesen Entlohnungsmodellen werden die variablen Gehaltsbestandteile an unterschiedliche Erfolgsfaktoren gekoppelt. Diese können sich auf den Geschäftserfolg des Unternehmens oder bestimmter Unternehmenseinheiten beziehen. Die Beschäftigten erhalten dann eine Gratifikation, wenn die Unternehmensziele bezüglich bestimmter betriebswirtschaftlicher Kennziffern wie Umsatz oder Gewinn erreicht wurden. Das Erreichen dieser Ziele steht hier in keinem direkten Verhältnis zur Leistung des einzelnen Beschäftigten. Begrifflich läßt sich diese Form des variablen Entgelts als „erfolgsabhängige" Bezahlung fassen. Ein zweite Ebene von Erfolgsfaktoren, die zur Berechnung des variablen Gehaltsbestandteils herangezogen wird, liegt stärker im unmittelbaren Wirkungsbereich des Mitarbeiters. Dies kann die jeweilige Leistung der Beschäftigten sein, die im Unternehmen in bestimmten Verfahren beurteilt wird; oder die Erreichung bestimmter Ziele, die sich aus dem unmittelbaren Arbeitsumfeld des Beschäftigten ergeben. Begrifflich läßt sich diese Form der Bemessung des variablen Gehaltsbestandteils als „leistungsorientierte" Bezahlung fassen. Diese Form unterscheidet sich im Grundsatz von der ersten dadurch, daß die Beeinflußbarkeit der gehaltsbestimmenden Faktoren durch den jeweiligen Mitarbeiter größer ist. Verschiedene Verfahren der „erfolgsabhängigen" oder „leistungsdifferenzierten" Entlohnung werden in allen untersuchten Unternehmen dieser Gruppe in der einen oder anderen Form betrieben.

In den beiden Unternehmen, die den Flächentarifvertrag ohne tarifvertragliche Ergänzungen anwenden – die Unternehmen *A1* und *A4* – sind die Elemente der leistungsdifferenzierten Entlohnung anzutreffen, die der Flächentarifvertrag vorsieht. Dieser regelt einen je nach Tarifbezirk unterschiedlich hohen Gehaltsbestandteil, der als variables Gehalt auf der Basis von Leistungsbeurteilungen oder vergleichbaren Verfahren ausgezahlt wird.[56]

---

56 In den einzelnen Tarifbezirken der Metall- und Elektroindustrie werden je unterschiedliche Leistungszulagen definiert. In der Mehrzahl der Tarifgebiete bewegt sich der als tarifliche Leistungszulage zu zahlende Gehaltsbestandteil um die 10% der Tarifgehalts-

Die erfolgsabhängige Gehaltsbemessung ist im Flächentarifvertrag in dieser Form nicht verankert. Gleichwohl beinhaltet er die Möglichkeit, daß ein sehr hoher Prozentsatz von Beschäftigten oberhalb des Tarifniveaus eingestellt wird. Mit diesen Beschäftigten werden individualrechtliche Verträge abgeschlossen, die wiederum entsprechende Vereinbarungen zur erfolgsabhängigen Bezahlung ermöglichen.

Auch im Falle des Unternehmens *C1*, das aus dem eigenständigen Verhandlungssystem Bundespost stammt und nach der Privatisierung über ein Haustarifvertragssystem verfügt, hat die variable Entgeltbestimmung bisher nur rudimentäre Bedeutung. Sie könnte aber zukünftig wichtiger werden.[57]

In den Unternehmen, die in dem Flächentarifvertrag der Metall- und Elektroindustrie ergänzende oder diesen ersetzende Tarifvereinbarungen abgeschlossen haben, haben die Modelle der leistungsdifferenzierten bzw. erfolgsabhängigen variablen Entlohnung zu verschiedenen tarifvertraglichen Regelungen und darauf aufbauenden Betriebsvereinbarungen geführt.

Das Unternehmen *A3* lehnt sich in seiner Entlohnung an den Flächentarifvertrag der Metall- und Elektroindustrie an, hat dessen Bestimmungen aber entsprechend den Unternehmenserfordernissen spezifiziert. In diesem Unternehmen ist im Anerkennungstarifvertrag eine zusätzliche achte Tarifgruppe vereinbart worden. Die sogenannte AT-Grenze, bis zu der Beschäftigte nach den Regelungen des Tarifvertrags bezahlt werden, liegt damit bei einem Jahreseinkommen von ca. DM 137.000. Weiterhin wurden variable leistungsbezogene Entgeltbestandteile tariflich vereinbart. Laut Tarifvertrag sollen diese „im Durchschnitt aller von diesen Regelungen betroffenen Beschäftigten mindestens 10%" betragen.[58] Die Höhe des variablen Gehalts resultiert aus einer Beurteilung auf der Basis einer „Zielvereinbarung". Das Verfahren der Leistungsbeurteilung wird durch eine ergänzende Betriebsvereinbarung geregelt.

Bei Streitigkeiten zwischen Mitarbeiter und Vorgesetztem über die getroffene Beurteilung hat im Unternehmen *A3* die betriebliche Interessenvertretung ein definiertes Mitspracherecht. Für diesen Fall ist ein Konfliktszenario festgelegt, wonach eine Kommission, bestehend aus einem Vertreter, berufen von der Geschäftsleitung, und einem Vertreter, der vom Betriebsrat bestellt wird, entscheidet. Kommt hier keine Entscheidung zustande, wird ein von beiden Interessen-

---

summe. In einigen Tarifverträgen sind auch die Beurteilungssysteme zur Bemessung festgelegt.

57 In diesem Unternehmen waren die Tarifparteien zum Untersuchungszeitpunkt dabei, ein neues Bezahlungs- und Bewertungssystem auszuhandeln. Hier zeichnet sich ab, daß auch variable Lohnbestandteile und eine „leistungsdifferenzierte Entlohnung" eine Bedeutung erhalten werden.

58 Zum Zeitpunkt der Erhebung befand sich dieses Modell erst in der Umsetzungsphase, so daß noch keine abschließende Bewertung möglich ist.

parteien gemeinsam berufener „Vorsitzender" eingeschaltet und die Verhandlung entsprechend den Regularien einer ständigen Einigungsstelle entschieden.

Im Unternehmen *A2* nimmt die variable Entlohnung einen zentralen Stellenwert ein. Ein komplexes Gehaltsfindungsverfahren basiert auf einer tarifvertraglichen Vereinbarung. Diese wird ergänzt durch ein „leistungsdifferenziertes" Gehaltserhöhungssystem, das Gehaltserhöhungen nach einem bestimmten Bewertungssystem definiert. Es wird durch eine Betriebsvereinbarung geregelt. Hinzu kommen besondere Gratifikationen („variable pay"), die das Unternehmen abhängig vom Geschäftserfolg ausschüttet. Neben diesem Gehaltssystem für Festgeldempfänger existiert noch ein zweites Gehaltssystem für die Vertriebsbeauftragten.

Das Unternehmen *A2* hat im Haustarifvertragssystem eine Eingruppierung der Beschäftigten nach insgesamt acht Tarifgruppen vereinbart. Die Eingruppierung in diese erfolgt auf Basis der ausgeübten Tätigkeit, die wiederum vorrangig durch das hier erforderliche formale Qualifikationsniveau nach einem eigenen Bewertungssystem bestimmt wird. Jeder dieser Gehaltsgruppen ist eine „Leistungsgruppe" zugeordnet, die im Einkommen jeweils mindestens 5% über der entsprechenden Tarifgruppe liegt. Der Aufstieg in diese Leistungsgruppe erfolgt auf der Basis eines Aufstiegsmechanismus.[59] Jeder so definierten Gehaltsgruppe sind ein Mindestgehalt, das dem Tarifgehalt entspricht, und ein „Zielgehalt" als maximale Obergrenze zugeordnet. Innerhalb dieser Marge wird das „Grundgehalt" des Mitarbeiters festgelegt. Dieses Grundgehalt bildet die Basis des Gehalts eines jeden Beschäftigten und damit die Grundlage der Planung des Lebensstandards für die Beschäftigten.

Zusätzlich zu diesem Grundgehalt werden „leistungsdifferenzierte" Gehaltsbestandteile gezahlt, die auf Basis einer Betriebsvereinbarung in jährlichen Verhandlungen zwischen Gesamtbetriebsrat und Unternehmensleitung spezifiziert werden. Diese „Gehaltserhöhungsbeiträge" können das Gehalt bis maximal auf die Höhe des jeweiligen Zielgehalts heben.[60] Mit diesen Gehaltserhöhungen ist ein dauerhafter Gehaltsanspruch der Beschäftigten verbunden. Ihre Höhe be-

---

59 Im Grunde ist diese Regelung an die alte Senioritätsregelung angelehnt, wonach Mitarbeiter mit längerer Betriebszugehörigkeit Gehaltserhöhungen erhalten. Dieses Verfahren wurde darüber hinaus an die jeweilige Leistungsbewertung des Mitarbeiters gekoppelt. Je nach Leistungsbewertung erhält der Mitarbeiter Punkte, die über die Jahre akkumuliert werden, bis die Summe die erforderliche Punktezahl für den Aufstieg in die nächste Leistungsstufe erreicht. Je nach Leistungsbewertung wird die erforderliche Punktezahl im Regelfall nach zwei bis fünf Jahren erreicht.

60 Dabei kann es vorkommen, das ein Mitarbeiter eine Stelle übernimmt, die ein Zielgehalt unterhalb seines aktuellen Gehalts hat. In diesem Fall wird er von den Gehaltserhöhungen ausgenommen. Eine höhere Entlohnung ist für ihn nur möglich, wenn er in eine höhere Gehaltsgruppe aufsteigt.

stimmt sich aus einer Leistungsbeurteilung durch den Vorgesetzten, mit der der Beschäftigte einverstanden sein muß.[61] Jeder Mitarbeiter wird von der Führungskraft mit einer Note von 1 bis 4 bewertet. Erhält er eine 4, so werden keine Gehaltserhöhungsbeiträge gezahlt, es sei denn, der Beschäftigte befindet sich mit seinem Gehalt auf Tarifniveau, so daß die gegebenenfalls vereinbarte jährliche Tariferhöhung wirksam wird. Erhält er eine 1 bis 3, so werden mit der Benotung steigende Gehaltserhöhungen gezahlt, deren Höhe innerhalb eines vereinbarten Korridors liegt. Innerhalb des Korridors wird die Gehaltserhöhung von der Führungskraft festgelegt. Dieses Prozedere wiederholt sich Jahr für Jahr. Erreicht der Beschäftigte das festgelegte Zielgehalt seiner Tarifgruppe, ist eine Gehaltserhöhung auf kollektiver Basis nur noch durch den Aufstieg in eine höhere Gehaltsgruppe möglich, der ein höheres Zielgehalt entspricht. Der Aufstieg in eine höhere Gehaltsgruppe erfolgt über den Nachweis der entsprechenden Qualifikationen.

Die Systematik der Gehaltserhöhungen ist über Betriebsvereinbarungen geregelt. Die jeweiligen Erhöhungsbeträge, die unternehmensweit durchschnittlichen Erhöhungen, die durchschnittliche Leistungsbewertung und auch die Laufzeit der Gehaltserhöhungen im laufenden Jahr werden jährlich durch Betriebsrat und Unternehmen ausgehandelt. Die so erzielten Verhandlungsergebnisse bilden einen Rahmen, innerhalb dessen die Führungskraft dem einzelnen Beschäftigten Gehaltserhöhungen nach eigenem Ermessen zukommen lassen kann.

Zusätzlich werden auf der Basis einer tarifvertraglichen Vereinbarung leistungsbezogene und vom Unternehmenserfolg abhängige freiwillige Leistungsprämien und Boni gezahlt. Die Höhe der erfolgsabhängigen, jährlichen Sonderzahlung wird durch Tarifvertrag mit mindestens 130% des monatlichen Tarifgehalts festgelegt. Darin sind die zusätzliche Urlaubsvergütung, ein Leistungs- oder Zielbonus und ein Erfolgsbonus enthalten.[62]

Das Unternehmen zahlt nach Angaben der Gesprächspartner gegenwärtig insgesamt ca. 80% des Gehalts als Fixgehalt und 20% als variables Gehalt. Eine weitere Erhöhung dieses Anteils ist von Seiten der Konzernspitze in den USA erwünscht und wird auch von der Unternehmensleitung in Deutschland befürwortet. Der Betriebsrat will einer Ausweitung aber nur zustimmen, wenn sie „on top" gehe, d.h., daß die Ausweitung der variablen Gehaltsbestandteile nicht mit einer absoluten Absenkung der fixen Bestandteile einhergehe.

---

61 Ein Konfliktszenario schreibt im Streitfall die Einberufung einer Kommission, bestehend aus Betriebsrat und Personalabteilung, vor. Diese unterliegt dem Konsensprinzip.
62 Die Kriterien für den Erfolgsbonus werden unternehmensweit zu Beginn eines Jahres mit dem Gesamtbetriebsrat vereinbart; ebenso die Höhe der Sonderzahlungen und der Berechnungsmodus.

Ein eigenes Entlohnungssystem liegt auch dem Ergänzungstarifvertrag des Unternehmens *B1* zugrunde. Hier wird die tarifliche Eingruppierung nach insgesamt neun Vergütungsgruppen vorgenommen. Diese Tarifgruppen sind nochmals weiter ausdifferenziert.[63] In die Tarifgruppen werden alle Beschäftigten unterhalb des Kreises der leitenden Angestellten eingruppiert. Dabei erfolgt die Eingruppierung auf der Basis einer „IT-spezifischen" Tätigkeitsbeschreibung. Die tarifliche Obergrenze liegt bei einem Jahreseinkommen von ca. DM 145.000.

Darüber hinaus wurde in dem Ergänzungstarifvertrag eine variable Entlohnung vereinbart. Innerhalb einer jeden Vergütungsgruppe wird ein Tarifgehalt als „tarifliches Jahreszielgehalt" ausgewiesen. Ein Anteil von 90% bei den Vergütungsgruppen 1 bis 6 bzw. 85% bei den Gruppen 7 bis 9 dieses Jahreszielgehalts wird in zwölf Monatsgehältern als „Grundvergütung" gezahlt.[64] Darüber hinaus wird ein variabler Gehaltsbestandteil nach bestimmten Erfolgskriterien gezahlt. Die volle Höhe des Jahreszielgehalts wird bei Erfüllung der Leistungserwartung (des Mitarbeiters) und der Ergebnisplanung (des Unternehmens bzw. Unternehmensbereichs) erreicht. Bei einer Überschreitung der Zielgrößen können bis zu 110% bzw. 115% des Jahreszielgehalts erreicht werden.[65] Dieser variable Bestandteil wird je zur Hälfte nach der individuellen Leistung des Mitarbeiters und dem Unternehmensergebnis bemessen.

Die individuelle Leistung der Beschäftigten wird durch eine Leistungsbeurteilung durch den Vorgesetzten festgestellt. Die Leistungsbeurteilung erfolgt auf der Basis der Kriterien quantitatives Arbeitsergebnis, qualitatives Arbeitsergebnis, Kundenorientierung, Teamorientierung, Einsatzbereitschaft und gegebenen-

---

63 Innerhalb der untersten sechs Tarifgruppen wurde eine zusätzliche „B-Stufe" eingeführt. Die Entlohnung liegt hier um 10% über der entsprechenden Tarifgruppe. Die höhere Stufe einer Tarifgruppe wird erreicht, wenn der Beschäftigte häufig Aufgaben einer höheren Vergütungsgruppe ausführt oder wenn er über spezifische, über das Anforderungsmaß der Vergütungsgruppe hinausgehende Qualifikationen verfügt. Neben der Teilung in „A-Stufe" und „B-Stufe" erfolgt eine weitere Differenzierung. Die Stufen einer jeden Tarifgruppe werden nochmals in ein „Tarifgehalt" und ein „erhöhtes Tarifgehalt" differenziert. Das erhöhte Tarifgehalt liegt um jeweils 10% über dem entsprechenden Tarifgehalt. Dieses erhöhte Tarifgehalt wird bei einer überdurchschnittlichen Leitungsbeurteilung nach einem Jahr Unternehmenszugehörigkeit und bei einer durchschnittlichen Leistungsbeurteilung nach zwei Jahren Unternehmenszugehörigkeit gezahlt.

64 Dabei entspricht die so erzielte Grundvergütung in etwa den entsprechenden Tarifgehältern des Tarifvertrags Nordwürttemberg-Nordbaden inklusive 13. Monatsgehalt und Urlaubsgeld.

65 Auf Wunsch des Mitarbeiters kann der Anteil des variablen Gehaltsbestandteils erhöht werden. In den unteren sechs Lohngruppen auf bis zu 15%, in den Gruppen 7 bis 9 auf bis zu 20%. Dabei darf aber das monatliche Fixgehalt auf Basis des tariflichen Jahreszielgehalts nicht unterschritten werden.

falls Personalführung. Darüber hinaus können zwischen Vorgesetzten und Beschäftigten Zielvereinbarungen getroffen werden, die die Beurteilung der persönlichen Leistung ermöglichen sollen. Hier werden verschiedene Ziele individuell für den Mitarbeiter einvernehmlich vereinbart; die Zielvereinbarung erfolgt freiwillig.[66] Die Ziele sollen quantifizierbar und im Grad ihrer Erreichung meßbar sein. Der hier geschlossene Vertrag wird schriftlich niedergelegt und von beiden unterschrieben. Für den Fall von Meinungsverschiedenheiten zwischen Mitarbeitern und Vorgesetzten hinsichtlich der Leistungsbeurteilung oder der Zielerreichung ist ein Eskalationsprozeß beschrieben. Hier können Personalleitung und Betriebsrat vom Beschäftigten einbezogen werden.

Zusammenfassung

Die vorliegenden tarifvertraglichen Vereinbarungen zur Regelung des Gehalts machen deutlich, daß in den Unternehmen starke Bestrebungen zur Etablierung von „leistungs- bzw. erfolgsdifferenzierten" Gehaltsfindungsmodellen bestehen. Diese werden als Teil einer „Selbststeuerung" der Mitarbeiter verstanden und mit Mitarbeitergesprächen zur Zielvereinbarung, Leistungsbeurteilungsgesprächen usw. verbunden. Die einzelnen Modelle der Unternehmen unterscheiden sich aber untereinander deutlich.

Die tarifvertragliche Gestaltung der Entlohnung differiert zwischen den einzelnen Unternehmen zunächst hinsichtlich der Höhe des variablen Lohnbestandteils für die tariflichen Mitarbeiter. Am höchsten ist dieser im Unternehmen *A2*. Hier beträgt er ca. 20% des Jahreseinkommens. Ebenfalls vergleichsweise hoch sind die variablen Gehaltsbestandteile in Unternehmen *B1*. Hier betragen sie für die unteren und mittleren Tarifgruppen 10% und für die oberen 15%; der Mitarbeiter hat zusätzlich die Möglichkeit, den variablen Teil um 5% zu erhöhen. In den übrigen vier Unternehmen hat der variable Gehaltsbestandteil bisher nur eine vergleichsweise geringe Bedeutung von höchstens 10%.

Ein weiterer Unterschied zwischen den einzelnen Modellen liegt in den Mitgestaltungsmöglichkeiten der Betriebsräte bei der Verteilung der variablen Entlohnungsbestandteile. Sehr weitgehende Eingriffsmöglichkeiten der betrieblichen Interessenvertretung bestehen in den Unternehmen *A3* und *B1*. Sie sind über kollektivvertragliche Vereinbarungen abgesichert. Dadurch hat die betriebliche Interessenvertretung eine starke Stellung und ist in das der variablen Entlohnung zugrundeliegende Beurteilungs- und Bewertungsverfahren eingebunden. Ein anderes Modell wurde im Unternehmen *A2* realisiert. Hier regeln die kollektivvertraglichen Vereinbarungen zwar die Bandbreiten von variablen

---

66 Kommt keine Einigung über eine Zielvereinbarung zustande, entsteht kein Einkommensnachteil. In diesem Fall wird das leistungsbezogene Entgelt ausschließlich aufgrund der Leistungsbeurteilung ermittelt.

Lohnbestandteilen und definieren einen Eskalationsmodus unter Einbeziehung des Betriebsrats, wenn die vorgenommene Bewertung vom Mitarbeiter nicht akzeptiert wird, die Entscheidung über die Zuweisung von Gehaltsbestandteilen an die Beschäftigten innerhalb der zweiseitig definierten Bandbreiten liegt aber allein auf Seiten des Unternehmens bzw. der Führungskraft.

Tarifvertragliche Gestaltung der Qualifizierung

Es gehört zu den Besonderheiten der Tarifverträge in der IT-Industrie, daß der Regelungsgegenstand Qualifizierung hier eine wichtige Bedeutung hat. In vier der Unternehmen – A2, A3, B1 und C1 – bestehen mehr oder weniger differenziert ausgearbeitete tarifvertragliche Vereinbarungen zur Qualifizierung der Mitarbeiter, die ihrerseits durch Betriebsvereinbarungen ergänzt werden. Die einzelnen tarifvertraglichen Regelungen zur Qualifizierung der Beschäftigten unterscheiden sich bezüglich der jeweils festgelegten Qualifizierungsansprüche der Mitarbeiter, der Zeitanteile, die von den Mitarbeitern jeweils für die Qualifizierung eingebracht werden müssen, und vor allem hinsichtlich der Mitbestimmungsrechte für die Betriebsräte.

Im Unternehmen A2 wurde im Haustarifvertrag eine Festlegung getroffen, wonach die Mitarbeiter einen Qualifizierungsanspruch von fünf Tagen pro Jahr haben. Davon sollten zwei Tage aus dem Gleitzeitkonto der Mitarbeiter beigesteuert werden. Da die nunmehr eingeführte „Zeitsouveränität" keine Gleitzeitkonten mehr vorsieht, ist diese Verpflichtung nach Meinung des Betriebsrats hinfällig. Die Qualifizierungsziele werden im Rahmen der jährlich stattfindenden Mitarbeitergespräche zwischen Beschäftigten und Vorgesetzten vereinbart und gehen in die Ziele des Mitarbeiters ein. Zum Zeitpunkt der Erhebung war eine Gesamtbetriebsvereinbarung in Verhandlung, die die verbindliche Festlegung dieser Weiterbildungsmaßnahmen zwischen Mitarbeitern und Vorgesetzten zum Gegenstand hatte.

Im Unternehmen A3 erfolgt laut Betriebsvereinbarung mit dem jährlichen Zielvereinbarungsgespräch auch die Festlegung von Qualifizierungszielen für die unmittelbar berufsbezogene Qualifizierung („jobspezifische Weiterbildung"). Hier ist die Qualifizierungszeit in vollem Umfang Arbeitszeit. Die Kosten werden in vollem Umfang vom Unternehmen getragen. Darüber hinaus wurden im Unternehmen A3 im Anerkennungstarifvertrag und in den ergänzenden Gesamtbetriebsvereinbarungen Regelungen zur Qualifizierung der Mitarbeiter getroffen, die über die unmittelbar berufsbezogene Weiterbildung hinausgehende Bildungsmaßnahmen („personenspezifische Weiterbildung") festlegen.

In Fragen der Qualifizierung erhält der Betriebsrat Mitbestimmungsrechte, die aus dem zugrundeliegenden Flächentarifvertrag sowie konkretisierenden Bestimmungen im Ergänzungstarifvertrag und flankierenden Betriebsvereinbarungen resultieren. Der lokale Betriebsrat erhält halbjährlich eine Auflistung über den jeweiligen Stand des Bildungskontos der Mitarbeiterinnen und Mitarbeiter des Betriebs seiner Zuständigkeit. In dieser Auflistung sind alle Bildungsmaßnahmen, auch die „jobspezifischen", aufgeführt, die die Mitarbeiter im zurückliegenden Halbjahr absolviert haben. Beide Auflistungen bilden die Grundlage für das halbjährliche Beratungsgespräch zwischen jeweiliger Betriebsleitung und Betriebsrat. Hinsichtlich der Durchführung von Weiterbildungsmaßnahmen hat der Betriebsrat ein Initiativrecht.[67] Bei der „personenspezifischen" Qualifizierung erhält der Betriebsrat sehr weitgehende Rechte bei der Festlegung des Qualifizierungsbedarfs und des Schulungsprogramms. Der vom Arbeitgeber ermittelte Qualifizierungsbedarf ist einmal jährlich mit ihm zu beraten und wird im Streitfall von einer Einigungsstelle entschieden. Des weiteren ist mit dem Gesamtbetriebsrat eine regelmäßig zu aktualisierende Liste der geförderten Schulungsmaßnahmen zu vereinbaren, die im Streitfall ebenfalls von einer Einigungsstelle entschieden wird. Bei Durchführung von Qualifizierungsmaßnahmen werden Zeitanteile vom Beschäftigten und vom Unternehmen nach einem bestimmten Schlüssel aus einem Bildungskonto eingebracht. Die Regelung besagt, daß die ersten 22 Stunden vom Arbeitnehmer aus seinem Zeitguthaben eingebracht werden. Von der 23. bis zur 66. Stunde bringt der Arbeitgeber die Hälfte der Freistellungszeit, ab der 67. Stunde bringt der Arbeitgeber die gesamte Freistellung ein. Die Schulung selbst bezahlt der Arbeitgeber. Erfolgt innerhalb eines Kalenderjahres keine Schulung, so erhält der Mitarbeiter für die „angesparte" Zeit von bis zu 44 Stunden einen Freizeitausgleich.

Ein weiteres Modell der tarifvertraglichen Regelung der Weiterbildung wird mit dem Ergänzungstarifvertrag im Unternehmen *B1* vorgelegt. Hier wird in Anlehnung an die Regelungen des Flächentarifvertrags eine jährliche Abstimmung zwischen Unternehmensleitung und Betriebsrat über die Bildungsplanung festgelegt. Die Mitarbeiter erhalten einen tarifvertraglich garantierten Anspruch auf Weiterbildung in Höhe von 25 Tagen in fünf Jahren. Das Unternehmen trägt grundsätzlich die Kosten der Weiterbildung. Bei Qualifizierungsmaßnahmen, die als unmittelbare berufliche Entwicklungsmaßnahmen angesehen werden, gelten die Weiterbildungszeiten in vollem Umfang als Arbeitszeit. Bei darüber hinausgehenden Weiterbildungsmaßnahmen wird der Zeitaufwand zur Hälfte vom Mitarbeiter eingebracht. Die Qualifizierungsziele werden in einem jährlichen Mitarbeitergespräch zwischen Beschäftigten und Vorgesetzten vereinbart.

---

67 Der Betriebsrat kann für einzelne Mitarbeiter die Durchführung von jobspezifischen Bildungsmaßnahmen verlangen, wenn jobspezifische Bildungsmaßnahmen durch die Firma vernachlässigt werden. Die Firma stellt sicher, daß diese vom Betriebsrat verlangten Bildungsmaßnahmen innerhalb eines halben Jahres durchgeführt werden.

Sehr weitgehende Mitbestimmungsrechte der Betriebsräte und der zuständigen Gewerkschaft sind im Qualifizierungstarifvertrag des Unternehmens *C1* vereinbart. Hier werden Qualifizierungsmaßnahmen danach unterschieden, ob sie als Maßnahmen der „betrieblich-fachlichen Weiterbildung" solche Qualifikationen vermitteln sollen, die im unmittelbaren Kontext mit den Betriebsprozessen stehen, oder ob sie als Maßnahmen der „beruflichen Weiterbildung" der Entwicklung des allgemeinen Qualifikationsniveaus der Beschäftigten dienen. Der Tarifvertrag sieht vor, daß 10% der Ausgaben für die „betrieblich-fachliche Weiterbildung" in einen Etat zur Finanzierung der „beruflichen Weiterbildung" fließen. Auf der betrieblichen Ebene zu bildende örtliche Weiterbildungsausschüsse, die paritätisch besetzt sind, entscheiden über die Vergabe der Mittel zur „beruflichen Weiterbildung" vor Ort und kontrollieren deren entsprechende Verwendung. Bei der Vergabe der Mittel zur „betrieblich-fachlichen Weiterbildung" nimmt dieser Ausschuß eine beratende Funktion ein. Ein paritätisch besetzter zentraler Weiterbildungsausschuß legt auf Konzernebene die Eckdaten für die Qualifizierung fest und kontrolliert die Durchführung der Maßnahmen. Auch er hat gegenüber der Bildungsplanung im Bereich der „betrieblich-fachlichen Weiterbildung" eine beratende Funktion auf Konzernebene.

Die beschriebenen Versuche zur tarifvertraglichen Regelung der Qualifizierung deuten insgesamt eine Aufwertung dieses Themenfeldes für die Tarifpolitik an. In den Unternehmen der IT-Industrie hat die Qualifizierung der Beschäftigten eine sehr hohe Bedeutung, und zwar sowohl als Wettbewerbsfaktor aus Sicht der Unternehmen als auch als Basis der beruflichen Weiterentwicklung aus Sicht der Beschäftigten.

Die dargestellten Veränderungen deuten an, daß sich hier eine Trendwende vollzieht, die insgesamt Ausdruck einer Professionalisierung dieses Politikbereichs zu sein scheint. Weil die Unternehmen mehr Wert auf ein professionelles, systematisches Weiterbildungssystem legen und auch ein höheres Engagement der Beschäftigten in dieser Frage erwarten, sind sie entsprechenden kollektivvertraglichen Regelungen offensichtlich eher zugänglich. Gleichzeitig ist das Interesse von Betriebsräten und Gewerkschaften an dieser Frage in den letzten Jahren deutlich gestiegen. Beide Momente zusammen lassen erwarten, daß es in Zukunft zu weiteren kollektivvertraglichen Vereinbarungen in diesen Fragen kommen wird.

5.1.7 *Die Besonderheiten der Arbeitsbeziehungen in ehemals fordistischen Unternehmen*

Die Gruppe der Fallunternehmen des ehemals fordistischen Typs weisen trotz aller Unterschiede im Detail gegenüber den übrigen Unternehmen große Gemeinsamkeiten bei der Ausgestaltung der Arbeitsbeziehungen auf. Im einzelnen sind folgende Aspekte hervorzugeben.

(a) Fast alle Fallunternehmen dieses Typs sind traditionelle Großunternehmen oder Ausgründungen traditioneller Großunternehmen. Sie verfügen daher über eine historisch gewachsene Bindung an das deutsche System industrieller Beziehungen. Sowohl Betriebsräte als auch Tarifverträge sind hier schon seit Jahrzehnten etabliert.

(b) Die Internationalisierung der Produktionsstrukturen hat für die ehemals fordistischen Unternehmen erstrangige Bedeutung. Alle Unternehmen des Samples sind in international agierende Konzerne eingebunden, die einen Großteil ihrer Umsätze über den Weltmarkt realisieren. Drei der sechs Unternehmen haben ihre Konzernzentrale im Ausland. Hinsichtlich der Auswirkungen auf die Arbeitsbeziehungen in den Unternehmen lassen sich die Befürchtungen einer daraus resultierenden Erosion nationaler Standards der Arbeitsbeziehungen nicht bestätigen. Die Konzerne mit Hauptsitz in Deutschland halten am deutschen System industrieller Beziehungen aus vielfältigen Erwägungen fest. Und international agierende Konzerne mit Hauptsitz im Ausland lassen den nationalen Tochterunternehmen weitgehende Spielräume bei der Ausübung von Mitbestimmungsrechten. Die neuen Methoden der integrierten Steuerung dieser Großunternehmen können dennoch zu einer schleichenden Unterhöhlung der Mitbestimmungsrechte und sozialen Standards führen. Zentrale Bedeutung hat hier das Auseinanderfallen von Legal- und Realstruktur, das mit den Reorganisationsbestrebungen der internationalen Konzerne verbunden ist und die Mitbestimmungsmöglichkeiten der Betriebsräte unterminiert; und weiterhin die Praxis permanenter internationaler Leistungsvergleiche, die einen gewissen Legitimationsdruck für die Interessenvertreter beinhalten. Unter diesen Bedingungen kann sich der Abbau von sozialen Standards und Mitbestimmungsrechten als komplexer sozialer Prozeß unter aktiver Beteiligung der Betriebsräte vollziehen, die sich unter dem Druck einer ungleichen Informationslage vermeintlichen Sachzwängen beugen.

(c) Die Mehrzahl der ehemals fordistischen Unternehmen hat die Kerninstitutionen der Arbeitsbeziehungen – Tarifvertrag und Betriebsrat – bereits in einer Phase ausgebildet, als ihre Arbeitsprozesse von traditionellen industriellen Produktionsprozessen nach dem fordistischen Leitbild geprägt waren. Die Veränderungen in den Produktions- und Arbeitsformen, wie sie hier seit Anfang der 90er Jahren verstärkt vollzogen werden, werden hier auf der Basis der gewachsenen institutionellen Strukturen der industriellen Beziehungen realisiert; der Wandel der Arbeitsbeziehungen erhält so ein eigenes charakteristisches Muster.

(d) In allen hochregulierten Unternehmen weisen die betrieblichen Interessenvertretungsstrukturen eine hohe Stabilität auf und genießen bei der Unternehmensleitung eine hohe Akzeptanz. Die Unternehmensleitung „pflegt" die Beziehung zu den Betriebsräten aus der Überzeugung, daß sie durchsetzungsstarke Verhandlungspartner benötigt. Auch auf Seiten der Belegschaft gelten die Betriebsräte als legitime Interessenvertreter; gleichwohl ist der gewerkschaftliche Organisationsgrad in drei der sechs Unternehmen mit ca. 10% im Vergleich zu traditionellen Industrieunternehmen verhältnismäßig gering.

(e) Während die Institution des Betriebsrats als gut verankert gelten kann, sind hinsichtlich der tariflichen Bindung mit dem Umbruch der IT-Industrie Anfang der 90er Jahre in der Mehrzahl der Unternehmen dieser Gruppe deutliche Veränderungstendenzen gegenüber dem historisch entwickelten Status quo zu beobachten. Diese betreffen zunächst die Vertragsformen. Hier läßt sich eine gewisse Lockerung der Bindung an das Flächentarifvertragssystem der Metall- und Elektroindustrie konstatieren. Die Unternehmen bemühen sich um Vertragsformen, die ihnen mehr Spielräume bei der unternehmensbezogenen Gestaltung der Tarifverträge ermöglichen. Eine Erosion des Tarifvertrags als bestimmender kollektivvertraglicher Regelungsform ist dennoch bei den ehemals fordistischen Unternehmen nicht zu beobachten. Hinsichtlich der Regelungsinhalte der Tarifverträge zeichnen sich grundlegende Veränderungen besonders in Fragen der Arbeitszeitgestaltung, der Entlohnung und der Qualifizierung ab.

(f) Die Bestrebungen der Unternehmen zur Reorganisation der organisatorischen Strukturen und die Einführung neuer Arbeitsformen verändern die „Geschäftsgrundlage" der Arbeitsbeziehungen grundlegend. Die neuen Unternehmenskonzepte bauen auf Arbeitsformen auf, die eine weitgehende „Selbstorganisation" der Beschäftigten beinhalten. Sie erlauben für eine große (und in vielen Unternehmen kulturell bestimmende) Gruppe der Beschäftigten Freiräume auf der unmittelbaren Ausführungsebene hinsichtlich der Gestaltung von Arbeitszeiten sowie Qualifizierungsmaßnahmen etc. Sie werden flankiert von neuen Führungsmethoden und von entsprechenden Entlohnungs- und Gratifikationsformen (hohe variable Lohnbestandteile, „stock options"). Dies beinhaltet einen hohen Veränderungsdruck für das System industrieller Beziehungen in den ehemals fordistischen Unternehmen. In den Unternehmen, in denen der Veränderungsdruck am deutlichsten spürbar ist, haben diese Entwicklungen zu Innovationen im System kollektivvertraglicher Regelungen und zur Veränderung der Rolle der Betriebsräte geführt. Diesbezüglich ließen sich in den Fallunternehmen vereinfacht betrachtet zwei alternative Konzepte unterscheiden. Im Falle der „unternehmensbezogenen" Betriebsräte werden kollektivvertragliche Regelungen wie Betriebsvereinbarungen oder Tarifverträge favorisiert, die die individuelle Aushandlung der zentralen Aspekte der Leistungsverausgabung den Be-

schäftigten überlassen. In diesem Falle bilden die kollektivvertraglichen Regelungen nur einen Rahmen, der den einzelnen Beschäftigten dazu verpflichtet, seine Interessen in unmittelbarer Auseinandersetzung mit den Vorgesetzten selbst durchzusetzen. Im Falle des alternativen Konzepts der kooperativen Gegenmacht bemühen sich die Betriebsräte um eine kollektivvertragliche Regelungsstruktur, die es den einzelnen Beschäftigten ermöglicht, ihre individuellen Interessen an kollektive Standards rückzubinden, und stärken so die Durchsetzungsfähigkeit jedes einzelnen und die Solidarstrukturen der Beschäftigten untereinander.

(g) Insgesamt erweisen sich die Kerninstitutionen der Arbeitsbeziehungen in den ehemals fordistischen Unternehmen als stabil – dies gilt sowohl für die betriebliche Mitbestimmung als auch für das Tarifvertragssystem. Die Umgestaltung dieser Unternehmen führt das hier geschaffene institutionelle System nicht ad absurdum. Vielmehr nutzen die Unternehmen die Beteiligungsrechte der Betriebsräte und die tarifvertraglichen Regelungen, um diesen Prozeß abzustützen und zu stabilisieren. Dabei werden insbesondere in den Unternehmen mit einer hohen Innovationsdynamik grundlegende Veränderungen im tarifvertraglichen Regelwerk vollzogen. Durch die Verknüpfung von „traditionellen" und „neuen" Institutionen der Mitbestimmung in deren Tarifverträgen erhalten diese eine neue Charakteristik. Tarifverträge werden hier zum Medium des gemeinsam getragenen Wandels der Unternehmen.

5.2   Arbeitsbeziehungen in den Start-up-Unternehmen

Das Entwicklungsszenario der Arbeitsbeziehungen in den Start-up-Unternehmen ist von vollkommen anderen Vorzeichen als das der ehemals fordistischen Unternehmen geprägt. Die Kleinunternehmen vollziehen den Interessenaustausch zwischen Arbeitgebern und Arbeitnehmern vorrangig in persönlichen Kommunikationsprozessen auf der Basis vergemeinschafteter Sozialbeziehungen. Die Fallunternehmen dieses Typs haben keine tarifvertraglichen Regelungen und auch keine nach dem Betriebsverfassungsgesetz gewählten Interessenvertreter. Das Zusammenspiel von Arbeitgebern und Arbeitnehmern ist hier vor allem durch ein eigenes, von der dualen Struktur der Arbeitsbeziehungen stark abweichendes Modell des Interessenaustauschs geprägt.

Das *Unternehmen B4* ist ein kleines Softwarehaus mit gut 20 Beschäftigten. Es wurde 1993 gegründet und erlebt seitdem ein beständiges Größenwachstum. *Unternehmen B5* ist ein regional tätiger Internetprovider mit knapp 30 Beschäftigten. Hierbei handelt es sich um Unternehmen, die erst mit dem Umbruch in der IT-Industrie zu Beginn der 90er Jahre gegründet wurden. Sie weisen seitdem ein beständiges Beschäftigungswachstum auf, haben aber die Schwelle zum mittelständischen Unternehmen bisher nicht überschritten. Diese Unternehmen prägt, daß sie sich in den Nischen junger Marktsegmente bewegen und bestrebt sind, sich hier zu etablieren. Die Bewältigung des Größenwachstums und die Mitarbeiterbindung ohne große finanzielle Spielräume sind hier bestimmende Themen.

5.2.1 Kultur und Institutionen des Interessenaustauschs

Diese Unternehmen haben in ihrer kurzen Geschichte keine traditionellen Arbeitsprozesse hervorgebracht und müssen sie daher auch nicht den neuen Gegebenheiten anpassen. Die Arbeitsformen sind im wesentlichen durch Projekte bzw. Teamarbeit geprägt. In ihren Leitungsstrukturen sind sie sehr stark inhaberzentriert, alle unternehmensrelevanten Fragen werden durch den Inhaber entschieden. Allerdings ist dieser durch seine unmittelbare Mitarbeit in Projekten auch persönlich in die sozialen Strukturen und Prozesse seines Unternehmens eingebunden und trifft eine Vielzahl von Entscheidungen in persönlichen Gesprächen mit den Mitarbeitern. Weitere formale Leitungsstrukturen bestehen lediglich in Ansätzen.

> „Es gibt im Grunde nur zwei Ebenen: Es gibt einmal die kaufmännische und Personalverantwortung, und es gibt meine als Geschäftsführerverantwortung. Der Rest regelt sich in den Gruppen." (Unternehmensleitung *B4*)

Unter diesen Bedingungen haben diese Unternehmen eine eigene Unternehmenskultur und eine spezifische Form der Organisation des Unternehmens entwickelt. Die verbindende Idee dieser Kultur ist es, daß Beschäftigte und Leitung zusammen eine „verschworene Gemeinschaft" bilden, in der alle gleichermaßen mitbestimmen können. Im Idealfall wird die Zusammenarbeit durch ein vielfältiges Beziehungsgeflecht der Mitarbeiter und ihrer Familien in der Freizeit „unterfüttert", so daß über die Verquickung von arbeitsweltlichen und lebensweltlichen Bezügen eine feste Bindung der Mitarbeiter untereinander sowie zum Unternehmen entsteht. Das ist angesichts der verhältnismäßig niedrigen Gehälter, die hier gezahlt werden, überlebensnotwendig für diese Kleinunternehmen. Zusammengenommen ergibt sich so eine Unternehmenskultur ganz eigener Prägung, die wir als „kommunitaristische Kultur" bezeichnen. Insbesondere im Unternehmen *B4*, in dem die Mitarbeiter ausschließlich in Projekten arbeiten und das eine homogene Beschäftigtenstruktur mit einem sehr hohen Qualifikationsniveau besitzt, war diese Kultur in idealtypischer Weise vorzufinden.

Diese Unternehmen weisen keine Einbindung in unternehmensübergreifende Strukturen der Arbeitsbeziehungen auf. Die Mitgliedschaft in Industrieverbänden oder gar Arbeitgeberverbänden wird von den Geschäftsleitungen ausgeschlossen.[68] Arbeitgeberverbände, Gewerkschaften und die duale Struktur der Arbeitsbeziehungen gelten den Unternehmensleitungen als „Fremdkörper" in der IT-Industrie – als „Idee aus vergangenen Jahrzehnten". Gegen eine Tarifbindung und Betriebsräte, die nach dem Betriebsverfassungsgesetz von den Mitarbeitern gewählt werden, bestehen zum Teil ausgeprägte Aversionen bei den Geschäftsführern. Unterhalb einer Schwelle von ca. 200 Mitarbeitern würden Betriebsräte keinen Sinn machen. Dabei unterstellen die Unternehmensleitungen, daß ihre Beschäftigten so „selbstbewußt" seien, daß sie für die Vertretung ihrer Interessen keinen Betriebsrat nötig hätten:

> „Ich würde mal sagen, daß ich sehr selbstbewußte Mitarbeiter habe, die auch ohne Betriebsrat zumindest bei wesentlichen Dingen aufpassen und darauf achten. (...) Von daher, würde ich sagen, bestünde gar nicht die Notwendigkeit. Zumindest, solange man Leute hat, die das auch einfach aus dem gesunden Menschenverstand heraus machen." (Unternehmensleitung *B5*)

Dabei sind sich die Geschäftsführer bewußt, daß das Größenwachstum diese Situation verändern könnte. Sie entwickeln daher verschiedene Maßnahmen, um bei zunehmender Größe die spezifische „kommunitaristische Kultur" zu erhalten. Das Unternehmen *B5* reagiert darauf, indem es die Projektgruppen in den verschiedenen Themen jeweils als eigenständige „Töchter" ausgründet. So bleiben die einzelnen formal selbständigen Unternehmen jeweils sehr klein. Das Unternehmen *B4* denkt demgegenüber bei zunehmendem Größenwachstum darüber nach, ein unternehmensbezogenes Gremium anstelle eines gewählten Betriebsrats zu etablieren. Wenn aufgrund des Größenwachstums eine Professionalisierung der Mitarbeitervertretung erforderlich wäre, würde sich der Geschäftsführer darum bemühen, daß hierfür andere Gremien gefunden werden als eine nach dem Betriebsverfassungsgesetz gewählte Interessenvertretung.

> „Dann würden wir vielleicht ein Gremium finden, würden es aber bestimmt nicht Betriebsrat nennen und würden es auch nicht unter dem eigentlichen Fokus des Betriebsrats einsetzen." (Unternehmensleitung *B4*)

Dabei unterstellen die Unternehmensleitungen, daß auch die Mitarbeiter diese Haltung im Grundsatz teilen. Ein Inhaber führt aus:

---

68   *Frage:* „Haben Sie schon einmal über eine Mitgliedschaft in einem Arbeitgeberverband nachgedacht?" *Antwort:* „Ja und nein. Ja, um einfach interessehalber zu sehen, wo liegt die Funktion dieser Verbände. Und nein, weil es bringt so nichts. Also mehr so Interesse, Neugier. Aber konkrete Unterstützung erwarten wir uns von dort nicht. (...) Das Thema Arbeitgeberverbände bezogen auf Tarifsituation ist keines für uns. Denn ich halte das alles für eine Idee aus vergangenen Jahrzehnten. Das paßt nicht auf unsere Welt." (Unternehmensleitung *B4*)

„Interessanterweise sehen auch die Mitarbeiter bezüglich Betriebsrat oder bezüglich der Absicherung durch Tarifverträge kein Erfordernis. Wir haben das
mal in einer der vergangenen Company Meetings diskutiert, wie man zu Betriebsräten steht. Und zwar haben wir (gemeint ist die Geschäftsführung) das in
die Gruppe gebracht, es kam nicht aus der Gruppe heraus. Der Effekt war:
'Wozu brauchen wir einen Betriebsrat?' Das war damals die Message. Wir sind
dann so auseinander gegangen, daß – sollte sich an dieser Einstellung etwas ändern – wir wieder in die Kommunikation gehen. Wobei ich dann – das sage ich
ganz offen und ganz deutlich – alles tun würde, um zu verhindern, daß es einen
Betriebsrat gibt. Denn, wenn es einen Betriebsrat geben würde, wäre das für
mich das Signal, daß die Kommunikation zwischen Unternehmensleitung und
Mitarbeitern keine echte mehr ist." (Unternehmensleitung *B4*)

Insgesamt besteht in diesen Unternehmen ein spezifischer Modus des Interessenaustauschs, der sich sowohl von dem ehemals fordistischen Unternehmen mit
Betriebsrat und tarifvertraglichen Regelungen als auch von dem des klassischen
Kleinunternehmens, beispielsweise dem traditionellen Handwerksbetrieb, unterscheidet. Mit letzteren haben die Start-up-Unternehmen einen personalen Führungsstil durch den Inhaber gemein, der die Generalverantwortung für alle wesentlichen geschäftlichen Entscheidungen hat. Da er seinerseits in die Projekte
eingebunden ist und hier als eine Art „primus inter pares" fungiert, ist er für die
Mitarbeiter persönlich ansprechbar und mit den Problemen im Unternehmen
durch unmittelbare Anschauung vertraut. Auch dies läßt sich in vielen kleinen
Unternehmen und Handwerksbetrieben ebenso finden. Anders als in diesen sind
die Verantwortungsstrukturen in den aufstrebenden Kleinunternehmen der IT-
Industrie aber weniger klar definiert und nicht durch gesellschaftliche Institutionen überformt. Die Verantwortungszuweisung erfolgt nicht auf der Basis formaler Festlegungen, sondern nach fachlichen Kriterien oder persönlichen Neigungen. Während im Handwerksbetrieb über die Hierarchie von Meister, ausgebildetem Facharbeiter und einfachem Arbeiter eine klare Verantwortungszuweisung strukturiert wird, bewegen sich die Mitarbeiter der IT-Unternehmen in
einem gesellschaftlichen Bereich, der diese Institutionen nicht kennt. Die Mitarbeiter wachsen vielmehr „von unten" in Verantwortungsfunktionen hinein.
Fachliche Leitungsfunktionen – wie sie etwa der Meister in traditionellen Kleinbetrieben darstellt – bilden sich in der Zusammenarbeit der Projektteams heraus,
ohne daß von Seiten der Geschäftsleitung versucht wird, diese „von außen" zu
besetzen.

„Die Ansprechpartner in den Projektteams kristallieren sich in der Regel heraus.
Es ist eigentlich nicht so gewesen, daß man einen bestimmt hat oder mit einer
bestimmten Zielsetzung als Führungskraft eingestellt hat. Sondern das hat sich
eigentlich automatisch innerhalb der Teams ergeben, daß sich einer auch ent-

sprechend entwickelt hat. Was m.E. auch besser ist, wenn sich das von alleine entwickelt." (Unternehmensleitung *B5*)

Die verbindende Idee, eine verschworene Gemeinschaft zu bilden, in der alle Mitarbeiter mitbestimmen können, wird so in weit geringerem Maße als in traditionellen Kleinbetrieben durch reale Hierarchien und asymmetrische Abhängigkeitsverhältnisse, in die der Mitarbeiter im Laufe der Berufsbiographie systematisch eingebunden wird, unterminiert. In den Arbeitsprozessen wird vielmehr durch die projektförmige Arbeit tagtäglich die Erfahrung, eine Gruppe von Gleichen zu sein, reproduziert und nicht – wie im Falle traditioneller Kleinunternehmen häufig anzutreffen – durch strikt gestaffelte Hierarchien und ein nach „Gutsherrenart" ausgeübtes Direktionsrecht des Inhabers konterkariert. Dabei kann in der Mitarbeiterschaft der Unternehmen durchaus eine „Zwei-Klassen-Gesellschaft" existieren. So verfügt das Unternehmen *B5* über 30 feste Mitarbeiter, auf die diese Kennzeichnung einer „Gemeinschaft von Gleichen" im wesentlichen zutrifft, und hat darüber hinaus aber auch noch elf bis zwölf „feste Freie". Das sind Mitarbeiter, die fallweise und bei Bedarf in die Projekte einbezogen werden.

Alle diese Besonderheiten tragen dazu bei, daß sich Mitarbeiter und Inhaber gleichermaßen als Mitglieder einer „Familie" oder einer „Gemeinschaft von Gleichen" verstehen, in der Interessenunterschiede und Probleme zwischen den jeweils Betroffenen in gemeinsamen Gesprächen ausgeräumt werden können. Es gehört zur Kultur und zum Selbstverständnis dieser Unternehmen, daß stets ein Klima bestehen soll, in dem auftretende Probleme direkt zwischen den betroffenen Personen und ohne Zwischenschaltung bestimmter Institutionen gelöst werden können.

Diese Kultur wird seitens der Unternehmensleitungen gezielt gefördert. Hier agieren die Inhaber durchaus sehr bewußt und mit viel politischem Geschick, denn sie wissen, daß angesichts des Lohngefälles, wie es gegenüber größeren Unternehmen besteht, andere Faktoren ins Spiel gebracht werden müssen, damit die Mitarbeiter sich an das Unternehmen gebunden fühlen. Ein einvernehmliches Miteinander im Unternehmen – ein ausgeprägtes Gemeinschaftsgefühl – ist für diese Unternehmen eine Überlebensvoraussetzung. Dermaßen hochqualifizierte Beschäftigte, die gegenwärtig auf dem Arbeitsmarkt von vielen Unternehmen gesucht werden, können nur dauerhaft an ein kleines Unternehmen mit verhältnismäßig niedrigen Gehältern gebunden werden, wenn neben monetären Aspekten andere Interessen der Mitarbeiter befriedigt werden, zumal hier nicht selten deutlich mehr als die vereinbarten 40 Stunden in der Woche gearbeitet werden. Durch diese besondere Situation wird der Modus des Interessenaustauschs in den Kleinunternehmen nachhaltig beeinflußt. In beiden Unternehmen läßt sich eine regelrechte Strategie des Geschäftsführers zur Etablierung einer eigenen Kultur des Miteinanders und des Interessenaustauschs mit den Beschäftigten erkennen.

Das Ziel dieses Konzepts der Integration der Beschäftigten ist es, die Eigenverantwortlichkeit sowie das „unternehmerische Denken" der Mitarbeiter zu fördern und sie so in das Unternehmen zu integrieren. Die Eigenverantwortlichkeit der Mitarbeiter bildet den zentralen Mechanismus der Organisation der Arbeit und bietet den Mitarbeitern bei der Gestaltung der Abläufe sowie bei der zeitlichen Gestaltung der Arbeit gewisse Freiheiten.

„Natürlich steht im Vertrag irgendetwas drin von 40 Stunden, die in der Woche zu arbeiten sind. Aber es gibt keine festen Zeiten. (...) Es gibt auch keine Stechuhr, und es wird auch nicht über den Computer geprüft. Es ist tatsächlich das Vertrauen in die Verantwortung der Leute. Und so wird das bei der Einstellung als auch nach der Probezeit als auch in gewissen regelmäßigen Abständen immer wieder betont. (...) Da ist man mir gegenüber in der Zeit nicht verantwortlich. Solange ich nicht feststellen muß, daß wesentliche Termine in der Umsetzung der Arbeit in Gefahr geraten, ist im Grunde genommen freier Spielraum, gibt es überhaupt keine Kontrolle. Also, Kontrolle gibt es nur über das Ergebnis der Arbeit. Und wenn das in den Zeitplänen liegt und von der Produktivität und der Qualität entsprechend ist, kann hier 'jeder fast tun und lassen, was er will'." (Unternehmensleitung *B5*)

Diese Form der zielorientierten, „selbstorganisierten" Steuerung der Arbeit wird durch eine Reihe von Institutionen ergänzt, die einen Interessenaustausch zwischen Unternehmensleitung und Beschäftigten möglich machen, gleichzeitig aber in ihrem Rationalitätskalkül ausschließlich auf die Steigerung der Effizienz der Unternehmensabläufe und der Organisation als Ganzes gerichtet sind. In letzter Konsequenz kommt es dem Inhaber darauf an, ein Klima im Unternehmen zu erzeugen, das eine „effiziente" Kommunikation zwischen den Mitarbeitern und der Unternehmensleitung im Sinne der Organisation des Unternehmens ermöglicht, gleichzeitig aber einen Betriebsrat als autonomes Interessenvertretungsgremium nicht notwendig erscheinen läßt.

„Ich erlebe in vielen Unternehmen mit, wie sich der Betriebsrat dort verhält. Dort, wo wir in Anwenderunternehmen als Berater tätig sind. Und diese Mentalität, die die Damen und Herren in diesen Betriebsräten haben, die möchte ich hier nicht sehen. So, ich habe meinen Job als Betriebsrat, mir kann keiner was, ich vertrete vielleicht sogar mehr oder weniger meine Interessen. Dieses Getue, das sehr stark in der Metallbranche vorherrscht: Nee! Nur über meine Leiche. Natürlich habe ich irgendwann keine Chance, weil es gesetzlich ab einer bestimmten Größe ... Na gut, wenn die Mitarbeiter sagen, wir wollen einen Betriebsrat, dann kann ich noch so sehr schreien, das wird mir nichts nützen. (...) Aber mein Ziel ist es, daß hier ein Klima vorherrscht, daß das einfach nicht notwendig ist, einen Betriebsrat zu bilden." (Unternehmensleitung *B4*)

Das Konzept zur Erreichung und Stabilisierung eines solchen Klimas basiert auf zwei miteinander verwobenen Funktionsprinzipien. Einerseits werden die „unternehmerische Verantwortung" und die „Selbststeuerungsfähigkeit" der Mitarbeiter in der Gemeinschaft gestärkt, andererseits wird die direkte Bindung jedes einzelnen Mitarbeiters an den Inhaber gefördert und damit dessen hervorgehobene Stellung betont. Die beiden Funktionsprinzipien werden in den beiden Unternehmen unterschiedlich gewichtet. Während das Unternehmen *B4* stärker auf Institutionen setzt, die die Vergemeinschaftung fördern, wird im Unternehmen *B5* stärker die individuelle Bindung an den Inhaber fokussiert. Anhand der Regelung des Entlohnungsmechanismus kann dies verdeutlicht werden.

Im Unternehmen *B5* bilden Einzelarbeitsverträge die Grundlage des spezifischen Modus des Umgangs im Unternehmen. Der hierin enthaltene Entlohnungsmodus ist „absolut individuell" und kommt auf Basis einer Einschätzung der Qualifikationen des Mitarbeiters durch den Inhaber zustande. Neben dem Festgehalt werden mit den Mitarbeitern Gratifikationen ausgehandelt. Diese Provisionen werden bei erfolgreichem Abschluß der jeweiligen Projekte nach einem vorher festgelegten Anteil am Rohertrag ermittelt. Dabei erhalten alle Mitglieder des Projektteams den gleichen Bonus, insofern wird hier die Leistung des Teams belohnt und damit die Bindung an die Gemeinschaft befördert. Darüber hinaus werden aber auch noch Gratifikationen vom Inhaber nach dessen Gutdünken vergeben. Dies betrifft die Zuwendungen am Ende eines erfolgreichen Geschäftsjahres – auch hierbei handelt es sich um eine kollektive Gratifikation – sowie eine besondere, individuell gezahlte Zuwendung an einige Mitarbeiter, deren Leistung dem Inhaber besonders aufgefallen ist.

Beide Funktionsprinzipien stützen sich gegenseitig. Sie vermitteln einerseits das Gefühl von Gerechtigkeit und bestärken die Gemeinschaft der Mitarbeiter, heben aber auch andererseits einzelne Mitarbeiter hervor und belohnen so das „unternehmerische Denken", dessen Bewertung allein dem Inhaber obliegt. Insgesamt befördert dies die zentrale Bedeutung des Inhabers im Unternehmen, denn er bestimmt, wessen Leistung zu gratifizieren ist.

Im Unternehmen *B4* wird der Akzent mehr auf den Aspekt der Vergemeinschaftung gesetzt. Eine zentrale Bedeutung in dem Konzept der Sozialintegration hat die Einführung von verschiedenen Formen der Beteiligung der Mitarbeiter. Wöchentliche Company Meetings erfüllen hier eine zentrale Funktion. In diesen Meetings wird seitens des Inhabers über zentrale Fragen der Geschäftsentwicklung informiert und den Beschäftigten die Gelegenheit zur Stellungnahme geboten.

„Die sogenannte Company Meetings finden einmal in der Woche statt. Das war auch ein Veto der Mitarbeiter. Meine Idee war, daß man sich samstags vormittags trifft, das wollten die meisten aber nicht. Deshalb findet es im Regelfall abends zwischen 18 und 20 Uhr statt an unterschiedlichen Wochentagen. Das ist immer so aufgeteilt, daß ich etwas über neue Projekte, über Geschäftszahlen, über die Strategie, über alles, was informativen Charakter hat, berichte und daß die Mitarbeiter auch die Möglichkeit haben, Fragen zu stellen oder Dinge zu diskutieren, die sie interessieren." (Unternehmensleitung *B4*)

Dieses Gremium bietet den Beschäftigten Möglichkeiten, auf die Entwicklung des Unternehmens Einfluß zu nehmen. Sie erweisen sich dabei gegenüber dem Inhaber in bestimmten Fragen als durchaus durchsetzungsfähig. So haben die Mitarbeiter beispielsweise verhindert, daß im Unternehmen weitere Hierarchien etabliert wurden.

„Also, wir haben keine Hierarchieleiter in dem Sinne, daß jemand, der z.B. drei Jahre im Unternehmen ist, automatisch Gruppenleiter wird. Das ist auch wiederum von den Mitarbeitern selbst gewünscht, daß man die Führungsfunktionen aus den Fähigkeiten heraus ableitet. Wir haben lange darüber gesprochen, weil es in solchen flachen Hierarchien natürlich wenig Ziele für Mitarbeiter gibt, daß man z.B. sagt, in zwei Jahren bin ich Abteilungsleiter, in drei Jahren bin ich ... Nein, man hat sich vor allen Dingen in diesen Beratergruppen strikt dagegen ausgesprochen. Man ist der Meinung, daß sich die Projektgruppen, die ja immer wieder gebildet werden, selbst überlegen, wer die besten Fähigkeiten für das eine oder andere Aufgabenfeld mitbringt." (Unternehmensleitung *B4*)

Diese Form der Beteiligung der Beschäftigten an den Entscheidungen im Unternehmen soll in absehbarer Zeit durch eine Kapitalbeteiligung der Mitarbeiter am Unternehmen untermauert werden, die in beiden Unternehmen ansteht. Geplant ist die Umwandlung des Unternehmens in eine Aktiengesellschaft, was vor allem dazu dienen soll, den Beschäftigten die Möglichkeit zu schaffen, sich am Unternehmen durch Aktienbesitz zu beteiligen. Dies soll vor allem der Mitarbeiterbindung dienen. Den auf Vergemeinschaftung gerichteten Fokus der Bemühungen des Inhabers betont hierbei die Tatsache, daß für die Aktienbeteiligung eigens eine Arbeitsgruppe unter Mitwirkung der Beschäftigten eingerichtet wurde.

Die verschiedenen Formen der Beteiligung der Beschäftigten werden durch bewußt gestaltete gemeinsame Freizeitaktivitäten der Mitarbeiter und ihrer Familien gefördert. Im Mittelpunkt stehen vor allem gemeinsame sportliche Aktivitäten, die sowohl die Gesundheit der Mitarbeiter als auch den Gemeinschaftssinn der Belegschaft fördern sollen.

„Ansonsten versuchen wir – das hört sich jetzt abgedroschen an, weil das alle machen – auch privat und sportlich, auf dieser familiären Ebene zusammen zu sein. Das drückt sich auch in dem Neubau aus, wo wir sehr viel Wert auf sportliche Aktivitäten legen, wo es einen Fitneßraum gibt, wo wir ein Beachvolleyball-Feld haben, wo wir einen Grillplatz haben, den dann auch jeder Mitarbeiter nutzen kann, (...). Also, einfach das Gefühl – man ist so oft zusammen und hängt acht Stunden am Tag Woche für Woche aufeinander –, dann muß man so etwas auch pflegen. Also, ähnlich wie eine Freundschaft muß man auch das Verhältnis der Mitarbeiter untereinander pflegen, und unsere Philosophie dabei ist, daß wir möglichst viele Gelegenheiten geben, auch außerhalb der Arbeit Freizeitaktivitäten miteinander zu gestalten. Das fängt bei Sportaktivitäten an: Den Challenge-Lauf haben wir dieses und letztes Jahr mitgemacht, wir waren letztes Jahr in Berlin beim Halb-Marathon dabei, wir machen Inline-Skating (...), also lauter solche Dinge, die die Möglichkeit geben, Zeit ohne EDV-Themen miteinander zu verbringen. Anderseits aber auch ein egoistisches Interesse, daß die Mitarbeiter gesund bleiben. (...) Das funktioniert so ganz, ganz langsam. Wir machen relativ viel auf freiwilliger Basis, da ist viel Zuspruch auch, daß die Leute daran mitwirken." (Unternehmensleitung *B4*)

Diese bewußt gestalteten Formen der Beteiligung und der Sozialintegration fördern zusammen mit der projektförmigen Arbeit, nahezu fehlenden Hierarchien und dem personalen Leitungsstil des Inhabers ein Klima, in dem die Bildung eines Betriebsrats als geradezu gegen den „common sense" verstoßend empfunden wird. Der Inhaber meint daher, daß diese besonderen Voraussetzungen generell neue Modelle der Interessenvertretung erforderlich machten. Im Mittelpunkt seiner Vision steht anstelle einer durch Interessengegensätze geprägten Unternehmenskultur eine Gemeinschaft von unternehmerisch-denkenden Individuen.

„Also, ich glaube, wenn man die Daseinsprobleme oder die Identitätsprobleme der Gewerkschaften zur Zeit betrachtet – und auch die Altersstruktur –, also, (...) wie in der Metallindustrie, welche Probleme die dort haben. Man schaut ja aus dieser Branche in die Nachbarbranchen und sieht, was da passiert. Dann kann ich mir nicht vorstellen, daß diese Modelle sich auf die IT-Branche übertragen lassen. Ich denke, daß die IT-Branche eigene Modelle entwickelt. Ob die dann Betriebsrat oder Vertrauensleute oder wie auch immer heißen. Für unser Haus und auch für die Branche (...) – also für Mittelständler bis 200 Mitarbeiter (...) – sehe ich das nicht. Da wird es eher in die Richtung gehen, daß die Mitarbeiter mehr in die Verantwortung gezogen sind und mehr unternehmerisch denken müssen. Auch mehr zur Verantwortung gezogen werden diesbezüglich. Und auch mehr am Erfolg und Mißerfolg partizipieren." (Unternehmensleitung *B4*)

Sollte es in diesem Modell der unternehmerisch denkend beteiligten Mitarbeiter dennoch die Erfordernis einer Institutionalisierung des Interessenaustauschs geben, so hält dieser Inhaber eine Institution für geboten, die „die Kommunikation im Unternehmen nur vereinfacht" und insgesamt das Modell der Gemeinschaft unternehmerisch denkender Individuen befördert.[69]

---

69 Um Mißverständnisse zu vermeiden, sei hier darauf verwiesen, daß die Leitvorstellung der Gemeinschaft unternehmerisch denkender Individuen für das Agieren des Ge-

234

„Wofür soll ich eine Gruppe oder Institution ausprägen, um die Kommunikation zu verbessern? Natürlich kann man nicht immer nach dem Vier-Augen-Prinzip miteinander reden. Aber es muß aus meiner Sicht nicht institutionalisiert sein. Es kann vielleicht eine Mitarbeitervertretung geben. Das ist letztendlich auch eine Institution, sicher, aber die die Kommunikation nur vereinfacht. (...) Daß es einfach nur einfacher läuft, aber nicht um jetzt das Interesse dieser Mitarbeitergruppe zu vertreten. Denn das Interesse sollte bei allen gleich sein. Bei der Unternehmensleitung wie bei den Mitarbeitern. Daß nämlich das Unternehmen weiter erfolgreich im Markt besteht. Und wenn die Unternehmensleitung jetzt sagt 'Wir machen das soundso', und die Mitarbeiter ziehen nicht mit, kann man es gleich lassen. Das ist so das unternehmerische Denken, was ich von einem Mitarbeiter in der IT-Branche erwarte, und ich denke, daß sich das auch weiter durchsetzt: Selber mitzuhelfen in diesem schwierigen Fahrwasser, auch die nächsten Jahre gut zu überstehen." (Unternehmensleitung *B4*)

5.2.2 Die Besonderheiten der Arbeitsbeziehungen von Start-up-Unternehmen

Die Start-up-Unternehmen haben in ihrer kurzen Geschichte keine traditionellen Arbeitsprozesse ausgeprägt und müssen sie daher auch nicht den neuen Gegebenheiten anpassen. Die Arbeitsformen innerhalb dieser Unternehmen sind im wesentlichen durch Projekte oder andere Formen von Teamarbeit gekennzeichnet. In ihren Leitungsstrukturen sind sie sehr stark inhaberzentriert, alle unternehmensrelevanten Fragen werden durch den Inhaber entschieden. Allerdings ist dieser durch seine unmittelbare Mitarbeit in Projekten auch persönlich in die sozialen Strukturen und Prozesse seines Unternehmens eingebunden und trifft eine Vielzahl von Entscheidungen in persönlichen Gesprächen mit den Mitarbeitern. Weitere formale Leitungsstrukturen bestehen lediglich in Ansätzen.

Konstitutiv für diese spezifische Unternehmenskultur ist die umfassende Beteiligung der Mitarbeiter. Insofern unterscheidet sie sich auch von der traditionellen Kultur klassischer Handwerksbetriebe. Diese Beteiligung wird in der täglichen Zusammenarbeit für die Mitarbeiter konkret faßbar hergestellt. Sie wird darüber hinaus durch entsprechende Institutionen realisiert, die weitgehende Einflußmöglichkeiten schaffen, deren „Rationalitätskalkül" aber stets auf das effiziente Funktionieren des Unternehmens gerichtet ist. Entsprechend dieser Annahme werden Gremien und Institutionen geschaffen, die die Beteiligung der Beschäftigten im Sinne der Effizienz des Unternehmens fördern. Demgegenüber

---

schäftsführers und Inhabers dieses Unternehmens von zentraler Bedeutung ist. Das bedeutet aber keinesfalls, daß die Beschäftigten dieser Vorstellung entsprechen. Tatsächlich, das zeigt die Analyse in den aufstrebenden Kleinunternehmen, ist der Weg zum „Arbeitskraftunternehmer" noch sehr weit.

wird versucht, die Wahl eines Betriebsrats als autonomer und demokratisch legitimierter Interessenvertretung der Beschäftigten aktiv zu verhindern.

Aus der Sicht der Inhaber ist diese Interessenposition durchaus rational. Daß dies auch so von den Beschäftigten mitgetragen wird, läßt auf ein hohes Maß an „Einverständnishandeln" schließen, das zumindest erklärungsbedürftig ist. Nach unserer Auffassung kommt der Verzicht der Beschäftigten auf autonome Organe der Interessenvertretung insbesondere zustande, weil sie im Unternehmen Partizipationsmöglichkeiten erleben, die materiellen Gehalt haben. Zwar sind diese in ihrer Grundcharakteristik auf das effektive Funktionieren des Unternehmens gerichtet, ziehen daraus ihre Legitimität und würden vom Inhaber vermutlich in Frage gestellt, wenn sie diesem Ziel nicht mehr gerecht werden. Dennoch sind sie gerade aufgrund der Tatsache, daß sie essentieller Teil des innersten Funktionsmechanismus dieser Kleinunternehmen sind, für den Inhaber ein nur schwer zu hintergehender Tatbestand. Dies erklärt sich aus der besonderen Situation dieser Kleinunternehmen. Deren Beschäftigte sind nämlich hochqualifiziert und in lukrativen Marktsegmenten tätig. Sie könnten in anderen Unternehmen deutlich mehr verdienen als in den Kleinunternehmen. Daß sie dies dennoch nicht tun, liegt zunächst daran, daß die beiden Unternehmen im konkreten Fall in strukturschwachen Regionen angesiedelt sind, so daß sie ca. drei Stunden tägliche Fahrzeit in Kauf nehmen müßten, um in ein IT-Ballungsgebiet zu gelangen. Ein wichtiger Grund ist aber darüber hinaus, daß sie in den Kleinunternehmen ein Klima vorfinden, daß ihren Interessen an einer interessanten Arbeit entgegenkommt. Gerade dies wird von den Inhabern bewußt geschaffen, weil sie hierin einen wichtigen Wettbewerbsfaktor in der Konkurrenz um Arbeitskräfte sehen. Diese Notwendigkeit ist es wiederum, die die „unternehmerische Freiheit" der Inhaber aus wohlverstandenem Eigeninteresse strukturell begrenzt. Sie sind vielmehr darauf angewiesen, den „common sense" des Unternehmens, der im Kern ein einvernehmliches Miteinander aller beinhaltet, nicht zu gefährden. Daher sind die Zugeständnisse an die Mitgestaltung der Mitarbeiter nicht nur aufgrund der besonderen Marktbedingungen in der IT-Industrie, sondern vor allem wegen der Arbeitsmarktkonkurrenz des Unternehmens von besonderer Bedeutung.

Aufgrund dieser strukturellen Begrenzung der „unternehmerischen Freiheit" ist es leichter möglich, daß die Beschäftigten ihre Interessen einbringen und in vielen Fragen durchsetzen können, ohne daß sie hierfür autonome Gremien wie den Betriebsrat nutzen. Oft ist hier jeder einzelne Mitarbeiter ein nahezu unverzichtbarer Spezialist in einem bestimmten Arbeitsfeld. Anders als in größeren Unternehmen, insbesondere denen des ehemals „fordistischen Typs", müssen gegebenenfalls auftretende Konflikte seitens der Geschäftsführung in sehr engen Bahnen gehalten werden. Solange die Unternehmen sich weiterhin in einer wirtschaftlichen Aufschwungphase befinden, ist daher nicht davon auszugehen, daß die Interessenauseinandersetzungen den bisher vorhandenen Rahmen sprengen. Die Geschichte ähnlich strukturierter Unternehmen, die mittlerweile ihrer Charakteristik nach als Lack-Turnschuh-Unternehmen einzustufen sind, deutet darauf hin, daß die „kommunitaristische Kultur" schnell ihren Charme verliert, wenn das Unternehmen in ernsthafte wirtschaftliche Schwierigkeiten gerät und somit die diesem zugrundeliegende Idee der „Interessenidentität" aller von der Realität einer ungleichen Verteilung von Chancen und Risiken konterkariert wird.

Dieser „kommunitaristische" Modus des Interessenaustauschs zwischen Arbeitgebern und Arbeitnehmern ist nämlich an Bedingungen gebunden, die sich mit zunehmendem Größenwachstum der Unternehmen verändern. Konstitutiv für das Funktionieren dieses Modells ist, daß eine starke, an Kooperation und Beteiligung orientierte Inhaberpersönlichkeit für alle Mitarbeiter gleichermaßen erreichbar und ansprechbar ist. Eine weitere Voraussetzung ist, daß für die Aufrechterhaltung der Organisation des Unternehmens keine oder nur rudimentäre formale Strukturen notwendig sind, so daß die Projekte nicht in übergeordnete Abteilungsstrukturen oder ähnliches eingebunden sind.

Beide Bedingungen lassen sich ab einer bestimmten Größe nicht mehr aufrechterhalten. Dann wird ein gewisses Maß an formalen Organisationsstrukturen erforderlich, es werden feste Verantwortlichkeiten außerhalb der Projekte definiert und bestimmte Funktionsbereiche wie die Kostenrechnung oder das Personalwesen werden professionell besetzt. Diese Entwicklung hebelt die Grundlagen dieses speziellen Modells des Interessenaustauschs aus und befördert – das zeigen die Beispiele der Entwicklungsverläufe der Lack-Turnschuh-Unternehmen, die ehemals auch dem „kommunitaristischen Modus" entsprachen –, daß auch die Beschäftigten darum bemüht sind, die Vertretung ihrer Interessen zu professionalisieren. Dies ist aber keineswegs ein „Automatismus", wie das Beispiel des Lack-Turnschuh-Unternehmens *C2*, das keinen Betriebsrat hat, zeigt. Die Herausbildung einer gewählten Interessenvertretung ist vielmehr von vielfältigen Bedingungen abhängig, die im einzelnen zu analysieren ein eigenständiges Forschungsprojekt notwendig machen würde.

5.3   Arbeitsbeziehungen in den Lack-Turnschuh-Unternehmen

Die Arbeitsbeziehungen in den Lack-Turnschuh-Unternehmen weisen gegenüber den beiden genannten Gruppen eine eigene Spezifik auf. Zu dieser Gruppe zählen insgesamt vier der untersuchten Fallunternehmen, nämlich die Unternehmen *B2*, *B3*, *C2* und *C3*. Diese Unternehmen sind davon geprägt, daß sie auf der einen Seite ein gewisses Maß an verfestigten Strukturen und eine Professionalisierung der Leitungsfunktionen und auf der anderen Seite hochgradig selbstorganisierte Arbeitsprozesse, hochqualifizierte Beschäftigte und einen personalen Leitungsstil aufweisen. Mit Ausnahme des Unternehmens *C2* verfügen alle Unternehmen dieses Typs über einen nach dem Betriebsverfassungsgesetz gewählten Betriebsrat. Eine tarifvertragliche Bindung weist keines der Unternehmen auf.

Das *Unternehmen B2* ist als rechtlich selbständiges Softwareunternehmen mit mehreren Niederlassungen in einen Dienstleistungskonzern eingebunden, der seinerseits im Jahre 1990 aus einem Automobilkonzern ausgegründet wurde. Der Konzern hat mittlerweile einen Ergänzungstarifvertrag zum Flächentarifvertrag der Metall- und Elektroindustrie abgeschlossen; dieser wurde aber im Fallunternehmen *B2* bisher nicht übernommen.

In diesem Unternehmen kommen historisch betrachtet zwei unterschiedliche Unternehmenskulturen zusammen, die je nach Standort unterschiedlich starke Ausprägungen haben. Einerseits ging in das Unternehmen ein Ende der 60er Jahre aus einer Technischen Universität gegründetes Softwareunternehmen ein, andererseits ehemalige Abteilungen der Datenverarbeitung und der Softwareentwicklung eines traditionellen Elektrounternehmens. Während die Mitarbeiter dieses Unternehmens über eine lange Tradition des Umgangs mit der betrieblichen Interessenvertretung und tariflichen Vereinbarungen verfügen, ist dies im Falle des zweiten Unternehmens nicht gegeben. Hier haben weder tarifvertragliche Bindungen noch gewählte Interessenvertreter eine gewachsene Bedeutung.

Der Ergänzungstarifvertrag wurde bisher in dem Fallunternehmen *B2* nicht unterzeichnet. Die Geschäftsführung, die sich vorwiegend aus dem Universitätsunternehmen rekrutiert, widersetzt sich vehement einer Übernahme des Ergänzungstarifvertrags. Die Betriebsräte haben in dieser Frage keine einheitliche Meinung. Je nach Standort reicht sie von verhaltener Zustimmung bis zu klarer Ablehnung.

Die betriebliche Interessenvertretung besteht bei dem traditionellen Elektrounternehmens schon „seit Menschengedenken" (Betriebsrat *B2*). Die Belegschaft des von uns untersuchten Betriebs geht historisch auf dieses Unternehmen zurück, so daß diese Beschäftigten schon seit vielen Jahren Erfahrung mit der betrieblichen Interessenvertretung gemacht haben. Dennoch ist der Betriebsrat im Fallunternehmen *B2* nicht uneingeschränkt verankert. Sowohl die Geschäftsleitung als auch der Betriebsrat erleben das Verhältnis zueinander als konfliktgeladen und wenig einvernehmlich.

Das *Unternehmen B3* ist ein selbständiges Softwareunternehmen im Bereich der Standardsystemsoftware. Das Unternehmen wurde bereits Ende der 60er Jahre gegründet und gehört insofern zu den Pionieren unter den eigenständigen Softwareanbietern. Das untersuchte Unternehmen ist das Entwicklungsunternehmen und mit ca. 660 Beschäftigten in Deutschland das Kernunternehmen eines Konzerns mit insgesamt mehr als 2.000 Beschäftigten in Deutschland und Tochterunternehmen in verschiedenen Ländern der Welt. Es gehört zu den größten deutschen Standardsoftwareanbietern.

Die Austauschbeziehungen in dem Unternehmen waren seit seiner Gründung bis zur wirtschaftlichen Krise zu Beginn der 90er Jahre von einem hohen Einvernehmen zwischen dem Vorstand, der im wesentlichen durch die „erste Generation", insbesondere durch den Gründer des Unternehmens, bestimmt wurde, und den Beschäftigten geprägt. Mit dem Eintritt in die wirtschaftliche Krise ging die lange Wachstumsphase, die insbesondere in den 80er Jahren sowohl in einem schnell wachsenden Umsatz als auch in den rapide wachsenden Beschäftigtenzahlen und deren zunehmenden Gehältern deutlich wurde, zu Ende. Damit wurde die Basis der „familiären Unternehmenskultur" unterminiert. Das Management stand erstmals vor der Situation, einen Stellenabbau zu betreiben; sogar Entlassungen waren im Gespräch. In dieser Situation wurde von den Beschäftigten ein Betriebsrat gebildet.

Die Position des Betriebsrats im Unternehmen ist mittlerweile weniger umstritten als zu Zeiten des mittlerweile aus dem Unternehmen ausgetretenen Gründers. Bei den befragten Projektleitern sowie den Personalverantwortlichen genießt er Akzeptanz – bei letzteren ist man um eine Professionalisierung des Verhältnisses bemüht –, der Vorstand des Unternehmens sieht ihn aber weiterhin vor allem als hemmenden Faktor im Unternehmen.

Eine tarifvertragliche Bindung oder gar der Anschluß an einen Arbeitgeberverband liegt den Verantwortlichen in diesem Unternehmen sehr fern. Über diese Frage wurde „nie entschieden" (Unternehmensleitung *B3*), sie stand nie zur Debatte.[70] Tarifvertragliche Regelungen, so die Auffassung der Gesprächspartner aus der Unternehmensleitung, seien immer Standardprodukte, sie paßten nicht zu den besonderen Bedingungen des Unternehmens.

Das *Unternehmen C2* ist ein selbständiger Anbieter von Telekommunikationsdienstleistungen. Als junges Unternehmen wurde es 1995 mit der Privatisierung des festnetzgestützten Fernmeldemarktes gegründet und hat sich seitdem schnell entwickelt. Mit mehr als 170 Beschäftigten gehört es zu den mittelgroßen Unternehmen dieser dynamischen Branche.

Die Austauschbeziehungen sind bisher von Individualverträgen geprägt. Kollektivvertragliche Regelungen bestehen nicht. Eine betriebliche Interessenvertretung wurde bisher nicht gewählt. Gegenwärtig befindet sich das Unternehmen nach der schnellen Wachstumsphase der ersten Jahre am Beginn einer Phase der Professionalisierung der organisatorischen Strukturen.

---

70   „Es ist einfach nie passiert. Wir haben daher nie beschlossen, wir lassen es sein. Ansonsten behaupte ich, ein Herr ... (gemeint ist der Gründer) machte sich darüber einfach keine Gedanken. Deswegen wurde nicht überlegt, ob das gut wäre oder schlecht. Wir haben es einfach gar nicht entschieden." (Unternehmensleitung *B3*)

Das *Unternehmen C3* ist eine selbständige Aktiengesellschaft und als hundert-prozentige Tochter in einen führenden Telekommunikationskonzern eingebunden. Das Unternehmen ist ein Internetprovider. Es wurde im Jahre 1997 aus dem Telekommunikationsunternehmen ausgegründet und verselbständigt.

Bei Ausgründung aus dem Mutterunternehmens wurden zwischen diesem und der zuständigen Gewerkschaft DPG für die Beschäftigten Übergangstarif-verträge und für die verbeamteten Beschäftigten zeitlich befristete Beurlaubun-gen abgeschlossen. Die Übergangsverträge gelten bis zum Abschluß eines neuen Tarifvertrags für das Unternehmen. Die neu hinzukommenden Beschäftigten genießen diesen Schutz juristisch gesehen nicht, dennoch werden aber im we-sentlichen die bestehenden Vereinbarungen auch hier angewandt. Gegenwärtig wird auf Konzernebene über einen Tarifvertrag verhandelt, der auch in allen Tochterunternehmen des Telekommunikationskonzerns angewandt werden soll. Inwieweit dies aufgrund der zu beobachtenden „Verselbständigungstendenzen" des Fallunternehmens, die durch die Umwandlung in eine Aktiengesellschaft und einen geplanten Börsengang deutlich erhöht werden könnten, friktionslos zu realisieren ist, war zum Zeitpunkt der Untersuchung nicht abzusehen.

Das Unternehmen hat seit seiner Ausgründung an allen Standorten Betriebs-räte, die ihrerseits zu einem Gesamtbetriebsrat zusammengefaßt sind. Im Gegen-satz zum Mutterkonzern ist das Verhältnis zwischen den Betriebsräten und der Unternehmensleitung aber weit weniger einvernehmlich und wird vom Gesamt-betriebsrat als konfliktbeladen erlebt. In den Standorten, wo die ehemaligen Mitarbeiter des Mutterunternehmens überwiegen – hier sind die Service- und Kundenbetreuungsfunktionen angesiedelt –, sind die Betriebsräte bei den Be-schäftigten gut etabliert. Das korrespondiert mit einem gewerkschaftlichen Or-ganisationsgrad von 60% bis 80% je nach Standort. In der Zentrale des Unter-nehmens hingegen bilden die ehemaligen Mitarbeiter des Mutterunternehmens nur eine Minderheit. Hier sind neben der Geschäftsführung die technische Ent-wicklung sowie die Vertriebs- und die Marketingsteuerung angesiedelt; die Be-legschaft wird hier im Gegensatz zu den übrigen Standorten von Beschäftigten mit einem hohen formalen Qualifikationsniveau bestimmt. Darüber hinaus ar-beitet hier noch eine große Anzahl von Entwicklern aus anderen IT-Unterneh-men in gemeinsamen Entwicklungsprojekten. Die Position des Betriebsrats ist hier sehr schwach und die Bereitschaft der Beschäftigten, sich in dieses Amt wählen zu lassen, sehr gering. Der gewerkschaftliche Organisationsgrad liegt hier deutlich unter 5%.

In den untersuchten Lack-Turnschuh-Unternehmen sind die Arbeitsbeziehun-gen insgesamt durch das Nebeneinander unterschiedlicher Modi des Interessen-austauschs mit je eigenen, mehr oder weniger im Konflikt zueinander stehenden institutionellen Systemen geprägt. Neue Arbeitsformen mit weitgehenden Spiel-räumen für selbstorganisiertes Arbeiten der Beschäftigten sind in diesen Unternehmen von zentraler Bedeutung. Sie eröffnen den Beschäftigten auf der arbeitsinhaltlichen Ebene hohe Beteiligungsmöglichkeiten. Gleichzeitig beginnen diese Unternehmen, ihre organisatorischen Strukturen zu professionalisieren. Das Personalwesen und die Controllingfunktionen werden ausgebaut. In diesem Zusammenhang sind erste Ansätze zur Realisierung moderner Managementkonzepte zu beobachten. Zentrale Institutionen dieser Ansätze wie jährliche Mitarbeitergespräche oder Zielvereinbarungen haben eine gewisse Bedeutung. Doch diese Institutionen sind aufgrund der geringen Professionalisierung anderer Unternehmensfunktionen, insbesondere im Bereich der Leistungsbewertung und Entlohnung, bisher weit weniger stringent als Momente der Steuerung und Kontrolle der Mitarbeiter ausgelegt, als dies beispielsweise in einigen ehemals fordistischen Unternehmen der Fall ist. In den Lack-Turnschuh-Unternehmen hat daher ein personaler Leitungsstil – ähnlich wie in den Start-up-Unternehmen – eine hervorgehobene Bedeutung, obwohl die Voraussetzungen hierfür aufgrund der Größe und Komplexität der Unternehmen nicht mehr gegeben sind. Die Unternehmensleitung setzt vorrangig auf die Wahrung ihres Direktionsrechts, hält die Beteiligungsmöglichkeiten im Arbeitsprozeß für ausreichend und stellt die Legitimität der gewählten Interessenvertretung mehr oder weniger ausgeprägt in Frage. Anders als in den ehemals fordistischen Unternehmen wird hier daher keine einvernehmliche Lösung zwischen Unternehmensleitung und Betriebsrat über die Formen des Interessenaustauschs im Unternehmen hergestellt. Es entsteht eine offene Situation, die sehr unterschiedliche Entwicklungsszenarien zuläßt.

5.3.1   Einbindung in unternehmensübergreifende Akteursbeziehungen

Drei der vier Unternehmen dieses Typs – *B2*, *B3* und *C2* – bewegen sich in Marktsegmenten, die historisch nicht durch übergreifende Tarifvertragsstrukturen geregelt sind. Das Unternehmen *C3* entstammt demgegenüber als Ausgründung eines großen Telekommunikationskonzerns dem historisch gewachsenen Verhandlungssystem der Bundespost. In diesem gelten auch Überleittarifverträge für die Mitarbeiter, die aus der Konzernmutter stammen. Das Unternehmen *C3* hat bisher aber noch keinen eigenen Tarifvertrag für alle Mitarbeiter ausgehandelt.

Tarifverträge sowie eine Einbindung in unternehmensübergreifende Akteurskonstellationen, wie sie durch das Verhältnis von Arbeitgeberorganisationen und Gewerkschaften gebildet werden, werden von den Unternehmensleitungen in allen Unternehmen als mehr oder weniger „störende Außenbeziehungen" erlebt. Besonders ausgeprägt ist diese Haltung in den Unternehmen, die eigenständig sind und in ihrer Geschichte bisher keinen Kontakt zu Arbeitgeberorganisationen entwickelt haben. Das sind die Unternehmen *B3* und *C2*. Weniger ausgeprägt ist sie in jenen zwei Unternehmen, die in Konzerne eingebunden sind, welche über eine feste historische Bindung an das System industrieller Beziehungen sowie tarifvertragliche Bindungen verfügen. Das sind die Unternehmen *B2* und *C3*.

Für die selbständigen Unternehmen hat sich in der bisherigen Entwicklung nicht die Notwendigkeit ergeben, sich mit der Frage einer Mitgliedschaft im Arbeitgeberverband zu beschäftigen. Insbesondere das Fallunternehmen *B3* kann hier als symptomatisch für jene Unternehmen gelten, die in einer Phase, in der das fordistische Paradigma bereits in die Krise gekommen war, im Bereich der Software und des IT-Service auf den Markt drängten. Für diese aufstrebenden Unternehmen fühlte sich zunächst kein Arbeitgeberverband und auch keine Gewerkschaft wirklich zuständig. Erst als Ende der 80er Jahre verschiedene Gewerkschaften hier ein Betätigungsfeld entdeckten, wurden erste zaghafte Ansätze gemacht, hier Fuß zu fassen. In diesem Umfeld stand eine Beteiligung an unternehmensübergreifenden Akteursbeziehungen einfach nicht zur Debatte. Die selbständigen Unternehmen beziehen sich lediglich in Fragen, die ihre unmittelbaren Geschäftsinteressen berühren, auf unternehmensübergreifende Akteursbeziehungen. Dies sind beispielsweise Unternehmensverbände oder vergleichbare Interessenverbände, in denen beide beteiligt sind. Für die beiden konzerngebundenen Unternehmen stellt sich die Bindung an unternehmensübergreifende Akteurskonstellationen anders dar. Hier sind die Konzernmütter jeweils auf dieser Ebene sehr aktiv und haben eine große Bedeutung. Für die Tochterunternehmen ist es daher zunächst gar nicht erforderlich, sich selbst in diese Strukturen einzubringen.

Diese Lack-Turnschuh-Unternehmen stellen daher für Arbeitgeberorganisationen und Gewerkschaften eine große Herausforderung dar. Anders als in den „fordistischen Unternehmen", die eine historisch gewachsene Bindung an unternehmensübergreifende Akteurskonstellationen aufweisen und hier im wohlverstandenen Eigeninteresse sowohl auf Arbeitgeberseite als auch auf Arbeitnehmerseite aktiv sind, sind in den Lack-Turnschuh-Unternehmen starke Ressentiments zu spüren. Arbeitgeberverbänden und Gewerkschaften werden von der Geschäftsleitung oft verbands- bzw. organisationsbornierte Ziele unterstellt, die nicht mit den Zielen des Unternehmens übereinstimmen.

Auch auf Seiten der Beschäftigten finden wir eine grundlegend andere Situation als in den ehemals fordistischen Unternehmen vor. In diesen ist meist eine historisch gewachsene Bindung an Gewerkschaften anzutreffen. Obwohl der Organisationsgrad nur in einem Unternehmen mit mehr als 80% ähnliche Dimensionen erreicht, wie sie bisweilen in Großunternehmen traditioneller Kernindustrien anzutreffen sind, und in den anderen Unternehmen mit 10% bis 35% deutlich niedriger ist, sind Gewerkschaften hier ein Stück gewachsene Normalität. Dies resultiert nicht zuletzt auch aus der Tatsache, daß sie als Tarifparteien auftreten.

In den Lack-Turnschuh-Unternehmen liegt demgegenüber der gewerkschaftliche Organisationsgrad in der Regel deutlich unter 5% – eine Ausnahme bildet der Internetprovider *C3*, welcher aus einem Telekommunikationskonzern ausgegründet wurde. Gewerkschaften sind für einige Betriebsräte zwar wichtige Informationsquellen, für die Mehrzahl der Beschäftigten haben sie aber keine Bedeutung.

5.3.2   Akteure und deren Beziehung

In drei der vier Unternehmen dieses Typs bestehen Betriebsräte. Mit der Ausbildung organisatorischer Strukturen und festgefügter Verantwortlichkeiten ging auch auf Seiten der Beschäftigten eine „Professionalisierung" der Interessenvertretung einher.

Lediglich das Unternehmen *C2*, das erst 1995 gegründet wurde, hat bisher keine betriebliche Interessenvertretung ausgebildet. Dieses Unternehmen befindet sich in einem Übergangsfeld. Nach einer schnellen Wachstumsphase, in deren Verlauf man sich in dem neu entstehenden Markt für Telekommunikationsdienstleistungen als selbständiges Unternehmen etablieren konnte, steht es nun am Beginn einer Konsolidierungsphase, die sich nicht zuletzt an einer Professionalisierung der Personalarbeit ablesen läßt.

Bei den drei Unternehmen dieses Typs mit Betriebsrat lassen sich entsprechend der sehr unterschiedlichen kulturellen Herkunft im wesentlichen zwei Entwicklungszüge erkennen, wie es zur Bildung eines Betriebsrats gekommen ist. In den konzerngebundenen Unternehmen *B2* und *C3* hat die Bildung eines Betriebsrats historische Gründe. Es gehörte zur gewachsenen Kultur der Konzernmutter, die auch von den „Töchtern" übernommen wurde.

Die große Bedeutung dieser Einbindung in eine bestimmte Kultur des geregelten Interessenaustauschs zeigt sich insbesondere beim Unternehmen *C3*. Dieses ist erst vor einigen Jahren gegründet worden und befindet sich von seinem „Lebenszyklus" her noch in der ersten großen Wachstumsphase. Dementsprechend sind hier die Leitungsfunktionen noch wenig professionalisiert; das Unternehmen benötigt einen Großteil seiner Energie, um sich als Internetprovider mit neuen Produkten auf einem schnell wachsenden Markt zu etablieren und das damit verbundene Kunden- und Mitarbeiterwachstum zu bewältigen. Insofern ist es mit dem selbständigen Unternehmen *C2* vergleichbar. Dennoch wurde hier schon bei der Ausgründung aus dem Konzern die Betriebsratsstruktur mitübernommen. Deren Übernahme war über Vereinbarungen der zuständigen Gewerkschaft mit dem Konzern gesichert.

Einen anderen Weg zur Bildung eines Betriebsrats beschreibt das selbständige Unternehmen *B3*. Dieses Fallunternehmen war als Pionier im Standardsoftwaremarkt über lange Jahre hinweg ein Unternehmen mit „kommunitaristischer

Kultur". Die Gründer des Unternehmens waren selbst „vom Fach" und hatten die Basisprodukte, die die Geschäftsentwicklung der ersten zwei Jahrzehnte bestimmten, selbst entwickelt. Bestimmend war das Gefühl, daß alle – Mitarbeiter wie Unternehmensleitung – Mitglieder einer großen Familie sind. Diese Kultur ist bis heute trotz des enormen Größenwachstums des Unternehmens in den 80er Jahren und dem vollständigen Wechsel in der Führungsspitze Anfang der 90er Jahre weiterhin spürbar. Sie bildet für viele Mitarbeiter ein wesentliches Motiv, sich diesem Unternehmen verbunden zu fühlen.

Anfang der 90er Jahre veränderte sich die wirtschaftliche Situation. Der Hintergrund dieser Entwicklung ist die erste Strukturkrise, welche den Übergang von der proprietären Großrechnerwelt, in der auch dieser Standardsoftwarehersteller aktiv war, zu einer offenen Netzarchitektur markierte. Diese Unternehmenskrise war erstmals mit Personalabbaumaßnahmen verbunden. Sie offenbarte auch, daß die organisatorischen Strukturen den Erfordernissen eines großen Softwareunternehmens nicht mehr gerecht wurden. Die von „genialen Entwicklern" bestimmte Gründergeneration erwies sich angesichts der turbulenten Marktentwicklung als nicht ausreichend handlungsfähig. Aus den Gesprächen ließ sich folgender Verlauf dieser Entwicklung rekonstruieren:

Das Unternehmen wurde 1969 gegründet. Am Anfang wurde nur entwickelt. Bis erste Verkäufe liefen, dauerte es mehrere Jahre. Das Hauptprodukt ließ sich in einer Phase, als der Lochstreifen noch dominierte, nicht gut verkaufen. Ab Mitte der 70er Jahre veränderte sich dies. Das Produkt ließ sich gut absetzen. Es folgten rapide Wachstumsschübe bis Ende der 80er Jahre. Bis 1990 gab es je Quartal mehrere Hundert Neueinstellungen über mehrere Jahre hinweg, die ohne Organisation integriert wurden. Das führte zu einer „Art Ellbogengesellschaft". Dieses Wachstum wurde also im Unternehmen ohne eine Professionalisierung der organisatorischen Strukturen und der Personalentwicklung betrieben. Die Unternehmensleitung erklärt dies insbesondere aus der Mentalität der Gründergeneration, die selbst aus der Softwareentwicklung kam:

> „Softwareentwickler sind ein bißchen Künstler. Die dachten, ein Unternehmen mit 1.000 Mitarbeitern funktioniert wie eins mit fünf."

Ab Anfang der 90er Jahre geriet das Unternehmen in ernste wirtschaftliche Schwierigkeiten. Die Produktpalette war zu dieser Zeit chaotisch ausdifferenziert und ließ keinen Fokus mehr erkennen. Die Produkte wurden darüber hinaus nicht ausreichend schnell innoviert. Das Unternehmen war chaotisch organisiert. Versuche zur Konsolidierung der Kosten und zur Professionalisierung der Strukturen wurden vom Vorstand „halbherzig betrieben und ohne Konzept". Wöchentlich wechselnde Vorgaben durch den Vorstand verunsicherten die Mitarbeiter und Führungskräfte. Der Vorstand beschloß diese Woche dies, nächste etwas anderes. Dies waren „schmerzhafte Jahre", in denen man eine „gewisse Ohnmacht" empfand.

Beide Momente zusammen, der wirtschaftliche Einbruch und der Autoritätsverlust der Gründer, die die zentralen Identifikationsfiguren der spezifischen kommunitaristischen Kultur des Unternehmens darstellten, führten nicht nur zur Verunsicherung der Mitarbeiter und Führungskräfte, sondern bildeten auch den Hintergrund der Gründung eines Betriebsrats. Dieser wurde gegen den Willen des Unternehmensgründers, der das Gremium bis zu seinem Ausscheiden aus dem Unternehmen nicht als legitimes Interessenvertretungsorgan akzeptierte, gebildet. Den Anlaß bildeten die mit dem wirtschaftlichen Einbruch einhergehenden Einsparmaßnahmen sowie drohende Entlassungen. Zu der Gruppe von Mitarbeitern, die diese Gründung in der ersten Phase vorantrieb, gehörten auch Beschäftigte, die aus der Hardwareindustrie stammten und über eine entsprechende Erfahrung im Umgang mit dieser Institution verfügten.

In der nun folgenden Phase des krisenhaften Wechsels im Unternehmen bemühte sich der Betriebsrat um eine institutionelle Absicherung der Arbeitnehmerrechte durch zahlreiche Betriebsvereinbarungen. In dem Maße, wie die alte Führungsspitze abtrat und eine Professionalisierung der Unternehmensstrategie und der organisatorischen Strukturen griff, gelang es ihm, auf Seiten der Führungskräfte leichter Ansprechpartner zu finden und als legitimer Interessenvertreter akzeptiert zu werden. Zum Untersuchungszeitpunkt befand man sich hier in einem Übergangsfeld. Die Führungskräfte der zweiten und dritten Leitungsebene akzeptierten den Betriebsrat auf der Basis seiner gesetzlichen Möglichkeiten und bemühten sich um einen sachlichen Umgang. Währenddessen wurde er vom neuen Vorstand auch weiterhin als „Bremser" angesehen und in seiner Legitimation nicht voll akzeptiert.

> „Für unseren Vorstand ist der Betriebsrat ein Kostenfaktor, im Zweifelsfall eine Hürde, die man umschiffen oder an der man arbeiten muß. Mit der man jetzt einen ordentlichen Umgang haben will. Aber das ist keine echt einbezogene Größe." (Personalleitung *B3*)

Der kürzlich berufene neue Personalchef sah daher als eine seiner wichtigsten Aufgaben, das Verhältnis zum Betriebsrat zu versachlichen und zu konsolidieren. Er bekennt sich zu den betriebsverfassungsmäßig festgelegten Rechten des Betriebsrats.[71] Als „Sprachrohr" des Vorstands hat er ein regelmäßig tagendes

---

71 „Die Basis ist rechtlich vorgegeben, darüber muß man eigentlich nicht diskutieren. Der Betriebsrat ist damit schon als eine wichtige Institution, als eine wichtige Vertretung der Mitarbeiter etabliert. Er wird entsprechend ernstgenommen, er wird entsprechend gepflegt. Natürlich engen die Mitbestimmungsrechte des Betriebsrats die Freiheit ganz bestimmter Vorstandsentscheidungen (...) ein, das wird nicht immer und in jedem Fall positiv wahrgenommen, wird damit bisweilen auch schon einmal zu einem Konfliktfall,

„Monatsmeeting" mit der betrieblichen Interessenvertretung etabliert, mit dem anfallende Fragen in einer offenen Gesprächsatmosphäre geklärt werden sollen.

Die langwierigen Konflikte um die Anerkennung des Betriebsrats als legitimen Interessenvertreter scheinen in diesem Unternehmen gegenwärtig in ein „ruhigeres Fahrwasser" zu kommen. Zwar ist er beim Vorstand noch immer nicht vollständig akzeptiert, doch bemüht man sich insbesondere in der Personalabteilung um eine sachliche Einbindung dieses Interessenvertretungsgremiums. Damit hat dieser Betriebsrat – verglichen mit den anderen Unternehmen dieses Typs – eine sehr hohe Akzeptanz bei der Unternehmensleitung erreicht.

Mit dazu beigetragen hat auch, daß der Betriebsrat von den Vertretern der Unternehmensleitung und der Personalabteilung als „unternehmensbezogen" eingeschätzt wird.

> „Toll finde ich, von außen kommend, daß es hier einen Betriebsrat mit einem gewissen Augenmaß in der Form gibt, daß der hier nicht ständig mit dem Gesetz unter dem Arm herumrennt und dann vorschlägt: 'Nach 86, 2 schlage ich folgendes vor.' (...) Die Basis ist schon das Gesetz. Aber das ist nicht so im Vordergrund. Und dann kommt man auch zu Lösungen, die so vom Gesetz gar nicht vorgesehen sind. Sie passen zum Haus, sie passen zur Situation. Liegt vielleicht auch daran, daß der Betriebsrat hier auf das Haus fokussiert ist, nicht über Verbände oder Gewerkschaften, oder was immer auf der Arbeitnehmerseite draußen ist, gesteuert ist. Der Einfluß der Gewerkschaften im Haus ist ziemlich gering."
> (Unternehmensleitung *B3*)

Trotz der zunehmenden Akzeptanz, die der Betriebsrat in diesem Fallunternehmen mittlerweile erfährt, kann generalisierend festgehalten werden, daß die betriebliche Interessenvertretung in den Lack-Turnschuh-Unternehmen verglichen mit den ehemals fordistischen Unternehmen eine mehr oder weniger marginalisierte Stellung hat. Die Betriebsräte fühlen sich von der Unternehmensleitung nicht ausreichend als legitime Interessenvertreter der Mitarbeiter anerkannt. Die Informations- und Beteiligungsrechte nach dem Betriebsverfassungsgesetz müssen bisweilen im Konflikt eingefordert werden. Dies gilt auch für die beiden Unternehmen, die fest in Konzerne mit einer historisch gewachsenen Kultur des geregelten Interessenaustauschs eingebunden sind.

Sowohl die Unternehmensleitungen als auch die Betriebsräte schildern das Verhältnis als mehr oder weniger konflikthaft und „verbesserungswürdig". Die meisten grundsätzlichen Konflikte resultieren daraus, daß den Informations- und Beteiligungsrechten des Betriebsrats nicht ausreichend entsprochen wird. Dies wiederum resultiert nicht zuletzt aus einer grundsätzlichen Einstellung der Un-

---

weil eine Information nicht erfolgt ist oder weil eine Maßnahme nicht ordnungsgemäß abgestimmt war. Insofern ist das Verhältnis nicht konfliktfrei. Aber das sind die Spielregeln, und das Unternehmen steht sehr positiv dazu." (Unternehmensleitung *B3*) ternehmensleitungen gegenüber der Institution Betriebsrat. Die Unternehmensleitungen erleben die Betriebsräte eher als „Bremser", denn als sinnvolles Korrektiv. Im Kern geht es hier darum, daß die betriebliche Interessenvertretung sowie ein mit ihr vereinbartes Regelwerk als Einschränkung des Direktionsrechts empfunden werden. Symptomatisch ist folgende Einschätzung:

> „In diese Welt, in unseren Berufsbereich, kommen viele Mitarbeiter, weil sie nicht zu starre Mechanismen haben wollen. Ich selbst bin sehr hartnäckig, wenn ich grundsätzlichen Regelungen zustimmen soll. Ich bin aus meiner Sicht sehr freizügig, wenn es einzelne Aktionen sind, die nicht präjudizierenden Charakter haben. Also, aus meiner Sicht ist das Betriebsverfassungsgesetz für Unternehmen dieser Art teilweise kontraproduktiv. Ich denke, es ist entwickelt worden zu einer Zeit, als man an Großunternehmen gedacht hat in der Eisen- und Stahlindustrie und solche Sachen, wo Tausende von Mitarbeitern drin sind. Und dafür sind auch bestimmte Mechanismen, auch Rechte des Betriebsrats, eingeräumt, die für diesen Markt kontraproduktiv sind. Es hängt natürlich auch an Personen, das ist klar. Wenn der Betriebsrat aus anderen Personen bestünde, ... in früheren Jahren, da war auch vieles lockerer. (...) Ich betrachte den Betriebsrat als Feuerwehr in so einem Unternehmen. Wenn ich drastisch Mist mache oder wenn Entlassungen drohen, dann habe ich nichts dagegen. Aber wenn ich in unserer Branche feilschen muß um jede Überstunde, die man machen muß. Und vor allem Überstunden, bei denen die Leute, Projektleiter oder so immer mit dem Arbeitsgesetz gewunken bekommen, dann kann man sagen, ist das kontraproduktiv. Das ist dann nicht die Wirklichkeit." (Unternehmensleitung *B2*)

Eine gewisse Akzeptanz wird nur Betriebsräten entgegen gebracht, die von der Unternehmensleitung als „unternehmensbezogen" klassifiziert werden. Dementsprechend differenzieren die Unternehmensleitungen hinsichtlich dieser Frage deutlich:

> „Nun gut, man muß dazu sagen, unser Betriebsrat ist sehr geteilt. Ich weiß nicht, ob der Herr (Name des Betriebsratsmitglieds) dazu schon etwas gesagt hat. Es gibt dort sehr unterschiedliche Fraktionen. Und es sind dort ein, zwei Leute, die aus meiner Sicht kontraproduktiv für die Mitarbeiter und das Unternehmen sind. Von daher habe ich Streß damit. Wenn die dann auch noch meistens die sind, die die Gesetze immer gut kennen, und ich das nicht so gut weiß, bin ich vorsichtig. Aber, man lebt damit." (Unternehmensleitung *B2*)

Verhält sich ein gesamtes Betriebsratsgremium „unternehmensbezogen", so wird dies als Aspekt gesehen, den es bewußt zu pflegen gilt. Nach dem Motto: „Es könnte auch schlimmer kommen!" arrangiert man sich mit dem Betriebsrat als Institution und bemüht sich um ein sachliches Miteinander, weil eine zu harte Haltung unter Umständen eine „Radikalisierung" der Interessenvertretung zur Folge haben könnte. Dabei wird insbesondere der Einfluß von Gewerkschaften als „schädlich" für das Miteinander empfunden.

Sind innerhalb des Betriebsrats verschiedene Strömungen zu erkennen, so versuchen die Unternehmensleitungen, durchaus auch Einfluß auf die Zusammensetzung der betrieblichen Interessenvertretung in ihrem Sinne zu nehmen. Ein Unternehmensleiter schildert uns das sehr offen:

> „Wir haben bei den letzten Betriebsratswahlen versucht, ein paar jungdynamische Leute auch mal zu überreden, in den Betriebsrat zu gehen. Das ist uns leider nicht gelungen. Ein, zwei Leute sind reingekommen, aber die haben schlichtweg Schwierigkeiten, sich durchzusetzen." (Unternehmensleitung B2)

Die Betriebsräte erleben die konflikthafte Kultur im Unternehmen vor allem als Akzeptanzproblem. Ein Großteil ihrer Energie verwenden sie darauf, ihre rechtlich abgesicherte Funktion gegenüber der Unternehmensleitung durchzusetzen. Dabei entwickelt sich aufgrund der marginalisierten Stellung und der mangelnden Akzeptanz durch die Unternehmensleitung häufig ein „Kleinkrieg", dessen wesentlicher Inhalt darin besteht, durch die extensive Wahrnehmung bestimmter Rechte (beispielsweise bei Überstundenregelungen) die Unternehmensleitung dazu zu bewegen, die legitime Funktion des Betriebsrats anzuerkennen. Die Betriebsräte aller drei Unternehmen haben solche Konflikte in der einen oder anderen Form erlebt.

Die konflikthafte Situation und mangelnde Anerkennung des Betriebsrats durch die Unternehmensleitung drücken sich auch darin aus, daß hier meist keine Notwendigkeit für regelmäßige, fest institutionalisierte Treffen mit dem Betriebsrat gesehen wird. Lediglich im Unternehmen B3, in dem der Betriebsrat in seiner Funktion mittlerweile am ehesten stabilisiert ist, finden solche regelmäßigen Treffen statt, und zwar als Monatsmeetings, die der Personalverantwortliche seit kurzem mit dem Betriebsrat durchführt. Diese Treffen dienen der Information sowie der Vorbereitung und Koordinierung von Verhandlungen.[72] Hier werden gemeinsame Projekte wie der Abschluß einer Betriebsvereinbarung zu einem bestimmten Thema definiert und bei Konflikten in den entsprechenden Projektgruppen eine Lösung gesucht.

In den übrigen Unternehmen mit Betriebsrat finden keine regelmäßigen Treffen statt. Hier trifft man sich je nach Anforderung und um bestimmten Informa-

---

[72] Neben diesen regelmäßigen Treffen, die der Personalverantwortliche im Auftrag des Vorstands durchführt, bestehen auch informelle Treffen des Vorstands mit einzelnen Vertretern des Betriebsrats. Hier legt der Vorstand aber großen Wert darauf, daß dies „persönliche" Gespräche sind und möchte sie am liebsten als Vier-Augen-Gespräche mit einem Betriebsratsmitglied führen. Der Betriebsrat ist zwar bemüht, den Gesprächen mit der Unternehmensleitung generell einen formellen Charakter zu geben, nimmt aber an diesen informellen Treffen teil, um auf diesem Weg Einfluß zu nehmen.

tionsrechten des Betriebsrats nachzukommen. Typisch ist die folgende Darstellung eines Geschäftsführers:

> „Er (der Betriebsrat) hat ja Rechte. Und da muß ich ihn einbeziehen. Informieren tue ich ihn bei Geschäftsergebnissen und so, mehr oder weniger regelmäßig alle ein bis zwei Monate und wenn wir Umorganisationen vorhaben. Aber es ist nicht voll durchstandardisiert." (Unternehmensleitung *B2*)

In dem Fehlen regelmäßiger Treffen drückt sich die geringe Akzeptanz des Betriebsrats bei den Geschäftsführungen aus. Die Leitungen betrachten die Information und Beteiligung der betrieblichen Interessenvertretung als eine „lästige Pflicht", der sie mehr oder weniger widerwillig nachkommen. Auf Seiten des Betriebsrats wird das sensibel als mangelnde Anerkennung der Funktion des Betriebsrats registriert. Gleichwohl fehlt oft die Durchsetzungsfähigkeit, um regelmäßige Abstimmungstermine mit der Unternehmensleitung zu erreichen. Auf jeden Fall sind institutionalisierte Treffen des Betriebsrats mit Vertretern der Geschäftsleitung in allen Unternehmen ein wichtiger Gradmesser für die Anerkennung als Interessenvertreter.

Die wichtigsten Machtressourcen der Betriebsräte in den ehemals fordistischen Unternehmen – ein von der Unternehmensleitung gewollter Status als „starker" Verhandlungspartner, der in einigen Unternehmen zusätzlich noch durch einen verhältnismäßig hohen Anteil gewerkschaftlich organisierter Beschäftigter oder die „entliehene Macht" eines gut organisierten Mutterkonzerns untermauert wird – kommen hier nicht zur Geltung. Nur im Unternehmen *C3* liegt der gewerkschaftliche Organisationsgrad mit über 50% hoch und bietet so gesehen eine reale Machtbasis. Diese kann aber aufgrund der heterogenen Unternehmensstruktur von dem Betriebsrat nicht in reale Macht verwandelt werden. Der gewerkschaftliche Organisationsgrad ist in diesem Unternehmen nur in den Außenstellen mit 60% bis 80% sehr hoch. Hier arbeiten die Beschäftigten in den Bereichen Call Center, Kundenbetreuung und Service. Demgegenüber ist der Organisationsgrad in der Zentrale, die von meist sehr hochqualifizierten Entwicklern sowie Vertriebs- und Marketingmitarbeitern bestimmt ist, auf einem vergleichbaren Niveau wie in den übrigen Unternehmen dieses Typs, d.h. mit deutlich unter 5% sehr gering. Die Geschäftsführung ist in ihrer Wahrnehmung der Kräfteverhältnisse im Unternehmen auf ihr unmittelbares Umfeld in der Unternehmenszentrale orientiert, sie erlebt den gewerkschaftlichen Einfluß nicht als einen, der von den Mitarbeitern getragen wird. Und dem Gesamtbetriebsrat gelingt es aus verschiedenen Gründen nicht, seine Machtressourcen in den Außenstandorten für die Verankerung seiner Position in der Zentrale wirksam werden zu lassen.[73] Demgegenüber ist der gewerkschaftliche Organisationsgrad in den übrigen Unternehmen sehr gering. Nach Schätzungen der Betriebsräte bewegt er sich deutlich unter 5%. Eine Anerkennung als „starker" Verhandlungspartner der Unternehmensleitung und die damit verbundene Aufwertung steht für die Betriebsräte der Lack-Turnschuh-Unternehmen nicht zur Debatte.[74]

Die betrieblichen Interessenvertreter befinden sich aufgrund der geringen Machtressourcen in einer schwierigen Verhandlungssituation gegenüber der Geschäftsführung. Gerade weil sie nicht als legitime Interessenvertreter von der Unternehmensleitung anerkannt sind und gleichzeitig über keine ausgeprägte autonome Machtbasis bei den Beschäftigten verfügen, verhalten sich die betrieblichen Interessenvertreter bei Konflikten mit der Unternehmensleitung meist zurückhaltend. Die Betriebsräte laufen hier ständig Gefahr, „von der Unternehmensleitung gegen die Mitarbeiter ausgespielt zu werden", d.h. als Vertreter bornierter Verbands- oder Eigeninteressen dargestellt zu werden, wenn sie die Einhaltung gesetzlicher Bestimmungen sowie Informations- und Mitbestimmungsrechte einfordern. Dem kommt entgegen, daß in den Unternehmen ein großer Anteil der Beschäftigten ein skeptische Haltung gegenüber den Betriebsräten einnimmt.

„Das hängt halt damit zusammen, daß wir ein Verein von freischaffenden Künstlern sind, wo auch das Wort Betriebsrat zum großen Teil einen negativen Einfluß hat. Und wir laufen immer in die Scheren, daß wenn wir für jenen Teil

---

73 An diesem Unternehmen läßt sich gut ablesen, wie unterschiedliche Beschäftigtenstrukturen zu extrem differierenden Einstellungen der Beschäftigten gegenüber den Gewerkschaften führen können. In der Zentrale dieses Internetproviders wird unter ähnlichen Bedingungen gearbeitet wie in vielen Softwareunternehmen. Ebenso ist auch die Beschäftigtenstruktur sehr ähnlich. Meist junge, akademisch qualifizierte Mitarbeiter dominieren hier. Demgegenüber arbeiten in den „Außenstandorten" Beschäftigte im mittleren oder unteren Qualifikationsniveau in meist „neotayloristischen" Arbeitsformen. Sie kommen im Gegensatz zu den Mitarbeitern in der Zentrale zu einem sehr hohen Prozentsatz aus dem Mutterkonzern. Obwohl es sich um ein Unternehmen handelt, ist die Situation zwischen Zentrale und Außenstandorten in keiner Weise vergleichbar.

74 Neben den beiden wichtigsten Machtressourcen – der aktiven Unterstützung durch die Beschäftigten und der bewußten Anerkennung durch die Unternehmensleitung – steht einigen Betriebsräten der Unternehmen dieses Typs noch eine weitere Machtressource zumindest potentiell zur Verfügung. Diese resultiert aus der Einbindung in einen Konzern, der traditionell über einen geregelten Interessenaustausch verfügt, so daß der Einfluß der Betriebsräte und der jeweiligen Gewerkschaften auf Konzernebene auch Bedeutung für die Betriebsräte in den Tochterunternehmen hat. Dies war im Unternehmen *B2* und *C3* der Fall. Doch hier hatte diese potentielle Machtressource bisher nur eine geringe Bedeutung. Für die Zukunft ist es aber durchaus denkbar, daß die Betriebsräte der untersuchten Lack-Turnschuh-Unternehmen mit Hilfe „entliehener Macht" aus dem Konzern über eine bessere Machtbasis verfügen.

der Beschäftigten, der ‚weint‘, etwas machen, sich der andere Teil bevormundet vorkommt. Also, da einen sinnvollen Weg zu finden, ist ein schwierige Aufgabe." (Betriebsrat *B2*)

Dementsprechend bemühen die Betriebsräte sich um Anerkennung bei der Geschäftsführung durch eine „sachbezogene Arbeit" im Rahmen der von dieser vorgegebenen Prämissen. Dabei anerkennen sie die Vorgabe der Unternehmensleitung, daß ein Betriebsrat „unternehmensbezogen" agieren müsse, d.h. vor allem die Wettbewerbsfähigkeit des Unternehmens ins Zentrum seines Handelns im Interesse der Beschäftigten stellen muß. Insofern ist der Handlungsspielraum der Betriebsräte in den Lack-Turnschuh-Unternehmen sehr begrenzt.

Diese Form der Betriebsratstätigkeit ohne Hinterland wird für viele Vertreter dieser Gremien daher oft zu einer frustrierenden Angelegenheit. Daher wurden in den Unternehmen dieses Typs Probleme deutlich, Interessenten für den Betriebsrat zu finden. Die folgende Aussage eines Gesamtbetriebsratsmitglieds aus dem Unternehmen *C3* reflektiert die hiermit verbundene Situation vieler Betriebsräte in den Lack-Turnschuh-Unternehmen:

„Im Moment ist die Situation schrecklich für Leute, die als Betriebsräte da (gemeint ist der Standort, wo die Unternehmenszentrale sitzt) arbeiten. Sie sind sich nie sicher, ob die Mitarbeiter dahinter stehen. (...) Die Doppelbelastung ist enorm, denn die hängen ja alle noch im Job. Und man hat dann immer nur die Hälfte der Zeit, muß immer Zeit abknapsen. (...) Und wenn man dann nicht den Rückhalt hat. (...) Man kann einfach nur weitermachen, schulen, die Leute zu Seminaren schicken. Aber was ist, wenn man überhaupt keine findet, die überhaupt mal ... Das interessiert keinen. Die sagen: ‚Ist doch egal, warum soll ich Betriebsrat werden? Verdiene doch gutes Geld, was geht mich der Maier von nebenan an?‘." (Betriebsrat *C3*)

Gewisse Möglichkeiten zur Ausweitung des Handlungsspielraums und insbesondere zur Erhöhung der Akzeptanz der Betriebsräte bietet die Mitbestimmung in Aufsichtsräten. In zwei der vier Unternehmen dieses Typs – *B2* und *B3* – bestehen Aufsichtsräte, in denen auch Vertreter aus dem Betriebsrat vertreten sind. Nach deren Auffassung bietet die Vertretung im Aufsichtsrat die Möglichkeit, die Bedeutung als Interessenvertreter zu unterstreichen. Er stellt eine Kontrollinstanz gegenüber dem Vorstand dar. Vor allem „zwingt" die Anwesenheit eines Betriebsratsmitglieds im Aufsichtsrat den Vorstand dazu, die betriebliche Interessenvertretung bewußter wahrzunehmen.

Eine Möglichkeit, den Handlungsspielraum des Betriebsrats auszubauen, deutet sich darüber hinaus vor allem darin an, daß die Unternehmen dieses Typs mit zunehmender „Professionalisierung" ihrer Leitungs- und Organisationsstrukturen insbesondere auch ihre Personalabteilungen verändern. Diese haben zunächst eher die Funktion einer Personalverwaltung. Weitergehende Aufgaben im Bereich des „Human Resource" sind hier nicht angelegt. Dementsprechend ist diese Funktion auf den oberen Leitungsebenen nicht eigenständig besetzt. Mit zunehmendem Größenwachstum und mit zunehmender Konsolidierung der Unternehmen ließ sich aber in den Unternehmen dieses Typs beobachten, daß sie daran gingen, sich „starke" Personalabteilungen zu schaffen, die neben der Personalverwaltung auch die Personalentwicklung im weitesten Sinne verantworteten.

Dort, wo sich im Zuge der Professionalisierung der Leitungsfunktionen eine eigenständige, starke Personalleitung herausgebildet hat, entsteht neben der Unternehmensleitung eine neue Kraft im Unternehmen, die aufgrund ihrer Interessenlage das Verhältnis zum Betriebsrat anders definiert als die Geschäftsführung. Alle wesentlichen Fragen des modernen „Human Resource" – seien es die Einführung von Mitarbeitergesprächen, transparente Entlohnungssysteme oder geregelte Qualifizierungsmaßnahmen – berühren die Informations- und Mitbestimmungsrechte des Betriebsrats. Gerade weil die moderne Personalleitung daran interessiert ist, statt der individualvertraglichen Verhältnisse, wie sie in Lack-Turnschuh-Unternehmen in der ersten Phase oft bestimmend sind, transparente Entwicklungswege zu etablieren, braucht sie einen starken Verhandlungspartner, mit dem sie diese Projekte bewältigen kann.

Es ist diese spezifische Interessenposition, die vor dem Hintergrund der engeren Kontakte, die Personalleitung und Betriebsrat aufgrund ihrer Funktionen meist pflegen, zu einer anderen Form des Umgangs mit dem Betriebsrat führen kann. Während die Unternehmensleitung noch die Legitimität der betrieblichen Interessenvertretung in Frage stellt und ihn aus wichtigen Fragen herauszuhalten sucht, geht dann die Personalabteilung einen anderen Weg. Sie stellt dessen Legitimität nicht in Frage und bemüht sich darum, ihn in die eigenen Projekte einzubinden bzw. eine stabile Kooperationsbasis zu ihm herzustellen. Sie ist bemüht, das Verhältnis zum Betriebsrat auf der Basis des Betriebsverfassungsgesetzes in „sachliche" Bahnen zu lenken und nimmt dann eine Mittlerposition zwischen der Unternehmensleitung und der betrieblichen Interessenvertretung ein. Ein Vertreter der Personalleitung reflektiert diesen Tatbestand wie folgt:

> „Jede Nichteinbindung des Betriebsrats ist eigentlich ein 'Knieschuß' aus meiner Sicht. Jetzt kamen unsere Vorstände aus sehr tarifgebundenen Häusern mit schwierigen Situationen und haben den Betriebsrat auch ein Stück weit als Feindbild zu Beginn behandelt. Das ist auch noch nicht ganz ausgestanden. Aber ich denke, mehr und mehr wird der Betriebsrat jetzt auch als Partner gesehen. Persönlich muß ich sagen, und das gilt auch für den Personalbereich zumindest, wir sind da mehr auf einem partnerschaftlichen Weg. Wir fühlen uns genauso als Advokaten der Mitarbeiter wie der Betriebsrat als solcher. Und stehen da mehr auf Kooperation. Wir hatten Ende des Jahres eine ordentliche Eskalation und Anfang dieses Jahres eine Konfliktberatung. Seitdem läuft es eigentlich sehr

vernünftig. Ich denke, man kann als Unternehmen mit dem Betriebsrat einfach mehr realisieren." (Personalleitung *B3*)

In Fallunternehmen *B3*, dem ältesten Unternehmen dieses Typs, ließ sich die aus der Professionalisierung der Personalarbeit resultierenden Veränderung gegenüber der betrieblichen Interessenvertretung am deutlichsten beobachten. Hier wurde statt der bisher üblichen Individualvereinbarungen zur Entlohnung, die vormals in Vier-Augen-Gesprächen ausgehandelt wurden, eine neue, auf Transparenz gerichtete Gehaltsstruktur geschaffen. Bis dahin wurden Gehälter nur auf individueller Basis vereinbart, so daß bei Mitarbeitern mit gleichen Aufgabengebieten sehr unterschiedliche Gehälter gezahlt wurden. Bei der Entwicklung eines neuen Gehaltssystems war der Betriebsrat einbezogen und hat seine Position in diesem Prozeß zumindest bei der Personalleitung deutlich gestärkt. Dieser „Verhandlungserfolg" bildet ein Schlüsselerlebnis im Bestreben des Betriebsrats um Anerkennung im Unternehmen, auf das sich sowohl die Personalabteilung als auch der Betriebsrat selbst positiv beziehen. Die Haltung der Personalabteilung wird uns wie folgt geschildert:

> „Der Betriebsrat war hier nie richtig anerkannt vom Vorstand, obwohl er gute Geschichten macht. Zum Beispiel die Gehaltsstruktur hätten wir nie alleine machen können. Das war ganz erheblich Teil des Betriebsrats. Das würde ich mir nie auf die Fahne schreiben. Da muß man wirklich sagen: 'Wir und der Betriebsrat.' Da muß man dann aber wieder aufpassen, sonst geht der Betriebsrat her und sagt 'Das war unsere Geschichte', aber ich würde das wirklich so sehen, das war eine partnerschaftliche Geschichte." (Personalleitung *B3*)

Die Professionalisierung der Unternehmensstrukturen, die in allen Unternehmen dieses Typs nach und nach voranschreitet, bietet insofern eine neue Grundlage für die betriebliche Interessenvertretung, ihre Bedeutung im Unternehmen unter Beweis zu stellen. Angesichts ansonsten knapper Machtressourcen liegt hierin eine nicht zu unterschätzende Chance zur Verankerung des Betriebsrats. Die Basis dieser Entwicklung bilden ein Prozeß der Schaffung stabiler institutioneller Strukturen zur Regelung von zentralen Aspekten der Arbeit (Entlohnungssysteme, Arbeitszeitregelungen, Qualifizierungsmodelle etc.) und die Herausbildung von professionellen Personalabteilungen mit weitgefaßten Möglichkeiten einer modernen Handhabung der Personalentwicklung.

5.3.3   Kollektivvertragliche Vereinbarungen

In den drei Unternehmen mit Betriebsräten sind verschiedene Gegenstände des Interessenaustauschs über Betriebsvereinbarungen geregelt, während im Fallunternehmen *C2* – ohne Betriebsrat – keine entsprechenden zweiseitigen Vereinbarungen bestehen. Keines der Unternehmen verfügt über tarifvertragliche Vereinbarungen. Insgesamt ist der Abschluß verbindlicher zweiseitiger Vereinbarungen in dem geschilderten Klima der Lack-Turnschuh-Unternehmen wenig gefestigt. Kennzeichnend ist ein Nebeneinander von individualvertraglichen Regelungen einerseits und relativ schwachen kollektivvertraglichen Regelungen andererseits.

Die Auseinandersetzung um die Einführung tarifvertraglicher Regelungen hat in jenen untersuchten Unternehmen dieses Typs, die einen Betriebsrat haben, generell eine gewisse Virulenz. Dabei ist die Situation der vier Unternehmen sehr unterschiedlich. Im Falle des selbständigen Unternehmens *B3* genießt ein Tarifvertrag zwar bei Betriebsräten eine gewisse Sympathie, weil der ihre Rechte in zentralen Regelungsfragen stärken würde; aber weder bei der Geschäftsleitung noch bei den Beschäftigten läßt sich darüber hinaus ein ernsthaftes Interesse an tarifvertraglichen Regelungen erkennen. Aufgrund des geringen gewerkschaftlichen Organisationsgrads erscheint es dem Betriebsrat aussichtslos, einen Tarifvertrag durchzusetzen. Er erhebt daher die Forderung nicht ernsthaft, sondern bemüht sich, zentrale Regelungsgegenstände wie die Entlohnung oder die Arbeitszeit über Betriebsvereinbarungen zu klären und berührt damit Regelungsgegenstände, die dem Tarifvorbehalt unterliegen. Im zweiten selbständigen Unternehmen, dem Unternehmen *C2*, fehlen Akteure, die sich für einen Tarifvertrag stark machen, gänzlich.

Anders als bei den selbständigen Unternehmen ist die Situation bei den konzerngebundenen Unternehmen. Die beiden Konzerntöchter *B2* und *C3* bewegen sich mit ihrer Einstellung gegen die Politik der Konzernspitze. Hier bestehen jeweils tarifvertragliche Bindungen, die aber aus verschiedenen Gründen in den beiden untersuchten Konzerntöchtern nicht zur Anwendung kommen.

Im Falle von *C3* liegen die Gründe vor allem darin, daß das Unternehmen erst seit wenigen Jahren existiert. Die Tarifparteien bemühen sich hier gegenwärtig auf der Konzernebene um einen Tarifvertrag, der dann auch alle Tochterunternehmen betreffen würde. Aufgrund der festen Verankerung tarifvertraglicher Regelungen in die Kultur des Konzerns ist davon auszugehen, daß diese Regelungen ohne große Brüche auch in dem Fallunternehmen *C3* Anwendung finden. Der Gesamtbetriebsrat ist daher überzeugt, daß es hier „über kurz oder lang" eine tarifvertragliche Regelung geben wird.

Im Unternehmen *B2* hatte die Auseinandersetzung um eine tarifvertragliche Bindung zum Untersuchungszeitpunkt große Bedeutung. Hier war die Auseinandersetzung um die Anwendung des Tarifvertrags zum Untersuchungszeitpunkt in vollem Gange. Der Konzern hatte kürzlich einen Tarifvertrag abgeschlossen. Die Leitung des untersuchten Unternehmens weigerte sich aber, diesen für das Unternehmen anzuwenden. Sie gehört zu den „schärfsten Kritikern" tarifvertraglicher Regelungen im Konzern. Auf Seiten der Betriebsräte des Unternehmens und bei den Beschäftigten bestand zum Untersuchungszeitpunkt kein klares Votum. Ein Teil der Betriebsräte befürwortete den neuen Tarifvertrag, ein anderer Teil stand ihm ablehnend gegenüber. Die Konzernspitze hat sich im Einvernehmen mit dem Konzernbetriebsrat zum Ziel gesetzt, die Verantwortlichen in den Tochterunternehmen zu „überzeugen", statt ihnen den Tarifvertrag „von oben überzustülpen". Daher war zum Untersuchungszeitpunkt nicht absehbar, in welche Richtung man sich in dem Unternehmen entscheidet.

Tarifvertragliche Regelungen werden von den Leitungen der Unternehmen dieses Typs mit Ausnahme der Leitung des Unternehmens *C3* generell für nicht erforderlich gehalten; oft werden sie sogar strikt abgelehnt. Hierfür sind zunächst historische Gründe anzuführen. Anhand des ältesten Unternehmens dieser Gruppe wird dies deutlich. Dieses Unternehmen stieß Ende der 60er Jahre auf einen Markt, in dem Tarifverträge keine Bedeutung hatten und historisch überhaupt nicht verankert waren. Dies hat wesentlich dazu beigetragen, daß seitens der Unternehmensleitung das Thema Tarifvertrag nicht gesondert entschieden wurde:

> „Gründe gibt es nicht. Es gab keine Branche. Wir sind seit 30 Jahren hier, und die ersten 15 Jahre gab es diese Branche eigentlich nicht. Es gibt auch keinen gescheiten Unternehmerverband. Es gibt auch keine Überlegungen oder Auseinandersetzungen dahingehend, einem Unternehmerverband beizutreten." (Personalleitung *B3*)

Als zweiter wesentlicher Grund wird angeführt, daß es in den florierenden Segmenten der IT-Industrie, denen die Lack-Turnschuh-Unternehmen ausnahmslos angehören, aufgrund der großen wirtschaftlichen Erfolge überhaupt kein Erfordernis hinsichtlich eines Tarifvertrags gebe und diese Institution zukünftig auch keine weitere Verbreitung finden werde:

> „Der Tarifvertrag hat in der Branche keine Zukunft. Wenn ich mir die großen Firmen anschaue. Nehmen Sie nur mal SAP, die haben überhaupt keinen Tarifvertrag. Die sind so attraktiv, auch auf Dauer. Die Gehälter, die man anbieten kann. Hier gibt es überhaupt keine Themen für einen Tarifpartner. Hier gibt es nichts zu schützen. Hier gibt es keine körperlichen Schwerarbeiten. Und, und, und." (Personalleitung *B3*)

Im Mittelpunkt der Argumentation der Geschäftsführungen steht übereinstimmend das Argument, daß tarifvertragliche Bindungen die erforderliche Flexibilität des Unternehmens konterkarierten. Dies wird in unmittelbarem Zusammenhang damit gesehen, daß diese von Tarifparteien außerhalb des Unternehmens ausgehandelt und dann den spezifischen Erfordernissen des Unternehmens nicht gerecht werden.

Dabei ist mit dem Begriff der Flexibilität insbesondere die Freiheit der Unternehmensleitung gemeint, Standards einseitig zu definieren und je nach Erfordernissen wieder zu verändern. Ein Personalleiter reflektiert diesen Zusammenhang kritisch:

> „Die Geschäftsführung ist der Meinung, daß ein Tarifvertrag zu unflexibel für unser Geschäft ist, und was noch ein wichtigerer Aspekt ist: Die Geschäftsführung sieht sich in ihrer Planungshoheit beeinträchtigt, wenn Gewerkschaften mitbestimmen."

Seitens der betrieblichen Interessenvertretung sind die Möglichkeiten, eine tarifvertragliche Bindung durchzusetzen, aufgrund der eingeschränkten Machtressourcen und hier insbesondere aufgrund des geringen gewerkschaftlichen Engagements der Beschäftigten sehr gering. In dem selbständigen Unternehmen *B3* sieht der Betriebsrat daher in absehbarer Zeit keine Möglichkeiten, einen Tarifvertrag im Unternehmen zu etablieren. Eine Veränderung dieser Situation könnte sich in den konzerngebundenen Unternehmen *B2* und *C3* dann ergeben, wenn hier mit der „entliehenen Macht" der Akteure in den Konzernzentralen auch die Kräfteverhältnisse in diesen Unternehmen verändert werden könnten. Tendenzen in diese Richtung zeichneten sich in beiden Unternehmen ab.

In den drei Unternehmen, in denen eine gewählte betriebliche Interessenvertretung besteht, sind zentrale Aspekte des Interessenaustauschs über Betriebsvereinbarungen geregelt. Diese Form kollektivvertraglicher Regelung bildet das zentrale Element der Einflußnahme durch die Betriebsräte. Die Bedeutung dieser Verträge liegt nach Auffassung der Betriebsräte vor allem darin, den undurchschaubaren individuellen Regelungen, wie sie in den Unternehmen dieses Typs vorherrschen, transparenzschaffende Kollektivvertragsstrukturen entgegenzusetzen. Ansprüche der Beschäftigten sollen so eine größere Verbindlichkeit erhalten und nicht nur von der individuellen Durchsetzungsfähigkeit, die bei einzelnen Beschäftigten sehr hoch sein kann, abhängen. Darüber hinaus können Betriebsräte durch den Abschluß von Betriebsvereinbarungen ihre Position als legitime Interessenvertreter und ernstzunehmende Verhandlungspartner festigen. Die Betriebsräte messen den Erfolg ihrer Aktivitäten in hohem Maße an den erzielten Betriebsvereinbarungen.

Betriebsvereinbarungen wurden zu sehr unterschiedlichen Themen abgeschlossen. Insbesondere in den Unternehmen *B2* und *B3*, in denen der Betriebsrat schon längere Zeit besteht, decken sie eine große Vielfalt von Themen ab. Zentrale Gegenstände der Betriebsvereinbarungen sind Regelungen zur Arbeitszeit, zu Überstunden und zur Rufbereitschaft. In zwei Unternehmen bestehen darüber hinaus Regelungen zu den Mitarbeitergesprächen und zur Leistungsbeurteilung. Im Unternehmen *B3* wurde versucht, über Betriebsvereinbarungen auch die Entlohnungsfrage im Sinne eines transparenten Systems zu regeln. Auf diese Weise ist es gelungen, „eine Art Haustarifvertrag" zu schaffen.[75] Hier befindet sich auch eine Vereinbarung zur Qualifizierung in Verhandlung.

Der Vergleich der drei Unternehmen dieses Typs, die einen Betriebsrat haben, zeigt, daß die Betriebsvereinbarungen ein wesentliches Element der Stabilisierung des Einflusses des Interessenvertretungsgremiums sind. Der Betriebsrat des Unternehmens *B3*, der im Vergleich zu den übrigen Unternehmen dieses Typs am besten verankert ist, hat dies sowohl in seinem Verhältnis gegenüber den Beschäftigten als auch gegenüber der Personalleitung insbesondere durch seine Rolle beim Abschluß von Betriebsvereinbarungen geschafft. Für die Personalleitung wurde er so mit zunehmendem Interesse an einer Professionalisierung der Personalarbeit zu einem unverzichtbaren Verhandlungspartner, und für die Beschäftigten legitimiert er so seine Rolle als „Qualitätssicherungsinstanz" des Unternehmens.

Gleichzeitig liegt im Abschluß von Betriebsvereinbarungen ohne tarifvertragliche Absicherung aber auch eine gewisse Problematik für die Betriebsräte und deren Durchsetzungsfähigkeit im Unternehmen. Das wird insbesondere bei den Formen der Gehaltsfindung deutlich.

Unternehmen aus dem Spektrum der Lack-Turnschuh-Unternehmen weisen in ihrer Anfangsphase meist individualrechtlich abgesicherte Gehaltsvereinbarungen auf. Hier werden „unter vier Augen" zwischen Vertretern der Unternehmensleitung und dem jeweiligen Beschäftigten Vereinbarungen über die Gehaltshöhe geschlossen. Die jeweilige Arbeitsmarktlage bei der Einstellung kann so zu großen Gehaltsunterschieden zwischen formal gleich qualifizierten Beschäftigten führen. Hinzu kommt, daß die Gehaltshöhe von vielen persönlichen Faktoren abhängt, beispielsweise, ob die Leistung eines Mitarbeiters der maßgeblichen Führungskraft aufgefallen ist. Die Betriebsräte sprechen in diesen Fällen davon, daß der „Nasenfaktor" bei der Bezahlung eine große Rolle spiele.

In dem Maße, wie eine Professionalisierung dieser Unternehmen eintritt, wächst meist auch das Interesse der Unternehmen an einer transparenten Gehaltsstruktur. Dies wird nicht zuletzt von den Beschäftigten selbst deutlich eingefor-

---

75   Die Schaffung von transparenten Entlohnungs- und Aufstiegswegen ist für die Beschäftigten in den Lack-Turnschuh-Unternehmen von vorrangiger Bedeutung. Es ist keineswegs so, daß die Mehrheit der Mitarbeiter die individualisierten Strukturen befürwortet. Sie plädiert vielmehr, das zeigen beispielsweise Befragungen, die von den Betriebsräten durchgeführt wurden, für transparente Strukturen bei der Entlohnung und beim beruflichen Aufstieg. Andere Unternehmen dieses Typs, die wir nicht direkt untersucht haben, sind diesem Interesse folgend daher dazu übergegangen, unternehmenseigene Systeme in diesen Fragen zu schaffen. In unseren Fallunternehmen wurde dies zwar von den Betriebsräten gefordert, aber nur im Unternehmen *B3* realisiert.

dert.[76] Daher lassen sich in vielen Unternehmen Bestrebungen erkennen, die Entlohnung nach Gehaltsgruppen vorzunehmen und den Beschäftigten ein kalkulierbares System des Aufstiegs anzubieten. Um diese Entlohnungssysteme abzusichern, bieten die Unternehmen dort, wo die Betriebsräte einen gewissen Einfluß haben, an, diese über Betriebsvereinbarungen kollektivvertraglich abzusichern.

Die betroffenen Betriebsräte geraten so nicht selten in ein Dilemma. Entsprechende Regelungen sind meist rechtlich zumindest strittig, weil sie dem Tarifvorbehalt unterliegen. Hinzu kommt, daß sie zwar die Anerkennung des Betriebsrats als Akteur im Unternehmen stärken, zugleich aber die Chance auf eine tarifvertragliche Absicherung des Regelwerks im Unternehmen insgesamt unterminieren können. Der Betriebsrat kann so als Institution gestärkt werden, gleichzeitig rückt aber die Möglichkeit, die eigenen Handlungsmöglichkeiten durch Tarifverträge zu festigen, in weitere Ferne.[77] In zwei Unternehmen versuchte die Unternehmensleitung gezielt, durch das Angebot von Betriebsvereinbarungen bzw. Gesamtbetriebsvereinbarungen, Themen, die ansonsten über Tarifverträge geregelt werden, mit dem Betriebsrat zu vereinbaren. In einem Fall ging der Betriebsrat darauf ein, weil er angesichts des geringen gewerkschaftlichen Organisationsgrads der Beschäftigten und der starren Ablehnung der Unternehmensleitung gegenüber den Gewerkschaften generell keine Chance sah, einen Tarifvertrag durchzusetzen. Im anderen Fall lehnte er das Angebot zum Abschluß einer Betriebsvereinbarung mit dem Argument ab, daß er so seine Chance auf die Durchsetzung eines Tarifvertrags grundlegend unterminieren würde. Hier sind allerdings die Chancen zur Durchsetzung eines Tarifvertrags deutlich besser.

5.3.4 *Die Besonderheiten der Arbeitsbeziehungen in Lack-Turnschuh-Unternehmen*

Die Lack-Turnschuh-Unternehmen agieren größtenteils in Marktsegmenten, die von Unternehmen bestimmt werden, die historisch keine Bindung an das System

---

76 So hatte beispielsweise der Betriebsrat eines Unternehmens eine Befragung durchgeführt, um sich bei den Kollegen rückzuversichern, in welchen Themen sein Engagement von diesen gewünscht ist. Insbesondere das Thema transparente Entgelt- und Aufstiegsstrukturen war hier von hoher Priorität bei den Beschäftigten.

77 Kotthoff beschreibt anhand der Beteiligung von Betriebsräten bei Reorganisationsmaßnahmen ein ähnliches Phänomen des Auseinanderfallens von institutioneller Bedeutung und realer Durchsetzungsfähigkeit von Betriebsräten. Er kommt zu dem Schluß, daß Betriebsräte durch die offensive Einbeziehung seitens der Unternehmensleitung bei Reorganisationsmaßnahmen an Bedeutung als Institution gewinnen können, während sie an Durchsetzungsfähigkeit einbüßen (Kotthoff 1998).

industrieller Beziehungen und keine tarifvertraglichen Strukturen aufweisen. Das Fallunternehmen *B2* erbringt Softwaredienstleistungen, das Fallunternehmen *B3* bietet Standardsoftware an, und das Fallunternehmen *C3* ist in dem sehr jungen Markt der Internetprovider tätig. Selbst in den beiden Unternehmen *B2* und *C3*, die ihrerseits in Konzerne mit einer tarifvertraglichen Bindung und in eine lange Tradition des geregelten Interessenaustauschs eingebunden sind, wird diese traditionelle Bindung hinsichtlich der tarifvertraglichen Bindungen nicht einfach übertragen; in den Unternehmen selbst lassen sich vielmehr Widerstände gegen eine tarifliche Bindung ausmachen. Im Falle des Unternehmens *B3* ist diese Abwehr gegenüber einer tarifvertraglichen Bindung darüber hinaus historisch fest verankert. Lediglich das Unternehmen *C2* ist als Telekommunikationsdienstleister in einem Marktsegment tätig, das von Unternehmen mit einer festen Bindung an das System industrieller Beziehungen bestimmt ist.

In der Mehrzahl der Unternehmen dieser Gruppe wird die Beschäftigtenstruktur von hochqualifizierten Beschäftigtengruppen bestimmt. Die die Kultur bestimmenden Arbeitsprozesse sind von der Projektarbeit in der Entwicklung und im Marketing geprägt. Das Softwareunternehmen *B2* weist einen hohen Anteil hochqualifizierter Softwareentwickler auf. Diese arbeiten in Projekten. Der Akademikeranteil unter den Beschäftigten beträgt über 90%. In der Belegschaft des Standardsoftwareherstellers *B3* dominieren ebenfalls hochqualifizierte Softwareentwickler, die in Entwicklungsprojekten arbeiten. Hier beträgt der Akademikeranteil 85%. Die Belegschaftsstruktur des Internetproviders ist demgegenüber zweigeteilt. Zahlenmäßig dominieren die Beschäftigten in den Bereichen Service und Kundenadministration, die ein mittleres Qualifikationsniveau aufweisen. Kulturell bestimmend im Unternehmen sind – zumindest in der Wahrnehmung der Geschäftsleitung – aber vor allem die Entwickler sowie die Marketing- und Vertriebsbeschäftigten, die in der Regel einen hohen formalen Qualifikationsabschluß vorweisen können. Das Unternehmen *C2* bildet im Vergleich dazu eine Ausnahme. Die Belegschaftsstruktur des Unternehmens *C2* ist von Beschäftigten auf einem mittleren Qualifikationsniveau bestimmt. Gut 75% der Beschäftigten geben als höchsten beruflichen Abschluß eine Berufsausbildung an. Der Akademikeranteil liegt bei 16%.

In allen Fallunternehmen dieser Gruppe wird der Betriebsrat von der Geschäftsleitung nicht oder nicht in vollem Umfang als legitimer Interessenvertreter anerkannt. Die Beziehungen zwischen beiden sind mehr oder weniger von Konflikten geprägt. Im Unternehmen *C2* wurde bisher kein Betriebsrat gebildet. In den Fallunternehmen, wo die Institution besteht, moniert der Betriebsrat, daß die Information durch die Geschäftsleitung oft nicht rechtzeitig und nicht umfassend erfolge. Er fühlt sich von der Geschäftsleitung in seiner Funktion nicht ausreichend akzeptiert. Das Klima zwischen beiden Seiten wird insbesondere in den Unternehmen *B2* und *C3* als „verbesserungswürdig" angesehen. Demgegenüber scheint das Unternehmen *B3* auf dem Weg zu einer Professionalisierung und Versachlichung des Umgangs mit der betrieblichen Interessenvertretung.

Die Unternehmen dieser Gruppe weisen mit Blick auf die historische Entwicklung der Arbeitsbeziehungen unterschiedliche Entwicklungsmuster auf. Die Unternehmen *B2* und *C3* sind in Konzernstrukturen eingebunden, die über eine lange Tradition der tarifvertraglichen Bindung und gewählter Interessenvertreter verfügen. Aus dieser Geschichte heraus ist es nicht so sehr erklärungsbedürftig, daß sie Betriebsräte haben, sondern vielmehr, daß sie keine tarifliche Bindung aufweisen. Im Gegensatz dazu stammt das Unternehmen *B3* aus einer historischen Entwicklungslinie der IT-Industrie, die seit ihrem Aufkommen in den 60er und 70er Jahren keine Bindung an das System industrieller Beziehungen entwickelte. Selbst große Unternehmen dieser Traditionslinie haben häufig keinen gewählten Betriebsrat. Hier ist die Tatsache, daß sich ein Betriebsrat herausgebildet hat, eher erklärungsbedürftig als das Fehlen einer tarifvertraglichen Bindung. Das Unternehmen *C2* hat als selbständiges Telekommunikationsunternehmen keine historisch gewachsene Bindung an das System industrieller Beziehungen.

Die Kerninstitutionen der Arbeitsbeziehungen entfalten in den Lack-Turnschuh-Unternehmen ihre Wirkung nicht als integraler Bestandteil des Interessenaustauschs. Diese Unternehmen befinden sich aufgrund ihres Lebensalters und/oder eines enorm schnellen Größenwachstums von ihrem Lebenszyklus her in einem Übergangsfeld. Die personale Leitungsform und die in projektförmigen Arbeitsprozessen reproduzierte Vergemeinschaftung verlieren ihre Bindekraft, aber die organisatorischen Strukturen und die Professionalisierung der Leitungsfunktionen sind nicht soweit ausgereift, daß die Unternehmensleitung die regulierende Funktion der Einbeziehung der betrieblichen Interessenvertretung und tarifvertraglicher Regelungen anerkennt und entsprechend nutzt. Dies kann auf lange Sicht zu einem konflikthaften Nebeneinander verschiedener Modi des Interessenaustauschs führen, so daß die Betriebsräte marginalisiert und wenig durchsetzungsfähig bleiben. Dafür lassen sich in der IT-Industrie viele Beispiele finden.

In den Fallbetrieben deutet sich aber ein zweites Entwicklungsszenario an, das insgesamt eine Stärkung der gewählten Interessenvertretung zumindest für einen Teil dieser Unternehmen wahrscheinlich macht. In Richtung auf eine Stabilisierung der betrieblichen Interessenvertretung kann zunächst einmal eine Einbindung in tarifgebundene Konzerne wirken. Das zeigen die zwei konzerngebundenen Unternehmen dieses Typs. Aber auch dort, wo die Unternehmen eigenständig bleiben, finden wir Ansatzpunkte zur Stabilisierung. Denn diese Unternehmen entwickeln mit zunehmendem Größenwachstum oft ein Interesse an der Stabilisierung ihrer Organisationsstrukturen und versuchen, ihre Leitungsfunktionen, insbesondere im Personalbereich, zu professionalisieren. Damit steigt die

Neigung, den Betriebsrat als Partner in diese Prozesse einzubeziehen. Hier bestehen für diesen Möglichkeiten, seine Position durch eine kompetente Arbeit zu stärken.

5.4 Neue Managementkonzepte und der Wandel des Systems industrieller Beziehungen

Die Erosion der institutionellen Strukturen der fordistischen Unternehmen, der Bedeutungsgewinn „postfordistischer" Unternehmen und die Herausbildung neuartiger, netzwerkartiger Produktionsstrukturen bilden die Hintergrundfolie für den Wandel des Regulationsmodus der Arbeit, der tiefgreifende Veränderungen der Arbeitsbeziehungen indiziert. Dieser Regulationsmodus wird in den einzelnen Unternehmenstypen auf der Basis verschiedener Voraussetzungen in sehr unterschiedlichen institutionellen Formen realisiert und erhält so eine konkrete Ausformung; dies wird im Vergleich der drei gefundenen Unternehmenstypen – der ehemals fordistischen Unternehmen, der Lack-Turnschuh-Unternehmen und der Start-up-Unternehmen – deutlich. Gerade diese Besonderheiten implizieren je eigene Bedingungen für die Entwicklung der Arbeitsbeziehungen in den einzelnen Unternehmenstypen. Die folgenden Ausführungen verdeutlichen, daß in den genannten Unternehmenstypen der IT-Industrie – mit sehr unterschiedlichen Formen realisiert – ein neuer Modus der Regulation der Arbeit bestimmend wird, der nicht per se inkompatibel zu den institutionellen Strukturen der Mitbestimmung ist.

5.4.1 Unterschiedliche Formen der Regulation der Arbeit

Die ehemals fordistischen Unternehmen waren bis Anfang der 90er Jahre von fordistischen Strukturen geprägt, kulturell dominierend waren tayloristische Arbeitsformen und ein hierarchischer Aufbau der Organisation. Obwohl hier immer schon ein relevanter Anteil an Beschäftigten projektförmig arbeitete oder verschiedene Formen von Expertentätigkeit (Entwicklung, Marketing, High-level-Service u.a.) ausübte, zeichneten sie sich in der Gesamtsicht durch eine hierarchisch gestaffelte Organisation, arbeitsteilig organisierte Arbeitsprozesse und einen relativ hohen Anteil von Beschäftigten auf einem mittleren Qualifikationsniveau aus.

Die Entwicklung dieser Unternehmen ist seit einigen Jahren dadurch geprägt, daß sie die traditionellen organisatorischen Strukturen reorganisieren und neue Arbeitsformen ausbilden. Diese Entwicklung geht mit einer grundlegenden Neupositionierung auf dem Markt einher, die sich in allen Unternehmen beobachten läßt. Das vertikal integrierte Organisationsmodell wird ausdifferenziert, und die einzelnen Organisationseinheiten werden so „aufgestellt", daß spezifische Markt-segmente differenziert bedient werden können. „Lines of business" prägen nun den organisatorischen Aufbau. Sie werden ihrerseits über komplexe Informa-tionssysteme an die Gesamtstrategie des Unternehmens rückgebunden, genießen aber innerhalb gesetzter Zielvorgaben – verglichen mit dem hierarchischen Or-ganisationsmodell – verhältnismäßig hohe unternehmerische Freiheitsgrade.

Auf der Ausführungsebene geht diese Reorganisation mit der verstärkten Ausbildung neuer Arbeitsformen einher. Nicht mehr das kleinschrittige System von Anweisung und Kontrolle, das für klassische Produktionsprozesse prägend ist, steht im Vordergrund, sondern die Schaffung von je nach Arbeitsform unter-schiedlich weitgehenden Freiheitsgraden für die Mitarbeiter bei der Bewältigung ihrer Aufgaben. Selbstorganisation ist daher das Schlüsselwort, das die Umge-staltung der Arbeit in mehr oder weniger starkem Ausmaß prägt. Besonders deutlich läßt sich dies anhand der Ausweitung der Projektarbeit nachweisen. Hier genießen die Beschäftigten oft vielfältige Freiheitsgrade, um die Arbeit auf der Ausführungsebene zu organisieren. Optimierung und Effizienzsteuerung er-folgen verstärkt auf der Basis von gesetzten Zielen, die in Mitarbeitergesprächen kommuniziert werden. Flankierend wird ein Anreizsystem geschaffen, das auf einer erfolgsdifferenzierten Entlohnung basiert.

Im Mittelpunkt dieser Bestrebungen einer effektiven Regulation dieser Ar-beitsform steht in den fortgeschrittenen Unternehmen das Konzept des Führens über Ziele. Dieses bildet hier gewissermaßen das koordinierende Zentrum der unterschiedlichen Regulationsformen. Hier werden Maßnahmen der Kontext-steuerung auf der Organisationsebene mit denen auf der Arbeitseinsatzebene verknüpft, durch eine differenzierte informationstechnisch gestützte Leistungs-kontrolle unterlegt und mit variablen Entlohnungsformen und den Institutionen zur Regelung von Aufstieg und Karriere verbunden. Auf dem Hintergrund eines notorisch knappen Personalbesatzes, welcher offensichtlich ein häufig anzutref-fendes Moment der Kontextsteuerung zu sein scheint (vgl. Kratzer 2001), ent-wickelt sich in den Teams ein vielfältiges Gemisch aus einer hohen Leistungsbe-reitschaft der Beschäftigten einerseits und verschiedenen Formen des meist so-zial vermittelten Gruppendrucks („peer group pressure")[78] andererseits.

Die Mitarbeiter vereinbaren in regelmäßig stattfindenden Zielvereinbarungs-gesprächen (vgl. Bender 2000; Jetter/Skrotzki 2001) mit den Vorgesetzten Ziele bezüglich der ökonomischen Rahmendaten ihrer Arbeit (Vereinbarungen über die rechtzeitige Fertigstellung von Projekten, über den zu erzielenden Umsatz

---

78 Die soziale Kontrolle bezieht sich dabei nicht nur auf die konkrete Arbeitsleistung, son-dern kann weit darüber hinausgehen, in dem die „Kollegialkontrolle" die Person als Ganzes ins Visier nimmt, also „Verantwortungsbereitschaft, Leistungsbereitschaft, Ko-operationsbereitschaft, Solidarität" (Minssen 1995, S. 347).

oder den Gewinn, der mit den Projekten erwirtschaftet werden soll). Weiterhin werden hier Vereinbarungen bezüglich der anzustrebenden Qualifikationsentwicklung und der dafür erforderlichen Qualifizierungsmaßnahmen geschlossen. Das Erreichen dieser Ziele wird von den Vorgesetzten bewertet und bildet die Basis für die Auszahlung variabler Gehaltsbestandteile. Diese Entwicklung geht meist mit der Einführung von Arbeitszeitmodellen einher, die den Beschäftigten – meist unter den Bedingungen einer notorischen Überlastungssituation – große Spielräume bei der Festlegung der täglichen und der Wochenarbeitszeit überläßt. Dabei verfolgen die Unternehmen ein Konzept, das sich idealtypisch auf folgende Formel bringen läßt: Wichtig ist, daß die Beschäftigten selbsttätig die gesteckten Ziele im Projekt und bei ihrer Qualifizierung erreichen. Wie sie dies machen und vor allem wieviel Arbeitszeit sie dafür benötigen, hat demgegenüber aus Sicht der Unternehmen keine Bedeutung. Das obliegt ihrer „Gestaltungsfreiheit" (vgl. Glissmann/Peters 2001).

Konstitutiv für den Modus der Kontextsteuerung in diesen Unternehmen ist die Einführung von einheitlichen Berichts- und Controllingsystemen. Diese erlauben es der Unternehmenszentrale, in kürzester Zeit auf die einschlägigen Informationen zur Geschäftsentwicklung in allen Organisationseinheiten zugreifen zu können. Die Informationssysteme werden vor allem dazu genutzt, die einzelnen Gesellschaften und deren Abteilungen bis auf den einzelnen Arbeitsplatz miteinander zu vergleichen. So entsteht ein großer Informationsfundus, der wiederum für die strategische und operative Entscheidungsfindung in der Zentrale genutzt wird und eine zentrale Grundlage für die Sicherstellung der ökonomischen Effizienz organisatorischer Einheiten und einzelner Mitarbeiter ist. Das so erzeugte Kennziffernsystem fungiert „nach innen" als wesentliches Moment einer „indirekten Steuerung" der Beschäftigten und erhält seine „materielle Gewalt" weniger durch den direkten Zugriff auf die Leistungserbringung der einzelnen Beschäftigten als vielmehr als Hintergrundfolie, über welche die Diskurse in den Unternehmen strukturiert und gesteuert werden. Dieses Moment der Kontextsteuerung überwiegt in seiner Bedeutung gegenüber solchen Kontrollstrategien, welche die Beschäftigten über die informationstechnisch gestützten Informationssysteme einer direkten Steuerung unterwerfen (vgl. Hirsch-Kreinsen 1995).[79]

---

79 Hirsch-Kreinsen (1995) beschreibt einen Regulationsmodus der „indirekten Kontrolle durch Kennziffern", in dem DV-gestützte Kennziffern im gesamten Unternehmensnetzwerk zur Verfügung gestellt werden, die jedoch weniger der „direkten Kontrolle" als vielmehr der permanenten Selbstkontrolle dienen sollen. Schumm und andere verweisen darauf, daß durch die höhere Prozeßtransparenz, welche durch die Informationssysteme geschaffen wird, „die Drohung einer detailgenauen, selektiv nutzbaren zentralistischen Kontrolle und Steuerung stets virulent (bleibt) und (...) so als gewichtiger Motivationsanreiz (dient)" (Schumm et al. 2001).

Verstärkt und in hohem Maße legitimiert wurde der Übergang zu einem neuen Regulationsmodus der Arbeit durch die Krise, welche die IT-Industrie zu Beginn der 90er Jahre durchlief (vgl. Döhl et al. 1998). Radikalität und Konsequenz des Managements beim Umbau der Organisationen stehen in unmittelbarem Zusammenhang mit dieser Erfahrung. Und die hohe Bereitschaft der Interessenvertreter, der Neuerung „nicht im Weg zu stehen", erleichterte seine Realisierung. Diese Entwicklung geht einher mit einem tiefgreifenden Wandel des Produkt- und Leistungsspektrums der Unternehmen, welcher das Revirement in der Belegschaft beförderte: Während die fertigungsorientierten Bereiche weitgehend ausgelagert wurden, wurden die beratungsintensiven Entwicklertätigkeiten stark aufgewertet. Da in der Krise viele „ältere" Mitarbeiter (ab 45 Jahren) – befördert durch Abfindungen und andere Maßnahmen – die Unternehmen verließen und nach der Krise verstärkt junge Mitarbeiter in den hochqualifizierten Arbeitsbereichen neu rekrutiert wurden, erfolgte in den Unternehmen ein teilweise radikaler Umbruch in der Altersstruktur. Insbesondere die „Kerngeschäftsbereiche" sind von jungen, akademisch qualifizierten Arbeitskräften geprägt, was die beschriebene Umgestaltung der Unternehmen nachhaltig begünstigte.

Die beschriebene Entwicklung beinhaltet eine komplexe und vielgestaltige Umgestaltung der Organisation und des institutionellen Systems der Regulation der Arbeit. Zusammengenommen ergibt sich in den fortgeschrittenen Unternehmen dieses Typs ein in sich stabiles Gesamtsystem von ineinanderwirkenden Momenten, welches eine neue Organisation der Unternehmen („market driven units"), die Generalisierung teamorientierter Arbeitsformen (insbesondere Projektarbeit) und neue Methoden der Steuerung der Arbeitskräfte (Mitarbeitergespräche und Zielvereinbarungen auf der Basis permanenter, differenzierter Leistungsvergleiche) mit einer grundlegenden Umgestaltung zentraler kollektivvertraglich geregelter Vereinbarungen zu den zentralen Aspekten der Leistungsvereinbarungen (Arbeitszeit, Entlohnung und Qualifizierung) miteinander verkoppelt.[80] Der hierin angelegte veränderte Modus der Leistungsregulation trifft infolge des Beschäftigtenstrukturbruchs vermehrt auf junge, hochqualifizierte Beschäftigtengruppen, welche die darin liegenden Vorteile (hohe Autonomie in der Arbeit, gewisse Chancen auf mehr „Zeitsouveränität" u.ä.) mit eigenen Interessen verbinden und daher im Grundsatz befürworten. Die Krisenerfahrung

---

[80] Dabei unterscheiden sich die Entwicklungen in den untersuchten Unternehmen hinsichtlich der Durchsetzung dieser Regulationsformen erheblich. Lediglich in zwei Unternehmen war ein Entwicklungsstadium erreicht, in dem das Zusammenwirken der einzelnen Regulationsformen im Sinne eines neuen Modus interpretierbar war. In den übrigen Unternehmen dieses Typs wurden bestimmte Formen (z.B. Projektarbeit, Mitarbeitergespräche, Zielvereinbarungen etc.) adaptiert und in die traditionelle Organisationsstruktur implementiert, ohne daß sie den darin liegenden Modus der Regulation der Arbeit grundlegend veränderten.

hat sowohl bei den Akteuren im Management als auch auf Seiten der Interessenvertretung nachhaltig ihre Spuren hinterlassen – es handelte sich schließlich um die erste große Strukturkrise. Insbesondere auf Seiten der Interessenvertreter, die in den meisten Unternehmen ohnehin nur über eine schwache autonome Machtbasis verfügen, hat dies zu einer weitgehenden „Kompromißbereitschaft" geführt. Das hat den Umbau des kollektivvertraglichen Regelungssystems beschleunigt.

Die Start-up-Unternehmen haben in ihrer kurzen Geschichte keine traditionellen fordistisch-tayloristischen Arbeitsprozesse ausgeprägt und müssen sie daher auch nicht den neuen Gegebenheiten anpassen. Die Arbeitsformen innerhalb dieser Unternehmen sind im wesentlichen durch Projekte oder andere Formen von Teamarbeit geprägt. In ihren Leitungsstrukturen sind sie sehr stark inhaberzentriert, alle unternehmensrelevanten Fragen werden durch den Inhaber entschieden. Allerdings ist dieser durch seine unmittelbare Mitarbeit in Projekten auch persönlich in die sozialen Strukturen und Prozesse seines Unternehmens eingebunden und trifft eine Vielzahl von Entscheidungen in persönlichen Gesprächen mit den Mitarbeitern. Weitere formale Leitungsstrukturen bestehen lediglich in Ansätzen.

Das Entwicklungsszenario der Arbeitsbeziehungen in den Start-up-Unternehmen steht unter vollkommen anderen Vorzeichen als das der ehemals fordistischen Unternehmen. Die Regulation der Arbeit vollzieht sich hier vorrangig in persönlichen Kommunikationsprozessen auf der Basis vergemeinschafteter Sozialbeziehungen. Kollektivvertragliche Regelungen und eine verfaßte Mitbestimmung haben in diesen Unternehmen keinen unmittelbaren Einfluß. Bestimmend sind individualvertragliche Verhältnisse.

Das wichtigste Kennzeichen ist ein personaler Führungsstil durch den Inhaber, der hier als eine Art „primus inter pares" fungiert. Die Verantwortungszuweisung erfolgt nicht auf der Basis formaler Festlegungen, sondern nach fachlichen Kriterien oder persönlichen Neigungen. Die verbindende Idee, eine verschworene Gemeinschaft zu bilden, in der alle Mitarbeiter mitentscheiden können, wird durch die projektförmige Arbeit, die eher dem Muster wissenschaftlicher Expertenteams entspricht, tagtäglich reproduziert und nicht – wie im Falle traditioneller Kleinunternehmen häufig anzutreffen – durch ein nach „Gutsherrenart" ausgeübtes Direktionsrecht des Inhabers konterkariert.

Konstitutiv für das Funktionieren dieses Modells der Regulation von Arbeit ist, daß eine starke, an Kooperation und Beteiligung orientierte Inhaberpersönlichkeit für alle Mitarbeiter gleichermaßen persönlich erreichbar und ansprechbar ist. Eine weitere Voraussetzung ist, daß für die Aufrechterhaltung der Organisation des Unternehmens keine oder nur rudimentäre formale Strukturen notwendig sind, so daß die Projekte nicht in übergeordnete Abteilungsstrukturen oder ähnliches eingebunden sind. Die Situation dieser Unternehmen ist davon bestimmt, daß sie in ihrer kurzen Geschichte vom wirtschaftlichen Boom in der „Branche" getragen wurden und meist in der Erwartung einer „immerwährenden Prosperität" verharren. Zum Erhebungszeitpunkt blieben sie weitgehend von wirtschaftlichen Einbrüchen und damit einhergehenden Krisenerfahrungen verschont. Hinzu kommt, daß in diesen Unternehmen aufgrund des geringen Professionalisierungsgrads der Managementfunktion kaum betriebswirtschaftliche Instrumente zur Kostenkontrolle verbreitet waren. Die Projektteams arbeiten unter hohem Druck, welcher aber in der Wahrnehmung der Beschäftigten nicht vom Inhaber oder von abstrakten Kostenkalkulationen, sondern vornehmlich von der schnellen technologischen Entwicklung und den stets präsenten Kundenwünschen ausgeht.

Die Personalisierung der Verhältnisse, ein ausgeprägtes Gemeinschaftsgefühl, weitgehende Mitspracherechte der Beschäftigten in geschäftlichen Angelegenheiten und ein geringer Professionalisierungsgrad der Managementfunktion prägen das Modell der Leistungsregulation in den Start-up-Unternehmen. Die meist jungen Beschäftigen finden hier eine Kultur vor, die stark von universitären Expertengruppen geprägt ist; die Arbeit hat für sie oft etwas „Spielerisches", sie wird nicht nach Maßgabe des Bezugspaars von Arbeit einerseits und Freizeit andererseits verortet. Zusammen mit der stark ausgeprägten intrinsischen Leistungsmotivation, die in hohem Maße von dem Gefühl, etwas technisch Neues zu machen und damit erfolgreich zu sein, gefördert wird, ergibt sich eine hohe Leistungsbereitschaft, welche sich u.a. in den oft überlangen Arbeitszeiten niederschlägt. Die Kontextsteuerung erfolgt hier vor allem auf der Basis der sozialen Beziehungen, welche nicht nur auf die Zusammenarbeit in Projektgruppen beschränkt ist, sondern in hohem Maße in den lebensweltlichen Bereich hineinragt.

Ein von den beiden genannten zu unterscheidendes Entwicklungsszenario verkörpern die Unternehmen der dritten Gruppe. Diese vereinen verschiedene Elemente der beiden dargestellten Gruppen in einer eigenen Spezifik in sich. Hierbei handelt es sich meist um mittelgroße Unternehmen, die meist in den 70er und 80er Jahren gegründet oder aus Großunternehmen ausgegründet wurden. Sie zeichnen sich durch Organisationsstrukturen aus, die in hohem Maße selbstorganisierte Arbeitsprozesse und ein personales Leitungsmodell auf der einen Seite und eine formale Leitungsstruktur auf der anderen Seite miteinander verbinden. Wir nennen sie daher Lack-Turnschuh-Unternehmen. Ihnen ist gemeinsam, daß sie Produkt- und Leistungsspektren aufweisen, die weitgehend selbstorganisierte Arbeitsprozesse und das Projekt als zentrale Organisationsform der Arbeit erfordern. Sie stehen vor der Anforderung, Institutionen zu finden, die eine Ökonomisierung, Kontrolle und Steuerung der Arbeitsprozesse erlauben, ohne die notwendige Eigenverantwortung und Selbstorganisation in den Projekten strukturell zu blockieren.

Die Formen der Regulation der Arbeit in den Lack-Turnschuh-Unternehmen sind davon geprägt, daß diese auf der einen Seite ein gewisses Maß an verfestigten Strukturen und eine Professionalisierung der Leitungsfunktionen aufweisen und auf der anderen Seite hochgradig selbstorganisierte Arbeitsprozesse, hochqualifizierte Beschäftigte und einen personalen Leitungsstil. Sie verfügen in ihrer Mehrzahl über eine gewählte betriebliche Interessenvertretung, haben aber meist keine historisch gewachsene Bindung an das System industrieller Beziehungen.[81] Anders als in den fordistischen Unternehmen, die eine historisch gewachsene Bindung an unternehmensübergreifende Akteure aufweisen, sind hier starke Ressentiments zu spüren. Seitens der Unternehmen gibt es keine Mitgliedschaft in Arbeitgeberverbänden, der gewerkschaftliche Organisationsgrad der Beschäftigten ist sehr gering.

In diesen Unternehmen ist die Regulation der Arbeit durch das Nebeneinander unterschiedlicher Formen der Leistungsregulation mit je eigenen, mehr oder weniger in Konflikt zueinander stehenden institutionellen Systemen geprägt. Diese Unternehmen befinden sich aufgrund ihres Lebensalters und/oder eines enorm schnellen Größenwachstums von ihrem Lebenszyklus her in einem Übergangsfeld. Die personale Leitungsform und die in projektförmigen Arbeitsprozessen reproduzierte Vergemeinschaftung verlieren ihre Bindekraft, aber die Professionalisierung der Leitungsfunktionen befindet sich erst in den Anfängen. Dies kann auf lange Sicht zu einem konflikthaften Nebeneinander verschiedener Modi des Interessenaustauschs führen, so daß die Betriebsräte marginalisiert und wenig durchsetzungsfähig bleiben. Dafür lassen sich in der IT-Industrie viele Beispiele finden. In diesen Fällen bemüht sich die Unternehmensleitung oft, die „neuen" Beteiligungsformen als Gegengewicht zu traditionellen Mitbestimmungsrechten zu etablieren und dadurch die Legitimität und den Einfluß betriebsverfassungsmäßig gesicherter Informations- und Mitbestimmungsrechte zu unterminieren.

---

81 Die Ausnahme bilden hier Ausgründungen aus fordistischen Unternehmen, die insbesondere seit den 80er Jahren verstärkt auf den Markt drängen. Hier haben deren „Mutterunternehmen" meist eine historisch gewachsene Bindung an das System industrieller Beziehungen, die aber in den ausgegründeten Töchtern zu unterlaufen versucht wird. Dabei kann es durchaus ein Moment der Strategie des Mutterunternehmens sein, durch eine Ausgründung bestehende Bindungen (tarifvertragliche Vereinbarungen, Sozialstandards etc.) zu kappen. In diesen Fällen entsteht in den ausgelagerten Tochterunternehmen oft eine Konkurrenzsituation zwischen traditionellen Mitbestimmungsformen und Formen des Interessenaustauschs ohne rechtliche Absicherung, wie wir sie in allen Lack-Turnschuh-Unternehmen angetroffen haben.

5.4.2   Neue Managementkonzepte und institutionalisierte Interessenvertretung

Die industriellen Beziehungen in Deutschland sind bisher durch ein duales Institutionensystem geprägt, als dessen zentrale Pfeiler die überbetriebliche tarifliche Interessenvertretung und die betriebliche Interessenvertretung durch den Betriebsrat gelten. Mit der Realisierung neuer Produktions- und Managementkonzepte unterliegt dieses Institutionensystem einem erheblichen Veränderungsdruck, der auf zwei Ebenen wirksam wird: Zum einen verlieren die traditionellen Institutionen und Instrumente durch die Abkehr von fordistisch-tayloristisch
Produktionsstrukturen ihre „Griffigkeit", weil ihnen die Basisstandards („Normalarbeitsverhältnis", einheitliche Lohn- und Gehaltsgruppen mit entsprechend
vereinheitlichten Stellenbeschreibungen, standardisierte Arbeitszeitregelungen
u.a.) verloren gehen (Baukrowitz/Boes 2000). Anschaulich wird dies beispielsweise bei der Einführung von Projektarbeit, deren Regelungserfordernisse über
das traditionelle System tariflicher Regelungsstandards hinausweisen (Wagner/
Schild 1999). Zum anderen wird die Exklusivität der repräsentativen Interessenvertretung als Zentralinstitution des institutionalisierten Interessenaustauschs
durch neue Beteiligungs- und Mitbestimmungsangebote für die Beschäftigten
tangiert.

Die neuen Produktions- und Managementkonzepte schaffen eine grundsätzlich andere Ausgangssituation für das Austragen von Interessenauseinandersetzungen. Während der Taylorismus idealiter die Beschäftigten im regulären Arbeitsprozeß zu Objekten eines maschinenähnlichen Systems machte, messen
neue Produktionskonzepte bestimmten Momenten der Subjektivität der Beschäftigten eine besondere Bedeutung zu. Der Arbeitsprozeß, so das Credo der diese
neuen Produktionsmethoden flankierenden Managementkonzepte, kann nur erfolgreich funktionieren, wenn die Beschäftigten im Rahmen der gesetzten Ziele
„selbstorganisiert" arbeiten. Folglich wird die Einführung neuer Produktionsformen vom Abbau bestimmter tayloristischer Kontrollformen wie der Stechuhr
und von der Etablierung verschiedener Beteiligungsmöglichkeiten für die Beschäftigten begleitet, die ihnen – je nach Arbeitseinsatzkonzept mehr oder weniger ausgeprägt – die Möglichkeit geben, die Ausgestaltung ihrer Arbeitsbedingungen mitzuentscheiden.

Auf dieser Grundlage entsteht in den Unternehmen gegenwärtig ein neues In-
stitutionengeflecht als Teilmoment des regulären Arbeitsprozesses, das sich über
vielfältige, unterschiedlich verfestigte Formen der Einbeziehung und Beteiligung der Beschäftigten auszeichnet. Zu Kristallisationspunkten des Interessenaustauschs werden hier beispielsweise Projektgruppenbesprechungen, Mitarbeitergespräche und andere Beteiligungsformen. Sie können von den Beschäftigten
genutzt werden, um ihre Interessen zu artikulieren, und bieten Raum für den sozialen Austausch im Unternehmen.

Hinsichtlich ihrer Rolle in den Arbeitsbeziehungen weisen diese Institutionen neuer Managementkonzepte zwei Spezifika auf: Einmal sind die Institutionen in der Regel in geringerem Maße verfestigt. Während beispielsweise die Mitbestimmungsrechte des Betriebsrats und die Gültigkeit von tarifvertraglichen Vereinbarungen durch rechtliche Grundlagen abgesichert sind, gilt dies nicht für diese neuen Institutionen. Diese entstammen oft der betrieblichen Praxis, basieren auf informellen Absprachen oder werden vom Unternehmen einseitig in Kraft gesetzt und sind daher jederzeit aufkündbar. Das zweite Spezifikum der Beteiligungsmöglichkeiten im Rahmen neuer Managementkonzept, ist ihr „Rationalitätskalkül". Sie orientieren sich nämlich nicht wie die traditionellen Mitbestimmungsrechte nach dem Betriebsverfassungsgesetz am Ziel eines rationalen Umgangs mit als existent anerkannten Interessenunterschieden im Unternehmen, sondern beziehen ihre Begründung aus dem Ziel der Effektivierung der Produktionsabläufe (Dörre 1996).

Das Verhältnis zwischen diesem neu entstehenden Institutionensystem und den Institutionen der repräsentativen Interessenvertretung befindet sich gegenwärtig in einem noch ungeklärten Zustand. In einigen Unternehmen bilden beide Institutionensysteme ein Komplementär- bzw. Synergieverhältnis aus, während sie in anderen Unternehmen in Konkurrenz zueinander stehen. Der Wandel der industriellen Beziehungen vollzieht sich demnach in einer doppelten Bewegung: als Anpassung der Regelungsformen und -instrumente an neue Produktions- und Arbeitsformen sowie als Wechselverhältnis zwischen den traditionellen Institutionen der repräsentativen Interessenvertretung und den neu entstehenden Institutionen der Beteiligung und Mitbestimmung am Arbeitsplatz.

Wendet man diese allgemeinen Überlegungen zum Wandel der Arbeitsbeziehungen auf die Unternehmen der IT-Industrie an, so sind hier Besonderheiten in ihren Produktions- und Arbeitsprozessen sowie in ihrer Beschäftigtenstruktur zu berücksichtigen. Die Unternehmen der IT-Industrie können nach übereinstimmender Auffassung der befragten Experten als Vorreiter der Herausbildung neuer Arbeitsformen und als Protagonisten moderner „Dienstleistungsarbeit" angesehen werden. Insgesamt ist davon auszugehen, daß die IT-Industrie aus den genannten Gründen zur „Leitbranche" für die weitere wirtschaftliche Entwicklung und die Gestaltung von Produktions- und Arbeitsformen werden wird. Die Unternehmen der IT-Industrie weisen in vielfältiger Weise genau jene Besonderheiten auf, denen für die Zukunft der Wirtschaft zunehmendes Gewicht beigemessen wird. Unter solchen Bedingungen unterliegt das System industrieller Beziehungen, so wie es sich in Deutschland herausgebildet hat, einem aufschlußreichen „Praxistest". In den Bemühungen zur Gestaltung der Arbeitsbeziehungen sind darüber hinaus vielfältige Hinweise darauf zu erwarten, wie zukunftsbezogene Lösungen in dieser Frage aussehen könnten.[82]

Der Wandel der Arbeitsbeziehungen vollzieht sich in der IT-Industrie als Prozeß der Anpassung bzw. Innovation der Instrumente und Institutionen der repräsentativen Interessenvertretung an veränderte Produktions- und Arbeitsstrukturen sowie als Wechselverhältnis zwischen den traditionellen Institutionen der repräsentativen Interessenvertretung und den neu entstehenden Institutionen der Beteiligung der Beschäftigten. Drei Veränderungsmomente sind hier eingehender zu untersuchen: der Wandel der Institutionen des Systems der repräsentativen Mitbestimmung, die Herausbildung neuer Institutionen im Kontext der Realisierung neuer Managementkonzepte, in denen potentiell ein Interessenaustausch möglich wird, und das Verhältnis zwischen beiden Institutionensystemen.

In den ehemals fordistischen Unternehmen existieren ein Betriebsrat und eine Bindung in tarifvertragliche Strukturen (Flächentarifvertrag oder andere Formen von Tarifverträgen). Der Betriebsrat bewegt sich hier im Kontext unternehmensübergreifender Verhandlungsstrukturen. Er ist typischerweise mit einer weitreichenden Regelungskompetenz – insbesondere in der Umsetzung von Tarifverträgen – ausgestattet und darin rechtlich abgesichert. Die Unternehmen weisen fast durchgängig bis Anfang der 90er Jahre eine an die Prinzipien des Fordismus-Taylorismus angelehnte Produktionsweise und deren typische Standards auf, die die Herausbildung des Institutionensystems der repräsentativen Interessenvertretung begünstigt haben. Mit der Reorganisation dieser Unternehmen erodieren diese Standards weitgehend. Insbesondere die Einführung von Projektarbeit und die tendenzielle Auflösung des Normalarbeitsverhältnisses führen dazu, daß sich die Lohn- und Gehaltsfestlegungen, Arbeitszeitregelungen, Festlegung von Aufgabenbereichen u.a. den alten Regelungsformen entziehen und neue Modi gefunden werden müssen. Darüber hinaus entstehen im Kontext neuer Managementkonzepte neue Institutionen (z.B. Zielvereinbarungen, Projektgruppengespräche, Mitarbeitergespräche), denen ein großer Teil der Regelung der Arbeitsbedingungen übertragen wird.

Da in diesen Unternehmen der Aufbau „neuer" Beteiligungsstrukturen auf ein gut ausgebautes System der repräsentativen Mitbestimmung stößt, kommt dem Verhältnis beider Institutionensysteme für die Entwicklung der Arbeitsbeziehun-

---

82   Der für die IT-Industrie insgesamt konstatierte Umbruch der Produktions- und Arbeitsstrukturen sowie des damit verbundenen Systems des institutionalisierten Interessenaustauschs vollzieht sich hier vor anderen Ausgangsbedingungen als in den Kernbranchen des Fordismus. Grundsätzlich ist davon auszugehen, daß die Verbreitung des fordistisch-tayloristischen Produktionsmodus in der IT-Industrie nur in den traditionellen Großunternehmen in idealtypischer Weise stattgefunden hat. Der Großteil der Unternehmen hat darüber hinaus niemals fordistisch-tayloristische Produktionsstrukturen im eigentlichen Sinne ausgebaut.

gen eine prägende Bedeutung zu. Dabei ist ein Szenario wahrscheinlich, wonach die Beteiligungsmöglichkeiten im Rahmen neuer Managementkonzepte zusammen mit den traditionellen Strukturen der Mitbestimmung eine Symbiose bilden und insgesamt in einer Stärkung der Arbeitsbeziehungen münden. Für einen Teil dieser Unternehmen ist aber auch denkbar, daß die neu entstehenden Beteiligungsmöglichkeiten die Bedeutung der traditionellen Institutionen der industriellen Beziehungen einschränken. Dies kann sich sowohl in einer Schwächung des institutionellen Gewichts des Betriebsrats bzw. des Tarifvertrags niederschlagen als auch in einer Subsumtion des seine Funktion bestimmenden Rationalitätskalküls unter das Produktivitätsparadigma, das die neuen Beteiligungsformen prägt.

In den Lack-Turnschuh-Unternehmen besteht zwar in der Regel ein Betriebsrat, aber keine Bindung an tarifvertragliche Strukturen. Hier ist zu konstatieren, daß der Betriebsrat in seinem Regelungsrahmen allein auf die betriebliche Ebene beschränkt ist, sich nicht auf Tarifverträge und deren Umsetzung stützen kann und ohne diese überbetriebliche Einbettung eine vergleichsweise schwache Position einnimmt.

Der Aufbau bzw. die Weiterentwicklung „neuer" Beteiligungsstrukturen stößt hier auf ein schwach ausgebautes System der repräsentativen Mitbestimmung. Der Betriebsrat hat daher auf ihre Umsetzung nur wenig Einfluß. Hinsichtlich der Entwicklung der Arbeitsbeziehungen in diesen Unternehmen steht zunächst die Frage nach der Zukunft der betrieblichen Interessenvertretung im Vordergrund. Hier sind sehr unterschiedliche Entwicklungspfade denkbar: Für einen Teil dieser Unternehmen kann erwartet werden, daß die Ausbreitung „neuer" Beteiligungsmöglichkeiten das schwach entwickelte System der repräsentativen Mitbestimmung sowohl institutionell als auch inhaltlich weiter einschränkt. Es ist aber auch möglich, daß der Betriebsrat sich als Institution festigen kann, indem er bei der Einführung neuer Managementkonzepte eine Moderationsfunktion wahrnimmt (vgl. Kotthoff 1998). Daneben steht aber auch für diese Unternehmen ihr Verhältnis zu überbetrieblichen, tarifvertraglichen Strukturen auf der Tagesordnung. Zwei Szenarien sind hier zu erwarten. Für einen Teil der Lack-Turnschuh-Unternehmen ist eine verstärkte Hinwendung zur Tarifbindung denkbar. Diese wird durch die Einbindung in tarifgebundene Konzerne sowie die Aushandlung neuer Tarifverträge, die besser an den besonderen Produktions- und Arbeitsstrukturen dieser Unternehmen angepaßt sind, begünstigt. Im anderen Szenario ist eine weitere Abschottung gegenüber überbetrieblichen Regelungen möglich. Dies dürfte insbesondere für die Unternehmen gelten, in denen der Betriebsrat auch weiterhin nur eine marginale Bedeutung hat.

Die Gruppe der Start-up-Unternehmen weist überhaupt keine Institutionen des traditionellen Systems der industriellen Beziehungen auf. Hier besteht weder ein Betriebsrat, noch ist hier eine Einbindung in tarifvertragliche Strukturen vorhanden. In diesen Unternehmen stehen die Institutionen der repräsentativen Interessenvertretung nicht zur Verfügung, hier kann sich der Interessenaustausch auf der Unternehmensebene folglich bisher ausschließlich im Rahmen der Institutionen des regulären Arbeitsprozesses vollziehen. Die Institutionen der industriellen Beziehungen stellen hierfür lediglich eine Umfeldbedingung dar, auf die sich die Interessenparteien implizit beziehen können.

Die Start-up-Unternehmen verfügen über einen vom dualen System abweichenden Modus des Interessenaustauschs, der – zumindest in den Unternehmen mit „kommunitaristischer Kultur" – die Verbreitung von Betriebsräten und Tarifverträgen unwahrscheinlich erscheinen läßt.[83] Dieser Modus, das zeigt die Analyse, funktioniert aber nur solange richtig, wie die personale Struktur der Kommunikationsbeziehungen in vergemeinschafteten Sozialbeziehungen erhalten bleibt. Wächst das Unternehmen und benötigt eine Professionalisierung der Leitungsfunktionen sowie eine Formalisierung der organisatorischen Strukturen, müssen die Mitgestaltungsmöglichkeiten der Mitarbeiter ihrerseits professionalisiert werden, um dauerhaft wirksam zu sein. Daher finden sich in den mittelgroßen Unternehmen, die ehemals eine „kommunitaristische Kultur" aufwiesen, häufig gewählte Interessenvertreter. Diesen wiederum gelingt es, aus ihrer zunächst marginalisierten Position herauszukommen, wenn die Unternehmen bereit sind, die oft informell gewährten Beteiligungsrechte der Mitarbeiter in verbriefte Rechte zu überführen und Basisstrukturen in der Arbeitszeitgestaltung und der Gehaltsfindung zu etablieren, die Transparenz in den Unternehmen schaffen. Dort, wo die Unternehmen informell gewährte Beteiligungsformen im Arbeitsprozeß gegen die gesetzlich verankerten Mitbestimmungsrechte des Betriebsrats auszuspielen versuchen, entwickelt sich ein konflikthaftes Nebeneinander „neuer" und „traditioneller" Beteiligungsformen.

Die neuen Beteiligungsformen kommen in Unternehmen besser zum Tragen, wenn sie ihrerseits durch tarifvertragliche Regelungen und Mitbestimmungsrechte des Betriebsrats gestützt werden. Dort, wo sie, wie im Falle der „innovativen" Unternehmen des ehemals fordistischen Typs, in eine produktive Verbindung zu traditionellen Mitbestimmungsrechten und Regelungen gebracht werden, können Synergieeffekte entstehen, die die Effizienz und Stabilität der Mitbestimmung insgesamt befördern. Dort, wo das „neue" und das „traditionelle" institutionelle System des Interessenaustauschs nicht miteinander verbunden werden, drohen unnötige Reibungsverluste, die zwar in Phasen des schnellen

---

83 Die hohe Anzahl von Beschäftigten außerhalb der Mitbestimmung in der IT-Industrie insgesamt ist daher vor allem ein Anzeichen für die enorme Wachstumsdynamik bestimmter Bereiche der IT-Industrie und für den großen Anteil kleiner Unternehmen. Nicht aber dafür, daß die Kerninstitutionen der Arbeitsbeziehungen unter den besonderen Bedingungen dieser Branche generell deplaziert wären.

Wachstums und des wirtschaftlichen Erfolgs überdeckt werden können, dennoch aber dauerhaft wirksam bleiben und die Innovationsfähigkeit der Unternehmen langfristig gefährden.

In den ehemals fordistischen Unternehmen erweisen sich tarifvertragliche Regelungen und Betriebsräte daher auch und gerade unter den Bedingungen des Wandels der Unternehmen als stabil. Von einer Erosionstendenz kann hier nicht ausgegangen werden. Vielmehr entwickeln die Unternehmen dort, wo neue Arbeitsformen eine Veränderung der Regelungsmechanismen sinnvoll erscheinen lassen, im Zusammenspiel mit Betriebsräten und Gewerkschaften innovative Lösungen und übertragen diese zunehmend auf die Tochterunternehmen. Diesen Regelungen liegt ein neuartiges Verständnis tarifvertraglicher Vereinbarungen zugrunde. Der Tarifvertrag wird hier zum zentralen Medium der Modernisierung der Unternehmen. Dabei zeichnet sich in der Verknüpfung von Tarifverträgen, Mitbestimmungsrechten und neuen Beteiligungsformen für die Beschäftigten eine neuer Modus des geregelten Interessenaustauschs ab, der auch für einen Teil der Lack-Turnschuh-Unternehmen attraktiv werden könnte. Insgesamt erweisen sich die Kerninstitutionen der deutschen Arbeitsbeziehungen – tarifvertragliche Regelungen und die Mitbestimmung auf Basis des Betriebsverfassungsgesetzes – in der IT-Industrie keineswegs als historischer Anachronismus.

6. Schlußbemerkungen – Zukunft der Arbeitsbeziehungen in der IT-Industrie

Wo heutzutage über die Zukunft der Arbeit und der Arbeitsbeziehungen diskutiert wird, gilt die IT-Industrie geradezu als „Paradebeispiel" für die sich andeutenden Veränderungen. Sie hat in den öffentlichen und auch in den wissenschaftlichen Diskursen zur Zukunft der Arbeit mittlerweile den Platz eingenommen, den die Automobilindustrie in den 70er und 80er Jahren als Protagonist des fordistisch-tayloristischen Produktionsmodells inne hatte.

Diese gesteigerte Aufmerksamkeit geht aber keineswegs mit einem fundierten, empirisch unterfütterten wissenschaftlichen Kenntnisstand einher. Betrachtet man die öffentlichen und wissenschaftlichen Diskurse der letzten Jahre, so drängt sich einem der Verdacht auf, daß der Mangel an fundierter Kenntnis die Formulierung weitreichender Thesen zum Wandel der Arbeit in der IT-Industrie geradezu beflügelt. Hier scheint sich jener Mechanismus zu wiederholen, wie wir ihn aus den frühen Automatisierungsdebatten der 50er Jahre kennen: Die Visionen sind um so weitreichender, je weniger sie sich der „Läuterung" einer empirisch geführten Kritik unterziehen müssen. Im Gegensatz zur frühen Automatisierungsdebatte, in deren Verlauf sich ihr Gegenstand erst in Ansätzen entwickelte, so daß geeignetes Anschauungsmaterial fast zwangsläufig fehlen mußte, erlaubt der Entwicklungsstand der IT-Industrie im Prinzip durchaus fundierte empirische Analysen. Bleibt also zu hoffen, daß sich die sozialwissenschaftliche Forschung in verstärktem Maße der IT-Industrie zuwenden wird. Lohnend wäre das Projekt allemal.

Diese Arbeit orientierte sich an dem Ziel, in Form einer Explorativstudie das Thema Wandel der Arbeit und der Arbeitsbeziehungen in der IT-Industrie einer weitergehenden Erforschung zugänglich zu machen. Sie verfolgte im wesentlichen den sehr eingeschränkten Anspruch, eine Art „Landvermessung" dieses „terra incognita" der industriesoziologischen Forschung zu sein. Die „dichte Beschreibung" der Situation in den Fallunternehmen stand hier im Vordergrund und weniger die gewagte These. Die Arbeit ist daher vorrangig vom Bestreben um Differenzierung bestimmt, ihre wichtigsten Ergebnisse lassen sich nicht ohne weiteres in die Plakate vorherrschender Visionen übersetzen. Dennoch soll in diesem Abschlußkapitel der Versuch unternommen werden, auf der Basis der vorgelegten Befunde zu einigen zentralen Fragen der Zukunft der Arbeit und der Arbeitsbeziehungen Stellung zu nehmen.

6.1 Neuer Regulationsmodus der Arbeit und Wandel der Arbeitsbeziehungen

6.1.1 Neuer Modus der Regulation der Arbeit

Hinsichtlich der Regulation der Arbeit lassen sich in der IT-Industrie große Unterschiede konstatieren. In den „ehemals fordistischen Unternehmen" wird die Arbeit mit anderen Formen reguliert als in den „Lack-Turnschuh-Unternehmen" oder den „Start-up-Unternehmen"; die verschiedenen Formen prägen hier ein je spezifisches Muster aus. Und selbst auf den ersten Blick vergleichbare Formen der Leistungsregulation, wie beispielsweise die Projektarbeit, welche in sämtlichen Unternehmen der IT-Industrie weitverbreitet ist, haben innerhalb des Sets an Regulationsformen unterschiedliche Bedeutung. Die Projektarbeit, welche in die komplexen und hochgradig durchökonomisierten organisatorischen Strukturen der ehemals fordistischen Unternehmen meist unter Anleitung spezialisierter Unternehmensberater implementiert wird, unterscheidet sich grundlegend von jener Form der Projektarbeit, wie sie sich „naturwüchsig" und in Anlehnung an universitäre Expertenkulturen in den Start-up-Unternehmen entwickelt hat. Gerade diese Unterschiede sind, wie weiter unten noch auszuführen ist, ein wesentlicher Grund für verschiedene Entwicklungsszenarien der institutionellen Strukturen der Arbeitsbeziehungen.

Die Hervorhebung der Differenzen zwischen kleinen und großen Unternehmen hinsichtlich der Formen der Regulation der Arbeit ist zunächst nicht überraschend und wird durch die Forschung zu den besonderen Bedingungen von Klein- und Mittelunternehmen (Kotthoff/Reindl 1990; Hilbert/Sperling 1990; Hilbert et al. 1999) gestützt. Diese Differenzen hier noch einmal so deutlich hervorzuheben, war allerdings mit Blick auf die vereinfachenden Interpretationen der Entwicklung in der IT-Industrie notwendig.

Zugleich öffnet die eingehendere Analyse der unterschiedlichen Formen und Muster der Regulation der Arbeit den Blick für das Entstehen neuer Gemeinsamkeiten zwischen „großen" und „kleinen" Unternehmen. Fragt man nach dem hinter den unterschiedlichen Formen liegenden Gemeinsamen, nach dem Modus der Regulation der Arbeit, so finden sich trotz aller Unterschiede verblüffende Gemeinsamkeiten. Die hier präsentierten Ergebnisse legen bei aller notwendigen Differenzierung die Vermutung nahe, daß sich die IT-Industrie auf dem Weg zur Herausbildung eines neuen Modus der Regulation der Arbeit befindet. Diesem liegt wesentlich ein neues Muster der Lösung des Transformationsproblems kapitalistischer Produktion (vgl. Braverman 1977) zugrunde. Auf einen einfachen Nenner gebracht, lautet das Credo des neuen Regulationsmodus „Kontrolle durch

Autonomie im Rahmen indirekter Steuerung".[1] Der innere Kern des neuen Regulationsmodus besteht darin, den Beschäftigten einen weitgehenden Spielraum für eine selbstorganisierte Bewältigung der konkreten Arbeitsaufgaben zu lassen und die ökonomische Effizienz der Leistungsverausgabung durch unterschiedliche Formen der „Kontextsteuerung"[2] sicherzustellen.[3]

Was dann im konkreten Fall „Selbstorganisation" und was „Kontextsteuerung" bedeuten, kann sehr unterschiedlich sein. In den Start-up-Unternehmen geht die „Selbstorganisation" beispielsweise oft so weit, daß wichtige geschäftliche Entscheidungen von den Beschäftigten mitbestimmt werden, während die Freiheitsgrade in den ehemals fordistischen Unternehmen viel stärker beschränkt sind. Ebenso realisiert sich die Kontextsteuerung in unterschiedlichen Formen, im einen Fall unter konsequenter Nutzung von Kennziffernsystemen und einem ausgeklügelten System von Zielvereinbarungen und Mitarbeitergesprächen und im anderen durch eine personale Beziehung zum Inhaber, hohe Transparenz über die wirtschaftliche Entwicklung des Unternehmens und „peer group pressure" (vgl. Deutschmann 1989; Minssen 1995). Im Kern geht es aber immer um einen Modus, der auf einer höheren Abstraktionsebene vergleichbar ist.

6.1.2   Nicht Abbau, sondern Formwandel der verfaßten Mitbestimmung

Dieser neue Regulationsmodus der Arbeit muß keineswegs mit einem Abbau der Kerninstitutionen des deutschen Systems der Arbeitsbeziehungen einhergehen. Die Ergebnisse lassen insofern nicht – wie Heidenreich und Töpsch (1998) beispielsweise vermuten – den Schluß zu, daß der beschriebene Wandel die Bestandsvoraussetzung des institutionellen Systems industrieller Beziehungen grundlegend aushebelt. Dies gilt für die verfaßte betriebliche Mitbestimmung ebenso wie für tarifvertragliche Vereinbarungen. Dort, wo diese Institutionen historisch „gewachsen" sind, das zeigt die Entwicklung in den ehemals fordisti-

---

1   Sauer und Döhl (1994) haben den Terminus „Kontrolle durch Autonomie" geprägt und mit diesem begrifflichen Paradoxon das „Neue" des neuen Regulationsmodus hervorgehoben. Auch diese Autoren verweisen auf die „Kontextsteuerung" als notwendigem Komplement gesteigerter Autonomie. Der hier vorgelegte Begriff soll dieser notwendigen Verklammerung von Autonomie und Kontextsteuerung gerecht werden.

2   Dabei werden Rahmenbedingungen und zu erreichende Ziele vorgegeben, die Wege zur Erreichung dieser Vorgaben werden aber in Prozessen „diskursiver Koordinierung" (Braczyk 1997) zwischen Management und Beschäftigten ausgehandelt. Damit erhält das Management eine neue Rollenbestimmung, es beschränkt sich auf die Vorgabe von Zielen und die Moderation und Koordinierung der erforderlichen sozialen Prozesse (vgl. Faust et al. 1994).

3   Die These vom Wandel des Regulationsmodus in der IT-Industrie ist so zu verstehen, daß sich eine neue Leitvorstellung der Regulation der Arbeit durchsetzt, die in den Unternehmen zunehmend bestimmend wird.

schen Unternehmen, bemühen sich die Unternehmensleitungen in der Regel um deren einvernehmlichen Umbau; die Konfrontationsstrategie, welche die Politik maßgeblicher Unternehmen zu Beginn der 90er Jahre bestimmt hat, ist mittlerweile einer verstärkten Konsensstrategie gewichen (vgl. Kap. 5). Hier erfolgt der Umbau der Institutionen zur Regulation der Arbeit vielmehr unter aktiver Beteiligung der Gewerkschaften und der Betriebsräte. Und die Strategien des Managements dieser Unternehmen deuten darauf hin, daß ihr Interesse an starken Verhandlungspartnern auf der Arbeitnehmerseite in Zukunft eher wachsen wird.

Insofern läßt sich anhand der vorgelegten Ergebnisse zum Wandel des institutionellen Systems der Arbeitsbeziehungen in der IT-Industrie die These erhärten, daß mit der Herausbildung eines neuen Regulationsmodus der Arbeit keineswegs „automatisch" das Ende der verfaßten Mitbestimmung und seiner Kerninstitutionen verbunden sein muß. Die von Verbandsvertretern und vom Management in Lack-Turnschuh-Unternehmen und Start-up-Unternehmen häufig vorgetragene These einer strukturellen Inkompatibilität (vgl. Töpsch et al. 2001), wonach die neuen Regulationsformen an sich nicht mit den Institutionen der verfaßten Mitbestimmung in Einklang zu bringen seien, ist mit Blick auf die IT-Industrie als Ganze zu verneinen. Demnach ist es auch nicht verwunderlich, daß die IT-Industrie keineswegs eine „mitbestimmungsfreie Zone" ist und die „weißen Flecken" keineswegs die Tariflandschaft bestimmen.

Tatsächlich ist der Erosionstrend bei den ehemals fordistischen Unternehmen, welcher bis Mitte der 90er Jahre noch deutlich spürbar war (vgl. Trautwein-Kalms 1995), gestoppt, und bei den Lack-Turnschuh-Unternehmen zeichnen sich eher Tendenzen der Verbreitung der verfaßten Mitbestimmung ab (die Bildung eines Betriebsrats im Unternehmen Pixelpark kann hier als Indiz gewertet werden). In beiden Unternehmenstypen ist auf seiten des Managements ein zunehmendes Interesse an starken Verhandlungspartnern auf der Arbeitnehmerseite erkennbar. Lediglich für die Start-up-Unternehmen kann unterstellt werden, daß sie auch zukünftig gegenüber einer verfaßten Mitbestimmung weitgehend resistent bleiben, solange sie tatsächlich „klein" bleiben. Der Eindruck, die IT-Industrie sei eine „mitbestimmungsfreie Zone", ist gerade durch deren schnelle Ausbreitung in den 90er Jahren maßgeblich gefördert worden. Dennoch ist diese Tendenz nach unseren Ergebnissen nicht trendbestimmend (vgl. Ahlers/Trautwein-Kalms 2001). Mit zunehmendem Lebensalter (vgl. Wassermann 1999) und mit zunehmender Größe sind für die besonders erfolgreichen Unternehmen dieses Typus eher Tendenzen der Professionalisierung der Leitungsformen zu erwarten, welche die Etablierung formell gesicherter Mitbestimmungsstrukturen befördern (vgl. Kap. 5). Die verfaßte Mitbestimmung bleibt insofern auf absehbare Zeit auch in der IT-Industrie ein Zukunftsprojekt.

Die Feststellung, wonach in der IT-Industrie eher von einer Stabilität und dem Ausbau der verfaßten Mitbestimmung ausgegangen werden kann, darf aber nicht den Blick darauf verstellen, daß der Bedeutungsgewinn, den insbesondere die Betriebsräte in diesen Prozessen verbuchen können, nicht mit einer höheren Durchsetzungskraft einhergehen muß. Umgekehrt könnte mit Blick auf einige Unternehmen des ehemals fordistischen Typs und aus der Gruppe der Lack-Turnschuh-Unternehmen sogar behauptet werden, daß gerade die verstärkte Orientierung der Betriebsräte auf das Unternehmen und dessen Wettbewerbsfähigkeit im internationalen Maßstab – gepaart mit der relativ schwachen Verankerung der Gewerkschaften bei den Beschäftigten und der daraus resultierenden geringen Durchsetzungsmacht von Gewerkschaften und Betriebsräten – die Stellung der Betriebsräte im Unternehmen stabilisiert hat (vgl. Kotthoff 1998). Diese auf den ersten Blick paradox anmutende Situation verweist darauf, daß sich die Analyse des institutionellen Wandels der Arbeitsbeziehungen nicht allein auf die Frage konzentrieren kann, ob die Mitbestimmungsstrukturen in einer veränderten Arbeitswelt an sich erhalten bleiben oder gar ausgebaut werden, sondern vielmehr auch darauf, welche Charakteristik sie haben und welches „Rationalitätskalkül" (Lepsius 1996) in ihnen enthalten ist.

Betrachtet man den Umbau der kollektivvertraglichen Regelungen (Tarifvertrag und Betriebsvereinbarungen) in den ehemals fordistischen Unternehmen, so ist festzustellen, daß diese Kerninstitutionen der deutschen Arbeitsbeziehungen hier eine beachtliche Stabilität und Erneuerungsfähigkeit aufweisen. Sie sind hier zu wesentlichen Pfeilern des neuen Regulationsmodus der Arbeit geworden und werden auch von den damit einhergehenden „neuen Partizipationsformen" (vgl. Dörre 1996), welche die neuen Arbeitsformen und die Zielvereinbarungen beispielsweise beinhalten, nicht außer Kraft gesetzt (vgl. Kap. 5).

Analysiert man aber die Charakteristik und die „innere Logik" der getroffenen Vereinbarungen, so deuten sich zwei sehr unterschiedliche Entwicklungsszenarien an: Das Positivszenario könnte so aussehen, daß es den Gewerkschaften und den Betriebsräten auch unter grundlegend veränderten Regelungsbedingungen gelingt, solche Regelungen durchzusetzen, die den Schutz der Beschäftigten weiterhin ermöglichen. Im Negativszenario ist denkbar, daß die Erhaltung kollektivvertraglicher Regelungen nur um den Preis möglich ist, daß deren „Rationalitätskalkül", nämlich der Schutz der Beschäftigten, geradezu in ihr Gegenteil verkehrt wird und die „innere Logik" der Vereinbarungen zuvorderst vom Bestreben bestimmt ist, die Wettbewerbsfähigkeit der Unternehmen zu fördern und nicht die Interessen der Beschäftigten zu wahren. Wir haben es in diesem Fall mit kollektivvertraglichen Vereinbarungen zu tun, die – zugespitzt formuliert – bestimmen, daß jeder Beschäftigte seine Angelegenheiten selbst zu regeln hat. Daß hierbei der Betriebsrat „aus freien Stücken" auf wirksame Mitbestimmungsrechte (beispielsweise bei der Arbeitszeit- und Überstundenfestlegung) verzichtet, ist in gewisser Weise konsequent.

Zusammenfassend läßt sich anhand der IT-Industrie also zeigen, daß im Kontext der Durchsetzung eines neuen Typs der Regulation der Arbeit nicht der Abbau der verfaßten Mitbestimmung zu konstatieren ist, sondern vielmehr deren Formwandel. Zugespitzt formuliert lautet meine These: Es ist zum gegenwärtigen Zeitpunkt nicht zu erwarten, daß die Kerninstitutionen der deutschen Arbeitsbeziehungen, der Tarifvertrag und die Mitbestimmung nach dem Betriebsverfassungsgesetz, in der IT-Industrie weiter abgebaut werden. (Dies mag in der Krise zu Beginn der 90er Jahre und kurz danach durchaus der Fall gewesen sein, gilt aber mittlerweile nicht mehr.) Es geht nicht um deren Abbau, sondern um deren „Umrüstung" – um einen Formwandel. Dort, wo die verfaßte Mitbestimmung einen historisch angestammten Platz hat, geht es im Kern um die Frage, wie Mitbestimmung funktioniert, welche Autonomiespielräume die Akteure der Interessenvertretung unter veränderten Rahmenbedingungen haben und an welchem Rationalitätskalkül das institutionelle System des Interessenaustauschs ausgerichtet ist.

Der Formwandel der Arbeitsbeziehungen in den traditionell mitbestimmten Unternehmen wird insbesondere durch zwei grundlegende Veränderungen betrieben, die mit dem Wandel der Regulation der Arbeit einhergehen. Das erste wesentliche Veränderungsmoment ist der Verlust der „Basisstandards" der Regelungsmechanismen (Baukrowitz/Boes 2000). Die Basisstandards des im fordistisch-tayloristischen Regulationsmodus herausgebildeten institutionellen Systems der Leistungsregulation unterliegen einem tiefgreifenden Erosionsprozeß. Gerade weil die institutionellen Strukturen dieses Regulationsmodus „entgrenzt" werden, verliert auch das daran orientierte Regelungssystem der Arbeitsbeziehungen (dort, wo es sich im Sinne einer verfaßten Mitbestimmung historisch herausbilden konnte) sein Bezugssystem.

Dies betrifft zuallererst den Betriebsbegriff in der traditionellen räumlich verfaßten Form, der eine tragende Bedeutung im Kontext der Arbeitsbeziehungen hat. Stets wechselnde Netzwerkstrukturen beinhalten auch einen beständigen Wandel der rechtlichen Strukturen von Unternehmen und machen die Grenzen des Betriebs insgesamt unscharf. Betriebe lassen sich demnach nicht mehr primär als örtlich verfaßte Produktionseinheiten verstehen. Weiterhin erodieren die Kerninstitutionen der Regulierung des Arbeitsverhältnisses („Normalarbeitsverhältnis", einheitliche Lohn- und Gehaltsgruppen mit entsprechend vereinheitlichten Stellenbeschreibungen, standardisierte Arbeitszeitregelungen u.a.). Dies verändert die Arbeit der betrieblichen Interessenvertretung grundlegend. Wo Aufgaben nicht mehr in klar definierten Funktionsbeschreibungen beschrieben sind, die Arbeitszeit nicht mehr unternehmensöffentlich dokumentiert wird, der Mitarbeiter häufig „außer Haus" ist und die Arbeitsbelastungen nicht mehr anhand objektiver Kriterien meßbar und verhandelbar sind, wird Betriebsratsarbeit in der klassischen Form schnell zum „Blindflug". Selbst die Einhaltung grundlegender gesetzlicher Bestimmungen ist aufgrund fehlender Informationen oft nicht ohne weiteres möglich. Anders als eine traditionelle Abteilung, die in das hierarchische Berichts- und Entscheidungswesen des Unternehmens eingebettet ist und somit auch für die betriebliche Interessenvertretung eine gewisse Transparenz zeigt, erweist sich das Team oder die Projektgruppe für den Betriebsrat als weitgehend hermetisch. Um an die für eine wirksame Interessenvertretung notwendigen Informationen zu gelangen, gibt es kaum geregelte Schnittstellen, eine Beteiligung des Betriebsrats an den gruppeninternen Entscheidungsprozessen ist in der Regel nicht vorgesehen. Der Betriebsrat steht so nicht selten vor einem Dilemma: Wichtige Informationen lassen sich oft nur im kommunikativen Prozeß mit den Mitarbeitern erzielen, und zugleich bestehen keine institutionellen Formen, um diesen Kommunikationsprozeß zu organisieren.

In dieser Erosion der Basisstandards liegt ein zweifacher Veränderungsprozeß für die Betriebsräte begründet. Zum einen entsteht so, wie beschrieben, ein neues Informationsproblem, weil „objektive" Meßgrößen und überindividuelle Meßmethoden abhanden kommen. Zum anderen entsteht ein Problem der Zugriffsmöglichkeiten für die Interessenvertreter. In fordistisch-tayloristischen Organisationsmodellen kann sich der Betriebsrat auf die vom Unternehmen geschaffenen Mittel und Wege der Sicherung der Leistungsverausgabung stützen, um die Einhaltung vereinbarter Regelungen überindividuell, d.h. ohne direkte Unterstützung von den einzelnen Beschäftigten, sicherstellen zu können. Mit anderen Worten: Der Betriebsrat nutzt genau jene Kontroll- und Steuerungsmechanismen, welche das Unternehmen verwendet, um die Leistungsverausgabung in Quantität und Qualität sicherzustellen, und wendet diese Formen an, um die Einhaltung der vereinbarten Begrenzungen der Leistungsverausgabung zu überwachen. (Im Grundsatz funktioniert dies nach den Prinzipien der repräsentativen Demokratie. Die Legitimation erhält der Betriebsrat durch die Wahl. Sie verschafft ihm ein Mandat, um eingreifen zu können, ohne auf das Mitwirken der Beschäftigten angewiesen zu sein.)

Das Informationsproblem und das der veränderten Zugriffsmöglichkeiten verändern die Rolle von Betriebsräten grundlegend.[4] Wenn sie unter den veränder-

---

4   Das u.E. eingängigste Beispiel zur Illustration dieser Veränderung ist der Wegfall der Stechuhr. Diese wurde von den Unternehmen zu Beginn des 20. Jahrhunderts eingeführt, um die Kontrolle über die Beschäftigten zu erhöhen (vgl. Schmiede/Schudlich 1978). Für die Beschäftigten wurde sie zum Inbegriff der Machtausübung, zum Symbol der Kontrolle. In den letzten Jahren hat sich hier eine Umdeutung der Stechuhr vollzogen, die an sich schon eine interessante Studie wert wäre. Während in gewerkschaftsnahen Wissenschaftskreisen noch der Niedergang der Stechuhr gefeiert wird, bemühen sich Betriebsräte in der IT-Industrie – nicht selten gestützt auf vorherige Beschäftigtenbefragungen – um die Erhaltung bzw. Wiedereinführung der Stechuhr (vgl. Kap 5). Wir vermuten, dieser – auf den ersten Blick überraschende – Einstellungswandel wird wie

ten Bedingungen als Interessenvertreter durchsetzungsfähig bleiben wollen, brauchen sie die aktive Kooperation mit den Beschäftigten. Wenn man also so will, würde sich die repräsentative Demokratie in eine Form direkterer Demokratie wandeln müssen, wenn sie weiter als Interessenvertreter durchsetzungsfähig bleiben will.[5]

In engem Zusammenhang mit dieser Entwicklung steht ein zweites Moment des Formwandels der Arbeitsbeziehungen: die „Individualisierung" der Konfliktstrukturen. Gerade weil die Arbeit einem Entstandardisierungsprozeß unterliegt, muß die Geltendmachung von Interessen und Ansprüchen vermehrt von den Teams und vom einzelnen Individuum, bezogen auf deren je besonderen Arbeitsbedingungen, ausgehen. Der Interessenaustausch um die Regulierung der Arbeitsbedingungen findet in vielfältigen Gremien und auf unterschiedlichen Ebenen statt. Neugeschaffene Institutionen zur Regulation der Arbeit wie Mitarbeitergespräche und Zielvereinbarungsgespräche werden zu Foren, in denen zentrale Parameter der Leistungsverausgabung und der Arbeitsbedingungen wie Arbeitszeit, Entlohnung, Qualifikationsansprüche in Eins-zu-eins-Situationen zwischen Beschäftigten und Vorgesetzten ausgehandelt werden. Dabei wirkt insbesondere die räumliche Entgrenzung der Arbeit verstärkend: Wer Monate „außer Haus" beim Kunden arbeitet oder in schnell wechselnden Projekten zwischen Büro, Home-Office und Kunde pendelt, wird schnell zum „Einzelkämpfer". Oft ist es daher schwer, Solidarstrukturen zwischen den Beschäftigten zu fördern,

---

folgt begründet: Ganz offensichtlich ist für die Beschäftigten aus dem Instrument der Kontrolle und Herrschaft ein Instrument des Schutzes ihrer eigenen Interessen geworden. Sie wollen die Stechuhr, um nachweisen zu können, daß sie die vereinbarte Arbeitszeit gearbeitet haben oder wie viele Überstunden sie erbracht haben, um bei leidigen Diskussionen über eine Extensivierung der Arbeitszeit ihre Interessen besser durchsetzen zu können. Und sie wollen sie, um den Druck der Auseinandersetzung mit dem unmittelbaren Vorgesetzten auf den Betriebsrat externalisieren zu können und sich somit zu entlasten. Die Betriebsräte ihrerseits machen sich für die Stechuhr stark, weil sie ihnen die notwendigen Informationen verschafft, um die Einhaltung von Vereinbarungen zur Arbeitszeit quasi „objektiv" überprüfen zu können.

5   Neben dem Weg der Stärkung der „direkten Demokratie" gibt es noch ein zweites Entwicklungsszenario für Betriebsräte, was sich in unseren Untersuchungen in einigen Betrieben andeutete: Die Betriebsräte können sich vollends auf ihre Rolle als Interessenvertreter zurückziehen und überhaupt keine Anstalten mehr machen, Regelungen zum Schutz bzw. im Interesse der Beschäftigten zu schaffen, sondern statt dessen ihre Funktion auf das Co-Management bei der Umgestaltung der Unternehmen reduzieren. In dem Fall verleiht ihnen das vermeintliche Interesse vieler Beschäftigter, ihre Arbeitsbedingungen selbst zu regeln, eine Legitimation dafür, dies auch zur Maßgabe von Vereinbarungen und Verträgen zu machen. Kurzum, die Institution des Betriebsrats weist einen double-bind auf: einerseits Vertreter der Interessen der Beschäftigten, andererseits dem Wohl des Betriebes verpflichtet. Im Spektrum der Optionen lassen sich sehr unterschiedliche Rollenbestimmungen vornehmen.

weil diese im Arbeitsprozeß nur wenig Grundlagen haben. Die Kommunikation per E-mail oder die Nutzung neuer Medien sind hier notwendige Voraussetzungen, um ein Mindestmaß an Zusammenhalt herzustellen.

Die Individualisierung der Konfliktstrukturen in der IT-Industrie ist ein zweifacher Prozeß: zum einen einer der Ausdifferenzierung objektiver Lagen, als Konsequenz der Ausdifferenzierung und Entstandardisierung der Arbeitsbedingungen; zum anderen einer des Bedeutungsgewinns des individuellen Interessenhandelns der Beschäftigten als Moment der Arbeitsbeziehungen. Tatsächlich entwickelt sich in der IT-Industrie eine Charakteristik der Arbeitsbeziehungen, die allein aus der Perspektive der institutionellen Strukturen nicht zu verstehen und in hohem Maße durch das individuelle Interessenhandeln geprägt ist.[6]

Für die Zukunft macht diese Entwicklung ein neues interessenpolitisches Konzept von Gewerkschaften und Betriebsräten erforderlich. Als entscheidender Erfolgsparameter eines neuen interessenpolitischen Vorgehens erweist sich die Frage, ob es den Gewerkschaften und Betriebsräten gelingt, solche kollektiven Regelungsformen zu finden und in den Unternehmen zu etablieren, die der „Individualisierung der Konfliktstrukturen" gerecht werden und eine Rückbindung der Erfahrungen sowie des Interessenhandelns der Beschäftigten an gemeinsam getragene, kollektive Interessen der Beschäftigten ermöglichen. Gerade weil Standards in abnehmendem Maße „objektiv" und von „außen" bestimmt werden können, können Regelungen nur insoweit Wirksamkeit entfalten, als sie durch das Handeln der Beschäftigten „materielle Gewalt" erhalten. Die Interessenvertreter sind darauf angewiesen, solche Institutionen des Interessenaustauschs zu fördern, welche das individuelle Interessenhandeln der Beschäftigten in Beziehung setzen zu gemeinsamen Interessen der Beschäftigten; wohlwissend, daß

---

6   Der Begriff des individuellen Interessenhandelns bezeichnet hier in einem weiten Zugriff die Gesamtheit der Formen und Praxen, durch die ein Individuum im Arbeitsprozeß versucht, seine Interessen zu artikulieren und durchzusetzen (Boes/Marrs 2001). Als Moment der Arbeitsbeziehungen sind diese analytisch zu unterscheiden von den institutionellen Formen, in denen sich geronnene soziale Verhältnisse ausdrücken. Die zentrale Bedeutung des individuellen Interessenhandelns für die Arbeitsbeziehungen in der IT-Industrie resultiert im wesentlichen aus drei Ursachen: erstens aus den veränderten Orientierungen der Beschäftigten (Trautwein-Kalms 1995); zweitens aus der zunehmenden Bedeutung kleiner Unternehmen sowie Start-up-Unternehmen ohne gewachsene Bindung an das System industrieller Beziehungen, in denen ein personales Modell des Interessenaustauschs vorherrschend ist, und drittens aus dem „Formwandel der Arbeitsbeziehungen" in den traditionell regulierten Unternehmen, welcher dem individuellen Interessenhandeln infolge der „Individualisierung der Konfliktstrukturen" auch in diesen Unternehmen eine hervorgehobene Rolle zuweist.

die Zeit des „Stellvertreterhandelns" vorbei ist.[7] Damit erhält die Frage, ob sich unter den beschriebenen Bedingungen überhaupt noch gemeinsame Interessen der verschiedenen Beschäftigtengruppen finden lassen, eine deutliche Zuspitzung. Dem wird weiter unten noch genauer nachgegangen.

Hinsichtlich der Lösung des mit dem Formwandel der Arbeitsbeziehungen einhergehenden Problems zeichnen sich zwei Entwicklungswege ab. Im Falle des oben erläuterten „Negativszenarios" festigen die Interessenvertreter ihre Position gerade dadurch, indem sie die kollektivvertraglichen Vereinbarungssysteme dergestalt „umkodieren", daß eine Rückbindung individueller Erfahrungen und Interessen an kollektive Interessen strukturell verhindert wird. In zugespitzter Form wird die Logik dieses Entwicklungswegs daran deutlich, daß hier beispielsweise Arbeitszeitregelungen tariflich vereinbart werden, die darauf hinwirken, daß die Arbeitszeit als Tauschgut des Arbeitsvertrages obsolet wird (vgl. Kap. 5).[8] Diese Form der Regelung kann zwar die Bedeutung des Betriebsrats durchaus stärken (solange er sich bei der Umgestaltung der Regelungssysteme als funktional erweist), sie befördert aber einen Prozeß der Atomisierung der Beschäftigten. Gerade weil auf eine betriebsöffentliche Thematisierung der Arbeitszeiten verzichtet wird und weil geregelt ist, daß jeder einzelne für die Einhaltung der Regelarbeitszeit selbstverantwortlich ist, fehlen den Diskursstrukturen in den Unternehmen Institutionen, welche einen Anlaß darstellen, um die individuelle Situation mit der anderer Beschäftigter rückzukoppeln. Auftretende Probleme mit überlangen Arbeitszeiten werden so zum privaten Problem der Beschäftigten.

Sind die Regelungen im Positivszenario demgegenüber so gestaltet, daß die Arbeitszeit betriebsöffentlich und als Gegenstand des Tauschs zwischen Beschäftigten und Unternehmen erhalten bleibt, bestehen in der Auseinandersetzung um die Arbeitszeit immer wieder Möglichkeiten für die Beschäftigten, ihr individuelles „Schicksal" nicht als privates Problem, sondern als gemeinsames Problem der Beschäftigten zu erfahren (vgl. Kap. 5). In diesem Entwicklungsszenario bleibt trotz der Erosion der Basisstandards und der Individualisierung der Konfliktstrukturen die Möglichkeit gegeben, individuelle Erfahrungen an kollektive rückzukoppeln, im eigenen Problem das Gemeinsame zu erkennen und kollektive Lösungen anzustreben. In diesem Fall ergibt sich ein neues Muster des Interessenaustauschs, das kollektive Regelungen nicht im Zuge der Indi-

---

7   Das Problem einer neuen Rollenbestimmung wird im Umfeld der Gewerkschaften schon längere Zeit kontrovers diskutiert. Gängige Begriffe wie „Moderator" oder „Berater" gelten aus nachvollziehbaren Gründen als nicht brauchbar (vgl. Kotthoff 1998).

8   Dies beinhaltet seinerseits eine grundlegende Veränderung des Arbeitsvertrags. In dem Maße, wie anstelle des Tauschs von gekaufter Arbeitskraft für eine bestimmte Arbeitszeit gegen ein bestimmtes Entgelt der Tausch von vereinbarten Leistungen gegen Entgelt tritt, wandelt sich das Arbeitsverhältnis in ein spezifisches Werkvertragsverhältnis.

vidualisierung der Konfliktstrukturen obsolet macht, sondern ihnen eine neue Bedeutung verleiht. Mit anderen Worten: Die Arbeit in der IT-Industrie ist sehr wohl regulierbar, allerdings nicht mit den alten Mitteln.

Die Bedeutung von kollektiven Regelungen ist in dieser Diktion eine doppelte: Zum einen beinhalten sie eine Definition dessen, was als „zumutbar" und „wünschbar" gilt und haben insofern eine orientierende Funktion. Zum anderen bieten sie die Grundlage, um Öffentlichkeit im Betrieb herzustellen und Kommunikation zwischen den Beschäftigten anzuregen. Sie werden hier zu „Achsen der Diskurse", in denen die Beschäftigten Orientierungen und Interessen herausbilden, welche die Grundlage ihres Interessenhandelns darstellen. Kollektiv abgesicherte Vereinbarungen dieser Art „begrenzen" das Handeln der Individuen nicht, sondern sie „ermöglichen" es ihnen, solidarische Beziehungen herzustellen und damit ihren Interessen mehr Gewicht zu verleihen.[9] Sie bringen Orientierungen in die Prozesse der Herausbildung „teamspezifischer" Leistungskulturen, die informelle Leistungsstandards und –normen spezifizieren und damit auch eine Definition von „Zumutbarkeit" hinsichtlich der Arbeits- und Leistungsbedingungen transportieren (Boes/Marrs 2001), und bilden so eine Grundlage für die Beschäftigten, das Allgemeine im Besonderen zu erfassen, ihre eigene Situation nicht als privates Schicksal zu erleben, sondern als Moment eines verallgemeinerbaren Problems.[10]

---

9   Kollektiv abgesicherte Vereinbarungen bilden insofern Institutionen, die die Handlungsmöglichkeiten der Beschäftigten erweitern, indem sie sie beschränken. Denn Institutionen lassen sich in Anlehnung an Müller-Jentsch als „Sozialgebilde, die Handlungsprogramme mit einer gewissen Festigkeit und Dauerhaftigkeit verkörpern" (Müller-Jentsch 1997, S. 64), verstehen. Sie stellen Handlungs- und Verhaltensroutinen für soziale Akteure bereit, entlasten dadurch von immer wiederkehrendem Entscheidungsdruck in Routinesituationen, geben einerseits Sicherheit und Verläßlichkeit und erweitern andererseits den Handlungsspielraum und die biographischen Optionen des Individuums (ebd.; Baethge 1995, 38f.). Institutionen steigern nach Scharpf „das Potential für kollektives Handeln, indem sie die Fülle der Verhandlungsmöglichkeiten reduzieren, die man wechselseitig in seinen Plänen einkalkulieren kann. Dadurch werden im Vergleich zu weniger strukturierten Interaktionen komplexere Strategien möglich und anspruchsvollere Ziele erreichbar." (Scharpf 1987, S. 27)

10 Die Ausführungen machen deutlich, daß es zu kurz greift, mit einem Konzept der bipolaren Gegenüberstellung von individuellem und kollektivem Interessenhandeln zu operieren. Der Bedeutungsgewinn, den das individuelle Interessenhandeln zweifellos in der IT-Industrie zu verbuchen hat, muß nicht zu einer Schwächung kollektiver Aushandlung gehen. Richtig ist sicher, daß die überindividuelle Standardisierungswirkung kollektivvertraglicher Vereinbarungen (und zwar sowohl auf der Ebene des Tarifvertrags als auch auf der Ebene von betrieblichen Vereinbarungen) abnimmt. Aber damit geht die Bedeutung dieser Institutionen keineswegs verloren.

6.2 Interessenhandeln der Beschäftigten als Herausforderung für die Arbeitsbeziehungen

Mit der Erosion der Basisstandards traditioneller Formen des Interessenaustauschs und der „Individualisierung" der Konfliktmuster verändern sich die Bedingungen für das individuelle Interessenhandeln der Beschäftigten. Gerade weil kollektive Regelungen vorrangig durch das individuelle Interessenhandeln der Beschäftigten erst Substanz erhalten, ist die Frage, wie sich die Beschäftigten der IT-Industrie hinsichtlich des institutionellen Systems der Arbeitsbeziehungen verhalten, von erstrangiger Bedeutung für dessen weitere Entwicklung.

Die Beschäftigten in der IT-Industrie stellen nicht den „klassischen" Fall des „schutzbedürftigen" Akkordarbeiters dar. Schon ein Blick auf das hohe berufliche Qualifikationsniveau und die überdurchschnittliche Gehaltshöhe verdeutlichen dies. Die hier vorgelegten empirischen Ergebnisse weisen auf tiefgreifende Veränderungen der Beschäftigtenstruktur in der IT-Industrie hin (Verjüngung der Belegschaften, Erhöhung des durchschnittlichen beruflichen Qualifikationsniveaus, Abnahme der Tätigkeiten in hardwarenahen Produktionsbereichen und Zunahme von Softwareentwicklung und IT-Service u.a.). Die Arbeiten von Trautwein-Kalms (1995), die sich schon vor Jahren – als die Entwicklung neuer Unternehmenskonzepte in der IT-Industrie noch am Anfang stand – mit der Einstellung dieser Beschäftigten insbesondere zur betrieblichen Interessenvertretung und zu den Gewerkschaften eingehender befaßt hat, machen deutlich, daß der verhältnismäßig niedrige gewerkschaftliche Organisationsgrad in hohem Maße mit der Tradition, der Kultur und den besonderen Arbeitsbedingungen dieser Beschäftigten korrespondiert. Für breite Teile der Beschäftigten der IT-Industrie sind ähnliche Orientierungen zu konstatieren, wie sie verschiedene Autoren (Baethge et al. 1995; Faust et al. 2000; Kotthoff 1997) bei der Analyse von hochqualifizierten Beschäftigten und Führungskräften zutage gefördert haben.

Die Akteure der industriellen Beziehungen sehen sich in der IT-Industrie vermehrt mit Beschäftigten konfrontiert, die in ihrer Interessenlage, ihren Problemen, aber auch in ihren Handlungsmöglichkeiten mit traditionellen industriellen Beschäftigtengruppen in tayloristischen Arbeitsprozessen nur begrenzt zu vergleichen sind (vgl. Döhl et al. 1998; Trautwein-Kalms 1995), deren Charakteristik aber, folgt man Analysen zu Arbeitssituation und Orientierung hochqualifizierter Arbeitskräfte in anderen Branchen, für einen nicht unerheblichen Teil der Wirtschaft durchaus paradigmatisch sein könnte. Deren Arbeitssituation, aber auch deren Ansprüche an die betriebliche Mitbestimmung stellen die Interessenvertreter und die Gewerkschaften vor neue Herausforderungen.

Die Herausforderungen für die Gewerkschaften resultieren zunächst aus dem Wandel der Orientierungen, welcher neuen „Arbeitskrafttypen" zugewiesen wird. Gerade weil sie sich als „Unternehmer ihrer eigenen Arbeitskraft" (Voß/

Pongratz 1998; Pongratz/Voß 2000) verhalten (müssen), bildet das eigenständige Durchsetzen ihrer Interessen ein konstitutives Moment ihrer Orientierungen. Es wird daher vermutet, daß das vermehrte Aufkommen dieser neuen Beschäftigtengruppen das Prinzip der kollektiven Interessenvertretung aushebelt oder doch zumindest grundlegend verändert.

In der Literatur existiert mittlerweile eine Reihe unterschiedlicher Termini für solche Beschäftigtentypen, die sich aufgrund ihrer Orientierungen vermeintlich nicht mehr in der dualen Gegenüberstellung von Unternehmer und abhängig Beschäftigten beschreiben lassen (vgl. Hielscher/Hildebrandt 1999; Faust et al. 2000; Glissmann/Peters 2001). Einen prominenten Rang innerhalb dieser Diskussion hat das Konzept des „Arbeitskraftunternehmers", das von Voß und Pongratz (1998) vorgelegt wird. Diese konzipieren den Arbeitskraftunternehmer in der Triade von „Selbstkontrolle" (dies bezeichnet die neuartige Logik der betrieblichen Steuerung und Nutzung der Arbeitskraft), „Selbstökonomisierung" (dies meint das veränderte Verhältnis der Arbeitsperson zur ökonomischen Verwertung ihrer Kompetenzen) und „Selbstrationalisierung" (hiermit ist die veränderte Ausrichtung des alltäglichen Lebenshintergrunds auf die Erfordernisse der Erwerbssphäre thematisiert) (vgl. Voß 1998). Kennzeichnend für die Funktionalität im Verwertungsprozeß ist, daß der neue Arbeitskrafttyp das in der „Unbestimmtheitslücke des Arbeitsvertrages" wurzelnde Problem der Transformation von gekaufter oder potentieller Arbeitskraft in reale Arbeitsleistung (vgl. Braverman 1977) qua „Selbstkontrolle" auflöst und damit das Grundproblem der Organisationsbestrebungen von Unternehmen auf neuartige Weise löst (Voß/Pongratz 1998).[11]

---

11 Aus Gründen der Stringenz des Gedankengangs unterlasse ich es hier, mich tiefergehend mit dem sozialen Prozeß der Herausbildung und „Zurichtung" von „Arbeitskraftunternehmern" auseinanderzusetzen, obwohl dies sicher ein lohnendes Unterfangen wäre. Die Herausbildung eines neuen Arbeitskrafttyps ist nämlich nur denkbar, wenn es gelingt, den „Herrschaftszusammenhang" Unternehmen gegenüber den „autonom" arbeitenden Beschäftigten so umzugestalten, daß die „Arbeitskraftunternehmer (...) die Rolle des Unternehmers nun auch sozusagen 'sozial', d.h. in der Herrschaftsdimension (übernehmen), indem sie sich zu sich selber wie ein herrschaftsausübender Unternehmer verhalten" (Voß/Pongratz 1998, S. 151). Gelänge es den Unternehmen, die Beschäftigten dazu zu bringen, das in der Unbestimmtheit des Arbeitsvertrags wurzelnde Transformationsproblem tatsächlich aus freien Stücken aufzulösen, indem sie sich gegenüber sich selbst als „Agenten des Kapitals" (Marx) verhalten, wäre tatsächlich eine neue Ära der kapitalistischen Gesellschaft angebrochen. Bei aller Widersprüchlichkeit, welche die Autoren auch für diesen Arbeitskrafttyp reklamieren, wäre mit dem „Arbeitskraftunternehmer" eine neue Form der „Ware Arbeitskraft" vorhanden, die, wäre sie einmal sozial erzeugt, als eine Art „perpetuum mobile" der Wertverwertung fungieren könnte. Tatsächlich, das ließe sich anhand der IT-Industrie vermutlich gut zeigen, ist nicht nur die erfolgreiche „Zurichtung" dieses neuen Typs des Lohnarbeiters äußerst

Die Herausbildung von neuen Arbeitskrafttypen mit der Charakteristik des „Arbeitskraftunternehmers" würde das auf kollektive Interessen orientierende institutionelle System der Arbeitsbeziehungen in grundlegender Weise tangieren. „Unternehmer der eigenen Arbeitskraft" sind per definitionem Interessenvertreter ihrer selbst und als solche zunächst auf ihren eigenen Vorteil aus. Dies hat weitreichende Folgen für die Gewerkschaften und das System der Arbeitsbeziehungen. Die Autoren schlußfolgern daraus, daß Chancen für Gewerkschaften und Betriebsräte nur insoweit bestünden, wenn diese „seine spezifische Situation als Unternehmer-seiner-selbst (...) akzeptieren", ihn ernstnehmen und ihn darin unterstützen.

> „Das heißt zum Beispiel, gezielt verstehen zu können (und zu wollen), daß und wie er sein gesamtes Leben durch Rationalisierung seines Alltags dem Zweck der Produktion und Vermarktung seiner Fähigkeiten und Leistungen unterwirft. Das heißt vor allem aber, ihm dabei zur Seite zu stehen und auf diese Weise (individuell wie auch überpersönlich) Möglichkeiten zu öffnen, aus den erheblichen Freiheiten und Gestaltungsmöglichkeiten der Arbeitskraftunternehmer eine neue Arbeits-, Lebens- und Gesellschaftsqualität zu schaffen, d.h., die latenten 'zivilisatorischen' Potentiale der neuen Form von Arbeitskraft zu nutzen." (Voß/ Pongratz 1998)

Während Voß und Pongratz Gewerkschaften und Betriebsräten weiterhin eine Funktion zuweisen, wird in der öffentlichen Diskussion häufig die These vertreten, daß das Konzept der betrieblichen Interessenvertretung mit dem Vordringen entsprechender Beschäftigtengruppen in der Wirtschaft insgesamt unterminiert werde. Viele Autoren vermuten daher, daß sich in der IT-Industrie beispielgebend für weite Bereiche der „Dienstleistungssektoren" ein Modus des Interessenaustauschs zeige, der sich durch eine „individualistische Wahrung von Arbeitnehmerinteressen" (Schmierl 2001) auszeichne; klassische Mitbestimmungsformen erschienen hier als „Fremdkörper" (Kamp 1999; Kluge 2001).

---

unwahrscheinlich. Es ist auch nicht zu erwarten, daß ihm oder ihr die Auflösung des Grundwiderspruchs der kapitalistischen Gesellschaft so bruchlos gelingt, daß eine nahezu perfekte Subsumtion der Arbeit unter das Wertverwertungsprinzip gelingen könnte. Wir teilen die Position von Deutschmann (2001), der unlängst darauf verwies, daß, „wenn die industriesoziologische Gesellschaftskritik Anschluß an die Gegenwart gewinnen will", sie das Modell des Arbeitskraftunternehmers ins Zentrum ihrer Analyse stellen sollte. Die hier vorgeschlagene Forschungsrichtung, wonach es darum gehen müsse, „die gesellschaftlichen und ökonomischen Folgen" dieser Entwicklung zu verdeutlichen, um zu verhindern, „daß es sich zu einer verhängnisvollen Self-fulfilling-Prophecy entwickelt", würden wir allerdings um eine zweite Forschungsperspektive erweitern, die sich auf die sozialen Prozesse der Herausbildung und „Zurichtung" von neuen Arbeitskrafttypen konzentriert.

Die These, daß mit der zunehmenden Verbreitung hochqualifizierter, junger Beschäftigter in der IT-Industrie zugleich auch die Erosion der verfaßten Mitbestimmung verbunden ist, stellt eine Plausibilitätsüberlegung dar. Nicht ausreichend in Rechnung gestellt werden vor allem zwei Überlegungen: Zum einen ist nicht davon auszugehen, daß die beschriebenen neuen Muster des Interessenhandelns und der Orientierung der Beschäftigten für alle Beschäftigtengruppen zu generalisieren sind. Zum anderen ist selbst für die Protagonisten „neuer Arbeitskrafttypen" nicht einheitlich zu unterstellen, daß ihr Bestreben nach Souveränität und Autonomie auch gegenüber Gewerkschaften und Betriebsräten dazu führen muß, daß sie sich dem Prinzip der kollektiven Interessenvertretung strukturell verschließen.

Dennoch ist zum gegenwärtigen Zeitpunkt – so die im folgenden zu erläuternde These – kein einheitliches Bild bezüglich der Charakteristik der in der IT-Industrie anzutreffenden Beschäftigtentypen zu konstatieren. Die Ergebnisse dieser Untersuchung deuten vielmehr darauf hin, daß sich hier nicht nur ein neuer Arbeitskrafttyp entwickelt, sondern daß die IT-Industrie auch in Zukunft durch eine heterogene Vielfalt „alter" und „neuer" Arbeitskrafttypen geprägt sein wird. In dieser strukturellen Heterogenität liegt ein Grundproblem der Interessenvertretungspolitik in der IT-Industrie begründet.

6.2.1   Heterogenität der Beschäftigtentypen

Geht man der Charakteristik der Beschäftigtengruppen in der IT-Industrie nach, so bleibt zunächst einmal festzuhalten, daß auch in der IT-Industrie ein großer Teil der Beschäftigten in traditionellen tayloristischen Arbeitsformen arbeitet. Hier sind zum einen die klassischen Fertigungsbereiche in der Hardwareproduktion, die Verwaltungsbereiche und auch weite Teile der Wartung, insbesondere bei den Netzwerkbetreibern in der Telekommunikation, zu nennen, allesamt Arbeitsbereiche, die nach traditionellem tayloristischem Muster organisiert sind und geringe Freiheitsgrade zur Selbstorganisation der Arbeit bieten. Die schnelle Ausbreitung von Kontraktfertigern verdeutlicht, daß es sich bei diesem Typ der Arbeit keineswegs um ein „Auslaufmodell" handelt. Auch wenn die quantitative und vor allem kulturelle Bedeutung dieser Unternehmensbereiche in den „kulturbestimmenden" Unternehmen der IT-Industrie seit den 90er Jahren beständig abnimmt, ist hier auch heute noch ein relevanter Anteil der Beschäftigten angesiedelt.

Diesen tayloristischen Arbeitsformen stehen in mehr oder weniger hohem Maße durch Selbstorganisation geprägte Arbeitsformen gegenüber, für die seit Beginn der 90er Jahre eine steigende Bedeutung festzustellen ist. Aber auch hier bietet sich ein sehr heterogenes Bild der Arbeitsformen, die sich durch unterschiedliche Formen der Selbstorganisation auszeichnen. Neben der Projektarbeit

– insbesondere in den Entwicklungsbereichen – sind verschiedene Ausprägungen „neotayloristischer" Arbeitsformen zu finden, die sich durch geringe Freiheitsgrade zur Selbstorganisation auszeichnen. Ebenso ist auch die Vorstellung, daß man es in der IT-Industrie mit durchweg hochqualifizierten Beschäftigten zu tun hat, zu revidieren. Zwar ist ein tendenzieller Anstieg des Qualifikationsniveaus zu verzeichnen, jedoch variiert das Qualifikationsniveau der Beschäftigten erheblich für verschiedene Tätigkeitsbereiche.

Eine Beschäftigtengruppe, die in früheren Entwicklungsphasen bereits über umfangreiche Freiheitsgrade in der Selbstorganisation der Arbeit verfügte, sind die Vertriebsmitarbeiter. Sie haben auch heute sehr hohe Freiheitsgrade in ihrer Arbeit und lassen sich „von niemandem reinreden". Ihre Arbeitsleistung wird vor allem an den Verkaufsergebnissen gemessen. Die „Tauschwertseite" der Produkte ist ihr zentrales Bezugssystem. Das Gehalt ist ein zentrales Motiv ihres Handelns. Für diese Beschäftigtengruppe wird in der Regel ein eigenes Bezahlungssystem vereinbart, das hohe variable Gehaltsbestandteile beinhaltet. Sie sind gewissermaßen die „Einzelkämpfer" der IT-Industrie. Diese Beschäftigtengruppe zeichnet sich durch eine sehr weitgehende Selbstökonomisierung ihrer Arbeitskraft aus und ist insofern ein „Prototyp" des neuen Arbeitskraftunternehmers.

Zur kulturell dominierenden Beschäftigtengruppe werden zunehmend die Entwickler und Berater. Deren Entwicklungstätigkeit gilt – aufgrund ihres Expertenstatus, der Leistungserbringung vor Ort beim Kunden und vor allem aufgrund des innovativen Charakters von Entwicklungsarbeit – als nicht von außen planbar. Die prägende Organisationsform in diesen Bereichen ist das Projekt, durch das jenseits der individuellen Planungsebene der einzelnen Beschäftigten eine kooperative Planungsebene erzeugt wird, über die kaskadenförmig Zielvorgaben des Unternehmens – insbesondere hinsichtlich des Zeitpunkts des Projektabschlusses – auf verschiedenen Ebenen unter Beteiligung der Mitarbeiter konkretisiert und in Arbeitspläne und individuelle Zielvorgaben umgesetzt werden. Obwohl auch hier versucht wird, durch die systematische Analyse der betriebswirtschaftlichen Daten und die Anwendung formaler Vorgehensmodelle zu einer von den Beschäftigten unabhängigen Planungs- und Steuerungsgrundlage zu gelangen, erweist sich die Arbeit dieser Beschäftigten als eine „black box", deren Output zwar gemessen, deren innere Verfahrensweise aber nur in geringem Maße durchdrungen werden kann. Wesentlich für die Planung und Steuerung der Arbeit dieser Beschäftigtengruppe sind vielmehr Managementmethoden, die unter Anerkennung bzw. sogar einer kulturellen Überhöhung des Selbstorganisationsbedarfs der Arbeit auf eine Selbstökonomisierung der Beschäftigten zielen. Die bereits in der Projektorganisation der Arbeit (die sich durch eine zeitliche Befristung und die Erbringung eines einmaligen Produkts unter nicht vorhersehbaren Rahmenbedingungen auszeichnet) angelegte Orientierung der Arbeitsprozesse an einem definierten Arbeitsergebnis wird verstärkt durch ein zielorientiertes Management, das die Gehaltsentwicklung an die persönliche Zielerreichung jedes einzelnen Mitarbeiters bindet und Ausgestaltung sämtlicher relevanter Arbeitsbedingungen, Arbeitszeit, Arbeitsort und Qualifizierung weitgehend der individuellen Selbstverantwortung überläßt.

Eine gänzlich andere Entwicklung ist für die verschiedenen Bereiche des Service und der administrativen Kundenbetreuung zu verzeichnen. In diesen Bereich fällt eine Vielzahl von Tätigkeiten, die sich durch einen unterschiedlichen Grad der Selbstorganisation der Mitarbeiter auszeichnen. Die Spannbreite reicht hier von den Arbeitsformen in Rechenzentren, im technischen Service bis hin zu der Arbeit von Call-center-Agents. Gemeinsam ist diesen Arbeitsbereichen, daß sie – im Gegensatz zur Projektarbeit der Entwickler – nicht durch die einmalige Entwicklung eines abgrenzbaren Produkts, sondern durch weitgehend gleichförmige Arbeitsprozesse geprägt sind. Zwar sind auch hier ein prinzipieller Selbstorganisationsbedarf durch die Unvorhersehbarkeit und Komplexität von Störungen im laufenden Betrieb einer informationstechnischen Anlage sowie die notwendige Entscheidungskompetenz und Handlungsflexibilität von Mitarbeitern im unmittelbaren Kundenkontakt gegeben. Dem steht jedoch gegenüber, daß die Arbeitsprozesse durch ihre tendenzielle Gleichförmigkeit, die durch das strukturelle Wiederkehren vergleichbarer Aufgaben im laufenden Betrieb erzeugt wird, gut einer wissenschaftlichen Durchdringung und einer Arbeitsteilung auf der Basis von „Fällen", also abgrenzbaren Störfällen oder Kundenanfragen, zugänglich sind. In diesen Arbeitsbereichen wird daher systematisch gemessen und verglichen: Die für die Fallbearbeitung benötigte Arbeitszeit wird analysiert, statistisch bearbeitet und in Planungsdaten umgesetzt. Die Fälle werden systematisch auch inhaltlich erfaßt und nach Schwierigkeitsgrad und Anforderungsniveau klassifiziert. Vorgehensweisen zur Bearbeitung von Kundenanfragen, aber auch von technischen Störungen werden der Form nach zum Teil bis ins Detail beschrieben. In den Call Centern geht dies so weit, daß systematisch Kommunikationsmethoden geschult und in der Anwendung kontrolliert werden (Brose et al. 2001).

Im Unterschied zu traditionellen tayloristischen Planungs- und Steuerungsmethoden zielen neotayloristische Verfahren nicht auf eine genaue Vorgabe der Ausführung der Arbeit, welche die Beschäftigten tendenziell der Anforderung einer reflexiven Beurteilung des Arbeitsergebnisses entledigen. Sie erhalten vielmehr den Charakter eines engmaschigen Systems von Rahmendaten und „Hilfestellungen", die den Kern der Selbstorganisation, die Anforderung eines reflexiven Umgangs mit dem Arbeitsstand und der permanenten Anpassung des Arbeitshandelns an die jeweiligen Bedingungen, bestehen lassen. Statt einer formalen Vorgabe von Arbeitsschritten zielen diese Methoden auf eine Formierung von Subjekteigenschaften (z.B. des Kommunikationsverhaltens oder des persönlichen Arbeitsstils). Hier sind eher gering- bis mittelqualifizierte Beschäftigte vorzufinden, deren Freiheitsgrade der Selbstorganisation durch eine systematische Analyse ihrer Arbeitsprozesse und ein engmaschiges Netz von Rahmen- und Kontrolldaten tendenziell reduziert werden und deren „Zurichtung" weniger auf eine Selbstökonomisierung zielt als vielmehr auf eine Formierung grundlegender Subjekteigenschaften wie Kommunikations- und Arbeitsstil, die häufig einen extrem manipulativen Charakter erhält. Insbesondere die in diesen Bereichen bedeutsame Kundenmetapher und die Ausrichtung des Handelns an einer abstrakten „Kundenzufriedenheit" spiegeln diese Form der „Zurichtung" wider.

Die Heterogenität der Arbeitssituationen der einzelnen Beschäftigtengruppen impliziert sehr unterschiedliche soziale Lagen und bietet somit die Grundlage für unterschiedliche Interessen und verschiedene Formen, diesen Interessen Ausdruck zu verleihen.

Tayloristische Arbeitsformen, die auch in Zukunft weiterhin Bestand haben, werden bestenfalls durch geringe Selbstorganisationsspielräume erweitert und bleiben in ihrer Charakteristik durch eine ausgeprägte Heteronomie geprägt. „Neotayloristische" Arbeitsformen beinhalten zwar gewisse Freiheitsgrade auf der Ausführungsebene für die Beschäftigten, sie unterliegen aber aufgrund ihrer Charakteristik einem engmaschigen Kontrollzugriff und werden stets „an der kurzen Leine" geführt. Die Interessen dieser Beschäftigtengruppen im Betrieb orientieren sich eher an der Schutzfunktion kollektiver Regelungen. Die Mitarbeiter hier bilden mit den Beschäftigten in den tayloristischen Arbeitsbereichen die „Proletarier" der IT-Industrie und stellen häufig die „Hausmacht" der Betriebsräte.

Dem Idealbild „neuer Arbeitskrafttypen" entsprechen am ehesten die Vertriebsmitarbeiter. Sie sind gewissermaßen die „Einzelkämpfer" der IT-Industrie und die Protagonisten eines Beschäftigtentyps, der in hohem Maße durch Individualisierung, hohe Freiheitsgrade und ein hohes Maß an „Tauschwertorientierung" gekennzeichnet ist. Zur betrieblichen Interessenvertretung haben sie meist ein distanziertes Verhältnis.

Zur kulturbestimmenden Beschäftigtengruppe der IT-Industrie avancieren die Softwareentwickler, IT-Berater und Ingenieure. Deren Arbeit ist nur rudimentär zu reglementieren, sie genießen aufgrund ihres Expertenstatus hohe Autonomiespielräume in ihrer Arbeit. Ihre Arbeitsmotivation ziehen sie weniger aus der „Tauschwertseite" des Arbeitsprozesses als vielmehr aus der „Gebrauchswertseite" der Produkte. Sie gelten in den Unternehmen als „Künstler": geniale Erfinder technischer Lösungen, aber sie unterwerfen sich nicht ohne weiteres den ökonomischen Zielvorgaben der Arbeitsprozesse.

6.2.2   Ambivalenzen neuer Beschäftigtentypen

Diese Gruppen der Softwareentwickler, IT-Berater und Ingenieure vereint in sich in besonderer Weise die Ambivalenz moderner Arbeitsprozesse. Gerade weil sie hochgradig selbstbestimmt in den unmittelbaren Arbeitsprozessen agieren können, aufgrund ihres Expertenstatus häufig über „Wissensmonopole" (Jürgens 1984) und Macht (Crozier/Friedberg 1979) verfügen und gegenwärtig gute Bedingungen auf dem Arbeitsmarkt vorfinden, verfügen sie über große „Primärmachtpotentiale"[12] (ebd.) und sind häufig in der Lage, ihre Interessen ohne unmittelbaren Rückbezug auf kollektivvertragliche Regelungen durchzusetzen. (Daß sie dabei dennoch indirekt von geltenden Vereinbarungen profitieren, ist ihnen meist nicht bewußt.) Insofern liegt die Vermutung nahe, daß diese Beschäftigtengruppen auch in Zukunft für die Akteure der Interessenvertretung wenig ansprechbar bleiben werden.

Doch die vorgelegten empirischen Ergebnisse verdeutlichen, daß die Entwicklung durchaus auch eine andere Richtung nehmen kann. Es ist nämlich keineswegs so, daß Entwickler und IT-Berater sich in „paradiesischen Zuständen" wähnen. Die Interviews mit den Projektleitern verdeutlichen vielmehr eine vielfältige Ambivalenz. Diese ambivalenten Erfahrungen korrespondieren mit den vielfältigen Problemen, die in der Arbeitssituation dieser Beschäftigtengruppe angelegt sind. Zumindest drei grundlegende Problemkonstellationen waren hier von besonderer Bedeutung.

Die erste Problemkonstellation gruppiert sich um das Problem des Verhältnisses von vermeintlich autonom arbeitenden Individuen und den organisatorischen Voraussetzungen und Rahmenbedingungen, die dem in vielfacher Hinsicht entgegen stehen. Auch wenn die Vorgesetzten keine kleinschrittigen Vorgaben machen, bleibt dieses Problem für die Beschäftigten in vielfacher Weise virulent – sei es durch die Festlegung von Zielen „von oben" oder durch den Mangel an Kontrolle über die Umfeldbedingungen einer erfolgreichen Bewältigung ihrer Aufgaben. Das Problem läßt sich zwar unter Bezug auf die Kundenmethapher unterschiedlich gut „verstecken", aber aus der Welt zu schaffen ist es nicht. Und das wissen die Beschäftigten sehr wohl.

Die zweite Problemkonstellation gruppiert sich um den Widerspruch zwischen Qualität und Kosten oder allgemeiner zwischen Gebrauchswert- und Tauschwertorientierung (vgl. Holtgrewe/Voswinkel 2002). Gerade weil die oft hohe

---

12   Jürgens (1984) schlägt eine Unterscheidung von „Primärmacht" und „Sekundärmacht" der Beschäftigten vor. Als Primärmacht begreift er die aus den „Abhängigkeitsbeziehungen zwischen den sozialen Akteuren im Betrieb erwachsenden Machtpositionen", wohingegen Sekundärmacht „auf bereits kollektiv erkämpften bzw. staatlich gesetzten Regelungen und Institutionen beruht" (ebd., S. 61).

Arbeitsmotivation der Entwickler, Ingenieure und Berater in erheblichem Maße durch ihr Interesse an der Qualität ihrer Arbeit begründet ist, geraten sie in einen systematischen Konflikt mit den Ökonomisierungsbestrebungen in den Unternehmen, die eine stärkere Kostenorientierung von ihnen verlangen. Zwar sind die Unternehmen bestrebt, diesen Grundkonflikt durch die Zwischenschaltung der Kundenmethapher in ihrem Sinne gängig zu machen, indem sie den vermeintlichen Gebrauchswert des imaginären Kunden im Sinne der eigenen ökonomischen Ziele definieren,[13] aber eine Auflösung dieses Widerspruchs ist nicht in Sicht. Dennoch wurden in den letzten Jahren durch die Professionalisierung der Projektstrukturen und verbesserte Informationssysteme (insbesondere das Softwarepaket SAP R/3 spielt hier in den Überlegungen der Unternehmen eine zentrale Rolle) wichtige Schritte in Richtung auf eine Ökonomisierung der Entwicklertätigkeit erreicht. Diese Tendenz wird sich vermutlich in den nächsten Jahren verstärken, weil die Ausbildung im Informatikbereich in den letzten Jahren in höherem Maße einer „Verbetriebswirtschaftlichung" geöffnet wurde. Dennoch markiert die berufsbiographisch verankerte Orientierung der Beschäftigten an der Gebrauchswertseite der Produkte eine strukturelle Schranke der „Zurichtung" der Beschäftigten im Sinne des „Arbeitskraftunternehmers", die nur um den Preis der Unterhöhlung ihrer Stärken zu umgehen ist. Die Unternehmen wissen das und meiden daher den „Frontalangriff" auf die „Künstlermentalität".

Die dritte, vermutlich am nachhaltigsten wirksame Problemkonstellation dieser Beschäftigten gruppiert sich um das Verhältnis von Arbeit und Leben. Die schleichende Ausweitung der Arbeitszeit führt bei vielen Beschäftigten zu komplizierten Interessenkollisionen. Zwar sind die Entwickler und Berater aufgrund ihrer meist hohen Arbeitsmotivation und ihrer Erfahrungen mit dem selbstbestimmten Arbeiten während des Studiums ohne weiteres bereit, ihre Arbeitszeit flexibel zu gestalten und hängen nicht an einer geregelten 35-Stundenwoche. Dennoch greift die Arbeit häufig in einem solchen Maße in ihr Leben ein, daß sie ihre Interessen an der Freizeitgestaltung und insbesondere ihre familiären und sozialen Bindungen grundlegend gefährdet (vgl. Döhl et al. 2000). Gerade wenn die Beschäftigten die Altersgrenze von ca. 35 Jahren überschreiten und über die Arbeit hinausgehende Interessen am Leben in ihr soziales „Hinterland" inkorporieren, wird dieses Problem virulent. Es ist daher in den ehemals „fordistischen" Unternehmen, die einen Altersdurchschnitt von knapp 40 Jahren aufweisen und deutlich älter sind als die Beschäftigten in den Start-up-Unternehmen, deutlicher spürbar. Insbesondere wenn Kinder da sind und die Rollentei-

---

13 Wohl jeder Entwickler wurde in seinem Berufsleben schon darauf hingewiesen, daß der Kunde ohnehin nur 80% der von ihm angestrebten Funktionalität eines Produkts verstehe, so daß es überflüssig sei, diese „features" zu entwickeln.

lung zwischen den Partnern zu dauerhaften Verwerfungen führt, geraten die Beschäftigten in grundlegende Konflikte.

Ein zweites Problemfeld innerhalb der Widerspruchskonstellation *Arbeit – Leben* stellt die Gesundheit der Beschäftigten dar. Es ist mittlerweile für die Presse im Umfeld der New Economy zu einem zentralen Thema geworden, daß Symptome des „burn out", wie sie vormals vorwiegend bei Managern und in psychosozialen Berufen anzutreffen waren, in der IT-Industrie zu einem virulenten Problem geworden sind. Gerade dann wenn die Leistungsbereitschaft der Beschäftigten nahezu grenzenlos ist, stoßen sie an die Grenzen ihrer leiblichen Existenz. Das daraus resultierende Gesundheitsrisiko hat in den Unternehmen bereits zu unterschiedlichen Gegenreaktionen geführt. Der Ausbau von Fitneß- und Freizeitanlagen innerhalb des Werkgeländes ist ein Ausdruck dieser Entwicklung. Die gesundheitlichen „Nebenfolgen" der „selbstorganisierten" Intensivierung der Arbeit werden in den nächsten Jahren weiter an Bedeutung zunehmen. Daher ist davon auszugehen, daß hier ein Problemfeld entsteht, das irgendwie geartete Begrenzungen der Arbeitsverausgabung erforderlich macht und insbesondere für „ältere" Beschäftigten nicht ohne weiteres hintergehbar ist.

6.2.3   Atomisierung der Beschäftigten oder neue Formen der Solidarität?

Welche Wirkung diese Problemkonstellationen auf die Orientierungen und das Interessenhandeln der Beschäftigten haben werden, läßt sich gegenwärtig nicht prognostizieren. Eine „Atomisierung der Beschäftigten" ist hier ebenso denkbar wie eine Hinwendung zu neuen Formen der Solidarität. Nimmt man den entwickelten Gedanken auf, wonach sich zwei Szenarien der Entwicklung der institutionell abgesicherten Mitbestimmung abzeichnen, eines, bei dem die Schutz- und Solidaritätsfunktion institutioneller Strukturen unter veränderten Bedingungen erhalten bleibt, und eines, bei dem die Erhaltung kollektivvertraglicher Regelungen nur um den Preis möglich ist, daß deren „Rationalitätskalkül" geradezu in ihr Gegenteil verkehrt wird, so daß diese per kollektivvertraglicher Vereinbarungen festlegen, daß jeder seine Angelegenheiten selbst zu regeln hat, so wird deutlich, daß unter den Bedingungen des Negativszenarios die „Atomisierung" begünstigt würde. Demgegenüber ist im Falle des Positivszenarios zu erwarten, daß es gelingt, die immanenten Widerspruchskonstellationen moderner Arbeitsformen zu politisieren und der Vereinzelung der Beschäftigten entgegen zu wirken.

Auf jeden Fall liegen in der strukturellen Heterogenität der Beschäftigten zentrale Schwierigkeiten der Interessenvertretungspolitik begründet (vgl. Döhl et al. 2000). Die unterschiedlichen Beschäftigtengruppen stellen jeweils spezifische Anforderungen an die verfaßte Mitbestimmung hinsichtlich der Regelungs-

formen und -inhalte sowie bezüglich ihres Umgangs mit den Akteuren der Interessenvertretung.

Diese stehen daher vor der Aufgabe, den je spezifischen Erfordernissen der
Beschäftigtengruppen gerecht zu werden und zugleich Solidarität zwischen den
auseinanderdriftenden Interessengruppen zu organisieren. Die einseitige Fokussierung auf die tayloristischen und neo-tayloristischen Beschäftigtengruppen
wäre ebenso fatal wie die auf die „neuen Arbeitskrafttypen" in weitgehend
selbstorganisierten Arbeitsprozessen. Weder als „Hilfsorganisation der Armen
und Schwachen" noch als „ADAC der High-Performer"[14] haben Gewerkschaften in der IT-Industrie eine Zukunft.

---

14 Die begriffliche Unterscheidung von High-Performer und Low-Performer ist uns in vie-
    len Unternehmen der IT-Industrie begegnet. Als High-Performer werden hier die Be-
    schäftigten bezeichnet, die ausgesprochen gute wirtschaftliche Ergebnisse erzielen und
    denen man ein großes Entwicklungspotential in dieser Hinsicht zutraut. Die in der Be-
    grifflichkeit liegende polare Gegenüberstellung wurde hier zum Teil mit einer großen
    Offenheit thematisiert und weist insofern auf eine spezifische Leistungskultur in diesen
    Unternehmen hin.

Literatur

Aglietta, M. (1979): A Theory of Capitalist Regulation, London

Ahlers, E.; Trautwein-Kalms, G. (2001): Sonderbefragung von Betriebsräten im IT/SW-Bereich. Düsseldorf

Albert, M. (1992): Kapitalismus contra Kapitalismus. Frankfurt/M.

Altmann, N.; Deiß, M.; Döhl, V.; Sauer, D. (1986): Ein „Neuer Rationalisierungstyp" – neue Anforderungen an die Industriesoziologie. In: Soziale Welt, Heft 2/3, S. 191-206

Angel, D.P. (1994): Restructuring for Innovation – The Remarking of the U.S. Semiconductor Industry. New York

Baethge, M. (1991): Arbeit, Vergesellschaftung, Identität – Zur zunehmenden normativen Subjektivierung der Arbeit. In: Soziale Welt, 42. Jg./Heft 1, S. 6-19

Baethge, M. (1995): Übergänge wohin? – Zur Reinstitutionalisierung der Gesellschaft im Spannungsfeld von Innovativität und Sozialität. In: SOFI (Soziologisches Forschungsinstitut) (Hg.): Im Zeichen des Umbruchs. Beiträge zu einer anderen Standortdebatte. Opladen, S. 33-48

Baethge, M.; Denkinger, J.; Kadritzke, U. (1995): Das Führungskräfte-Dilemma – Manager und industrielle Experten zwischen Unternehmen und Lebenswelt. Frankfurt/M., New York

Baethge, M.; Oberbeck, H. (1986): Zukunft der Angestellten – Neue Technologien und berufliche Perspektiven in Büro und Verwaltung. Frankfurt/M., New York

Baukrowitz, A. (1996): Neue Produktionsmethoden mit alten EDV-Konzepten? – Zu den Eigenschaften moderner Informations- und Kommunikationssysteme jenseits des Automatisierungsparadigmas. In: Schmiede, R. (Hg.): Virtuelle Arbeitswelten. Berlin, S. 49-77

Baukrowitz, A.; Boes, A. (1996): Arbeit in der „Informationsgesellschaft" – Einige Überlegungen aus einer (fast schon) ungewohnten Perspektive. In: Schmiede, R. (Hg.): Virtuelle Arbeitswelten. Berlin, S. 129-157

Baukrowitz, A.; Boes, A. (1996a): IT-Fachkräfte auf dem Weg in die „Informationsgesellschaft" – Konzeptionelle Anregungen zur Neuordnung des Berufsfelds. In: Schwarz, H. (Hg.): Computerberufe im System der dualen Berufsausbildung und die Zukunft der DV-Kaufleute. Wissenschaftliche Diskussionspapiere des BiBB, Heft 20. Berlin, Bonn, S. 35-47

Baukrowitz, A.; Boes, A. (1997): Fachkräfteentwicklung in der Informations- und Kommunikationstechnikbranche – Zu den Chancen neuer Ausbildungsberufe. In: Berufsbildung in Wissenschaft und Praxis, Heft 26, S. 12-16

Baukrowitz, A.; Boes, A. (2000): Ein neuer Arbeitskrafttyp entsteht – Die Informations- und Telekommunikations-Industrie bringt neue Arbeitsformen hervor. In: Frankfurter Rundschau, Dokumentation, Ausgabe Nr. 52, 2.3

Baukrowitz, A.; Boes, A. (2001): Bewegung in den Arbeitsbeziehungen – Das wandlungsfähige deutsche System passt unterschiedlich gut. In: Die Mitbestimmung, Heft 6, S. 42-45

Baukrowitz, A.; Boes, A. (2002): Weiterbildung in der IT-Industrie. In: WSI Mitteilungen, 55. Jg./Heft 1, S. 10-18

Baukrowitz, A.; Boes, A.; Eckhardt, B. (1994): Software als Arbeit gestalten – Konzeptionelle Neuorientierung der Aus- und Weiterbildung von Computerspezialisten. Opladen

Baukrowitz, A.; Boes, A.; Schwemmle, M. (1998): Veränderungstendenzen der Arbeit im Übergang zur Informationsgesellschaft – Befunde und Defizite der Forschung. In: Enquete-Kommission Zukunft der Medien in Wirtschaft und Gesellschaft. Deutschlands Weg in die Informationsgesellschaft; Deutscher Bundestag (Hg.): Arbeitswelt in Bewegung: Trends, Herausforderungen, Perspektiven. Bonn, S. 13-170

Baukrowitz, A.; Boes, A.; Schmiede, R. (2000): Arbeitsbeziehungen in der IT-Industrie. In: FIfF-Kommunikation, Heft 4, S. 16-20

Baukrowitz, A.; Boes, A.; Schmiede, R. (2001): Die Entwicklung der Arbeit aus der Perspektive ihrer Informatisierung. In: Matuschek, I. et al. (Hg.): Neue Medien im Arbeitsalltag. Wiesbaden, S. 219-235

Bechtle, G. (1994): Systemische Rationalisierung als neues Paradigma industriesoziologischer Forschung? In: Beckenbach, N.; Treeck, W. van (Hg.): Umbrüche gesellschaftlicher Arbeit. Göttingen: Soziale Welt, Sonderband 9, S. 45-64

Bell, D. (1973): The Coming of Post-industrial Society: A Venture in Social Forecasting. New York (deutsche Fassung 1975)

Bender, G. (1997): Lohnarbeit zwischen Autonomie und Zwang. Frankfurt/M., New York

Bender, G. (2000): Dezentral und entstandardisiert – Neue Formen der individuellen Entgeltdifferenzierung. In: Industrielle Beziehungen, Heft 2, S. 157-179

Benner, Ch. (2001): Jenseits der Greencard – Aus- und Weiterbildung in den IT-Berufen. In: WSI Mitteilungen, Heft 11, 54. Jg., S. 711-717

Bispinck, R.; Trautwein-Kalms, G. (1997): Gewerkschaftliche Tarifpolitik im Sektor Informationstechnik – Ausgangsbedingungen, bestehende tarifliche Regelungen und neue gewerkschaftliche Handlungsansätze. In: WSI Mitteilungen, Heft 4, S. 228-241

BITKOM – Bundesverband Informationswirtschaft, Telekommunikation und neue Medien (2000): Wege in die Informationsgesellschaft – Status quo und Perspektiven Deutschlands im internationalen Vergleich. Berlin, Frankfurt/M.

BITKOM (2001): Wege in die Informationsgesellschaft – Status quo und Perspektiven Deutschlands im internationalen Vergleich. Berlin, Frankfurt/M.

Boes, A. (1996): Formierung und Emanzipation – Zur Dialektik der Arbeit in der „Informationsgesellschaft". In: Schmiede, R. (Hg.): Virtuelle Arbeitswelten. Berlin, S. 159-178

Boes, A. (1997): Der Arbeitsmarkt für Informatik-Fachkräfte. In: Berufsrundschau, Verlagssonderseiten der Frankfurter Rundschau, Ausgabe Nr. 33, 8.2

Boes, A. (1997a): Der Kunde ist immer der König – Wo heute die Chancen der dualen Ausbildung liegen. In: Berufsrundschau, Verlagssonderseiten der Frankfurter Rundschau, Ausgabe Nr. 33, 8.2

Boes, A. (2001): Informatisierung im Umbruch. München (unveröff. Arbeitspapier)

Boes, A.; Baukrowitz, A.; Eckhardt, B. (1995): Herausforderung „Informationsgesellschaft" – Die Aus- und Weiterbildung von IT-Fachkräften vor einer konzeptionellen Neuorientierung. In: MittAB (Mitteilungen aus der Arbeitsmarkt- und Berufsforschung), 28. Jg./ Heft 2, S. 239-251

Boes, A.; Marrs, K. (2001): Arbeitsbeziehungen in der IT-Industrie – Interessenhandeln der Beschäftigten. München (Forschungsantrag/unveröffl. Manuskript)

Booz, Allan & Hamilton (1998): Durchbruch Multimedia – Deutschland im internationalen Vergleich. Studie im Auftrag des Bundesministers für Bildung, Wissenschaft, Forschung und Technologie. Bonn

Borrus, M.; Zysman, J. (1997): Wintelism and the Changing Terms of Global Competition – Prototype of the Future? Brie Working Paper, No. 96B. Berkley

Boß, C.; Roth, V. (1992): Die Zukunft der DV-Berufe. Opladen

Braczyk, H. (1997): Organisation in industriesoziologischer Perspektive. In: Ortmann, G. et al. (Hg.): Theorien der Organisation. Opladen, S. 530-575

Brandt, G.; Kündig, B.; Papadimitriou, Z.; Thomae, J. (1978): Computer und Arbeitsprozeß – Eine arbeitssoziologische Untersuchung der Auswirkungen des Computereinsatzes in ausgewählten Betriebsabteilungen der Stahlindustrie und des Bankgewerbes. Frankfurt/M., New York

Braverman, H. (1977): Die Arbeit im modernen Produktionsprozeß. Frankfurt/M., New York

Brose H.-G.; Holtgrewe; U.; Kerst, Ch. (2001): Zwischenbericht zum Projekt „Callcenter: Organisationelle Grenzstellen zwischen Neotaylorismus und Kundenorientierung" für die Abschlußtagung des DFG Schwerpunktprogramms „Regulierung und Restrukturierung von Arbeit in den Spannungsfeldern von Globalisierung und Dezentralisierung" in Erlangen. Duisburg (unveröffentl. Manuskript)

Buss, K.-P.; Wittke, V. (2000): Mikrochips für Massenmärkte – Innovationsstrategien der europäischen und amerikanischen Halbleiterhersteller in den 90er Jahren. In: Lang, Ch.; Sauer, D. (Hg.): Internationalisierung von Innovations- und Produktionsprozessen. Mitteilungen, Heft 22/2000, Verbund Sozialwissenschaftliche Technikforschung. München, S. 9-50

Castells, M. (1996): The Rise of the Network Society. Malden/Mass., Oxford/UK

Crozier, M.; Friedberg, E. (1979): Macht und Organisation – Die Zwänge kollektiven Handelns. Königstein

D'Alessio, N; Oberbeck, H.; Seitz, D. (2000): „Rationalisierung in Eigenregie" – Ansatzpunkte für den Bruch mit dem Taylorismus bei VW. Hamburg

Deckstein, D.; Felixberger, P. (2000): Arbeit neu denken – Wie wir die Chancen der New Economy nutzen können. Frankfurt/M., New York

Deiß, M. (2000): Betriebsrat – Quo vadis? Interessenvertretung in vernetzten Wertschöpfungsketten. In: Klitzke, U. et al. (Hg.): Vom Klassenkampf zum Co-Management. Hamburg, S. 117-146

Deiß, M.; Altmann, N.; Döhl, V.; Sauer, D. (1989): Neue Rationalisierungsstrategien in der Möbelindustrie II – Folgen für die Beschäftigten. Frankfurt/M., New York

Deiß, M.; Döhl, V. (Hg.) (1992): Vernetzte Produktion – Automobilzulieferer zwischen Kontrolle und Autonomie. Frankfurt/M., New York

Deiß, M.; Heidling, E. (2001): Interessenvertretung und Expertenwissen – Anforderungen und Konsequenzen für Betriebsräte und Gewerkschaften. Düsseldorf

Deutschmann, Ch. (1985): Der Weg zum Normalarbeitstag – Die Entwicklung der Arbeitszeiten in der deutschen Industrie seit 1918. Frankfurt/M.

Deutschmann, Ch. (1989): Reflexive Verwissenschaftlichung und kultureller „Imperialismus" des Managements. In: Soziale Welt, Heft 40, S. 374-396

Deutschmann, Ch. (2001): Die Gesellschaftskritik der Industriesoziologie – ein Anachronismus? In: Leviathan, Heft 1, S. 58-69

DIW; Prognos AG (1996): Künftige Entwicklung des Mediensektors. Berlin, Basel

Döhl, V.; Kratzer, N.; Moldaschl, M.; Sauer, D. (2001): Die Auflösung des Unternehmens? – Zur Entgrenzung von Kapital und Arbeit. In: Beck, U.; W. Bonß, W. (Hg.): Die Modernisierung der Moderne. Frankfurt/M., S. 219-232

Döhl, V.; Kratzer, N.; Sauer, D. (2000): Krise der NormalArbeit(s)Politik – Entgrenzung von Arbeit – neue Anforderungen an Arbeitspolitik. In: WSI Mitteilungen, Heft 1, S. 5-17

Döhl, V.; Sauer, D. (1994): Arbeit in der Kette. Zur neuen Wertschätzung von Arbeit in vernetzter Produktion. In: Sonderforschungsbereich 333 der Universität München (Hg.): Mitteilungen 8. München, S. 103-116

Döhl, V.; Sauer, D.; Trautwein-Kalms, G. (1998): Beschäftigungssicherung durch Ausgründung – Das Exempel DiTEC – ein Modell der Zukunft? Ergebnisse einer Ausgründungsrecherche. Düsseldorf, München (hektogr. Ms.)

Dörre, K. (1995): Nach dem Ende des Wachstumspaktes – Auf der Suche nach einer neuen Geschäftsgrundlage für industrielle Beziehungen. In: SOFI (Hg.): Im Zeichen des Umbruchs: Beiträge zu einer anderen Standortdebatte. Opladen, S. 155-170

Dörre, K. (1996): Die „demokratische Frage" im Betrieb – Zu den Auswirkungen partizipativer Managementkonzepte auf die Arbeitsbeziehungen in deutschen Industrieunternehmen. In: SOFI-Mitteilungen, Nr. 23, S. 15-28

Dörre, K. (2000): Arbeit, Partizipation und Solidarität im Aktionärskapitalismus. In: Widerspruch, Heft 39, S. 28-41

Dörre, K.; Elk-Anders, R.; Speidel, F. (1997): Globalisierung als Option – Internationalisierungspfade von Unternehmen, Standortpolitik und industrielle Beziehungen. In: SOFI-Mitteilungen, Nr. 25

Dostal, W. (1993): Qualifikation von Fachkräften der Informationstechnik – Grundständige Ausbildung vs. zertifizierte Weiterbildung. Explorativstudie für das BiBB. Nürnberg (unveröffentl. Manuskript)

Dostal, W. (2000): „Greencard" für Computerfachleute – Anwerbung kann Ausbildung nicht ersetzen. IABkurzbericht, Nr. 3. Nürnberg

Dostal, W. (2001): Turbulenzen im IT-Arbeitsmarkt. In: Informatik-Spektrum, Band 24/Heft 4, S. 207-217

Dowe, C.; Welzel, C.; Stradtmann, P.; Bieber, C.; Scharfenberg, H. (2001): „Are we family?!" – Mitarbeiter-Mitbestimmung in der New Economy. Berlin

Drexel, I. (1985): Wann werden Arbeitskräfte gegen Rationalisierung aktiv? Thesen zum Zusammenhang zwischen subjektiven Aktionspotentialen und Erwerbsverlaufsmustern. In: Fricke, W.; Schuchardt, W. (Hg.): Innovatorische Qualifikationen – Eine Chance gewerkschaftlicher Arbeitspolitik. Bonn, S. 56-72

Drüke, H. (1992): PC made in Europe – ein Auslaufmodell? Berlin

Drüke H. (1993): Restructuring in the PC-Industry – New Challenges, New Actors, New Strategies: A Study in Labor and Industrial Policy. Berlin: Wissenschaftszentrum Berlin für Sozialforschung, discussion paper

Drüke, H. (1997): Kompetenz im Zeitwettbewerb – Politik und Strategien bei der Entwicklung neuer Produkte. Berlin

Düll, K.; Bechtle, G. (1998): Die Krise des normierten Verhandlungssystems – Rationalisierungsstrategien und industrielle Beziehungen im Betrieb. In: Bolte, K. M. (Hg.): Mensch, Arbeit und Betrieb. Weinheim, S. 215-244

EITO (2000): European Information Technologie Observatory. Frankfurt/M.

Ernst, D.; O'Connor, D. (1992): Competing in the Electronics Industry – The Experience of Newly Industrialising Economies. Paris

Esser, J.; Lüthje, B.; Noppe, R. (Hg.) (1997): Europäische Telekommunikation im Zeitalter der Deregulierung – Infrastruktur im Umbruch. Münster

Europäische Kommission (1997): Grünbuch zur Konvergenz der Branchen Telekommunikation, Medien und Informationstechnologie und ihren ordnungspolitischen Auswirkungen. Brüssel

Faust, M.; Jauch, P.; Brünnecke, K.; Deutschmann, Ch. (1994): Dezentralisierung von Unternehmen – Bürokratie- und Hierarchieabbau und die Rolle betrieblicher Arbeitspolitik. München/Mering

Faust, M.; Jauch, P.; Notz, P. (2000): Befreit und entwurzelt – Führungskräfte auf dem Weg zum „internen Unternehmer", München/Mering

Ferguson, C. H.; Morris, C. R. (1993): Computer Wars – How the West can Win in a Post-IBM World. New York

Frerichs, J.; Martens, H. (1999): Betriebsräte und Beteiligung. Köln, Dortmund

Frerichs, J.; Pohl, W. (2000): Akteure des Wandels – Handlungs- und Lernanforderungen an betriebliche Interessenvertretungen in Reorganisationsprozessen. Köln

Frick, B.; Kluge, N.; Streeck, W. (Hg.) (1999): Die wirtschaftlichen Folgen der Mitbestimmung – Expertenberichte für die Kommission Mitbestimmung, Frankfurt/M., New York

Funder, M.; Meiners, B.; Raehlmann, I. (1993): Flexible Arbeitszeiten im Einzelhandel – Auswirkungen auf die Arbeits- und Lebenswelt von Frauen. In: Klein, G.; Treibel, A. (Hg.): Begehren und Entbehren, Bochumer Beiträge zur Geschlechterforschung. Opladen, S. 57-74

Glissmann, W.; Peters, K. (2001): Mehr Druck durch mehr Freiheit – Die neue Autonomie in der Arbeit und ihre paradoxen Folgen. Hamburg

Gross, P. (1990): Die Entwicklung der Arbeitszeiten in den letzten Jahrzehnten. In: Friedrich, P.; Gross, P. (Hg.): Arbeitszeitveränderungen in wirtschaftlicher, gesellschaftlicher und ethischer Sicht. Baden-Baden, S. 11-28

Grove, A. S. (1996): Only the Paranoid Survive – How to Exploit the Crisis Point That Challenge Every Company and Career. New York, London u.a.O.

Hartmann, M. (1993): Informatiker zwischen Professionalisierung und Proletarisierung. In: Soziale Welt, Heft 3, S. 392-419

Hartmann, M. (1995): Informatiker in der Wirtschaft – Perspektiven eines Berufs. Berlin u.a.O.

Hauser-Ditz, A.; Kluge, N. (2001): Vorteil Mitbestimmung: Vom Nutzen innerbetrieblicher Kooperation. In: Abel, J.; Sperling, J. (Hg.): Umbrüche und Kontinuitäten. München, Mering, S. 169-185

Heidemann, W. (2000): Weiterentwicklung und Mitbestimmung im Spiegel betrieblicher Vereinbarungen. Düsseldorf

Heidenreich, M.; Töpsch, K. (1998): Die Organisation der Arbeit in der Wissensgesellschaft. In: Industrielle Beziehungen, Heft 1, S. 13-44

Heidling, E. (1997): Interessenvertretung im Netz – Insitutionalisierte Interessenvertretung im Kfz-Gewerbe. Frankfurt/M., New York

Heidling, E. (1999): Interessenvertretung in strategischen Netzwerken zwischen Verhandlung und Blockade. In: Industrielle Beziehungen, 6. Jg./Heft 1, S. 52-72

Hielscher, V. (2000): Entgrenzung von Arbeit und Leben? – Die Flexibilisierung von Arbeitszeiten und ihre Folgewirkung für die Beschäftigten. Berlin: Wissenschaftszentrum Berlin für Sozialforschung (WZB), discussion paper FS II 00-201

Hielscher, V.; Hildebrandt, E. (1999): Zeit für Lebensqualität – Auswirkungen verkürzter und flexibilisierter Arbeitszeiten auf die Lebensführung. Berlin

Hilbert, J.; Sperling, H. J. (1990): Die kleine Fabrik – Beschäftigung, Arbeit und Arbeitsbeziehungen. München, Mering

Hilbert, J.; Sperling, H. J.; Fretschner, R. (1999): Interessenvertretung in Klein- und Mittelbetrieben. In: Müller-Jentsch, W. (Hg.): Konfliktpartnerschaft. München/Mering, S. 275-272

Hirsch-Kreinsen, H. (1993): NC-Entwicklung als gesellschaftlicher Prozeß – Amerikanische und deutsche Innovationsmuster der Fertigungstechnik. Frankfurt/M., New York

Hirsch-Kreinsen, H. (1993a): Use of CNC and Alternative Methods of Work Organization. In: CIMS (Computer-Integrated Manufacturing Systems), Vol. 6/No. 1, S. 3-8

Hirsch-Kreinsen, H. (1995): Dezentralisierung: Unternehmen zwischen Stabilität und Desintegration. In: Zeitschrift für Soziologie, 24. Jg./Heft 6, S. 422-435

Hofmann, H.; Saul, C. (1996): Qualitative und quantitative Auswirkungen der Informationsgesellschaft auf die Beschäftigung. Gutachten im Auftrag des Bundesministeriums für Wirtschaft. München

Holtgrewe, U.; Voswinkel, St. (2002): Kundenorientierung zwischen Mythos, Organisationsrationalität und Eigensinn der Beschäftigten. In: Sauer, D. (Hg.): Dienst – Leistung(s) – Arbeit. München, S. 99-118

Jetter, F.; Skrotzki, R. (2001): Führungskompetenz, Sozialkompetenz – Lernimpulse für Führungskräfte. Stuttgart

Jurczyk, K., Rerrich, M. S. (Hg.) (1993): Die Arbeit des Alltags – Beiträge zu einer Soziologie der alltäglichen Lebensführung. Freiburg

Jürgens, U. (1984): Die Entwicklung von Macht, Herrschaft und Kontrolle im Betrieb als politischer Prozeß – eine Problemskizze zur Arbeitspolitik. In: Jürgens, U.; Naschold, F. (Hg.): Arbeitspolitik. Leviathan, Sonderheft 5, S. 58-91

Kamp, L. (1999): Mitbestimmungstrends. In: Die Mitbestimmung, Heft 6+7, S. 35-37

Kamp, L.; Klein-Schneider, H.; Leittretter, S.; Müller, M.; Müller, S; Heidemann, W. (2000): Weiterentwicklung von Mitbestimmung im Spiegel betrieblicher Vereinbarungen – Auswertung von Betriebs- und Dienstvereinbarungen. Düsseldorf

Kaplan, R. S.; Cooper, R. (1999): Prozeßkostenrechnung als Managementinstrument. Frankfurt/M., New York

Kern, H. (1982): Empirische Sozialforschung: Ursprünge, Ansätze, Entwicklungslinien. München

Kern, H.; Schumann, M. (1984): Das Ende der Arbeitsteilung? – Rationalisierung in der industriellen Produktion. München

Kleemann, F.; Matuschek, I.; Voß, G. (1999): Zur Subjektivierung von Arbeit. Berlin: Wissenschaftszentrum Berlin für Sozialforschung (WZB), discussion paper

Klein-Schneider, H. (1999): Betriebs- und Dienstvereinbarungen flexible Arbeitszeit – Analyse und Handlungsempfehlungen. Düsseldorf

Kluge, N. (2001): „Wilde Ehen"? – Mitbestimmungspraxis und -bedarf in der New Economy. In: Gewerkschaftliche Monatshefte, Heft 4, S. 229-236

Kohaut, S.; Bellmann, L. (1997): Betriebliche Determinanten der Tarifbindung – Eine empirische Analyse auf der Basis des IAB-Betriebspanels 1995. In: Industrielle Beziehungen, 4. Jg./Heft 4, S. 317-334

Kommission Mitbestimmung (1998): Mitbestimmung und neue Unternehmenskulturen – Bilanz und Perspektiven. Bericht der Kommission Mitbestimmung. Bertelsmann Stiftung; Hans-Böckler-Stiftung (http://www.mpi-fg-koeln.mpg.de/people/ ws/ endbericht/ index. html)

Kotthoff, H. (1981): Betriebsräte und betriebliche Herrschaft. Frankfurt/M., New York

Kotthoff, H. (1994): Betriebsräte und Bürgerstatus – Wandel und Kontinuität betrieblicher Mitbestimmung. München, Mering

Kotthoff, H. (1997): Führungskräfte im Wandel der Firmenkultur: Quasi-Unternehmer oder Arbeitnehmer? Berlin

Kotthoff, H. (1998): Mitbestimmung in Zeiten interessenpolitischer Rückschritte – Betriebsräte zwischen Beteiligungsofferten und „gnadenlosem Kostensenkungsdiktat". In: Industrielle Beziehungen, Heft 1, S. 76-100

Kotthoff, H.; Reindl, J. (1990): Die soziale Welt kleiner Betriebe – Wirtschaften, Arbeiten und Leben in mittelständischen Industriebetrieben. Göttingen

Kratzer, N. (2001): Entgrenzung von Arbeit – Neue Leitbilder der Erwerbsarbeit? Ansätze zur arbeitspolitischen Bewertung und Gestaltung. München (hektogr. Bericht, Veröffentlichung in Vorbereitung)

Kratzer, N.; Döhl, V.; Sauer, D. (1998): Arbeit im Wandel – Sozialberichterstattung vor neuen Herausforderungen. In: ISF München et al. (Hg.): Jahrbuch Sozialwissenschaftliche Technikberichterstattung – Sonderband: Beobachtungsfeld Arbeit. Berlin, S. 97-127

Kratzer, N.; Döhl, V.; Sauer, D. (1998a): Entgrenzung von Arbeit und Demographischer Wandel. In: Inifes et al. (Hg.): Erwerbsarbeit und Erwerbsbevölkerung im Wandel. Frankfurt/M., New York, S. 177-210

Kreuder, Th. (1999): Arbeitnehmerbeteiligung im Netz – Mitbestimmung in der Fraktalen Fabrik? In: Sydow, J.; Wirth, C. (Hg.): Arbeit, Personal und Mitbestimmung in Unternehmungsnetzwerken. München, Mering, S. 257-275

Kühl, S. (1994): Wenn die Affen den Zoo regieren – Die Tücken der flachen Hierarchien. Frankfurt/M., New York

Kurz, C. (1998): Repetitivarbeit – unbewältigt. Betriebliche und gesellschaftliche Entwicklungsperspektiven eines beharrlichen Arbeitstyps. Berlin

Lepsius, M. R. (1996): Institutionalisierung und Deinstitutionalisierung von Rationalitätskriterien. In: Göhler, G. (Hg.): Institutionenwandel. Leviathan, Sonderheft 16, S. 57-69

Lindner, R.: Planen, Entscheiden, Herrschen – Vom Rechnen zur elektronischen Datenverarbeitung. Reinbek

Little, A. D. (1996): Innovationen und Arbeit für das Informationszeitalter. Untersuchung für das BMBF. Köln

Lüthje, B. (1997a): Transnationale Dimensionen der „network revolution". In: Esser, J. et al. (Hg.): Europäische Telekommunikation im Zeitalter der Deregulierung – Infrastruktur im Umbruch. Münster, S. 36-77

Lüthje, B. (1997b): Bundesrepublik Deutschland: Von der „Fernmeldeeinheitstechnik" zum universalen Netzbetrieb. In: Esser, J. et al. (Hg.): Europäische Telekommunikation im Zeitalter der Deregulierung – Infrastruktur im Umbruch. Münster, S. 147-181

Lüthje, B. (1998): „Vernetzte Produktion" und „post-fordistische" Reproduktion – Theoretische Überlegungen am Beispiel „Silicon Valley". In: Prokla, Heft 113/Nr. 4, S. 577-588

Lüthje, B. (2001): Standort Silicon Valley – Ökonomie und Politik der vernetzten Massenproduktion. Franfurt/M.

Lutz, B. (1984): Der kurze Traum immerwährender Prosperität – Eine Neuinterpretation der industriell-kapitalistischen Entwicklung im Europa des 20. Jahrhunderts (2. Aufl. 1989). Frankfurt/M., New York

Machlup, F. (1962): The Production and Distribution of Knowledge in the United States. Princeton

Malsch, Th. (1987): Die Informatisierung des betrieblichen Erfahrungswissens und der „Imperialismus der instrumentellen Vernunft". In: Zeitschrift für Soziologie, 16. Jg./Heft 2, S. 77-91

Martens, H. (2000): Die Netzwerkgewerkschaft – Eine Zukunftsoption angesichts von Krise und Verfall der alten Institutionen der Arbeit. In: Naegele, G.; Peter, G. (Hg.): Arbeit – Alter – Region. Münster, S. 271-287

Martens, H. (2001): Herausforderungen an eine neue gewerkschaftliche Arbeitspolitik angesichts von Krise und Verfall der alten Institutionen der Arbeit. In: Martens, H. et al. (Hg.): Zwischen Selbstbestimmung und Selbstausbeutung, Frankfurt/M., New York, S. 170-191

Maurer, A. (1992): Alles eine Frage der Zeit? – Die Zweckrationalisierung von Arbeitszeit und Lebenszeit. Berlin

Menez, R.; Munder, I.; Töpsch, K. (2001): Qualifizierung und Personaleinsatz in der IT-Branche. Auswertung der Online-Studie BIT-S (Befragung von IT-Unternehmen in der Region Stuttgart). Stuttgart

Minssen, H. (1995): Spannungen in teilautonomen Fertigungsgruppen. In: Kölner Zeitschrift für Soziologie und Sozialpsychologie, Heft 47, S. 339-353

Minssen, H. (1999): Direkte Partizipation contra Mitbestimmung? – Herausforderungen durch diskursive Koordinierung. In: Müller-Jentsch, W. (Hg.): Konfliktpartnerschaft. München, Mering, S. 129-156

Mitbestimmungskommission (1998): Mitbestimmung und neue Unternehmenskulturen – Bilanz und Perspektiven. Gütersloh

Moldaschl, M. (1994): „Die werden zur Hyäne" – Erfahrungen und Belastungen in neuen Arbeitsformen. In: Moldaschl, M.; Schultz-Wild, R. (Hg.): Arbeitsorientierte Rationalisierung. Frankfurt/M., New York, S. 105-149

Moldaschl, M. (1998): Internalisierung des Marktes – Neue Unternehmensstrategien und qualifizierte Angestellte. In: ISF-München et al. (Hg.): Jahrbuch Sozialwissenschaftliche Technikberichterstattung 1997 – Schwerpunkt: Moderne Dienstleistungswelten. Berlin, S.197-250

Moldaschl, M.; Sauer, D. (2000): Internalisierung des Marktes – Zur neuen Dialektik von Kooperation und Herrschaft. In: Minssen, H. (Hg.): Begrenzte Entgrenzungen – Wandlungen von Organisation und Arbeit. Berlin, S. 205-224

Moldaschl, M.; Schultz-Wild, R. (1994): Einführung: Arbeitsorientierte Rationalisierung. In: Moldaschl, M.; Schultz-Wild, R. (Hg.): Arbeitsorientierte Rationalisierung. Frankfurt/M., New York, S. 9-31

Müller-Jentsch, W. (1997): Soziologie der industriellen Beziehungen (2. erw. Aufl.). Frankfurt/M.

Müller-Jentsch, W. (1999): Konfliktpartnerschaft – Akteure und Institutionen der industriellen Beziehungen (3. überarb. und erw. Aufl.). München, Mering

Nordhause-Janz, J.; Rehfeld, D. (1999): Informations- und Kommunikationswirtschaft Nordrhein-Westfalen. In: Institut Arbeit und Technik (Hg.): Graue Reihe des Instituts Arbeit und Technik, Band 1. Gelsenkirchen

Perillieux, R.; Bernnat, R.; Bauer, M. (2000): Digitale Spaltung in Deutschland – Ausgangssituation, Internationaler Vergleich, Handlungsempfehlungen (www. initiatived21. de/disp.pdf – Stand: Februar 2002)

Pickshaus, K.; Schwemmle, M. (1997): Wächst zusammen, was zusammen gehört? – Konvergenzen und Allianzen im Multimedia-Sektor. In: WSI Mitteilungen, 50. Jg/Heft 3, S. 177-185

Piore, M. J.; Sabel, Ch. F. (1985): Das Ende der Massenproduktion – Studie über die Requalifizierung der Arbeit und die Rückkehr der Ökonomie in die Gesellschaft. Berlin

Pirker, T. (1962): Büro und Maschine – Zur Geschichte und Soziologie der Mechanisierung der Büroarbeit, der Maschinisierung des Büros und der Büroautomation. Basel, Tübingen

PKI – Projektgruppe Kulturraum Internet (1998): Internet ... the Final Frontier: eine Ethnographie. Berlin (http://duplox.wz-berlin.de/endbericht/ – Stand: 1998)

Pongratz, H. J.; Voß, G. (2000): Vom Arbeitnehmer zum Arbeitskraftunternehmer – Zur Entgrenzung der Ware Arbeitskraft. In: Minssen, H. (Hg.): Begrenzte Entgrenzungen. Berlin, S. 225-247

Porat, M. U. (1976): The Information Economy. Stanford

Projektgruppe „Alltägliche Lebensführung" (Hg.) (1995): Alltägliche Lebensführung – Arrangements zwischen Traditionalität und Modernisierung. Opladen

Raehlmann, I.; Meiners, B.; Glanz, A.; Funder, M. (1993): Flexible Arbeitszeiten – Wechselwirkungen zwischen betrieblicher und außerbetrieblicher Lebenswelt. Opladen

Rifkin, J. (2000): Access – Das Verschwinden des Eigentums. Frankfurt/M., New York

Sauer, D.; Döhl, V. (1994): Kontrolle durch Autonomie – Zum Formwandel von Herrschaft bei unternehmensübergreifender Rationalisierung. In: Sydow, J.; Windeler, A. (Hg.): Management interorganisationaler Beziehungen. Opladen, S. 258-274

Sauer, D.; Döhl, V. (1997): Die Auflösung des Unternehmens? – Entwicklungstendenzen der Unternehmensreorganisation in den 90er Jahren. In: ISF-München et al. (Hg.): Jahrbuch Sozialwissenschaftliche Technikberichterstattung 1996 – Schwerpunkt: Reorganisation. Berlin, S. 19-76

Sauer, D.; Hirsch-Kreinsen, H. (Hg.) (1996): Zwischenbetriebliche Arbeitsteilung und Kooperation – Ergebnisse des Expertenkreises „Zukunftsstrategien", Band III. Frankfurt/M., New York

Scharpf, F. W. (1987): Sozialdemokratische Krisenpolitik in Europa. Frankfurt/M.

Schmidt, R.; Trinczek, R. (1989): „Verbetrieblichung" und innerbetriebliche Austauschbeziehungen. In: Aichholzer, G.; Schienstock, G. (Hg.): Arbeitsbeziehungen im technischen Wandel. Berlin, S. 135-146

Schmidt, R.; Trinczek, R. (1999): Duales System – Tarifliche und betriebliche Interessenvertretung. In: Müller-Jentsch, W. (Hg.): Konfliktpartnerschaft – Akteure und Institutionen der industriellen Beziehungen. München, Mering, S. 167-199

Schmiede, R. (1992): Information und kapitalistische Produktionsweise – Entstehung der Informationstechnik und Wandel der gesellschaftlichen Arbeit. In: Malsch, Th.; Mill, U. (Hg.): ArBYTE – Modernisierung der Industriesoziologie? Berlin, S. 53-86

Schmiede, R. (Hg.) (1996): Virtuelle Arbeitswelten – Arbeit, Produktion und Subjekt in der „Informationsgesellschaft". Berlin

Schmiede, R.; Schudlich, E. (1978): Die Entwicklung der Leistungsentlohnung in Deutschland – Eine historisch-theoretische Untersuchung zum Verhältnis von Lohn und Leistung unter kapitalistischen Produktionsbedingungen. Frankfurt/M., New York

Schmierl, K. (1995): Umbrüche in der Lohn- und Tarifpolitik – Neue Entgeltsysteme bei arbeitskraftzentrierter Rationalisierung in der Metallindustrie. Frankfurt/M., New York

Schmierl, K. (1998): Amorphie im „Normierten Verhandlungssystem" – Wandel industrieller Beziehungen im internationalen Unternehmensverbund. In: Behr, M. von; Hirsch-Kreinsen, H. (Hg.): Globale Produktion und Industriearbeit. Frankfurt/M., New York, S. 163-207

Schmierl, K. (1999): Erosion oder Wandel? – Industrielle Beziehungen im transnationalen Produktionsverbund. In: WSI Mitteilungen, Heft 8, S. 548-557

Schmierl, K. (2000): Interessenvertretung ohne kollektive Akteure? – Grenzen industrieller Beziehungen bei entgrenzter Produktion. In: Funder, M. (Hg): Entwicklungstrends der Unternehmensreorganisation. Linz, S. 73-107

Schmierl, K. (2001): Hybridisierung der industriellen Beziehungen in der Bundesrepublik – Übergangsphänomen oder neuer Regulationsmodus? In: Soziale Welt, 52. Jg./Heft 4, S. 427-448

Schmierl, K.; Heidling, E.; Meil, P.; Deiß, M. (2001): Umbruch des Systems industrieller Beziehungen. In: Beck, U.; Bonß, W. (Hg.): Die Modernisierung der Moderne. Frankfurt/M., S. 233-246

Schumann, M.; Baethge-Kinsky, V.; Kuhlmann, M.; Kurz, C.; Neumann, U. (1994): Trendreport Rationalisierung. Berlin

Schumm, W.; Sablowski, Th.; Becker, St.; Kellermann, Ch. (2001): Teilprojekt C4: Unternehmerische Vernetzung, Beschäftigungsverhältnisse und industrielle Beziehungen. Frankfurt/M. (http://www.vernetzung.de/teilprojekte/teilprojekt_c4-main.html – Stand: 12/2001)

Seufert, W. (2000): Informations- und Kommunikationswirtschaft räumlich stark konzentriert. In: DIW-Wochenbericht, Heft 32

Springer, R. (1999): Rückkehr zum Taylorismus? – Arbeitspolitik in der Automobilindustrie am Scheideweg. Frankfurt/M., New York

Steinbuch, K. (Hg.) (1967): Taschenbuch der Nachrichtenverarbeitung (2. überarb. Aufl.). Berlin u.a.O.

Sydow, J. (1999): Mitbestimmung in Unternehmungsnetzwerken. In: Frick, B. et al. (Hg.): Die wirtschaftlichen Folgen der Mitbestimmung. Frankfurt/M., New York, S. 171-222

Sydow, J.; Windeler, A. (1999): Projektnetzwerke – Management von (mehr als) temporären Systemen. In: Engelhard, J.; Sinz, E. J. (Hg.): Kooperation im Wettbewerb. Wiesbaden, S. 213-235

Sydow, J.; Wirth, C. (1999): Arbeit, Personal und Mitbestimmung in Unternehmungsnetzwerken. München, Mering

Sydow, J.; Wirth, C. (2000): Produktionsformen von Medienleistungen im Wandel – Von einer Variante der Netzwerkorganisation zur anderen. In: Kaluza, B.; Blecker, T. (Hg.): Produktions- und Logistikmanagement in virtuellen Unternehmen und Unternehmensnetzwerken. Berlin, S. 148-174.

Taylor, F. W. (1919): Grundsätze wissenschaftlicher Betriebsführung. München

Thurow, L. (1996): Die Zukunft des Kapitalismus. Düsseldorf

Töpsch, K.; Menez, R.; Malanowski, N. (2001): Ist Wissensarbeit regulierbar? – Arbeitsregulation und Arbeitsbeziehungen am Beispiel der IT-Branche. In: Industrielle Beziehungen, 8. Jg./Heft 3, S. 306-332

Trautwein-Kalms, G. (1992): Kontrastprogramm Mensch–Maschine – Arbeiten in der High-Tech-Welt. Köln

Trautwein-Kalms, G. (1995): Ein Kollektiv von Individualisten? – Interessenvertretung neuer Beschäftigtengruppen. Berlin

Trautwein-Kalms, G. (2001): IT-Fachkräftemangel – Der Mensch lebt nicht von Qualifikation allein. In: Gewerkschaftliche Monatshefte, Heft 2, S. 94-99

Trautwein-Kalms, G. (2001a): IT – eine Branche im Übernahmestress. In: WSI Mitteilungen, Heft 9, S. 530

Tullius, K. (1999): Dezentralisierung, Vermarktlichung und diskursive Koordinierung – Neue Rationalisierungsstrategien und deren Auswirkungen auf die unteren Produktionsvorgesetzten. Eine Fallstudie aus der Automobilindustrie. In: SOFI-Mitteilungen, Nr. 27, S. 65-82

Voskamp, U.; Wittke, V. (1994): Von „Silicon Valley" zur „virtuellen Integration" – Neue Formen der Organisation von Produktionsprozessen am Beispiel der Halbleiterfertigung. In: Sydow, J.; Windeler, A. (Hg.): Management interorganisationaler Beziehungen. Opladen, S. 212-243

Voß, G. (1992): Alltägliche Lebensführung im Umbruch – Eine Herausforderung für die betriebliche Personalführung. In: Katzenbach, E. et al. (Hg.): Hamburger Jahrbuch für Wirtschafts- und Gesellschaftspolitik, Bd. 37. Tübingen, S. 73-94

Voß, G. (1994): Das Ende der Teilung von „Arbeit und Leben"? – An der Schwelle zu einem neuen gesellschaftlichen Verhältnis von Betriebs- und Lebensführung. In: Beckenbach, N.; Treeck, W. van (Hg.): Umbrüche gesellschaftlicher Arbeit, Soziale Welt, Sonderband 9. Göttingen, S. 269-294

Voß, G. (1998): Die Entgrenzung von Arbeit und Arbeitskraft – Eine subjektorientierte Interpretation des Wandels der Arbeit. In: MittAB, Heft 3, S. 473-487

Voß, G.; Pongratz, H. (1998): Der Arbeitskraftunternehmer – Eine neue Grundform der „Ware Arbeitskraft"? In: Kölner Zeitschrift für Soziologie und Sozialpsychologie, Heft 1, S. 131-158

Wagner, H.; Schild, A. (1999): Auf dem Weg zur Tarifbindung im Informations- und Kommunikationssektor – Ein Beispiel der Tarifpolitik der IG Metall im Bereich industrieller Dienstleistungen. In: WSI Mitteilungen, Heft 2, S. 87-98

Wassermann, W. (1999): Diener zweier Herren. Arbeitnehmer zwischen Arbeitgeber und Kunde – Interessenvertretung in Netzwerken des privaten Dienstleistungsgewerbes. Münster

Wehling, M. (2000): Mitbestimmung in virtuellen Unternehmungen. In: Industrielle Beziehungen, Heft 7, S. 131-156

Weitbrecht, H. J; Mehrwald, S. (1999): Mitbestimmung, Human Resource Management und neue Beteiligungskonzepte. In: Frick, B. et al. (Hg.): Die wirtschaftlichen Folgen der Mitbestimmung. Frankfurt/M., New York, S. 89-127

Welsch, J. (2001): Die Arbeitswelt der Internetökonomie – Neue Visionen der Arbeit. In: Sommer, M. et al. (Hg.): Neu denken – Neu handeln: Arbeit und Gewerkschaften im digitalen Kapitalismus. Hamburg, S. 57-76

Welsch, J. (2001a): Wachstums- und Beschäftigungsmotor IT-Branche – Fachkräftemangel, Green Card und Beschäftigungspotenziale. Bonn

Weltz, F.; Ortmann, R. (1992): Das Softwareprojekt. Frankfurt/M.

Werle, R. (1997): Zukunft des Erfolgsmodells Internet – Selbstgestaltung und Selbstkontrolle durch Partizipation und Kontextsteuerung (http:// www.mpi-fg-koeln.mpg. de/ projekt_dir/wevl_internet/zukunft.html – Stand: 1997)

Windeler, A.; Wirth, C.; Sydow, J. (2001): Die Zukunft in der Gegenwart erfahren – Arbeit in Projektnetzwerken der Fernsehproduktion. In: Arbeitsrecht im Betrieb, Heft 1, S. 12-18